NOTICE SOMMAIRE

PAR ORDRE ALPHABÉTIQUE DES NOMS D'AUTEURS

DES LIVRES

COMPOSANT

UNE PETITE BIBLIOTHÈQUE

AVEC QUELQUES INDICATIONS

DE BIOGRAPHIE ET DE BIBLIOGRAPHIE

PONDICHÉRY

É. V. GÉRUZET IMPRIMEUR DU GOUVERNEMENT

1857

Nº 9, J. TASCHEREAU.

1758

(Par Hyacinthe Vinson
d'après Barbier)

2114

NOTICE SOMMAIRE

DES LIVRES

D'UNE PETITE BIBLIOTHÈQUE

1857

NOTICE SOMMAIRE

PAR ORDRE ALPHABÉTIQUE DES NOMS D'AUTEURS

DES LIVRES

COMPOSANT

UNE PETITE BIBLIOTHÈQUE

AVEC QUELQUES INDICATIONS

BIOGRAPHIQUES ET BIBLIOGRAPHIQUES

PONDICHÉRY

É. V. GÉRUZET IMPRIMEUR DU GOUVERNEMENT

cIↄ Iↄ CCCLVII

NOMS DE QUELQUES PERSONNES

AUXQUELLES

DES EXEMPLAIRES ONT ÉTÉ OFFERTS.

Ancaud (Émile).
Anot (Aug.).
Babick (J. de).
Béret (J.).
Bersot (Ern.).
Bonnet (F. Adrien).
Bouïre-Beauvallon (Léon).
Brives-Cazes (Émile).
Brizeux (A.).
Brunet (Gust.).
Brunet (Jacq. Ch.).
Burgade (Eug.).
Castaigne (Eus.).
Coutin (Jules).
Cuvillier-Fleury.
D'Arlot (Alfred).
Delalande (Adrien).
Delécluze (Ét. J.).
Demogeot (Jacq.).
Denis (Ferd.).
Deschamps (Émile).
Duvauroux (Am.).
Foissac (Alfred).
Gallois-Montbrun (A.).
Ganivet-Lagrange (L. É.).
Garat (Jules).
Géruzet (É. V.).
Gillon (A.).
Gorin (Stan.).
Guillier (É.).
Janin (J.).
Lacroix (Paul).
La Grange (Éd. de).
Lancelin (L.).
Laprade (J.).
Laude (F. N.).
Leclerc-Chauvin (P.).
Le Clerc (Mme).
Le Coutour (Éd.).
Magnin (Ch.).
Maitral (Ch.).
Mantz (Paul).
Marichon (P. É.).
Maron (Eug.).
Maury (Alfred).
Mesnard (de).
Michel (Francisque).
Moncis (J. A. de).
Montouroy (Émile).
Quérard (J. M.).
Quinsac (Julien).
Quintin (Edm.).
Rabanis (J.).
Ratisbonne (L.).
Ravenel (Jules).
Rigault (H.).
Ristelhueber (L.).
Sacy (S. de).
Sainte-Beuve (Ch. Aug.).
Sebire (Aug.).
Sicé (Eug.).
Taschereau (J.).
Tastet (Paul).
Thierrée (Isid.).
Trocard (Cam.).
Trouette (Ém.).
Trouette (Mlle Is.).
Vinson (Élie).
Vinson (Aug.).
Viollet Le Duc.

ESSAI CATALOGOGRAPHIQUE.

PLAN GÉNÉRAL D'UNE BIBLIOTHÈQUE.

Classe	Section	Subdivision	Division	Sous-division	N°
I INTRODUCTION			Prolégomènes. Traités encyclopédiques		1
II SCIENCES.	1. Théologie		1 Écritures saintes		2
			2 Conciles		3
			3 Saints-Pères		4
			4 Dogme et Morale		5
			5 Athées, Schismatiques, Pamphlétaires		6
			6 Ouvrages de pratique religieuse		7
	2. Philosophie		1 Prolégomènes		8
			2 Traités généraux		9
			3 Ouvrages élémentaires		10
			4 Psychologie. Logique		11
			5 Morale		12
	3. Politique		1 Gouvernement et Diplomatie		13
			2 Économie politique		13 bis.
	4. Jurisprudence		1 Traités généraux		14
			2 Droit de la nature et des gens		15
			3 Droit romain		16
			3 bis. Droit canon		16 bis.
			4 Droit public et administratif		17
			5 Droit civil		18
			5 bis. Droit commercial, criminel, maritime		18 bis.
			6 Procès, plaidoyers, mémoires		19
	5. Sciences exactes		1 Physique		20
			2 Chimie et Alchimie		21
			3 Histoire naturelle		22
			4 Médecine		23
			5 Agriculture		24
			6 Mathématiques		25
			7 Astronomie		26
			8 Statistique		27
			9 Stratégie		28
	6. Histoire	I	Prolégomènes		29
		I bis. Géographie	1 Dictionnaires et ouvrages préparatoires		30
			2 Géographie générale		31
			3 Géographie particulière		32
			4 Cartes et plans		33
		II	Voyages		34
		III	Chronologie		35
		IV Histoire 1	1 Histoire universelle		36
		2	2 Histoire ancienne générale		37
		3	3 Histoire ancienne particulière		38
		4	4 Histoire moderne générale		39
		5 Histoire moderne particulière	1° France	I Histoire générale	40
				II Histoire de certaines époques	41
				III Histoire particulière	42
			2° Étranger		43
		6	6 Histoire littéraire		44
		7	7 Histoire religieuse		45
		V	Biographie		46
		VI	Bibliographie		47
		VII	Numismatique. Archéologie. Héraldique.		48
III ARTS ET BEAUX-ARTS			1 Traités généraux		49
			2 Ouvrages spéciaux		50
			3 Histoire		51

ESSAI CATALOGOGRAPHIQUE.

PLAN GÉNÉRAL D'UNE BIBLIOTHÈQUE (Suite).

Classe	Division	Subdivision	Section	Titre	N°
IV LITTÉRATURE.	1 et 2. Généralités			Prolégomènes	52
				Grammaire et Lexicographie	53
	3. Éloquence	I		Prolégomènes	54
		II Orateurs grecs		Orateurs grecs	55
		III Orateurs latins	1°	anciens	56
			2°	modernes	57
		IV Orateurs français	1	Éloquence académique	58
			2	Éloquence de la chaire	59
			3	Éloquence du barreau	60
			4	Éloquence parlementaire	61
		V		Orateurs étrangers	62
	4. Poésie	I		Prolégomènes. Traités généraux	63
		II Poëtes orientaux	1	anciens	64
			2	modernes	65
		III Poëtes grecs	1	grecs anciens	66
			2	grecs modernes	67
		IV Poëtes latins	1	anciens	68
			2	modernes	69
		V Poésie française	1	Poëtes avant Malherbe	70
			2	de Malherbe à 1789	71
			3	de 1789 à nos jours	72
			4	Chansons, Cantiques, Patois	73
		VI		Poëtes étrangers	74
	5 Littérature dramatique	I		Prolégomènes	75
		II Auteurs dramatiques grecs		Auteurs dramatiques grecs	76
		III Auteurs dramatiques latins	1	anciens	77
			2	modernes	78
		IV Auteurs dramatiques français	1	jusqu'à Racine	79
			2	de Racine à 1789	80
			3	de 1789 à nos jours	81
		V		Auteurs dramatiques étrangers	82
	6. Mythologie		1	Traités généraux	83
			2	Fables en vers	84
			3	Fables en prose et Apologues	85
	7. Romans	I		Prolégomènes	86
		II		Romans orientaux	87
		III		Romans grecs	88
		IV		Romans latins	89
		V Romans français	1	Romans féeriques	90
			2	Romans de mœurs	91
			3	Romans historiques et satyriques	92
			4	Romans-poëmes	93
		VI		Romans étrangers	94
		VII		Facéties	95
	8.			Satire en prose. Pamphlets Critique	96
	9.			Entretiens, Dialogues	97
	10. Épistolaires		1	grecs	98
			2	latins	99
			3	français	100
			4	étrangers	101
	11.			Éducation	102
V POLYGRAPHIE.	12. Polygraphes		1	grecs	103
			2	latins	104
			3	français	105
			4	étrangers	106
	13.			Extraits et Mélanges	107
	14.			Journaux, Revues, Recueils	108

On a mis après chaque nom d'auteur, la date et le lieu de sa naissance et de sa mort.

Le signe — précède immédiatement l'indication de la pagination.

On a mentionné aussi entre parenthèses les premières éditions des principaux ouvrages, et cette mention est placée immédiatement avant le signe ═, qui désigne le numéro d'ordre général du Catalogue.

Il n'a été tiré de ce catalogue que cent cinquante exemplaires, savoir : *douze* sur coquille ; *vingt* sur papier tellière à grandes marges ; *vingt-deux* sur carré collé ; *quatre* sur jésus ; *quarante* sur grand raisin ; *quarante* sur papier super royal vélin ; *dix* sur papier de couleur : deux rose, deux jaune, deux bleu, deux chamois, deux vert ; et enfin *deux* seulement sur papier à lettre de couleurs variées.

Tous les exemplaires ont été numérotés à la presse, et plusieurs portent en outre les noms des propriétaires.

NOTICE DES LIVRES

COMPOSANT

UNE PETITE BIBLIOTHÈQUE.

PONDICHÉRY. — 1856.

AARSENS DE SOMMERDYCK (Franç.). La Haye, vers 1579; en Anglet., 1659. *Voyage d'Espagne. *Cologne*, P. Marteau, 1666, pet. in-12. — (xij)-360-120-24 p. (Paris, Rob. de Ninville, 1666, in-4°). = 975.

ABAILARD (Pierre). Palais près Nantes, 1079; Cluny, 21 avril 1142.—Voy. Héloïse.

ABRIAL (le comte). Paris, 1783; Paris, 26 déc. 1840.—Voy. Catalogue.

ABULFEDA (Ismaël). Damas, nov. 1273; Hamah, 26 oct. 1331. Descriptio Aegypti, arab. et lat., ed. Ioan. Dav. Michaelis. *Guettingae*, apvd. J. Chr. Dieterich, 1776, gr. in-8. —(ij)-134 p. = 1371 bis.

ACHILLE TATIUS. Alexandrie, vers 270. Les amours de Leucippe et de Clitophon, trad. par Perron de Castéra. *Paris*, F. M. Mayeur, 1796, 2 vol. in-18.— 1. 262 p. — 2. (iv)-207 p. (gr.: Florence, 1567, in-fol. — Castéra: Amst., 1733, in-12). = 1331.

ACHILLE TATIUS. Les amours de Leucippe et de Clitophon trad. par L. A. du Perron de Castéra. *Paris*, impr. de Guillaume, 1797, 2 vol. in-18.— 1. (iv)-174 p. — 2. (iv) 180 ? p. = 1351 bis.

Actus Apostolorum. *Antverpiæ*, ex offic. Plantiniana, Balt. Moreti, 1529, in-24. — p. 337-758 (lavé, réglé). = 1164-3.

? ADDISON (Jos.). Miston, 1er mai 1672; Londres, 17 juin 1719. The Spectator. *London*. Sharpe, 1801, 8 vol. pet. in-8. — (Lond., 1709). = 516 bis.

ADELUNG (Joh. Christ.). Spantekow, 30 août 1734; Dresde, 10 septembre 1806. Follstandige anweisung zur deutschen orthographie. *Wien*, J. Thomas, 1790, pet. in-8.— (vi)-426 p. (1785). = 1172-A.

AUER (Jean Jos.). Bayonne, 16 oct. 1796. Résumé de l'histoire du Béarn. *Paris*, Lecointe et Durey, 1826; impr. A. Henry, in-18. —(iv)-329 p. = 1204.

Adhémar (Jos. Alph.). Paris, février 1797. Traité complet d'arithmétique. *Paris*, 1833. (Bibliot. popul.), 2 vol. in-18. — 108-86 p. = 918-7.

Adhémar (J. A.) Traité élémentaire de géométrie descriptive. *Paris*, 1833 ; impr. Dépée frères, J. L. Bellemain. (Bibliot. popul.), in-18. — 96 p. et 2 planch. = 918-8.

Agathias. Myrine (Éolie), vers 556. — Voy. Procope.

Agrell (Car. Magn.). Supplementa syntaxeos syriacae, præf. J. G. L. Kosegarten. *Gryphiswaldiae*, sumtu Ern. Mauritii, 1834, in-8. — xvi-312 p. = 1285.

Agrippa de Nettesheim (H. Corn.). Cologne, 14 sept. 1486; Grenoble ou Lyon 1533 ou 1534. Sur la noblesse et excellence du sexe feminin, de sa preeminence sur l'autre sexe, et du sacrement du mariage : avec le traitte sur l'incertitude, aussi bien que la vanite des sciences et des arts..... trad.... par M. de Gueudeville. *Leiden*, Th. Haak, 1726, 3 vol. in-12. — 1. (xxij)-429 p. — 2. (ij)- p. 430 à 910. — 3. (ij)-p. 911 à 1350. = 1457.

Ajasson de Grandsagne (J. B. Franç. Étienne). La Châtre, 1802. Bibliothèque populaire. Notions générales servant d'introduction à la collection, troisième édit. *Paris*, 1832 ; impr. A. Pinard, in-18. — (iv)-108 p. et tabl. = 918-1.

Ajasson de Grandsagne. (J.B. F. É.). Élémens de géométrie d'après Clairaut. *Paris*, 1833; impr. Setier. (Bibliot. popul.), 2 vol. in-18. — 1. 103 p. — 2. 66 p. et 4 planch = 918-8.

Ajasson de Grandsagne. (J. B. F. É.). Uranographie, ou description du ciel, suiv. d'un article sur les étoiles doubles par M. Arago. *Paris*, 1834; impr. G. A. Dentu. (Bibliot. popul.), 3 vol. in-18. —1. 136 p. et tabl.—2. 106 p. —3. 132 p. et 4 planch. = 918-10.

Ajasson de Grandsagne (J. B. F. É.) et Thirion. Traité élémentaire d'astronomie. *Paris*, 1833; impr. A. Barbier à Sèvres. (Bibliot. popul.), in-18. —100 p. tabl. et 4 planch. = 918-10.

Akenside (Marc). Newcastle, 9 nov. 1721 ; Londres, 23 juin 1770. Les plaisirs de l'imagination, trad. d'Holbach (édit. Pissot). *Paris*, Hubert et Cie, 1806, in-18. (The Pleas., 1744. — trad. d'Holbach : Amst., 1769, in-12). = 1379-3.

Alamanni (Lod.). Florence, 28 octobre 1495; Amboise, 18 avril 1556. La Coltivazione, public. da A. Buttura. *Parigi*, Aimé-André, 1828; impr. Jul. Didot l'aîné, portr. — 284 p. (Par., Rob. Stef., 1546, pet in-4°) = 1355.

Albin (Séb.). Ballades et chants populaires anciens et modernes de l'Allemagne, trad. nouv. *Paris*, Ch. Gosselin, 1841 ; impr. Mme Vve Dondey-Dupré, in-12. — (iv)-xxxij-438 p. = 1223.

Alcaforada (Marianne). Béja, vers 1663. Lettres portugaises (édit. P. F. Aubin). *Paris*, impr. Delance, 1796, 2 vol. gr. in-18, pap. vél. — (iv)-XLV-125 p. = 1024 bis.

Alcaforada (Marianne). Lettres portugaises. *Paris*, Kleffer, 1811; impr. Moreau, in-18. — xxij-131 p. (Paris, Cl. Barbin, 1669, pet. in-12). = 1313 bis.

Alexandre (Ch.). Paris, 19 février. 1797. Méthode pour faire des thêmes grecs. *Paris*, Belin-Mandar, 1834 ; impr. Béthune, in-12. — (iv)-204 p. (Paris, 1824, in-12). = 948.

Alexandre (Ch.). Dictionnaire grec-français, sec. édit. *Paris*, L. Hachette, 1830; impr. P. Renouard, in-8. — (iv)-xxij-614-834 p. (1830). = 618.

Alexandre (Ch.). Dictionnaire français-grec. — Voy. Planche.

Alfieri (Victor). Asti, 17 janv. 1749; Florence, 8 oct. 1803. OEuvres dramatiques, trad. par C. B. Petitot. *Paris*, Giguet et Michaud, imp.-libr., 1802, 4 vol. in-8. — 1. lvi-396 p. — 2. (iv)-440 p. — 3. (iv)-428 p. — 4. (iv)-442 p. = 523.

Alissan de Chazet (Andr. Polyd. René). Paris, 23 oct. 1775; Paris, 17 août 1844. Éloge du duc de Berry, sec. édit. *Paris*, impr. roy., 1820, gr. in-8, fac-simile. — viij-96 p. = 1024.

Alissan de Chazet (A. P. R.). Du pain et de l'eau. Paris, mars 1836; impr. F. Locquin, gr. in-8, 2 col. (Veillées de famille). = 1581-45.

Almanac (The south indian english and vernacular) for 1854. *Madras*, American mission press, 1853, in-8. — 96 p. et une carte. = 1643-3.

Almanach des postes, publié par P. Clément. *Paris*. Aug. Desrez, 1841, in-16. — 160 p. — *Paris*, 1844, impr. Hennuyer et Turpin, Batignolles, in-16. — 192 p. = 1581-36.

Amar (J. Aug. Du Rivier). Paris, 1765; Paris, 25 janv. 1837. Cours complet de rhétorique, trois^e^. édit. *Paris*, impr. Aug. Delalain, 1822, in-8. — xiv-644 p. (1803). = 1452.

Ammien Marcellin. Antioche, 320-390. Les Dix-huit livres de son histoire, nouv. trad. (*par de Moulines). *Lyon*, J. M. Bruyset père et fils, impr.-libr., 1778, 3 vol. in-12. — 1. xx-512 p. — 2. (iv)-xij-418 p. — 3. xvi-414 p. (Rome, 1474, in-fol. — Moulines: Berlin, 1775, 3 vol. in-12.) = 1302.

Ammonius. Alexandrie, vers 230. Qvatvor Evangeliorvm consonantia.... a Victore Capvano transl. *Mogentiæ* in ædibus Ioannis Schoeffer, mdxxiii (1523); edit. Mich. Memler, in-16. — (xvi)-300 p. = 1186-6.

Ammonius. Alexandrie, vers 389. Traité des synonymes et des homonymes grecs, trad. Al. Pillon. *Paris*, N. Maze, 1824; impr. Stahl, in-8. — (iv)-xvi-147 p. (Diction. græc.: Venet, Aldi, 1497, in-fol.). = 1289.

Amyot (Jacq.) Melun, 30 oct. 1513; Auxerre, 6 févr. 1593. — Voy. Héliodore, Longus, Plutarque.

Anacréon. Téos (Ionie), 530; Athènes, 445 av. J. C. Les poésies d'Anacréon et de Sapho, trad. par Mme Dacier. *Amsterdam*, chez la veuve de Paul Marret, 1716, pet. in-8. — (xxxij)-304-xxiv-106 p. = 299.

Anacréon, Théocrite, Bion, Moschus, Callimaque, sec. édit. *Paris*, impr. Aug. Delalain, 1834, in-12. — (ij)-169 p. = 249.

Anacréon. Les poésies, trad. en vers françois par F. G. (*Franç. Gacon). *Paris*, Grangé, libr.-impr., 1754. — Ανακρεοντος Τηιου μελη. Σαπφους ασματα. *Lutetiæ Parisiorum*, J. A. Grangé, 1754, in-16. — 180 p. (*publ. par Capperonnier et de Querlon). (Lutet., Henr. Steph., 1554, in-4°). = 1396.

Analecta (Recueil factice). 7 vol.: 1 pet. in-fol., 1 in-4°, 1 in-4° obl., 1 gr. in-8, 2 in-8, 1 in-12 = 1581-45.

Ancelot (Jacq. Ars. Polyc. Franç.). Le Hâvre, 9 févr. 1794; Paris, 7 sept. 1854. Le comte de Horn, drame, 3 actes; Gaité, 4 juin 1836. *Paris*, Marchant, 1836; impr. Vve Dondey-Dupré, gr. in-8, 2 col (Mag théâtr.). — 32 p. = 557-16.

André (Yves Marie). Châteaulin, 22 mai 1675; Caen, 16 ou 26 févr. 1764. Essai sur le beau. *Lyon*, C. Rivoire, 1820; impr. Fr. Mistral, in-12. — xij-412 p. (Paris, 1741, in-12.) = 719.

André (Y. M.). OEuvres philosophiques, avec une introd. par V. Cousin. *Paris*, Ad. Delahays, 1843; impr. G. Gratiot, in-12. — (iv)-ccxxxvi-392 p. = 1600.

Andreopulus. Συντιπας. De Syntipa et Cyri filio narratio..... edit. a J. F. Boissonnade. *Parisiis*, ex typ. G. Doyen, 1828, apud. Debure fratres, in-12. — viij-217 p. = 1400 bis.

Andrieux (F. G. J. Stan.). Strasbourg, 6 mai 1759; Paris, 9 mai 1833. OEuvres. *Paris*, Nepveu, 1822; impr. F. Didot, 6 vol. in-18. — 1. 369 p. — 2. 283 p. — 3. 276 p. — 4. 308 p. — 5. 323 p. — 6. 379 p. = 166.

Andry (Ch. Louis Franç.). Paris, 6 juillet 1741; Paris, 8 avril 1829. — Voy. Catalogue.

? Annales de la propagation de la foi. *Lyon, Paris*, 1824-1855; imp. J. B. Pélagaud à Lyon, 27 vol. in-8. — (Lettres édifiantes: Paris, 1717-1776, 34 part. in-12). = 1638-3.

Annuaire de l'île de la Réunion pour 1852. *Saint-Denis*, typ. de Lahuppe, in-18. — (ij)-128 p. = 1578 bis.

Annuaire des Établissements français de l'Inde, par F. E. Sicé. *Pondichéry*, impr. du gouvern. (É. V. Géruzet), in-8. — 1850, 180 p. — 1851, 212 p. — 1852, 172 p. — 1853, 172 p. — 1854, 178 p. — 1855, 188 p. = 1581-5.

Annuaire des lettres. *Paris*, typ. Lacrampe et Cie, 1846-1847, in-8. — (iv)-500 p. et xj planch. = 1265 bis.

Annuaire politique. *Paris*, typ. Lacrampe fils et Cie, 1846-1847, in-8. — 192 p. (Public. du journal l'Époque). = 1437 bis.

Annuaire statistique du Tarn. *Albi*, impr. Maur. Papailhiau, in-12; (*par MM. Aug. Lemouzy et Cl. Compayré, 1848, 303 p. — 1849, 273 p. = 1403-4.

Anot (Augustin). Rheims, vers 1802. De l'instruction et de l'éducation dans une monarchie constitutionnelle. *Paris*, Hachette; *Bordeaux*, Vve Laplace, impr., 1836, in-8. — 88 p = 605.

Anquetil (Louis Pierre). Paris, 21 janvier 1723; Paris, 6 sept. 1808. Histoire de France. *Paris*, Lebigre frères, 1826; impr. Éverat, 13 vol. in-8. — 1. (iv)-viij-420 p. — 2. (iv)-403 p. — 3. (iv)-384 p. — 4. (iv)-399 p. — 5. (iv)-388 p. — 6 (iv)-399 p. — 7. (iv)-399 p. — 8. (iv)-391 p. — 9 (iv)-391 p. — 10. (iv)-391 p. — 11. (iv)-382 p. — 12. (iv)-383 p. — 13. (iv)-365 p. (Paris, 1805, 14 vol. in-12). = 81.

Ansart (Ch. Bon. Fél.). Arras, 8 janv. 1796; Paris, avril 1849. Petit abrégé de géographie, dix^{e} édit. *Paris*, Vve Maire-Myon, 1835; impr. Casimir, in-12. — viij-260 p. (1824) = 125.

Ansart (C. B. F.). Essai de géographie historique ancienne. *Paris*, Vve Maire-Nyon, 1834; impr. Casimir, in-12. — xvi-533-vi-66 p. = 938.

Ansart (C. B. F.). Précis de géographie ancienne et moderne comparée, six^{e} édit. *Paris*, Maire-Nyon, 1828; impr. Casimir, in-12. — xij-174-189 p. = 862.

Ansart (C. B. F.). Précis de la géographie historique du moyen âge. *Paris*, Vve Maire-Nyon, 1834; impr. Casimir, in-8. — viij-144 p. = 926.

Antoninus Liberalis; vers l'an 250. Αντονινου Λιβεραλις μεταμορφωσεων συναγωγη; transformationum congeries, Abrah. Berkelius emendavit (gr.-lat.). *Lugd-Batav.*, apud Dan. a Gaesbeeck, cIɔ Iɔ clxxiv (1674), pet. in-12. — (vij)-276-(xxiv) p. (Bâle, 1568, in-8). = 1398.

Aperçus généraux du titre «de Jure dotium» (Dig. xxiij, 3) et du titre «Soluto matrimonio». *Paris*, Fromont-Pernet, 1842; impr. E. J. Bailly, in-8. — 60 p. = 820.

Aphtonius (Ausonius). Antioche, vers l'an 230. Progymnasta; partim a Rod. Agricola, partim a Joh. Mar. Catanæo latinè donata, cum schol. R. Lorichii. *Amsterodami*, apud Lud. Elzevirium, cIɔ Iɔ clxv (1665), pet. in-12. — (iv)-374 p. (Rhetores græci: Venet., Aldi, 1508-1509. 2 vol. pet. in-fol. . = 1130.

? Apicius (Cœlius). Rome, vers l'an 14. De Opsoniis et condimentis, sive arte coquinaria libri x. *Londini*, Bowyer, 1705, gr. in-8. (Milan, Blasius Lancilotus, 1490, in-4°). = 1400-8.

Apollonius de Rhodes. Alexandrie, 276; 186 av. J. C. L'expédition des Argonautes, trad. par J. J. A. Caussin. *Paris*, Moutardier, an v (1797); impr. J. C. Laveaux à Conflans, in-8. — 400 p. (græc.: Florentiæ, Fr. de Alopa, 1496, in-4°). = 1177-E.

Appien. Alexandrie, vers l'an 123. P. Candidi de ciuilibus romanorum bellis, in lat. trad. (à la fin) *Venetijs*, per Bernardū pictorem & Erhardum ratdolt de Augusta, unà cum Petro Ioslein de Langencen, mcccclxxvii (1477), pet. in-fol. — (440 p.). (lat.: Venet., Vind. de Spira, 1472, in-fol. — gr.: Lutet., C. Stephan., 1551, in-fol). = 1154.

Apulée (Lucius Saturantius). Madaure, 117; 180. Opera omnia qvæ exstant, emend. P. Colvi. *Lvgdvni Batavorvm*, ex offic. Plantiniana, apud Franc. Raphelengium, cIɔ Iɔ lxxxviii (1588), in-8. — (xxiv)-431-298-(xxxviij) p. (Romæ, Sweynheym et Pannartz, 1469, in-fol.). = 310.

Apulée. Metamorphoseon libri undecim. *Parisiis*, Ant. Aug. Renouard, 1796; typ. C. Crapelet, 3 vol. in-18. — 1. xiv-202 p. — 2 (iv)-206 p. — 3. (iv)-197 p. = 1517.

? Arator Subdiaconus. Gênes, 490; 556. De actibus apostolorum libri ii, rec. H. J. Arntzenius. *Zutphaniæ*, 1769. in-8. — (Poet. christ.: Ven., Aldum, 1501, in-4°). = 315.

? Aratus. Soli, 272 av. J. C. Phænomena et prognostica. *Parisiis*, apud G. Morelium, 1559, in-4°. — (Astron. veter.: Venet., Aldi, 1499, in-fol.). = 1400-6.

Archenholz (Joan Guill. de). Langenfurth près Dantzick, 3 sept. 1741; Hambourg,

28 févr. 1812. Historia belli septennis in Germania gesti (1756-1763), lat. vert H. God. Reichardus. *Barethi*, apud Ioann. Andr. Lubeccii heredes, 1792, in-8. — xxxij-323 p. et une carte. (Berlin, 1789. — Leipz., 1793, 2 vol. in-8). = 1490-3.

Arétin (Pierre). Arezzo, 20 avril 1492 ; Venise, 1557. OEuvres choisies, trad. franç. avec des notes par P. L. Jacob. *Paris*, Ch. Gosselin, 1845 ; impr. Hennuyer et Turpin, Batignolles, in-12. — (iv)-lxxi-389 p. = 1536.

Arétin. (P.). * Vita di S. Caterina . . . di Partenio Etiro. *In Venetia*, presso Marco Ginammi, 1630, in-24. — (xij)-471 p. (Venetia, 1540, in-8). = 1363.

Argou (Gabr. ; vers 1700. Institution au droit françois. *Paris*, Mariette, 1730, 2 vol. in-12. — 1. (viij)-500 p. — 2. (viij)-580 p. (Paris, 1674). = 1126.

Ariel (Edouard-Sim.). Nantes, 5 oct. 1818; Pondichéry, 23 avril 1854. Tiruvallar Tcharitra, extrait concernant Aovaé et sa généalogie. *Paris*, impr. roy., 1847, in-8. — 47 p. (extr. du Journ. Asiat.). = 1639.

Ariosto (Lodov.). Reggio, 8 sept. 1474; Ferrare, 6 juin 1533. Orlando furioso. *Milano*, per Nicolò Bettoni, 1825, 5 vol. in-8. — 1. xij-301 p. — 2. 355 p. — 3. 328 p. — 4. 351 p. — 5. 360 p. (Ferrara, per M. G. Mazoco, 1516, in-4°) = 944.

Ariosto (Lodov.). Roland furieux, trad. par de Tressan. *Paris*, Dauthereau, 1828 ; impr. F. Didot, 8 vol. in-32. — 1. (iv)-xx-201 p. — 2. (iv)-245 p. — 3. (iv)-221 p. — 4. (iv)-202 p. — 5. (iv)-228 p. — 6. (iv)-210 p. — 7. (iv)-206 p. — 8. (iv) 228 p. (Paris, 1780, 5 vol. in-12). = 831.

Aristophane. Athènes, 460 ; 388 av. J. C. Plutus, avec un choix de scolies par A. J. Ducasau. *Paris*, Brunot-Labbe, 1817 ; impr. Fain, in-12. — viij-200 p. = 129.

Aristophane. Plutus, avec des notes par M. E. Bouchez. *Paris*, Hachette, 1833 ; impr. Aug. Manavit à Toulouse, in-12. — xvi-109 p. = 640.

Aristophane. Le Plutus et les Nuées, trad. par Melle Lefèvre. *Lyon*, chez Horace Molin, MDCXCVI (1696), pet. in-8. — (LXij)-388 p. (Paris, 1684, in-12). = 425.

Aristophane. Théâtre, avec les fragmens de Ménandre et de Philémon, trad. par Poinsinet de Sivry. *Paris*, Desray, 1790, 4 vol. in-8. — 1. (ij)-472 p. — 2. (ij)-417 p. — 3. (ij)-281 p. — 4. (ij)-400 p. (gr. : Venet., Ald., 1498, in-fol. — Poinsinet : Paris, 1784, 4 vol. in-8). = 300.

Aristote. Stagyre, 384; 321 av. J. C. Lettre à Alexandre sur le système du monde, trad. par l'abbé Batteux. *Paris*, Saillant, 1768, in-8. — (IV)-151 p. (Opera, gr. : Venet. Ald., 1495-1498, 5 vol. pet. in-fol.). = 1381.

Arnauld (Antoine). Paris, 6 févr. 1612 ; Bruxelles, 8 août 1694. * La Logique ou l'art de penser septe édit (par Arnauld et Nicole). *Amsterdam*, chez Henri Wetstein, 1697, pet. in-12. — (xij)-538 p. (Paris, 1662, in-12). = 1141.

Arnauld. (Ant.) * La Logique. *Paris*, Savoye, Humblot, 1775; impr. Chardon, in-12. — XLviij-430 p. = 444.

Arnauld (Ant.). OEuvres philosophiques, avec une introd. par Jules Simon. *Paris*, A. Delahays, 1843; impr. G. Gratiot, in-12. — (iv)-XLi-563 p. = 1599.

ARNAULT (Ant. Vinc.). Paris, 22 janv. 1766; Goderville, 16 sept. 1834. Marius à Minturnes, trag., trois actes; Théât. franç., 19 mai 1791. *Paris*, Barba, 1834; impr. J. Didot, gr. in-8, 2 col. (France dramat.). — livr. 78, p. 295-306. = 555-11.

ARNAULT-ROBERT. Dictionnaire historique universel, treizᵉ édit. *Paris*, l'aut., 1832; impr. J. Smith, in-18. — 266 p. (1830 = 132.

ARNISÆUS (Henningus); près d'Halberstadt, vers 1580; Helmstadt, 1633. Doctrina Aristotelis *Amstelod.*, apud. Ludov. Elzevirium, 1651, pet. in-12. — 584-(CXLVI) p. = 1047.

ARNOULD (Aug. Jean Franç.). Paris, 29 avril 1803. — Voy. Soulié.

? ATHÉNÉE. Naucratis, vers 228. Banquet des savants, trad. par J. B. Le Febvre de Villebrune. *Paris*, Lamy, 1789-1791; impr. Didot, 5 vol. in-4°. — (gr.: Venet., Aldi, 1514, pet. in-fol.). = 1400-7.

AUDIN (J. N. V.). Lyon, vers 1789. — Voy. Richard.

AUDOIN (J. Vict.). Paris, 27 avril 1797; Paris, 9 nov. 1841. — Voy. Catalogue.

AUDRAN (Prosp. Gabr.). Paris, 4 févr. 1744; Paris, 23 juin 1819 Grammaire arabe en tableaux. *Paris*, Méquignon-junior fils, Brajeux, 1818; impr. A. Clo, in-4°. = 1118.

AUDRAN (P. G.). Grammaire hébraïque en tableaux. *Paris*, J. N. Eberhart, P. J. Méquignon, Varin, 1805, in-4° obl. = 1119.

AUGER (l'abbé Athan.). Paris, 12 déc. 1734; Paris, 7 févr. 1792. — Voy. Démosthènes, Isocrate, Lycurgue, Lysias.

AUGER (Hipp. Nic. Juste). Auxerre, 25 mai 1797. Précepteur à vingt ans! coméd., deux actes; Gymnase, 9 juin 1838. *Paris*, J. N. Barba, 1838; impr. J. Didot l'aîné, gr. in-8, 2 col. (France dramat.). — livr. 376, p. 791-808. = 561.

AUGER (Sim. Louis). Paris, 29 déc. 1772; Paris, 2 janv. 1829. — Voy. La Fontaine, Montesquieu, Sénecé, Térence.

AUGUIS (P. R.). Melle, 6 oct. 1786; Paris, 21 déc. 1844. — Voy. Catalogue, Dupaty.

AUGUSTIN (Saint). Tagaste, 13 nov. 354; Hippone, 28 août 430. Les Confessions, trad. par Du Bois. *Paris*, P. G. Le Mercier, impr.-libr., 1737, in-8. — (ij)-XLIJ-820 p. (Mediolani, Joh. Bonus, 1475, in-4°. — Du Bois : Paris, 1686, in-8). = 596.

AULU-GELLE. Rome, vers l'an 130. Noctes atticæ. *Lugduni*, apvd Ant. Gryphivm, 1566, pet. in-12. — 734-(CX) p. (Romæ, P. de Maximis, 1469, in-fol.). = 309.

AULU-GELLE. Noctes atticæ sev vigiliæ. atticæ *S. Gervasii*, apud Sam. Crispinum, MDCII (1602), pet. in-12. — (XVI)-790-(LX) p. = 1188-A.

AUSONE (Decius Magnus Peonius). Bordeaux, 309; Saintonge, 394. Opera. *Biponti*, ex typ. societ., 1785, in-8. — xxvij-354 p. (Venet., 1472, in-fol. — Bordeaux, Millanges, 1575, in-4°). = 1478

AUTRAN (Joseph). La mer, poésies. *Paris*, G. Dentu, A. Pinard, 1835; impr. A. Pinard, in-8. — (iv)-307 p. = 1463.

AVIANUS ou Avienus, vers l'an 350. — Voy. Phèdre.

AYMON, vers l'an 800. — Voy. Histoire des quatre fils Aymon.

Bachaumont (Fr. Le Coigneux de). Paris, 1624; Paris, 1702. — Voy. Chapelle.

Bachaumont (L. Petit de); vers 1695; 28 avril 1771. Mémoires secrets pour servir à l'histoire de la république des lettres en France, 1762-1787. *Londres (Hollande)*, 1777-1789, 36 vol. in-12. = 1449-3.

Bacon (le chanc. Fr.). Lond., 22 janvier 1561; Lond., 9 avril 1626. Essais de morale et de politique. *Paris*, Dentu, 1807, 2 vol. in-18. — 1. (vi)-24-viij-168-16 p. — 2. (iv)-207-16 p. (Opera: Lond., Rawley, 1638, in-fol.). = 1217.

Baïf (Laz. de); près la Flèche, vers 1490; Paris, 1514. De re vestiaria, vascularia et navali. *Lutetiæ*, apud Car. Stephanum, 1553, pet. in-8. — 189-(xxvij) p. = 1089.

Bailey (Nathan). Dictionnary english-german and german-english, ninth edit. (part. allem. par Theod. Arnold), refondu par J. A. Fahrenkrüger. *Leipzic et Zurich*, Fred. Frommann, 1796-1797. 2 vol. in-8. — 1. (viij)-952 p. — 2. (ij)-598 p. (Bailey: Londini, Cox, 1736, in-fol.). = 1104.

Baldi (Bernardino). Urbin, 6 juin 1553; Urbin, 12 oct. 1617. La Navigation, poème, trad. par M. J. Arm. de Galiani. *Paris*, Art. Bertrand, 1840; impr. F. Didot frères, gr. in-8. — 247 p. (dans Versi e prose: Venezia, 1590, in-4°). = 1490.

Ballanche (P. Sim. Louis). Lyon, 4 août 1776; Paris, 12 juin 1847. Antigone, *Paris*, imp. P. Didot l'aîné. 1814; chez Lenormant, in-8. — 226 p. = 464.

Balzac (Jean Louis Guers de). Angoulême, 1594; Angoulême, 8 ou 18 févr. 1654. Aristippe, ou de la Cour. *A Leide*, chez Jean Elsevier, 1658, pet. in-12. — 259 (xxiij) p. (Paris, 1658, in-4°). = 375.

Balzac (J. L. G. de). Carminvm libri tres; eivsdem epistolæ selectæ, edit. Ægidio Menagio. *Parisiis*, sumpt. Avgvstini Covrbé, MDCLI (1651), pet. in-12. — (xij)-201 p. (Paris, 1650, in-4°). = 1246.

Balzac (J. L. G. de). Les oevvres diverses. *A Amsterdam*, chez Daniel Elzevier, 1664, pet. in-12. — (xvi)-388 p. (Paris, 1644, in-4°). — 1511.

Balzac (Honoré de). Tours, 20 mai 1799; Paris, 19 août 1850. OEuvres illustrées. Paris, Gust. Havard, 1852; impr. Schneider, gr. in-8, 2 col. — Le Lys dans la vallée, 64 p. — César Birotteau, 64 p. — La Peau de chagrin, 64 p. = 1559.

Banier (l'abbé Ant.). Dalet, 2 nov. 1673; Paris, 19 nov. 1741. *Explication historique des fables. *Paris*, Fr. Le Breton, 1711, 2 vol. in-12. — 1. xxiv-410 p. — 2. (iv)-449 p. = 1011.

Baour-Lormian (P. Mar. Fr. Louis). Toulouse, 24 mars 1770; Paris, 19 déc. 1854. Omasis ou Joseph en Égypte, trag., cinq actes; Théât. franç., 14 sept. 1806. *Paris*, Vente, 1807; impr. P. Didot, in-8. — 70 p = 245.

Baour-Lormian (P. M. F. L.). Veillées poétiques et morales, trois^e^ édit. *Paris*, Brunot-Labbe. S. D., in-18, fig. — (iv)-239 p. = 942.

Baour-Lormian (P. M. F. L.). Le retour à la religion, poème. *Paris*, P. Dottin, 1825; impr. Rignoux, in-8. — (iv)-63 p. = 485. — Voy. Ossian, Tasse.

Barante (Am. Guill. Prosp. Brugière de). Riom, 10 juin 1782. De la Littérature française pendant le dix-huitième siècle, trois^e^ édit. *Paris*, Ladvocat, 1822; impr. F. Didot, in-18. — (iv)-xxxvi-347 p. (Paris, 1809, in-8.) = 496.

Barante (A. G. P. B. de). Des Communes et de l'Aristocratie, sec. édit. *Paris*, Ladvocat, 1821; impr. Fain, in-8. — (iv)-256 p. = 804.

? Barante (A. G. P. B de). Histoire des ducs de Bourgogne de la maison de Valois, 1364-1477, trois^e^ édit. *Paris*, Ladvocat, 1825-1828; impr. Fain, 12 vol. in-8. = 406.

Barbaroux (Ch. Ogé). Marseille, 16 août 1792. Résumé de l'histoire des États-Unis d'Amérique, sec. édit. *Paris*, Lecointe et Durey, 1824; impr. Lebel, in-18. — (iv)-356 p. = 517.

Barbazan (Étienne). Saint-Fargeau (Yonne), 1696; Paris, 8 oct. 1770. * Fabliaux et Contes des poètes françois des xii, xiii, xiv et xvèmes siècles, tirés des meilleurs auteurs. 3 vol. in-18, 1756. — 1. *A Paris*, chez Vincent, lx-306 p. — 2. *A Amsterdam*, chez Arkstée et Merkus, (iv)-360 p. — 3. *A Amsterdam*, viij-316 p = 1235.

Barbé-Marbois (le comte Franç. de). Metz, 31 janvier 1745; Paris, 14 janvier 1837. * Lettres de la marquise de Pompadour. — Voy. Pompadour.

Barbié du Bocage (Alex. Franç.). Paris, 1797; Paris, févr. 1834. Traité de géographie générale. Paris, 2 vol. in-18. — 1. 1833, impr. J. Joly à Sèvres, 112 p. et 4 cartes. — 2. 1832, impr. F. Didot frères, 108 p. et 2 cartes. (Bibliot. popul.) = 918-11.

Barbié du Bocage (J. Denis). Paris, 28 avril 1760; Paris, 28 déc. 1825. — Voy. Catal.

Barbié du Bocage (Jean Guill.). Paris, 28 avril 1793; Paris, 1843. — Voy. Catalogue.

Barbier (Ant. Alexandre). Coulommiers, 11 janv. 1765; Paris, 25 déc. 1825. Dissertation sur soixante traductions françaises de l'Imitation de J. C. *Paris*, Lefèvre, 1812; impr. A. Egron, in-12. — (vi)-xviij-286 p. = 1110. — Voy. Catalogue Boutourlin, Histoire Auguste.

Barbier d'Aucour (Jean). Langres, vers 1641; Paris, 13 sept. 1694. Sentimens de Cléanthe sur les entretiens d'Ariste et d'Eugène, quatr^e^ édit. *Paris*, libr. assoc., 1776, in-12. — xxxij-494 p. (Paris, P. Le Monnier, 1671, in-12.) = 1520 bis.

Barclay (Jean). Pont-à-Mousson, 28 janv. 1582; Rome, 12 août 1621. Euphormionis Lusinini sive Satyricon, partes quinque cum clave. *Amstelodami*, ex officina Elizei Weyerstraaten, 1664, pet. in-12. — (xij)-573 p. (Paris et Lond., 1605, in-12). = 1172-0.

Barclay (J.). La Satyre d'Euphormion, nouvellement traduite en françois. *Paris*, Jean Guignard, mdcxl (1640), pet. in-8. — (viij)-648-(xvi) p = 1128.

Barclay (J.). Argenis cum clave. *Lugd. Batav.*, ex offic. Elzeviriana, cIↃ IↃ cxxx (1630), pet. in-12. — 690-(vi) p. (Paris, 1621, in-12). = 1131.

Barclay (J.). L'Argenis, trad. par l'abbé Josse. Chartres, N. Besnard, impr.-libr., 1732, 3 vol. in-12. — 1. (iv)-xxiv-382 p. — 2. (iv)-392 p. — 3. (iv)-423 p. = 1501.

Barginet (Alex.). Grenoble, 29 juin 1798; Paris, 1843. Histoire du gouvernement féodal. *Paris*, Raymond, 1825; impr. P. Renouard, in-12. (Bibliot. du xixe siècle). — (iv)-viij-336 p. = 895.

Barlæus (Gaspard van Baerle). Anvers, 12 févr. 1584; Amsterdam, 14 janv. 1648. Poemata. *Amstelodami.* apud Ioannem Blaev, MDCXLV (1645), pet. in-12. —(xxij)-732 p. = 1462 bis.

Baron (A.). Résumé de l'histoire de la littérature française. *Paris*, impr. A. Delalain, 1835, in-18.—(IV)-207 p. = 1578.

Baron (Michel Boyron). Paris, 8 oct. 1653; Paris, 22 déc. 1729. L'Andrienne de Térence *Paris*, comp[ie]. des libr. 1749, in-8.—85 p. (Théât.: Paris, 1736, 2 vol. in-12). = 229.

Barrois (Jacq. Mar.). Paris, 1704; Paris, 20 mars 1769. — Voy. Catalogue Falconet.

Barrot (Cam. Hyac. Odilon). Villefort (Lozère), 19 juillet 1791. Discours prononcé dans les interpellations sur les affaires d'Italie, 11 juin 1849. *Paris*, typ. Panckoucke, 1849, in-8. — 30 p. = 1403-10.

Barthe (Nic. Thom.). Marseille, 1734; Paris, 17 juin 1785. OEuvres choisies. Paris, Lecointe, 1831; impr. F. Didot frères, in-18.— 228 p.= 256.

Barthélemy (Aug. Marseille). Marseille, 1796. Némésis, satire hebdomadaire, trois[e] édit. *Paris*, Perrotin, 1834; impr. H. Fournier, 2 vol. in-32 — 1. (iv)-288 p. — 2. (iv)-282 p. (Paris, 1831-1832, in-4°). = 403.— Voy. Biographie des Quarante.

Barthélemy (A. M.) et Méry. OEuvres. *Paris*, Denain, Perrotin, 1831; impr. H. Dupuy, 4 vol. in-12. — 1. xxxvi-297 p. — 2. (iv)-305 p. — 3. (iv)-347 p. — 4. (iv)-349 p. (Napoléon en Égypte: Paris, 1827, in-8). = 180.

Barthélemy (J. Jacq.). Cassis, 20 janv. 1716; Paris, 30 avril 1795. OEuvres diverses. *Paris*, Gueffier jeune, 1823; impr. F. Didot, 2 vol. in-8. — 1. cxij-302 p. — 2. viij-377 p. (Paris, 1798, 2 vol. in-8). = 95.

Barthélemy (J. J.). Voyage du jeune Anacharsis en Grèce. *Paris*, Lebigre frères, 1834; impr. E. Lesourd à Angers, 5 vol. in-8 et atlas in-4° obl. — 1. (iv)-407 p. — 2. (iv)-400 p. — 3. (iv)-390 p. — 4. (iv)-384 p. — 5. (iv)-404 p. — Atlas, viij p. et 43 cartes, grav. par A. Tardieu (Paris, 1784, 4 vol. in 4°). = 112.— Voy. Catalogue.

Bartoli (le P. Daniel). Ferrare, 12 fév. 1608; Rome, 13 janv. 1685. L'Homme de Lettres, trad. par le P. de Livoy. *Paris*, Hérissant le fils, 1769; impr. Ph. D. Pierres, 3 vol. in-12. — 1. xxiv-294-(x) p. — 2. (iv)-278-(iv) p. — 3. (iv)-284-(iv) p. = 1451 bis.

Basile le grand. Césarée, 329; Césarée, 2 janv. 379. — Voy Morceaux choisis.

Bateus (G. Bate). Maidsmorton, 1608; Londres, 19 avril 1669. Elenchi motuum nuperorum in Anglia.... *Amstelodami*, e typ. Pauli Warnaer, 1663, pet. in-12. — (xij)-175-(xvi)-288-(xxviij) p. (1649-1650). = 1362.

Batteux (l'abbé Ch. Le). Allendhuy, 7 mai 1713; Paris, 14 juillet 1780. Traité de la construction oratoire. *Paris*, Demonville, 1810, in-12. — (iv)-160 p. = 146.

Batteux (l'abbé Ch.). Les quatre Poétiques d'Aristote, d'Horace, de Vida, de Despréaux, avec les trad. et des remarq. *Paris*, Saillant et Nyon, Desaint, 1771; impr. Mich. Lambert., 2 vol. in-12. — 1. (ij)-vi-360-102 p. — 2. (iv)-267-119 p. = 350, 1368 bis.

BATTEUX (l'abbé Ch.). Histoire des causes premières. *Paris*, Saillant, 1769, in-8. —xx-456 p. = 1341.— Voy. Horace, Ocellus Lucanus, Timée de Locres.

BAUDOIN (Ph.). Code spécial de la justice de paix. *Paris*, l'aut., F. Locquin et Cie, Videcoq, 1838; impr. F. Locquin et Cie, in-8. — (iv)-XLviij-452 p. = 929.

BAYLE (Pierre). Au Carlat, 18 nov. 1647; Rotterdam, 28 déc. 1706. Dictionnaire historique et critique, douze édit. *Paris*, C. V. Duriez, Crevot, 1830; impr. Plassan et Cie. — 1. A-AGAR. (iv)-viij-478 p. — 2. AGAT-ALTI. (iv)-452 p. (Paris, 1697, 2 vol. in-fol.). = 1495.

BEATTIE (Jam.). Lawrencekirk, 25 oct. 1735; Édimbourg, 18 août 1803. Essai sur la Poésie et sur la Musique. *Paris*, Benoit, Fuchs, H. Tardieu, an VI, in-8. — (iv)-xxiv-346 p. (Essays: Édimb., 1762, in-8). = 417.

BEAUFORT (A. de). Vies de quelques bienfaiteurs de l'humanité. *Paris*, *Lyon*, Périsse frères, 1841; impr. Am. Saintin, in-12. — (vi)-375 p. = 1630.

BEAUFORT (Louis de); mort à Maestricht en 1795. La République romaine, ou plan général de l'ancien gouvernement de Rome. *Paris*, Saillant, Desaint, 1767, 6 vol. in-12.— 1. (iv)-xij-484 p.— 2. (iv)-x-386 p. — 3. (iv)-viij-418 p. — 4. xij-389 p. — 5. xij-400 p. — 6. xij-392 p. (La Haye, 1766, 2 vol. in-4°). = 828.

BEAUFORT D'HAUTPOUL (Mme A. M. de M. de Coutances de). Paris, 9 mai 1763; Paris, 20 oct. 1837. Poésies diverses. *Paris*, Fr. Louis, 1821; impr. L. T. Cellot, in-8.— viij-292 p. = 720.

BEAUMARCHAIS (P. Aug. Caron de). Paris, 24 janv. 1732; Paris, 19 mai 1799. OEuvres complètes. *Paris*, Léop. Collin, 1809, impr Vve Jeunehomme, 7 vol. in-8, fig.— 1. (iv)-559 p.— 2. (iv)-616 p.— 3. (iv)-xvi-512 p.—4. (iv)-622 p. —5. (iv)-448 p. — 6. (iv)-400 p. — 7. (iv)-xvi-312 p. = 499.

BEAUMARCHAIS (P. A. C. de) OEuvres complètes. *Paris*, Lefèvre, 1835, impr. Éverat, gr. in-8, 2 col., portr. — (iv)-788 p. = 164.

BEAUMARCHAIS (P. A. C. de). Théâtre. *Paris*, J. Bry aîné, 1849; impr. Lacour, gr. in-8, 2 col., fig., (Veillées littér. illustr). — 52 p. = 1572 bis.

BEAUMONT (Ant. Louis Ern. Duchesne). De la Propriété, thèse, 28 déc. 1838. *Paris*, 1838, impr. Moquet et Cie, in-4°. — 55 p. = 1184-12.

BEAUMONT DE LA BONNIÈRE (Gust. Aug. de). Beaumont (Sarthe), 6 févr. 1802; et AL. DE TOCQUEVILLE. Système pénitentiaire aux États-Unis, trois° édit. *Paris*, Ch. Gosselin, 1845; impr. Prévot et Drouard à Saint-Denis, in-12.— (iv)-446 p. (Paris, 1832, 2 vol. in-8). = 1593.

BEAURIEU (Gasp. Guillard de). Saint-Pol, 3 juillet 1728; Paris, 5 oct. 1795. *L'Élève de la nature. *Paris*, l'an III, 3 vol. in-18. — 1. 192 p. — 2. 202 p. — 3. 176 p. (Paris, 1763, 2 vol. in 12). = 52.

BEAUVAU (Henri de Mongogier de); mort en 1684. Mémoires pour servir à l'histoire de Charles IV, duc de Lorraine et de Bar. *Cologne*, chez Pierre Marteau, MDCXCI (1691), pet. in-12.— (xiv)-456-(xx) p. (Cologne, 1687, pet. in-12). = 1013.

BEAUVOIR (Eug Roger de). Paris, 28 nov. 1809. La Cape et l'Épée (Poésies). *Paris*, Suau de Varennes et Cie, 1837; impr. Brun, Paul Daubrée et Cie, in-8. — (iv)-412 p. = 562.

BEAUZÉE (Nic) Verdun, 9 mai 1717; Paris, 23 janv. 1789. Traité de la Ponctuation. *Paris*, Brunot-Labbe, 1810, in-12. (Encyclop., 1765, t. XIII, p. 159). = 146 bis.

BECCARIA (César Bonesana de). Milan, 15 mars 1738; Milan, 28 nov. 1794. Opere. *Milan*, Nic. Bettoni, 1824, in-8. — viij-318 p. = 827.

BECCARIA. Traité des delits et des peines trad. André Morellet (édit. Rœderer). *Paris*, 1797, in-8. — LXviij-232 p. (Trattato: Milano, 1764, in-8). = 1184-A

BELIN DE BALLU (Jacq. Nic.). Paris, 28 févr. 1753; Saint-Pétersbourg, 1815. Histoire critique de l'Éloquence chez les Grecs. *Paris*, impr. A. Belin, 1813, 2 vol in-8. — 1. (iv)-iv-375 p. 2. iv-491 p. = 1472. — Voy Lucien, Lucius, Oppien, Théophraste.

BELLEGARDE (l'abbé J B Morvan de. Piriac près de Nantes, 30 août 1648; Paris, 26 avril 1734. Réflexions sur l'élégance et la politesse du style. *Paris*, André Pralard, MDCXCV (1695), pet. in-8. — (xxij)-437-iv p. = 1012

BELMONTET (Louis). Montauban, 26 mars 1799. — Voy. Dumas, Soumet.

BENTHAM Jérémie. Houndsdish, 15 févr. 1749; Lond., 6 juin 1832 Catéchisme de la réforme électorale, traduit par Élias Regnault. *Paris*, Pagnerre, 1839; impr, Porthmann, in-18. — 186 p. = 1552 bis — Voy. Dumont.

BÉRANGER (Pierre Jean de. Paris, 19 août 1780. Oeuvres complètes. *Paris*. Perrotin, 1844; typ. Lacrampe et Cie, in-32. — (iv)-xvi-620 p. (Paris, 1815, 1821, 1823, 1828). = 1184.

BÉRARD (Pierre Clém.). Les Cancans. La Foudre (Journ. hebdom). *Paris*, août 1831, mars 1834; impr. Béthune, G. A. Dentu, Vve Thuau, Herhan, in-8. = 86.

BÉRARD (Aug. Sim Louis. Paris, 3 juin 1783. * Essai bibliographique sur les éditions des Elzévirs *Paris*, impr. F Didot, in-8, gr. pap. vél., fig. — iv)-306 p. = 1134.

BERBRUGGER Louis Adrien). Nouveau dictionnaire de poche français-espagnol et espagnol-français, sixe édit *Paris*, Thériot, 1840; impr. J. B. Gros, in-18. — (ij)-442-(ij)-650 p. (Paris, 1829 in-18. = 914.

BERCHOUX (Jos.). Saint-Symphorien Loire), 1761; Marcilly (Saône-et-Loire), 1838. La Gastronomie, quatre édit. *Paris*, Giguet et Michaud, 1805, in-18. — 266 p. (Paris, 1800). = 680

BÉRENGER (Laur. Pierre). Riez, 28 nov. 1749; Lyon, 26 sept. 1822. Poésies. *A Londres* (*Paris*, Cazin), 1785, 2 vol. in-18, fig. — 1. (iv)-231 p. — 2. (iv)-223 p. = 1670.

BÉRENGER (L. P.). La Morale en action. *Lyon*, Périsse frères, 1789, 2 vol. in-12. (Lyon, 1783, 2 vol. in-12). = 1182-3.

BERGERAC (Savinien Cyrano de). Bergerac, 1620; Paris, 1655. OEuvres. *Paris*, Ch de Sercy, MDCLXXVI (1676), 2 vol. in-12. — 1. (xij)-468 p. — 2. xviij-450 p. = 442.

BERGERON (Louis). Chauny, 1er oct. 1811. Campagnes d'Espagne et de Portugal sous l'Empire. *Paris*, 1833, in-18. (Bibliot. popul.) — 100 p. = 918-20.

Berkeley (George). Kilcrin, 1684; Oxford, 1753. Dialogues entre Hylas et Philonoüs (* trad. par l'abbé de Gua de Malves). *Amsterdam (Paris)*, 1750, in-12.— (iv)-xx-288 p. (Lond., 1713).= 519.

Bernard (P. Jos. Gentil). Grenoble, 1710; Paris, 1er sept. 1775. OEuvres. *Paris*, J. B. Fournier père et fils, 1802, in-36. — 204 p. (Bibliot. portat. du Voyageur). = 1431 bis.

Bernard (P. J. G.). OEuvres choisies. *Paris*, impr. P. Didot l'aîné et F. Didot, 1816, in-18. — viij-235 p. = 868.

Bernard (P. J. G.). OEuvres complètes. *Paris*, S. D., in-24. — (iv)-265 p. = 8.

Bernard (P. J. G.). OEuvres complettes. *Angers*, Mame, an III, in-24. — 226 p.= 1175 bis.

Bernard (S. F.). Histoire des progrès de la Société de Jésus à Castres. *Castres*, impr. Vidal, 1845, in-8. — 59-20 p = 1403 bis.

Bernis (le cardinal Fr. Joach. de Pierres de). Saint-Marcel de l'Ardèche, 22 mai 1715; Rome, 1er nov. 1794. OEuvres. *Paris*, H. Nicolle, A. A. Renouard, 1810; impr. Mame frères, 2 vol. in-18. — 1. 216 p. — 2. 282 p. = 824.

Bernis (F. J. P. de). OEuvres. *Paris*, impr. stér., A. Belin, 1813, 2 vol. in-18. (même édit. que la précéd.). = 150.

Beroalde de Verville (François). Paris, 28 avril 1558; Paris, vers 1612. Le Moyen de Parvenir, œuvre contenant la raison de ce qui a été, est et sera; revu par Paul L. Jacob. *Paris*, Ch. Gosselin, 1841; impr. Aug. Desrez, Batignolles, in-12. — xxxij-506 p. (Paris, 1610, in-12). = 1543.

? Bérose (Jean). Babylone, vers 276 av. J. C. Chaldæorum historiæ quæ supersunt ed. Richter. *Leipzig*, Hartman, 1825, in-8. = 1400-32.

Berriat-Saint-Prix (Aimé Fél.-Julien). Grenoble, 26 sept. 1810. * Commentaire sur la Charte constitutionnelle. *Paris*, Videcoq, C. H. Langlois, Delaunay, 1836; impr. E. J. Bailly et Cie, in-8. — (iv)-480 p. = 795.

Bertheréau. Histoire de France. *Paris*, 1836, impr. Éverat, in-18. — 108 p. (Collect. Mr Jacques) = 1165-3.

Bertin (le chev. Ant.) Ile Bourbon, 10 oct. 1752; Saint-Domingue, juin 1790. OEuvres. *Angers*, Mame, 1795, 2 vol. pet. in-12, fig. — 1. (iv)-170 p. — 2. (iv)-200 p. = 1169-a.

Bertin (le chev. Ant.). OEuvres complètes, édit. Lepeintre. *Paris*, Philippe, 1831; impr. Moessard, in-18, portr. — (iv)-xiv-271 p. = 155.

Berton (Jean Michel). Cahors, 12 juillet 1794. Les Turcs au xixe siècle, suiv. d'une trad. des lettres de Lady Montague par Mme Dufrénoy. *Paris*, (Dom. Belin), 1822; impr. Dondey-Dupré, in-8. — (iv)-434 p. = 525.

Bertrand-Quinquet; mort à Paris le 12 juin 1808. Traité de l'Imprimerie. *Paris*, C. Volland, an VII; impr. Bertr.-Quinquet, in-4°. — (viij)-288 p. et x planch. = 1461.

Beschi (Constantin Joseph); mort en 1742 à Gayalpatnam (Mannar-pattou). A. M. D. G. Grammatica latino-tamulica, in qua de vulgari tamulicæ linguæ idiomate கொடுந்தமிழ் (Codountamije) dicto fusius tractatur, nova edit. ab uno missionario apostolico (* Dupuis). *Pudicherii*, e typ. Missionariorum apostolicorum, 1843, in-8. —(iv)-viij-215-30 p. (Trangambariæ (Tranquebar), typ. Missionis danicæ, 1738, in-8). = 1651 bis.

Bétolaud (Vict. And. Raymond). Paris, 28 juillet 1804. Traité élémentaire de l'accentuation grecque. *Paris*, L. Hachette, 1837; impr. J. Gratiot, in-12. — (iv)-83 p = 947.

Betting de Lancastel. Saar-Union (Bas-Rhin), 5 mars 1798. Statistique de l'île Bourbon. *Saint-Denis*, impr. Lahuppe, 1827, pet. in-4°, tableaux. — 198 p. = 106.

Beudin (Jacq. Fél.). Paris, 12 avril 1796. — Voy. Dumas.

Beyle (Marie Henri). Grenoble, 23 janv. 1783; Civita-Vecchia, 20 mars 1842. * Le Rouge et le Noir, par Stendhal. *Paris*, J. Hetzel, 1846; impr. Nap. Chaix et Cie, in-12.— (iv)-468 p. (Paris, 1831, 2 vol. in-8). = 1521.

Biagioli (Nic. Josaphat). Vezzano, 1768; Paris, 13 déc. 1830. Grammaire italienne élémentaire et raisonnée, trois^e édit. *Paris*, Blankestein, 1812; impr. Dondey-Dupré, in-8. — xxxvi-466-(iv)-100 p. (Paris, 1805, in-8). = 890.

Biblia sacra vulgatæ editionis. (S. Jérôme, 384. Clément VIII; Rome, 1592). *Lugduni*, apud Petrum Valfray, 1710, pet. in-8. — xx-910-(xlviij) p. (Mogunt., per J. Fust et P. Schoiffer de Gernsheim, 1462, 2 vol. in-fol.). = 201.

Bible (la Sainte), trad. Le Maistre de Saci. *Paris*, Guill. Desprez, 1742, 3 vol. in-12. — 1. (ij)-xxiv-751 p. — 2. (iv)-687 p. — 3. (iv)-476 p. (Paris, 1672, 32 vol. in-8). = 1176-u.

Bible (Sainte). (* trad. Nicolas Le Gros). *Cologne*, 1753, 8 vol. in-18. — 1. xxiv-528 p. — 2. (iv)-528 p. — 3. (iv)-362 p. — 4. (iv)-360? p. — 5. (iv)-lxvi-310 p. — 6. 341 p. — 7. (iv)-353 p. — 8. 303 p. (Cologne, 1739, in-12). = 1085.

Bible (la Sainte), revue par les pasteurs de Genève (* trad. par P. Rob. Olivetan et revue par Calvin). *Amsterdam*, chez Pierre Mortier, 17.., pet. in-12. — Signat. a-ppp et a-t. (Neufchâtel, 1535, in-fol.). = 294.

Bibia volgare, trad per don Nic. de'Malermi. *In Venetia*, appresso Andrea Muschio, 1566, pet. in-4°, fig. bois. = (xlviij)-1304 p. (Venecia, 1471, 2 vol. in-fol.). = 1171-u.

Biblia das ist die gantze heilige schrifft alten und neven testaments. Teutsch. D. Martin Luther. *Amsterdam*, bey Henrich Wetstein, 1701, pet. in-12. — 608-224-151-282-112-112-32 p. (Nuremberg, 1524, 3 vol. in-fol.). = 1167-i.

Bible (the Holy). (* transl. Miles Coverdale). *Oxford*, print. Clarendon press, by Dawson, Bensley, Cooke, 1799, pet. in-12. — (944) p. (Zurich, 1535, in-fol.). = 1173.

Bible (the Holy). *London*, publ. for J. Reeves, by G. and W. Nicol, 1811, pet. in-12. — (856) p. = 1236.

Bible (the Holy). *Oxford*, print. Clarendon press, by Bensley, Cooke and Collingwood, 1812, pet. in-12. — (840-252) p. = 1581-33.

Bible (Figvres des histoires de la Sainte). *Paris*, Gvillavme Le Bé, 1646, in-fol. — (viij)-272-(viij) p. = 1180.

Bible. — Voy. Actus apostolorum, Ezéchiel, Mézenguy, Royaumont, Testament (Nouveau).

Bibliographie de la France, ou Journal général de l'Imprimerie et de la Librairie, et des cartes géographiques, gravures, lithographies et œuvres de musique, XLe année. *Paris*, Pillet aîné, 1851; impr. Pillet fils ainé, in-8; feuilleton, 508 p.; table par L. Marette), 269 p. (librairie, 7350 n[os]; cartes, 133 n[os]; estampes, 1014 n[os]; musique, 485 n[os]). — (iv)-720 p. = 1556 bis.

Bibliographie de la France, XLIe année, 1852; feuilleton, 568 p.; tables, 424 p. (libr., 7787 n[os]; cartes, 147 n[os]; estampes, 1736 n[os]; musique, 745 n[os]). — iv)-804 p. = 1556 bis.

Bibliographie de la France, XLIIe année, 1853; feuilleton, 736 p.; tables, 420? p.; (librairie, 8060 n[os]; cartes, 173 n[os]; estampes, 2263 n[os]; musique, 1262 n[os]). — (iv)-904 p. = 1556 bis.

Bibliographie de la France, XLIIIe année, 1854; feuilleton, 640 p.; tables 419 p. (librairie), 8011 n[os]; cartes, 327 n[os]; estampes, 6252 n[os]; musique, 556 n[os]). — (iv)-948 p. = 1556 bis.

Bibliographie de la France, XLIVe année, 1855; feuilleton, 658? p.; tables, 420? p.; (librairie, 8082? n[os]; cartes, 307? n[os]; estampes, 2625? n[os]; musique, 1003? n[os]). — (iv)-930? p. = 1556 bis.

Bibliothèque angloise (* par Mich. de La Roche et Arm. de La Chapelle). *Amsterdam*, chez Pierre de Coup et Marret, 1717-1728, 15 vol. pet. in-12. = 1173-ρ.

Bibliothèque des romans grecs. *Paris*, Guillaume, 1797, 12 vol. in-18. — Voy. Achille Tatius, Chariton, Eustathe, Héliodore, Longus, Lucien, Lucius, Prodrome, Xénophon.

Bibliothèque du XIXe siècle. *Paris*, Raymond, 1825, 100 vol. in-12. — Voy. Barginet, Botta, Brierre et Potier, Buchez et Trélat, Carrion-Nisas, Dubochet, Grimaud et Durocher, Jacquier, Legrand, Lamare, Loëve-Weymar, Meiners, Montglave, Millet, Palla, Raffenel, Scheffer.

Bibliothèque populaire. *Paris*, 1832-1834, 121 tom. en 27 vol. in-18. = 918.

Bibliothèque portative du voyageur. *Paris*, J. B. Fournier, 1802, in-36. — Voy. Bernard, Hamilton, Longus, Piron.

Biographie des quarante de l'académie française (* par Barthélemy, Méry et L. Vidal). *Paris*, impr. Moreau, 1826, in-8. — x-372 p. = 775.

Biographie étrangère. *Paris*, Al. Eymery, 1819; impr. Cosson, 2 vol. in-8. — 1. (iv)-470 p. — 2. (iv)-452 p = 1377.

Biographie portative universelle, par Lud. Lalanne, L. Renier, Th. Bernard, C. Laumier, S. Choler, J. Mongin, E Janin, A. Deloye, C. Friess. *Paris*, J. J. Dubochet et Cie, 1844; impr. Béthune et Plon, in-12, 2 col. — (viij-982) p. = 1489.

Biographie universelle ancienne et moderne, sec. édit. révisée par Ch. Winter. *Paris*, A. Thoisnier-Desplaces, Michaud, 1843-1844; impr. Schneider et Langrand, 8 vol. gr. in-8, 2 col. — 1. A-ANG. xij-712 p. — 2. ANH-BAL. (iv)-704 p. — 3. BAM-BER. (iv)-704 p. — 4. BER-BON (iv)-700 p. — 5. BON-BRU. (iv)-696 p. — 6. BRU-CAR. (iv)-702 p. — 7. CAR-CHA. (iv)-704 p. — 8. CHA-COM. (iv)-702 p. = 1424.

Biographie universelle (nouvelle), sous la dir. du Dr Hoefer. *Paris*, F. Didot frères, typ., 1852-1853, 9 vol. in-8, 2 col. — 1. A-ALF. (iv)-iv p.-956 col. — 2. ALF-ARA. (iv) p.-960 col. — 3. ARB-AZZ. (iv) p.-946 col. — 4. BAA-BEA. (iv) p.-948 col. — 5. BEA-BIC. (iv) p.-944 col. — 6. BIC-BOU. (iv) p.-952 col. — 7. BOU-BZO. (iv) p.-960 col. — 8. CAB-CAS. (iv) p.-960 col. — 9. CAS-CHA. (iv) p.-958 col. = 1557, 1584 bis.

Bion Syracuse, 290 av. J. C. Les Idylles de Bion et de Moschus, trad. en vers françois (*par de Longepierre). *Paris*, P. Aubouin, P. Émery, Ch. Clousier, 1686, in-12. — (xxviij)-246 p. (gr.: Bruges, 1565, in-4o). = 1454.

Biret (Aimé Ch. L. Modeste). Champ-Saint-Père, (Vendée) 3 janv. 1767; Paris, 8 déc. 1839. Vocabulaire des cinq codes. *Paris*, Tournachon-Molin, 1826; impr. Lachevardière fils, in-8. — (iv)-iv-510 p. = 776.

Bitaubé (Paul Jérémie). Kœnigsberg, 24 nov. 1732; Paris, 22 nov. 1808. Joseph. *Paris*, Didier, 1833; impr. Bacquenois et Appert, in-8, fig. — (iv)-xvi-316 p. (Paris, 1767, in-8) = 158.— Voy. Homère.

Blair (Hugh). Édimbourg, 7 avril 1718; Édimb., 24 déc. 1800. Leçons de rhétorique et de belles-lettres, trad. Cantwell. *Paris*, Gide, an V; impr. Pongin, 4 vol. in-8. — 1. xvi-319 p. — 2. (vi)-335 p. — 3. (vi)-306 p. — 4. (vi)-324 p. (Lond., 1783, 2 vol. in-4o). = 1479.

Blanc (Charles); né à Castres. Histoire des peintres français au XIXe siècle. *Paris*, Cauville, 1847; typ. Lacrampe et Cie, in-8, t. 1 (le seul publ.). — (viij)-445 p = 1477.

Blanqui (Jérôme Adolphe). Nice, 21 nov. 1798; Paris, 28 janv. 1854. Résumé de l'histoire du commerce et de l'industrie. *Paris*, Lecointe et Durey, 1826; imp. Dondey, in-18. — (iv)- xij-254 p. = 1441.

Blégny (Nic. de). Paris, 1652; Avignon, 1722. Le bon usage du thé, du caffé et du chocolat. *Paris*, Vve D'Houry, Vve Nion, 1687, pet. in-12, fig. — (xxij)-358-(iv) p. = 976.

Blin (A.). அகராதித்திரட்டு (Agarâdittam je). Dictionnaire français-tamoul et tamoul-français. *Paris*, Dondey-Dupré, impr.-libr., 1831, in-8, obl. (lithographié). — viij-1 tabl.-282 p. = 1651.

Blondeau (J. B. Ant. Hyacinthe). Namur, 20 août 1784; Paris, 12 nov. 1854. — Voy. Justinien, Institutes.

Boccace (Jean). Paris, 1313; Certaldo, 21 déc. 1375. Il decamerone. *Firenze* (*Avignone*, Fr. Seguin), 1820, 5 vol. in-18. — 1. xiv-244 p. — 2. 232 p. — 3. 161 p. — 4. 212 p. — 5. 208 p. (Ven., 1471, in-fol.). = 1469.

Boccace. Contes. Le décaméron, ou les dix journées galantes, trad. Sabatier de Castres. *Paris*, F. Béchet, 1850; impr. Vialat et Cie à Lagny, in-8. — 376 p. (Paris, 1779). = 1486.

BOCCACE. Le décaméron, trad. Sabatier de Castres. revue par P. Christian. *Paris*, V. Lecou, 1846; impr. A. Henry, in-12. — (iv.-xviij-574 p. = 1591 bis.

BODIN (Félix). Saumur, 29 déc. 1795; Paris, 7 mai 1837. Études historiques et politiques sur les assemblées représentatives. *Paris*, Leçointe et Durey, 1823; impr. Lebel, in 18 — viij-270 p. = 290.

BODIN (Félix). Résumé de l'histoire de France, sec. édit. *Paris*, Lecointe et Durey, Alex. Johanneau, Baudoin frères, 1822; impr. A. Bailleul, in-18. — viij-244 p = 285. — Douz° édit., *Paris*, Lecointe et Pougin, 1834; impr. Decourchant, in-18. — 288 p. = 1366 bis.

BODIN (Félix). Résumé de l'histoire d'Angleterre, sec. édit. *Paris*, Lecointe et Durey, 1824; impr. Cosson, in-18. — xxxiv-268 p. = 494.

BODIN (Jean). Angers, vers 1530; Laon, 1596. — Voy. Lavie.

BOËCE (Anicius Manlius Torquatus Severinus Boethius). Rome, vers 470; Pavie, 23 oct. 526. De consolatione philosophiæ libri v, cum præf. P. Bertii. *Amstelodami*, apud Ioann. Blaev, MDCLXVIII (1668), in-24. — (LXX)-212 p. (Nurembergæ, Ant. Coburger, 1473. gr. in-fol.). = 314.

BOËCE. La consolation de la philosophie, trad. par M. C. (*l'abbé Léon Colesse). *Paris*, Gogué, 1772, in-12. — LXXX-264 p = 1409.

BOERHAAVE (Herm.). Woorhout, 31 déc. 1668; Leyde, 23 sept. 1738. Aphorismes, trad par***(La Mettrie). *Paris*, P. Huart, 1745, in-12 — x-552 p. (Leyde, 1709, pet. in-12; trad. La Mettrie: Rennes, 1738, pet. in-8). = 1007.

BOILEAU-DESPRÉAUX Nicolas). Crosne, 1er nov 1636; Paris, 13 mars 1711. OEuvres diverses du Sieur D***, avec le traité du Sublime. *Paris*, Claude Barbin, MDCLXXXV (1685), in-12 — (xij)-298- xviij -190 p. (Paris, Cl. Barbin, 1666, pet. in-12). = 1009.

BOILEAU-DESPRÉAUX. OEuvres *Paris*, aux dép. de la Cie, 1775; impr. Chardon, pet. in-12 — 360 p = 1137-3.

BOILEAU-DESPRÉAUX. OEuvres. *Paris*, Ledentu, 1818; impr. J. B. Imbert, in-18, portr. — 372 p = 44.

BOILEAU-DESPRÉAUX. OEuvres poétiques, avec un nouv. comm. par M. Amar. *Paris*, L. Hachette, 1829; impr. E Duverger, in-12. — x-305 p. = 144.

BOILEAU-DESPRÉAUX. OEuvres complètes, précéd. d'une notice par M. Daunou; rev. par M. Léon Thiessé. *Paris*, Pourrat frères, 1832; impr. Rignoux, 3 vol. in-8. — 1. (iv)-c-320 p. — 2. (iv)-440 p. — 3. (iv) 402 p. = 451.

BOILEAU-DESPRÉAUX. OEuvres complètes, publ. par L. S. Auger. *Paris*, Lefèvre, Brière, 1825; impr. Jules Didot l'aîné, 5 vol. in-32. — 1. (iv)-iv-310 p. — 2. (iv)-356 p. — 3. (iv)-368 p. — 4. (iv)-286 p. — 5. (iv)-268 p. = 686.

BOILEAU-DESPRÉAUX. Opera in lat. num. transl. a D. Godeau, cum quib. version. a Rollino, Grenario, Bizoto, Vaesbergio, aliisque. *Parisiis*, sumpt. Barth. Alix, 1737; impr. Cl. Simon, in-12. — (xij-473-(iv) p. = 1142-3. — Voy. Batteux.

BOILEAU (Gilles). Paris, 10 mars 1631; Paris, 22 oct. 1669. * La vie d'Épictète et sa philosophie, sec. édit. *Paris*, chez Gvill. de Lvyne, MDCLVII (1657), pet. in-12. — (xxxiv)-297-(xviij) p.-1 tabl.-9 p. (Paris, 1655, in-8). = 762.

BOILEUX (Jacq. Mar.). Caen, 1803. Commentaire sur le Code civil, quatre édit. revue par F. F. Poncelet. *Paris*, Joubert, 1838; impr. A. E. Fain et E. Thunot, 3 vol. in-8. — 1. (iv)-cxx-519 p. — 2. (iv)-674 p. — 3. (iv)-763 p. (Paris, 1828-1834, 3 vol. in-8). = 925 bis.

BOIME-SIMON (A.). Mythologie grecque et romaine. *Paris*, 1833, in-18. (Bibliot. popul.). — 106 p. = 918-12.

BOINDIN (Nic.). Paris, 29 mai 1676; Paris, 30 nov. 1751. OEuvres (* publ. par Parfaict l'aîné). *Paris*, Prault fils, 1753, 2 vol. in-12, — 1. (iv)-xxiij-287 p. — 2. (iv)-352 p. = 1522 bis.

BOINDIN (Nic). Chefs-d'œuvre dramatiques. *Paris*, Belin, Valade l'aîné, 1791; impr. Vve Valade, in-18. = 334.

BOINVILLIERS-DESJARDINS (J. Ét. Judith Forestier). Versailles, 3 juillet 1764; Ourscamp (Oise), 30 avril 1836. Code moral ou choix de sentences et de proverbes tirés des meilleurs auteurs. *Paris*, Al. Eymery, 1825; impr. G. C. Vitry à Versailles, in-12. — viij-330 p. = 1307.

BOISSONNADE (J. Franç.). Paris, 12 août 1774. — Voy. Andreopulos, Dinys.

BOISSY (Louis de). Vic, 26 nov. 1694; Paris, 19 avril 1758. OEuvres choisies. *Paris*, Lecointe, 1830; impr. Lachevardière, 2 vol. in-18. — 1. 229 p. — 2. 201 p. = 257.

BOITARD (Jos. Edouard). Paris, 13 août 1804; Paris, 12 sept. 1835. Code de procédure civile. Leçons, publ. par Gust. de Linage. *Paris*, G. Thorel, 1837; impr. Cosson, 3 vol. in-8, — 1. (IV)-646 p. — 2. (IV)-539 p. — 3. (IV)-526 p. — Code d'instruction criminelle, 1839; (IV)-513 p. — Code pénal, 1837; (IV)-367 p. = 723, 925-3.

BOLINGBROKE (H. Paulett of St-John). Batersea, 1er oct. 1672; Batersea, 15 déc. 1751. Letters on the study and use of history. *Basil*, J. J. Tourneisen, 1791, in-8. — (IV)-308 p. (Lond., 1737). = 997.

BOMARE. — Voy. Valmont de Bomare.

BONAPARTE (Lucien). Ajaccio, 1775; Viterbe, 29 juin 1840. La Tribu indienne, ou Edouard et Stellina. *Paris*, J. Bry aîné, 1848; impr. Lacour, gr. in-8, 2 col. (Veill. littér. illustr.). — 24 p. (Paris, 1799, 2 vol. in-12). = 1569.

BONAPARTE (Napoléon). Ajaccio, 15 août 1769; Ste Hélène, 5 mai 1821. Biographie des contemporains, extraite des écrits de Napoléon (* par Léon. Gallois). *Paris*, Jules Lefebvre et Cie, P. Froment, 1830; impr. Dezauche, in-18. — (IV)-212 p. = 83.

BONAPARTE (Pierre-Napoléon); né en 1815. La Rose de Castro, trad. de l'ital. par L. Barré. *Paris*, J. Bry aîné, 1848; impr. Lacour et Cie, gr. in-8, 2 col. (Veill. littér. illustr.). — 24 p. (Bruxelles, 1843, in-18). = 1569 bis.

Bonarelli della Rovere (Guidubaldo). Urbin, 25 déc. 1563 ; Fano, 8 janv. 1608. Filli di Sciro. *Parigi*, Cazin, 1786 ; stamp di Jacob in Orleans, in-18. — xij-228 p. (Ferrare, 1607, in-4°). = 1153.

Bonarelli. Filli di Sciro, con le fig. di Seb. Le Clerc. *In Glascua*, R. ed A. Foulis, 1752, in-12. — xvj-171 p., 7 fig. = 1181.

Bonarelli. Filli di Sciro. *Amsterdam*, D. Elsevier ; *Parigi*, Th. Jolly, 1678, in-24. —168 p. = 1427.

Bongars (Jacq.). Orléans, 1546 ou 1554 ; Paris, 29 juillet 1612. Epistolæ ad Joach. Camerarium. *Lugd. Batav.*, ex officina Elzeviriorum, cIↄ Iↄ cxlvii (1647), pet. in-12. — (xij)-444 p. = 1069.

Boniface (Alexandre). Paris, 24 déc. 1785 ; Corbeil, 26 mai 1841. Aperçu de la géographie ancienne. *Paris*, impr. Crapelet, 1830, in-18. — 60 p. = 1167-7.

Boniface. (A.). Dictionnaire français-anglais et anglais-français, onz^e édit. *Paris*, Belin-Mandar, 1843 ; impr. Belin-Mandar à Saint-Cloud, 2 vol. in-8, 2 col. — 1. 14-xi-256 p. — 2. (iv)-924 p. (Paris, 1822, 2 vol. in-8). = 1575 bis.

Bonnard (Bern. de). Semur, 22 oct. 1744 ; en Bourgogne, 24 sept. 1784. Poésies. *Paris*, Roux-Dufort aîné, 1825 ; impr. Rignoux, in-32, portr. — xij-232. (Paris, 1791, in-8). = 812.

Bonne (Rigobert). Raucourt, 1727 ; Paris, 2 déc. 1794. — Voy. Grenet.

Bonnechose (Franç. Paul Émile de). Leyerdorp (Hollande), 18 août 1801. Histoire de France. *Paris*, Firm. Didot frères, L. Hachette, 1834, 2 vol. in-12. — 1. xij-464 p. — 2. (iv)-450 ? p. = 941.

Bonnelier (Hippolyte). Urbain Grandier. *Paris*, Vernarel et Tenon, 1825 ; impr. Lebel, in-12. — xix-240 p. = 1493.

Bonnet (Franç. Adr.). Bordeaux, 29 août 1820. Éloge de M. Lainé, 21 déc. 1844. *Bordeaux*, impr. H. Faye, 1845, in-8. — 27 p. = 1184-30.

Bonvalot (Ant. Franç.). Salins, 1784. Révolutions de la Perse ancienne et moderne. *Paris*, 1833 ; impr. J. L. Joly à Sèvres, in-18. — 108 p. (Bibliot. popul.) = 918-21.

Book (the) of common prayer. *Edinburg*, print. D. Hunter, Blair, and J. Bruce, 1815, pet. in-12. — (a-l ; a-b.) = 860.

Book (the) of common prayer. *Oxford*, Clarendon press, Dawson, Bensley and Cooke, 1804, in-32. — 26 f. = 1581-34.

Bordelon (l'abbé Laurent). Bourges, 1653 ou 1663 ; Paris, 6 avril 1730. Nouvelles remarques. *Lyon*, Ant. Briasson, mdcxcv (1695), in-12, portr. — (viij)- 486 p. (1690, in-12). = 1523-3.

Borel (Fr.). De l'origine et des fonctions des consuls. *Saint-Pétersbourg*, A. Pluchart, 1807, in-8. — viij-361 p. = 1186.

Bory de Saint-Vincent (J. B. Georg. Marie). Agen, 1780 ; Paris, 22 déc. 1846. Instinct et mœurs des animaux. *Paris*, 1833 ; impr. J. L. Joly à Sèvres, in-18. — 104 p. (Bibliot. popul.) = 918-25.

Bory de Saint-Vincent (J. B. G. M.). Résumé géographique de la péninsule ibérique. *Paris*, Ambr. Dupont et Roret, 1826; impr. Lachevardière fils, in-18. — xiv-376 p. et une carte. = 477.

Bosquillon (Édouard Franç. Marie). Montdidier, 20 mars 1744; Paris, 21 nov. 1814. — Voy. Catalogue, Hippocrate.

Bossuet (Jacq. Bénigne). Dijon, 27 sept. 1627; Paris, 12 avril 1704. Déclaration de 1682, huitᵉ édit. *Paris*, Brière, Ponthieu, avril 1826; impr. J. Pinard, in-48. — 63 p. (9 nov. 1682). = 536.

Bossuet (J. B.). Morceaux choisis, par l'abbé Rolland. *Paris*, Boiste fils aîné, 1822; impr. Clo, in-18, portr. — viij-311 p. = 377.

Bossuet (J. B.). Oraisons funèbres. *Paris*, impr. P. Didot l'aîné, 1814, in-8. — xx-391 p. (Paris, 1689, in-12). = 501.

Bossuet (J. B.). Oraisons funèbres. *Paris*, Lecointe, 1835; impr. F. Didot frères, in-18. — 299 p. = 845.

Bossuet (J. B.). Discours sur l'histoire universelle. *Paris*, Ledentu, 1835; impr. Cosson, 2 vol. in 8. — 1. (iv)-xvi-308 p. — 2. (iv)-372 p. (Paris, 1681, in-4°). = 1581.

Bossuet (J. B.). Discours sur l'histoire universelle. *Paris*, Lefèvre, 1836; impr. Crapelet, in-8, portr. — (iv)-448 p. = 486.

Botta (Ch. Jos. Guill.). Saint-George (Piémont), 6 nov. 1766; Paris, 10 août 1837. Histoire des peuples d'Italie. *Paris*, Raymond, 1825; impr. Lachevardière fils, 3 vol. in-12. — 1. (iv)-361 p. — 2. (iv)-330 p. — 3. (iv)-299 p. (Bibliot. du xixᵉ siècle). = 838.

Bottarelli (F.). Nouveau dictionnaire de poche françois, italien et anglois, sec édit. *Nice*, Soc. typog., 1790, in 16, 2 col. — viij-460 p. = 585.

Boucheporn (Félix de). Explication de la carte géologique du dépᵗ. du Tarn. *Paris*, impr. nationale, 1848, in 8. — (iv)-lxi-114 p. = 1402-3.

Boucher d'Argis. Nouveau dictionnaire raisonné de la taxe en matière civile. *Paris*, Cosse et Delamotte, 1844; impr. Cosse, in-8. — viij-460 p. = 1624.

Boufflers (le chev. Stan. de). Lunéville, 1737; Paris, 18 janv. 1815. Œuvres. *La Haye*, Detune, 1772, in-24. — 144 p. = 8.

Boufflers (le chev. S. de). Œuvres choisies. *Paris*, Mansut fils, 1827; impr. Fournier, in-32, portr. — viij-214 p. = 881.

Boufflers (le chev. S. de). Le Derviche, Tamara et Ahl si... *Paris*, Dauthereau, 1829; impr. F. Didot, in-32. — 300 p. = 744.

Bouhours (le P. Domin.). Paris, 1628; Paris, 27 mai 1702. * Recueil de vers choisis. *Paris*, L. Josse, 1701, in 12. — (vi)-445-(vij) p. (Paris, 1693, in-12). = 1016.

Bouhours (le P. D.). * Les Entretiens d'Ariste et d'Eugène. *Paris*, Séb. M. Cramoisy, mdclxxi (1671), in-4°. — (xij)-445-(xxxvi) p. (prem. édit.). = 1483.

Bouhours (le P. D.). * La Manière de bien penser dans les ouvrages d'esprit, sec. édit. *Paris*, chez la Vᵛᵉ de Séb. M. Cramoisy, mdclxxxviii (1688), in-12. — (vi)-545-(xxxij) p. (Paris, 1687, in-4°). = 1483 bis.

BOUILLET (Marie Nic.). Paris, 5 mai 1798. Dictionnaire universel d'histoire et de géographie, neuvᵉ édit. *Paris*, L. Hachette et Cie, 1852; typ. Panckoucke, gr. in-8. — (iv)-viij-1924-96 p. (1842). = 1555.

BOUILLOD. Persécution d'un français plaidant sous le gouvernement oligarchique de Gênes en 1793. *Nice*, impr. Bouillod et Cie, an V, in-8, fig. - xij-180 p. = 1178-A.

BOUILLY (Jean Nic.). La Coudraye près Tours, 1763; Paris, 14 avril 1842. Conseils à ma fille, sixᵉ édit. *Paris*, L. Janet, S. D.; impr. Richomme, 2 vol. in-12, fig. — 1. 372 p. — 2. 354 p. (1809). = 669.

BOUILLY (J. N.). Les Encouragements de la jeunesse. *Paris*, Mme Deville, 1815; impr. Lenormant, in-12, fig. - (iv)-viij-345 p. = 28.

BOUILLY (J. N.). L'Abbé de l'Épée, coméd., cinq actes; 15 déc. 1799. *Paris*, André, impr.-libr., 1800, in-8. — xvi-86 p. = 383.

BOUÏRE-BEAUVALLON (Sim. Mar. J. Léon). Bordeaux, 28 juin 1817. Observations sur l'instruction des affaires criminelles. *Bordeaux*, impr. P. Coudert, 1845, in-8. — 17 p. = 1184 bis.

BOULARD (Ant. Mar. Henri). Paris, 15 sept. 1745; Paris, 8 mai 1825. — Voy. Catalogue, Schomberg.

BOULAY-PATY (Évariste Fél. Cyprien). Donges (Loire-infér.), 19 oct. 1815. Odes. *Paris*, W. Coquebert, 1844; typ. F. Didot Frères, in-8, fig. — viij-367 p. = 1439.

BOURDALOUE (Louis). Bourges, 20 août 1632; Paris, 13 mai 1704. Morceaux choisis, par Henri Lemaire. *Paris*, Belin fils, 1810; impr. J. B. Imbert, in-18. — 319 p. = 23.

BOURDALOUE (L.). Œuvres complètes. *Paris*, Gautier frères et Cie, impr.-libr., 16 vol. in-8. — Avent, 1. LXIV-646 p. — Carême, 2. (iv)-629 p. — 3. (iv)-676 p. — 4. (iv)-638 p. — Dominicales, 5. (iv)-586 p. — 6. (iv)-580 p. — 7. (iv)-601 p. — Exhortations, 8. (iv)-522 p. — 9. (iv)-483 p. — Mystères, 10. (iv)-562 p. — 11. (iv)-597 p. — Panégyriques, 12. (iv)-559 p. — 13. (iv)-575 p. — Pensées, 14. (iv)-652 p. — 15. (iv)-648 p. — Retraite, 16. (iv)-500 p. (Paris, 1707-1734, impr. roy., 16 vol. in-8). = 908-

BOURDON (Pierre Louis Marie). Éléments d'arithmétique, quinzᵉ édit. *Paris*, Bachelier, impr.-libr., 1837, in-8. — xij-381 p. (1821). = 638.

BOURGEOIS (Anicet) et Julien MALLIAN. La Nonne sanglante, drame, cinq actes; Porte-Saint-Martin, 17 févr. 1835. *Paris*, Marchant, 1835; impr. J. J. Mévrel, gr. in-8, 2 col. — 31 p. (Mag. théât.). = 557-17.

BOURBUT (Mlle). * Quelques feuilles détachées d'un grand livre, pensées d'une servante de Dieu. *Lille*, L. Lefort, impr.-libr., 1850, in-18. — 107 p. = 1406 bis.

BOURSAULT (Edme). Mussy-l'Évêque, oct. 1638; Montluçon, 15 sept. 1701. Œuvres choisies. *Paris*, impr. P. Didot l'aîné et F. Didot, 2 vol. in-18, gr. pap. vél. — 1. xij-205. — 2. 233 p. = 160.

BOUSQUET (A. R. de). Précis de l'histoire des deux premières races des rois de France. *Paris*, Lenormant, impr.-libr., 1816, in-12. — xvi-176 p. = 1153 bis.

BOYER (Abel). Castres, 13 juin 1667; Chelsea, 16 nov. 1729. Dictionnaire anglais-français et français-anglais abrégé par N. Salmon, vingt-sept^e édit. revue par Stone. *Paris*, Tardieu-Denesle, 1825; impr. Crapelet, 2 vol. in-8. — 1. (iv)-viij-838 p. — 2. (iv)-xij-660 p. (La Haye, 1702, 2 vol. in-4°). = 15.

BRANDT (Séb.). Strasbourg, 1458; Bâle, 1520. Titulorum omnium juris tam civilis quam canonici expositiones. *Lugduni*, apud Ant. Gryphium, MDLXXXI (1581), pet. in-8. — 469-(xxxiv) p. (Bâle, 1505). = 1103.

BRANTÔME (Pierre de Bourdeilles de). Bourdeilles, 1527; Bourdeilles, 5 juillet 1614. Mémoires contenant les vies des dames illustres de France de son temps. *A Leyde*, chez Jean Sambix le jeune, MDCLXV (1665), pet. in-12. — (vij)-407 p. = 1043 bis.

BRANTÔME (P. de B. de). OEuvres (* avec notes de Le Duchat, A. Lancelot et Pr. Marchand). *A La Haye*, aux dép. du libr., 1740, 15 vol. pet. in-12, fig. — 1-3. manq. — 4. x-364 p. — 5. (ij)-336 p. — 6. vi-504 p. — 7. (ij)-462 p. — 8. (ij)-342 p. — 9. (ij)-478 p. — 10. (ij)-372 p. — 11. (ij)-383 p. — 12. (ij)-370 p. — 13 (ij)-286 p. — 14. (ij)-364 p. — 15. (ij)-366 p. (Leyde, Jean Sambix, 1665-1722, 10 vol. pet. in-12). = 446.

BRAS (Pierre). Grammaire française. *Bordeaux*, impr. A. Brossier; 1822, in-12. — 118 p. = 614. — Voy. Lhomond.

BRAVARD-VEYRIÈRES (P.). Issoire, 1801. De l'Étude et de l'Enseignement du droit romain. *Paris*, Joubert, 1837; impr. Crété à Corbeil, in-8. — 357 p. = 1042.

BRAVARD (P). Examen comparatif et critique du livre III du Code de commerce, sec. édit. *Paris*, Videcoq, Joubert, 1836; impr. H. Dupuy, in-8. — (IV)-viij-151 p. = 1117.

BRAVARD. (P). Manuel de droit commercial, sec. édit. *Paris*, Joubert, 1840; impr. Baudouin (Lacour et Cie), in-8. — (IV)-800 p. = 1031.

BRAZIER (Nicolas). Paris, 17 févr. 1783; Passy, 22 août 1838. Chansons. *Paris*, J. N. Barba, 1835; impr. E. Duverger, in-18. — (IV)-284 p. = 728. — Voy. Merle.

BRESCHET (Gilbert). Clermont-Ferrand, 7 juillet 1784; Paris, 10 mai 1845; et BRIERRE DE BOISMONT. Traité d'anatomie humaine. *Paris*, 1833; impr. Éverat, in-18. — (xij)-108 p. (Bibliot. popul.). = 918-23.

BRIERRE DE BOISMONT (A.). Médecine domestique, sec. édit. *Paris*, 1833; impr. Éverat, in-18. — 104 p. (Bibliot. popul.) = 918-23.

BRIERRE DE BOISMONT (A.). Traité d'hygiène. *Paris*, 1833; impr. J. L. Joly à Sèvres, in-18. — 108 p. (Bibliot. popul.). = 918-23.

BRIERRE DE BOISMONT et POTTIER (de Rouen). Éléments de botanique. *Paris*, Raymond, 1825; impr. A. Henry, in-12. — (IV)-xij-367 p. (Bibliot. du XIXe siècle, t. 23). = 863.

BRIQUET (Mme Marg. Urs. Fortunée Bernier). Niort, 16 juin 1782; Niort, 14 mai 1825. Dictionnaire historique, littéraire et bibliographique des françaises et des étrangères naturalisées en France connues par leurs écrits. *Paris*, Treuttel et Würtz, 1804; impr. Gillé, in-8, portr. — XXXIV-337 p. = 1172.

Brochant de Villiers (André Jean Marie). Paris, 1773; Paris, 16 mai 1840. —Voy. Catalogue.

Bronchorst (Everhard). Deventer, 1554; Leyde, 27 mai 1627. In titulis digest. de diversis regulis Juris antiqui commentarius, recog. et auctus a J. L. Blasio. *Amstelodami*, apud. Joannem a Maanen, MDCLXVI (1666), pet. in-12. — (xxxij)-357-(vi) p. = 957.

Brotonne (Fréd. de). Maureville-sur-ville, 1797; Paris, 1840. — Voy. Cervantes.

Brueys (David Augustin de). Aix, 1640; Montpellier, 25 nov. 1723. — Voy. Palaprat.

Brun (Marcelin Aimé). Nantes. 1778. Manuel pratique et abrégé de la typographie française. *Paris*, typ. Firmin Didot, 1825, in-12. — 234 p. = 1101.

Brunet (Gustave). * Anciens patois de la France. La grosse envvaraye messine. *Paris*, Techener, 1840; impr. Th. Lafargue à Bordeaux, in-8. — 34 p. (Metz, 1615). = 1405-3.

Brunet (Gust.). * Las ordenansas et coustumas del libre blanc, obseruadas de tota ancianetat, imprimadas à Tolosa per Iac. Colomiés, 1555; réimprimé en 1846. *Paris*, Techener; *Toulouse*, Delboy; impr. Durand à Bordeaux, in-8. — 36 p. = 1184-5.

Brunet. (Jacq. Ch.) Paris, 2 nov. 1780. Manuel du libraire et de l'amateur de livres, sec. édit. *Paris*, Brunet, 1814; impr. Crapelet, 4 vol. in-8. — 1. A-F. (IV)-xij-532 p. — 2. G-PHI. (IV)-512 p. — 3. PHI-Z. (IV)-506 p. — 4. Table, xij-428-84 p. = 771. — Voy. Catalogues : Cailleau, d'Ourches.

Brunet (P. Nic.). Paris, 1733; Paris, 4 nov. 1771. Abrégé chronologique des grands fiefs de la couronne de France. *Paris*, Desaint et Saillant, 1759; impr. A. M. Lottin, pet. in-8. — xxxij-442 p. = 341.

Buchanan (George). Kilkern (Irlande), févr. 1506; Édimbourg, 28 sept. 1582. Poemata. *Edinburgi*, ex offic. Andreæ Hart, 1615, in-24. — (xvj) p. f. A-M; A-M. (lav., régl.). = 1146 bis.

Buchanan (G.). Psalmorvm Davidis paraphrasis poetica; ejvsdem Jephtes. *Lvtetiæ*, ex offic Rob. Stephani, MDLXXX (1580), in-16. — 344 p. = 1146-3.

Buchez (Phil. Benj. Jos.). Matagne (Ardennes), 31 mars 1796; et Trélat. Précis élémentaire d'hygiène. *Paris*, Raymond, 1825; impr. Guiraudet, in-12. — xvi-358 p. (Bibliot. du XIXe siècle, t. 28). = 973.

Buchon (Jean Alexand.). Menetout-Salon (Cher), 21 mai 1791; Paris, 29 avril 1846. La Grèce continentale et la Morée. *Paris*, Ch. Gosselin, 1843; impr. Béthune et Plon, in-12. — viij-568 p. = 1594. — Voy. Catalogue.

Buffier (Claude); né en Pologne, 25 mai 1661; Paris, 17 mai 1737. OEuvres philosophiques, avec notes par Francisque Bouillier. *Paris*, Ad. Delahays, 1843; impr. G. Gratiot, in-12. — (iv)-XLVI-475 p. = 1601.

Buffon (Georg. Louis Le Clerc de). Montbar, 7 sept. 1707; Paris, 16 avril 1788. Morceaux choisis. *Paris*, Jul. Renouard, 1830; impr. Paul Renouard, in-18. — viij-332 p. = 190.

BUFFON (G. L. Le C. de). Œuvres complètes, mises en ordre par M. A. Richard, suivies de deux volumes sur les progrès des sciences physiques et naturelles depuis la mort de Buffon, par M. le baron Cuvier. *Paris*, Baudoin frères, N. Delangle, 1827-1828; impr Jules Didot aîné, 32 vol. in-8, portr. pl. et fig. (Hist. natur.: Paris, 1744-1767, 15 vol. in 4°). = 1698. — Voy. Mavor.

Bulletin de l'Alliance des arts, sous la direct. de Paul Lacroix (Bibliophile Jacob). *Paris*, 1843; impr. Hennuyer et Turpin, Batignolles, in-8 = 1296-7.

Bulletin des actes administratifs de la préfecture du Tarn, année 1849, t. xxiv. *Albi*, impr M. Papailhiau, in-8. = 1403-11.

Bulletin des actes administratifs des Établissements français dans l'Inde. *Pondichéry*, impr. du gouvernement, 1823-1855; table générale, 1823-1849, 32 vol. in-8. = 1625 bis

Bulletin des lois du royaume de Westphalie, n. 4, 24 déc. 1807. Tableau des départ., districts, cantons et communes du royaume. *Cassel*, 1807, in-8. — 120 p. = 801.

BURETTE (Théodose). Paris, 1804; Paris, janv. 1847. Histoire des Empereurs romains, bysantins et latins. *Paris*, 1832; impr. F. Didot frères, in-18. — 104 p. (Bibliot. popul.). = 918-13.

BURETTE (Th.). Cahiers d'histoire universelle: Histoire ancienne. *Paris*, Crochard, Chamerot, 1834-1835; impr. Am. Saintin, P. Renouard, F. Locquin, in-12. 1re partie, 6 cahiers. - 1. 103 p — 2 99 p. — 3 120 p. - 4 120 p. — 5. 99 p. — 6. 112-4 p. — 2e partie, 6 cahiers. — 1. 100 p. — 2. 99 p. — 3. 92 p. — 4. 103 p. — 5. 139 p. — 6. 116 p = 923

BURETTE (Th.) Histoire moderne *Paris*, Crochard, Chamerot, 1834-1836; impr. Am. Saintin, P. Renouard, F. Locquin, 7 cah. in-12: — 1. 84 p — 2. 127 p. — 3. 113 p. — 4. 136 p. 5. 93 p. — 6. 172 p. — 7. 102 p = 933, 959.

BURETTE (Th.). Histoire de France. *Paris*, Crochard, Chamerot, 1834-1836; impr. P. Renouard, F. Locquin, 6 cah. in-12. — 1. 124 p. — 2. 73 p. — 3. 88 p. — 4. 100 p. — 5. 116 p. — 6. 100 p = 925.

BURETTE (Th.); et Ulysse LADET Histoire de la révolution française, mai 1789-9 nov. 1799. *Paris*, Ch. Gosselin, 1843-1844; impr. H. Fournier et Cie, 4 vol. in-12. — 1. (iv)-459 p. — 2. (iv)-709 p — 3 (iv)-575 p. — 4. (iv)-486 p. = 1596.

BURGERSDICIUS (François Burgersdyck). Lier près Delft, 1590; Leyde, 1629. Collegium physicum disputationibus xxxii absolutum, edit. sec. *Lugd. Batavorum*, ex offic. Elzeviriorum, clↄ Iↄ cxlii (1642), pet. in 12. — (iv)-356 p. = 955.

BURKE (Edm.). Dublin, 1er janv 1730; Lond., 8 juillet 1797. A philosophical inquiry into the origine of ours ideas of the sublime and beautiful. *Basil*, print and sold by J. J. Tourneisen, 1792, gr. in-8. xvi-291 p. (1759) = 991.

BURLAMAQUI (Jean Jacq.) Genève, 24 juillet 1694; Genève, 3 avril 1748. Élémens du droit naturel *Paris*, Brajeux, 1830; impr. C. Thuau, in-12. — xxiv-339 p. (Lausanne, Barillot, 1747, in-8). = 1417.

BURNOUF (J. Louis). Urville (Manche), 14 sept. 1775; Paris, 9 mai 1844. Méthode pour étudier la langue grecque, vingt^{e} édit. *Paris*, impr. Aug. Delalain, 1832, in-8. — (IV)-XIV-336 p. (Paris, 1813, in-8). = 621.

BURNS (Robert); près d'Ayr, 25 janv. 1759; Dumfries, 18 juillet 1796. Poésies complètes, trad. de l'écossais par M. Léon de Wailly. *Paris*, Ad. Delahays, 1843; impr. G. Gratiot, in-12. — (IV)-XL-356 p. (Edinburg, 1787). = 1546.

BURY (Rich. de). Paris, 1730; Paris, 1794. Histoire de Saint-Louis, roi de France. *Paris*, impr. Aug. Delalain, 1822, in-12, portr. — (IV)-384 p. (Paris, Vve Desaint, 1775, 2 vol. in-12). = 20.

BUSCH (Fréd.). * Découvertes d'un bibliophile, ou lettres sur différents points de morale enseignés dans quelques séminaires de France, sec. édit. *Strasbourg*, impr. G. Silbermann, 1843, in-8. — (IV)-41- 4 p. = 1255-4.

BUSCH (F.). * Réponse du bibliophile à la consultation des quatre avocats du barreau de Strasbourg. *Paris*, Paulin, 1844, in-8. — 2-78 p. = 1255-5. — Voy. Marie.

BUTLER (Sam.). Strensham, 13 févr. 1600; Lond., 1680. Hudibras. *London*, print. for Chiswel, 1710, pet. in-12. — XXX-408 p. (Lond., 1663, 1664, 1674, 1678). = 124.

BYRON (George Noël Gordon). Londres, 22 janv. 1788; Missolonghi, 19 avril 1824. The complete works, with the life by John Galt. *Paris*, Baudry, Galignani, 1837; impr. Casimir, gr. in-8, 2 col., portr. et 21 grav. (Hours of Idleness, 1806, in-4°). = 598.

BYRON (G. N. G.). OEuvres, trad. Am. Pichot (*et Geor. de Salle), préc. d'un discours par Ch. Nodier, *Paris*, Furne, 1835; impr. Bourgogne et Martinet, 6 vol. in-8, fig. — 1. (iv)-CXL-375 p. — 2. (iv)-495 p. — 3. (iv)-480 p — 4. (iv)-502 p. — 5. (iv)-413 p. — 6. (iv)-440 p. (Paris, Ladvocat, 1819-1820, 8 vol. in-8). = 729.

CABARET-DUPATY (J. R. T.). Prosodie latine, quatr^{e} édit. *Paris*, L. Hachette, 1833; impr. E. Duverger, in-12. — XXXVI-114 p. (Paris, 1820, in-12). = 949-4.

CAHOUR (le P.). *Des Jésuites, par un Jésuite, sec. édit. *Paris*, Poussielgue-Rusand, 1844; impr. Poussielgue, 2 vol. in-12. — 1. 192 p. — 2. 383 p = 1673.

CAILLEAU (And. Ch.). Paris, 17 juin 1731; Paris, 12 ou 19 juin 1798; et l'abbé DUCLOS. * Dictionnaire bibliographique, historique et critique des livres rares. *Paris*, Cailleau et fils, 1790; impr. Cailleau, 3 vol. in-8. — 1. xxiv-552 p. — 2. (iv)-552 p. — 3. (iv)-544 p. — Supplément, t. 4 (* par J. C. BRUNET). *Paris*, Delalain, 1802, in-8. — xvi-511 p. = 1142, 1173 bis, 1377 bis.

? CALDERON DE LA BARCA (Don Pedro Henao y Riano). Madrid 1er janv. 1601; Madrid, 25 mai 1685. Piezas escogidas. *Paris*, Baudry, 1843, in-8. (Madrid, 1640, 4 vol. in-4°). = 1400-59.

CALLIMAQUE. Cyrène, 270 av. J. C. Callimachi Cyrenæi hymni, cum scholiis græcis, et epigrammata eiusdem, Henrici Stephani annotationes, duplex interpretatio. *Excudebat Henricus Stephanus*, MDLXXVII (1577), in-4°. — (XVI)-72-134 p. (Venet., Ald., 1513, in-8). = 298.

CALLIMACHUS, Cleanthes, Proclus, curante Jo. Fr. Boissonnade. *Parisiis*, Lefevre, 1824; excud. Jul. Didot, in-32. — xij-229 p. = 809 — Voy. Orphica, Théocrite.

CALPURNIUS SICULUS (Titus Julius); vers l'an 283. — Voy. Némésien.

CALVIN (Jean). Noyon, 10 juillet 1509; Genève, 27 mai 1564. — Voy. Bible.

CAMOENS (Luis de). Lisbonne, 1525; Lisbonne, 1579. Os Lusiadas, poema epico, nova edição por don Joze Maria de Souza-Botelho *Paris*, J. P. Aillaud, 1819; impr. F. Didot, in-8, portr. — (viij)-cxij-420 p. (Lisb., Ant. Gonçalvez, 1572, pet. in-4°). =1278.

CAMOENS. Les Lusiades ou les Portugais, trad. J. B. J. Millié. *Paris*, impr. F. Didot, 1825, 2 vol. in-8. — 1. 399 p. — 2. 413 p. = 1444.

CAMPANELLA (Thomas). Stilo (Calabre), 5 sept. 1568; Paris, 21 mai 1639. OEuvres choisies, précéd. d'une notice par Mme Louise Colet. *Paris*, Lavigne, 1844; impr. Wittersheim, in-12. — xij-342 p., fac-simile (Naples, 1591). = 1401.

CAMUS (Arm. Gast.). Paris, 2 avril 1740; Paris, 2 nov. 1804. Lettres sur la profession d'avocat, sec. édit. *Paris*, Méquignon le jeune, 1778; impr. Vincent, in-12. — xvi-168-202 p. (Paris, 1772, in-12). = 968.

CAMUS (A. G.). Bibliothèque choisie des livres de droit, quatre édit., revue par M. Dupin. *Paris*, B. Warée, 1829; impr. Lottin de Saint-Germain, in-8, tiré in-4°. — (iv)-xij-691 p. = 1032.

CARACCIOLI (le mis Louis Ant.). Paris, 1721; Paris, 29 mai 1803. La Jouissance de soi-même, nouv. édit. *Francfort, Liège*, Bassompierre, 1759, in-12. — xxiv-462 p. = 11.

CARDAN (Jér.). Pavie, 23 déc. 1501; Rome, 10 oct. 1576. Arcana politica, seu de Prudentia civili. *Lugd. Batav.*, ex offic. Elzeviriana, 1635, in-24. — (xvi)-608 p. (Elz.: Leyde, 1627, in-12). = 960.

CARNOT (Laz. Hipp. Marg.). Nolay, 13 mai 1753; Magdebourg, 2 août 1823. Mémoire adressé au Roi en juillet 1814 *Paris*, (1814), in-8. — 85 p. = 1182-6.

CARREL (J. B. Nic. Arm.). Rouen, 8 mai 1800; Saint-Mandé, 24 juillet 1836. Résumé de l'histoire d'Écosse, avec une introd. par Aug. Thierry, sec. édit. *Paris*, Lecointe et Durey, 1825; impr. Lebel, in-18. — (iv)-xiij-332 p. = 1349.

CARREL (J. B. N. A.). Résumé de l'histoire des Grecs modernes, sec. édit. *Paris*, Lecointe, 1829; impr. Decourchant, in-18. — 480 p. = 1365. — Voy. Courier.

CARRION-NISAS fils (Ant. H. Fr. Vict. de). Lézignan, 24 janv. 1794. Principes d'Économie politique. *Paris*, Raymond, 1825; impr. Ant. Boucher, in-12. (Bibliot. du XIXe siècle, t. 6). — xij-287 p. = 816, 1137-A.

CARRION-NISAS (A. H. Fr. Vict. de). Histoire romaine. *Paris*, Raymond, 1825; impr. A. Henry, 2 vol. in-12. — 1. (iv)-282 p. — 2. (iv)-284 p. (Bibliot. du XIXe siècle, t. 42-43). = 969.

CASSINI DE THURY (Jacq. Domin.) Paris, 30 juin 1747 ; Paris, 18 oct. 1845. Nouvelle carte de l'ancienne France et pays réunis, d'après Cassini et Ferrari. *Aix-la-Chapelle*, Dom. Zanna, 1804, in-fol. = 1174-8.

CASSINI (J. D.). * Fontainebleau, in-fol. (France, 1793, 180 f. à 1/86,400). = 1642.

CASTEL (René Louis Richard). Vire, 6 oct. 1758 ; Reims, 1832. Les Plantes, poème, quatr^e^ édit. *Paris*, Déterville, 1811 ; impr. Crapelet, in-18, 5 fig. — xiij-319 p. (Paris, 1797, in-8). = 1674.

CATALOGUES.

M. *** Paris, De Bure l'aîné, in-8 ; (iv)-279 p. — 2894 N^os^. = 1394-3.

M. *** Paris, Guill. De Bure fils aîné, 1782 ; impr. P. Fr. Didot le jeune, in-8 ; (ij)-70 p. — 630 N^os^. = 1300.

Citoyen. *** Paris, Guill. De Bure l'aîné, 1800, in-8 ; viij-180 p. — 1764-80 N^os^. = 1145 bis.

M. *** Paris, Silvestre, 1829, in-8 ; (iv)-204 p. — 2040 N^os^. = 1180-1.

M. *** Paris, Silvestre, 1841, in-8 ; viij-337 p. — 2652 N^os^. = 1330-5.

M. *** Livres anciens et modernes. Paris, Colomb de Batines, 1842, in-8 ; (ij)-121 p. — 1526 N^os^. = 1297-14.

M. *** Paris, Silvestre, 1843, in-8 ; (ij)-66 p. — 691 N^os^ = 1181-4.

M. *** Paris, Silvestre, 1844, in-8 (Elzévirs) ; viij-104-68-16 p. — 857-905-104 N^os^. = 1144 bis.

M. le c^te^ d' A. ** Paris, J. F. Délion, 1845, in-8 ; (ij)-106 p. — 1213 N^os^. = 1330-4.

M. *** Paris, J. Techener, 1845, in-8 (Arts ; (ij)-34 p. — 229 N^os^. = 1297-26.

M. M.... Paris, Potier, 1846, in 8 (Louis XIV) ; (iv)-98 p. — 572 N^os^. = 1388-8.

Abrial (1784-1840). Paris, Ed. Garnot, 1841, in-8 ; xij-194 p. — 3055 N^os^. = 1294-5.

Andry (1741-1829). Paris, Debure frères, 1830, impr. Crapelet, in-8 ; (iv)-iv-323 p. — 3070-95-21 N^os^. = 1388-4.

**Audenet, A.* Paris, Techener, 1839, pet. in-8 ; (iv)-iv-131 p. et 3 fac-sim. — 737 N^os^. = 1134-4.

**Audenet, W.* et *AA.* Paris, Techener, 1841, in-8 ; (IV)-264 p. — 1863-100 N^os^. = 1294-3.

Audoin (1797-1841). Paris, Merlin, 1842, in-8 ; (IV)-171 p. — 2250 N^os^. = 1297-13.

Auguis (1786-1844). Paris, Ed. Garnot, in-8 ; (IV)-227 p. — 2337 N^os^. = 1291-3.

Barbié du Bocage, J. G. (1793-1843). Paris, J. F. Délion, 1844, in-8 ; (ij)-92-80 p. — 1008-1834 N^os^. = 1181-14.

Barbié du Bocage, J. D. (1760-1825). Paris, Goujon, 1826, in-8 ; (IV)-xxviij-135 p. — 1134 N^os^. = 1396-5.

Barrau. Paris, Decourtière, 1841, in-8 ; VI-228 p. — 2184 N^os^. = 1297-9.

Barthélemy, J. J. (1716-1795). Paris, Bernard, 1800, in-8 ; 125 p. — 1485 N^os^. (prix, M. S.) = 1048.

Belu, de Troyes. Paris, Silvestre, 1845, in-8 ; (IV)-56 p. — 600 N^os^. = 1181-22.

Belvisi, de Bologne. Paris, Silvestre et P. Jannet, 1847, in-8; (iv)-124 p. — 157 N^{os}. = 1294-6.

Bernier. Paris, Galliot, 1844, in-8; (iv)-50 p. — 456 N^{os}. = 1181-8.

* *Bohaire père*. Paris, Bohaire, 1843, in-8; (iv)-248 p. — 2162 N^{os}. = 1181-2.

Bohaire père. Paris, Bohaire père, 1844, in-8; (iv)-172 p. — 2491 N^{os}. = 1181-3.

* *Bohle*, *G*. Paris, L. Potier, 1849, in-8; (iv)-136 p. — 1278 N^{os}. = 1412 bis.

Bonneau. Paris, Damonneville, 1754, in-8; (viij)-274 p. — 3243 N^{os}. (prix, M. S.). = 1371.

Bonnet. Paris, Guilbert, 1843, in-8; (Lang. orient.). (iv)-46 p. — 717 N^{os}. = 1297-18.

Bosquillon (1744-1814). Paris, Labitte, 1815; impr. Crapelet, in-8; xx-440 p. — 5477 N^{os}. (prix, M. S.). = 1257.

Bossange père. Paris, Guilbert, 1841, in-8; viij-103 p. — 1248 N^{os}. = 1297-12.

Boulard, *A. M. H.* (1754-1825). 1re part., rédig. par L. F. Gaudefroy et J. A. Bleuet. Paris, 1828; impr. Migneret, in-8; xxxij-507 p. — 5146 N^{os}. = 1396-3.

Boulard, *A. M. H.*, t. 4, réd. par L. F. A. Gaudefroy. Paris, 1833; impr. Migneret, in-8; (viij)-171 p. — 1448-431 N^{os}. = 1396-3.

Boulard, *A. M. H.*, t. 5, Livres anglais, mis en ordre par And. Thom. Barbier neveu, suiv. du catal. des livr. allem., holl., suéd., dan., russes, polon., hongr. et bohémiens, classés par J. F. Boisverd. Paris, chez Me Commendeur, 1828; impr. Migneret, in-8; xliiij-323 p. — 3434-1529 N^{os}. (table). = 1165-9.

Boutourlin, *le c^{te} D.*, revu par MM. A. A. Barbier et Ch. Pougens. Paris, 1805; impr. Ch. Pougens, in-8; (iv)-758 p. — 4003-24 N^{os}. (table). = 1313.

Boutourlin, sec. part. Paris, Silvestre, 1840, in-8; (iv)-260 p. — 311 N^{os}. = 1388-5.

Boutourlin, trois^{e} part. Paris, Silvestre, 1841, in-8; 140 p. = 1294-4.

Brochant de Villiers (1774-1840). Paris, R. Merlin, 1841, in-8; (ij)-42 p. — 438 N^{os}. = 1297-10.

Buchon (1791-1846). Paris, Chimot, 1846, in-8; 48 p. — 501 N^{os}. = 1297-28.

* *Cailhava*, Paris, J. Techener, 1845, in-8; viij-174 p. — 917 N^{os}. = 1291 bis.

Canolle, *A. de*. Paris, Silvestre, 1844, in-8; (ij)-74 p. — 777 N^{os}. = 1181-12.

Caussin de Perceval (1759-1835). Paris, R. Merlin, 1836, in-8; viij-188 p. — 2258 N^{os}. = 1180-6.

Charost, *le chev. de*. Paris, J. Barois, 1742, in-8; (ij)-xij-500 p. — 5153 N^{os}. (table, prix, M. S.). = 1388.

Chaumette des Fossés (1782-1841). Paris, H. Labitte, 1842, in-8 (livr. orient.); viij-190 p. — 2079 N^{os}. = 1297-15.

Clarac, *le c^{te} de* (1777-1847). Paris, Guilbert, 1847, in-8; x-67 p. — 704 N^{os}. = 1291-8.

Clicquot, de Reims. Paris, Techener, 1843, pet in-8 (caract. Elzév.); viij-107 p. — 677 N^{os}. = 1397-7.

Courbonne, *A. R.* Paris, Silvestre, 1841, in-8; (iv)-706 p. — 942 N^{os}. = 1180-13.

Courcelles, J. de (1759-1834). Paris, Leblanc, 1835; impr. Crapelet, Adr. Moëssard, in-8; xiv-208-232-24 p. — 1860-1869 Nos. = 1181-1, 1397-5.

Courtanvaux, le mis de (1718-1781). Paris, Nyon l'aîné, 1782, in-8 (hist. nat. et voyag.); xvi-434-24. p. — 3529 Nos. (prix impr.). = 1300.

Crévenna (1735-1792), sec. vol.: Jurisprudence, Sciences et Arts. A Amsterdam, chez D. J. Changuion et P. Den Hengst, 1789, gr. in-8; (iv)-264 p. — Nos 1296-2912. = 1145 bis.

Crozet, Jos. Paris, R. Merlin, 1841, in-8; viij-122 p. — 1859 Nos. = 1291-7.

Cuvier, Fréd. (1773-1838). Paris, Délion, 1846, in-8; (ij)-125 p. — 1148 Nos. = 1291-6.

Daguesseau, le chancel. (1668-1751). Paris, Gogué et Née de la Rochelle, 1785, in-8; xxxvi-12-366-80 p. — 5583 Nos. (table). = 1295.

Danty d'Isnard. Paris, Gabriel Martin, 1744, in-8; xij-368 p. — 3842 Nos. (table). = 1260 bis.

Daru (1767-1829). Paris, Merlin, 1830, in-8; (iv)-175 p. — 1709 Nos. = 1145 bis.

De Gérando (1772-1842). Paris, Délion, 1842, in-8; (ij)-108 p. — 1424 Nos. = 1181-9.

Delasize. Rouen, François, 1846; impr. I. S. Lefèvre à Rouen, in-8; (iv)-x-12-446 p. — 2903-362 Nos. (table). = 1337-3.

Delatour, L. F. (1727-1807). Paris, Tilliard frères, J. G. Mérigot, 1808, in-8; viij-80 p. — 404 Nos. = 1287-4.

Delort, P. Just. (* réd. par Léon, libr.). Bordeaux, impr. H. Gazay, 1837, in-8; 177 p. = 1180-7.

Deneux, L. C., D. M. Paris, J. Techener, 1844, in-8; (iv)-xij-12-154 p. — 1511 Nos. = 1297-21.

Désaugiers aîné. Paris, Defer, 1841, in-8; (iv)-127 p. — 1784-186 Nos. = 1297-11.

Deville et Dufour. Paris, Bohaire, 1841, in-8; (iv)-351 p. — 3470 Nos. = 1180-10.

**D'Hangard.* Paris, Née de la Rochelle, 1789, in-8; 20-316-18-26 p. — 2499-175 Nos. (table, prix impr., prix M. S.). = 1337-8.

**Didot, F.* (1764-1836). Paris, De Bure père et fils, 1808, in-8; xij-124 p. — 1235 Nos. = 1297-3.

Didot, F. Paris, Silvestre, 1840, in-8; (iv)-140 p. — 1033 Nos. = 1388-3.

Donati, de Lucques. Paris, L. C. Silvestre, 1845, in-8; (iv)-126 p. — 1230 Nos. = 1297-23.

Dondey-Dupré, Mme Vve. Paris, J. F. Délion, in-8 (livr. orient.); (iv)-215 p. — 2859-157 Nos. = 1295-6.

D'Ourches, Léon (* par J. Ch Brunet fils). Paris, Brunet, 1811; impr. Crapelet, in-8; xij-304 p. — 1571 Nos. (table, prix M. S.). = 1393.

Drury, Henry, by Evans. Lond., W. Nicol, 1827, gr. in-8. (par ord. alphab. et par formats); (iv)-268 p. — 4729 Nos. = 1295-3.

Du Roure. Paris, Jannet, 1848, in-8; viij-312 p. — 2400 Nos. = 1337-6.

4*

Eyriès (1767-1846). Paris, Labitte, 1846, in-8; xvi-255 p. — 2718 Nos. = 1295-8.

*F****. (Anc. villes de France). Paris, J. Techener, 1846, in-8; (iv)-161 p. — 1275 Nos. = 1297-27.

Falconet, Cam. (1671-1762). Paris, Barrois, 1763, 2 vol. in-8; 1. XLIV-543 p. — 2. 829 p. — 19,798 Nos. (table, prix M. s). = 1291.

Feuillet. Paris, H. Labitte, 1844, in-8; xij-304 p. — 3026 Nos. = 1295-5.

**Fleurieu* (1738-1810). Paris, Mauger, an VI (1798), in 8; xvi-204 p. — 1922-163 Nos. = 1297 bis.

Fortia D'Urban (1756-1843). Paris, Silvestre, 1844, in-8; (iv)-iv-260 p. — 2541 nos. = 1181-15.

*Fr ****. Paris, H. Labitte, 1843, in-8; viij-216 p. — 2218 Nos. = 1297-20.

*G ***, J.* Paris, J. Techener, 1844, in-8; xij-227 p. — 1273 Nos. = 1181-11.

Geoffroy-Saint-Hilaire, Ét. (1772-1844). Paris, J. F. Délion, 1845, in-8; (zoologie). (ij)-130 p. — 1182 Nos. = 1291-5.

Gianfilippi, P. de', de Vérone. Paris, Silvestre, 1843, in-8; (iv)-162 p. — 1786 Nos. = 1181-5.

Gohier (1746-1830). Paris, J. S. Merlin, 1831, in-8; (iv)-260 p. — 2508 Nos. = 1397 bis.

Gomel (1733-1803). Paris, Le Clerc, 1803, in-8; 312 p. (prix M. s.). = 1282 bis.

Gratiano, le doct. Paris, Silvestre, 1844, in-8; (iv-176 p. — 1250 Nos. = 1181-23.

Guillon, l'abbé 1766-1837). Paris, J. F. Délion, 1847; typ. Panckoucke, in-8; (ij)-60 p. — 715-35 Nos. = 1294-8.

**Hécart* (1755-1838). Paris, Silvestre, 1844, in-8; (ij)-30 p. — 369 Nos. = 1181-13.

Hély d'Oissel. Paris, Galliot, 1833, in-8; (iv)-192 p. — 1926 Nos. = 1397-4.

Hérisson, C. C. F. (1762-1840). Paris, Ed. Garnot, 1841, in 8; 275 p. — 2277 Nos. = 1295-4.

Huxelles, le mal de. Paris, Robinot l'aîné, 1730, in-8; (ij)-74 p. — 952 Nos. (par formats). = 1396-6.

Huzard, J. B. (1755-1838); réd. par P. Leblanc. Paris, impr. Mme Vve Bouchard-Huzard, 1842, 3 vol. in-8. — 1. LVI-592 p., 5560 Nos. — 2. xij-554 p., 5421 Nos. — 3. xvi-555 p., 5389 Nos. (tables). — Vacations, (ij)-xvi-8-8-8 p. = 1283, 1283 bis.

Imbert, J. B. Aug. (1791-1845). Paris, J. Hébrard, 1845, in-8; (iv)-iv-43 p. — 323 Nos. (prix M. s.). = 1291-11.

Jacquet, E, et *Loiseleur Delongchamps, A. L. A.* Paris, B. Duprat, 1841; impr. J. Didot l'aîné, in-8; (iv)-91 p. — 739 Nos. = 1297-7.

Jaubert, Am. (1779-1847). Paris, H. Labitte, 1847, in-8 (livr. orient.); (iv)-32 p. — 270 Nos. = 1297-31.

**Jéliote* (1710-1788). Paris, J. C. Molini, 1783, in-8; (iv)-109 p. — 1349 Nos. (prix M. s.). = 1300.

Jouy, V. Ét. de (1769-1846). Paris, Guilbert, 1846, in-8; (ij)-30 p. — 380 Nos. = 1291-12.

*K*****. Paris, Leblanc, 1836; impr. Crapelet, in-8; viij-144 p. — 1304 Nos. = 1180-5.

Kastner père, de Bâle; (* réd. par P. Lacroix). Paris, Guilbert, 1844, in-8; 76-24 p. — 1070-211 Nos. = 1181-10.

Kieffer, J. D. (1767-1833). Paris, Silvestre, 1833, in-8; (ij)-x-104 p. — 992 Nos. = 1297-4.

La Coste, D. Phil. de. Catalogus librorum. Parisiis, apud Lud. Dion. Delatour et Petr Simon, 1722, e typ. P. Simon, in 12 théol.), vi)-viij-344 p. — 411 Nos. = 1296 bis.

Lacroix, Paul, bibliophile Jacob (1806). Paris, Techener, 1839, in-8; (iv)-viij-164 p. — 2208 Nos. = 1145 bis.

Lafitte, Jacq. (1767-1844). Paris, Galliot, 1845, in-8; 31 p. — 346 Nos. (prix m s.). = 1291-13.

Lamberty, d'Aix. Paris, Silvestre, 1842, in-8; viij-264 p. — 2365 Nos. (musique et patois). = 1291-4.

Lamennais (1782-1854). Paris, Daubrée et Cailleux, 1836, in-8; (iv)-viij-164 p. — 2208 Nos. = 1145 bis.

Larenaudière, Phil. de. Paris, P. Jannet, 1846, in-8; xvi-272 p. — 2576 Nos. = 1295-7.

Larochefoucauld, Alex. de (1747-1827). Paris, Guilbert, 1841, in-8; (iv)-88 p. — 974 Nos. = 1297-8.

La Serna Santander, Ch. Ant. de (1752-1813); réd. par lui-même. Bruxelles, an XI (1803), 5 vol. in-8. — 1. xi-xxxvi-309 p. — 2. (ij)-354 p. — 3. (ij)-305 p. — 4. (ij)-266 p. et une planche. — 5. (vij)-30-xiv-130 p. et vi pl. — 6444-92 Nos. (table). = 1301.

**La Vallière*. Paris, G. F. de Bure le jeune, 1767; impr. Didot, 2 vol. in-8. — 1. LVI-418 p. — 2. (iv)-400 p. — 5633 Nos. (table, prix m. s.). = 1312.

Le Beau, E. M. A. Paris, H. Labitte, 1846, in-8, viij-55 p. — 531 Nos. = 1297-30.

Leblond, G. M. (1738-1809). Paris, de Bure père et fils, 1810; impr. Crapelet, in-8; (vi)-134 p. — 1009-235 Nos. = 1396-4.

Le Chevalier, J. B. (1752-....). Paris, Merlin, 1836, in-8; (ij)-68 p. — 544 Nos. = 1297-5.

Lecluse, Fl. (....-1845). Paris, J. Labitte, 1845, in-8; viij 39 p. — 385 Nos. = 1330 bis.

Le Comte, Aug. Bibliotheca Cometiana. Paris, G. de Bure père, 1730, in-8; (ij)-232 p — 2653 Nos. = 1396-6.

Le Talland, V. Paris, J. F. Délion, 1845, in-8; (ij)-96 p. — 1173 Nos. = 1297-24.

Letronne (1781-1848). Paris, J. F. Délion, 1845; impr. F. Didot frères, in-8; xij-398 p. — 3184 Nos. = 1412-3.

Lhôte, Nestor (1804-1842). Paris, R. Merlin, 1842, in-8; (ij)-72 p. — 752 Nos. = 1397-6.

***Libri* (1803). Paris, L. C. Silvestre et P. Jannet, 1847, in-8; (iv)-XLV-496 p. — 3025 Nos. = 1273 bis.

Loiseleur-Delongchamps (1805-1840). — Voy. Catalogue Jacquet.

Lori, Bern. Paris, R. Merlin, 1840, in-8; (iv)-115 p. — 1482 Nos. = 1180-9.

Laguet, l'abbé (1763-1834). Paris, Leblanc, 1836; impr. Crapelet, in-8; viij-132 p. — 1271 Nos. = 1180-4.

*M ****. Paris, Bohaire, 1839; impr. Crapelet, in-8; 335 p. — 3086 Nos. = 1294 bis.

Mac-Carthy Reagh, le cte de (1744-1815). Paris, de Bure frères, 1815; impr. Crapelet, 2 vol. in-8. — 1. xxviij-583 p. — 2. (iv)-473-xvi-38 p. — 5515 Nos. (table, prix impr.). = 1294.

Malafait. Paris, J. F. Délion, 1845, in-8; (iv)-250 p. — 2685 Nos. (prix M. S.). = 1291-10.

*Mel ****. Paris, R. Merlin, 1841, in-8; 66 p. — 781 Nos. = 1180-12.

***Méon, Dom M.* (1748-1829). Paris, Bleuet jeune, 1803; impr. Chaignieau aîné; in-8; xxiv-522-(vi) p. — 4166 Nos. = 1389.

Mérigot, J. G. Paris, G. de Bure l'aîné, 1800; impr. Stoupe, in-8; xij-337-16 p. — 3898-112 Nos. = (prix M. S.). = 1048, 1145 bis.

Mésenge, Mme. Paris, Bleuet, 1805, in-8; (vi)-336 p. — 2033 Nos. (prix M. S.) = 1388 bis.

Miller de Précaré. Paris, Techener, 1835, in-8; (iv)-68 p. — 764 Nos. = 1180-3.

Millon, Ch. (1754-1839). Paris, R. Merlin, 1841, in-8; (iv)-256 p. — 2096 Nos. = 1394 bis.

Milly (1728-1799); réd. par Jannet et Chaillou. Paris, Jannet, Fauvelle et Sagnier, an VII, in-8; xvi-512 p. — 2527 Nos. (prix M. S.). = 1168 bis.

Mionnet, T. E. (1770-1840); réd. par P. Lacroix. Paris, Alliance des arts, 1842, in-8; (iv)-52 p — 523 Nos. = 1255-7.

Montaran, Michau de (1780-1848). Paris, Délion, 1849; typ. Panckoucke, in-12; xij-88 p. — 623 Nos. (caract. et fleur. Elzév.). = 1389 bis.

Mounier (1784-1843). Paris, Silvestre, 1844; impr. Crapelet, in-8; (iv)-83 p. — 757 Nos. = 1181-6.

Muller, J H F. Paris, Silvestre, 1845, in-8; (iv)-52 p. — 477 Nos. = 1181-21.

Née de La Rochelle (1751-1838). Paris, R. Merlin, 1839, in-8; (iv)-xij-212 p. — 2452 Nos. = 1180-8.

Nodier (1780-1844). Paris, J. Techener, 1844, in-8; viij-200 p. — 1254 Nos. (prix M. S.) = 1144. — Voy. Nodier, Description raisonnée.

*P****, J. E.* Paris, J. F. Délion, 1846, in 8; (ij)-103 p. — 1415 Nos. = 1291-14.

Pagin (1762-1844). Paris, J. Techener, 1844, in-8; (iv)-80 p. — 476 Nos. = 1181-18.

Palm, J. H. van Der. Catalogus bibliothecae Schultensianae. Lugduni Batavorum, per S. et J. Luchtmans et D. Du Mortier et filium, 1841, in-8; viij-314 p. (par formats). = 1261.

Patu de Mello (1726-1799 ; réd. par J. B. G. Musier fils. Paris, Vve Tilliard et fils, 1799; impr. Testu, in-8 ; xij-250 p. — 1957 Nos. table, prix M. s.). = 1090.

Perrin de Sanson Paris, Merlin, 1836, in-8 ; viij-75 p. — 677 Nos. = 1297-6.

Petit, Ant. Fr. (1718-1794). Paris, Chaillou, Jannet, 1796 ; impr. Langlois, in 8 ; xvi-487 p. —3816 Nos. (table). = 1145 bis

Pihan de la Forest, A. Aug. Th. (1791-1842 ?). Paris, R. Merlin, 1843 ; impr. Vve Pihan de la Forest, in-8 ; (ij)-47 p. — 649 Nos. = 1297-19.

Pinelli-Maffei, J. F. 1736-1785). Bibliotheca Pinelliana, a Sam Paterson. London, Robson and Clarke, 1788, gr. in-8 ; xxviij-538 p. — 12,859 Nos. = 1299.

Ponce d'Autun, J. Paris, J. Techener, 1845, in-8 ; (iv)-243 p. — 1548 Nos. (prix M s.). = 1291-9.

Poncelet (1790-1843). Paris, Délion, 1844 ; impr. F. Didot, in-8 ; xx-427 p. — 3222 Nos. = 1295 bis.

Prousteau (1626-1715). Paris, 1777, in-4o —Voy. Prousteau, Bibliot. Prustelliana.

Rau, Lud. Paris, J. Techener, 1847, in-8, (ij)-117 p. — 925 Nos. = 1294-7.

Reuvens, G. J. Ch. (1793-1838 ?). Bibliotheca Reuvensiana, descr. C. Leemans. Lugduni Batavorum, apud S et J. Luchtmans et C. C. Van der Hoek, 1838, in-8 ; (iv)-LXXV-VI-408. p. (par formats). = 1262.

Riddle, John. Paris, L. C. Silvestre, 1846, in-8 ; (iv)-130 p. —1096 Nos. = 1297-25.

Rontau, l'abbé. Paris, L. C. Silvestre, 1846, in-8 ; xvi-107 p. — 1059 Nos. = 1297-29.

Rothelin, l'abbé d'Orléans de (1691-1744) ; par G. Martin. Paris, Gabriel Martin, 1746, in-8, portr. ; xxiv-618 p. — 5036 Nos. (table, prix M. s.). = 1394.

**Roz, le cte de.* Paris, J. Techener, 1844, in-8 ; (iv)-147 p. — 1256 Nos. = 1181-17.

*S***, le bon de.* Paris, Ed. Garnot, 1845, in-8 ; (ij)-152 p. — 1565 Nos. = 1297-22.

Saibante et Gianfilippi ; manuscrits. Paris, Silvestre, 1842, in-8 ; viij-94 p. — 462-181-4 Nos. = 1297-17.

Saint-Martin (1791-1832). Paris, Leblanc, 1832 ; impr. F. Didot frères, in-8 ; xxiv-150 p. — 999 Nos. = 1397 3

Sampayo. Paris, Colomb de Batines, 1842, in-8 ; viij-108 p. — 1242 Nos. = 1297-16.

Schmidt, Aug. Paris, Silvestre, 1843, in-8 ; (iv)-56 p. — 511 Nos. = 1181-7.

Senicourt, J. Fr. de. Bibliotheca Senicurtiana. Parisiis, apud J. B. G. Musier filium, 1766 ; typ. P. Al. Le Prieur, in-8 ; xxij-324-144-64-142 p. — 7319 Nos. (table, prix M. s.). = 1175.

Soubise, Ch. de Rohan prince de (1715-1787). Paris, Leclerc, 1788, in-8 ; xvi-8-643-90-11 p. — 8302 Nos. (table, prix M. s.). = 1172-5.

Stapfer, Ph. Alb. (1766-1840). Paris, Crozet, 1841, in-8 ; xij-180 p. — 2168 Nos. = 1180-11.

*T********. Paris, Silvestre, 1834, in-8 ; viij-124 p. — 1250 Nos. = 1181-2.

Taylor, Is. J. S. (1786). Paris, J. Techener, 1848, in-8 ; xij-512 p. — 2636 Nos. = 1337-7.

Tufiakin, le prince. Paris, J. F. Délion, 1845, in-8; 32 p. — 415 Nos = 1330-3.

*V***, de*. Paris, J. Techener, 1847, in-8; (ij)-61 p. — 475 Nos = 1330-6.

Wolters, P. Paris, J. F. Délion, 1844, in-8; viij-242 p. — 1638 Nos. = 1181-20.

Zondadari, le cardal. Paris, Silvestre, 1844, in-8; viij 168 p. — 1338-178 Nos. = 1181-16.

Catalogue des livres doubles de la bibliothèque de Lyon (*réd. par Jos. Janon). *Lyon*, impr. M. P. Rusand, avril 1831, in-8; xxij-492 p. — 6978 nos. (table). = 1390.

Catalogue (appendix to a) of english and foreign theology. *Cambridge*, Deighton, 1838, in 8; (ij)-140 p. — Nos 2678-5136. = 1381 bis.

Catalogus librorum italicorum, latinorum et manuscriptorum. *Liburni*, apud Ant. Santini et socios, 1756, pet. in-8. — 663 p. = 1171-3.

Catalogus van hoogduitsche, grieksche, latijnsche en engelsche boeken. *Amsterdam*, bij Joh. Müller, 1837; impr. C. A. Spin, 5 part. in-8. — 1. (iv)-149 p. — 2. (ij)-29 p. — 3. (ij)-26 p. — 4. (ij)-70 p. — 5. (ij)-80 p. = 1392 bis.

Catalogue des ouvrages qui ont été l'objet soit de condamnations, soit de poursuites judiciaires, 1814-1843. *Paris*, Paul Dupont, 1843, in-18. — (iv)-86 p. = 1402 bis.

Catalogue des arbres et arbustes de pleine terre, sept. 1853, in-16, 60 p. — des arbres fruitiers, sept. 1853, in 16, 60 p — des graines, mars 1851, in-4°, 12 p. — des ognons de fleurs, août 1853, in-16, 12 p. *Paris*, chez Vilmorin-Andrieux et Cie; typ. Fél. Malteste et Cie. = 1664 bis.

Catéchisme de Montpellier. — Voy. Instructions générales.

Cato (Marcus Porcius Priscus). Tusculum, 232-147 av. J. C. — Voy. Libri de re rustica.

Cats (Jacq. Van). Browershaven, 10 nov. 1577; Zorgvliet, 12 sept. 1660. L'Art du mariage, poème lat. trad. en franç. *Paris*, Barrois l'aîné, 1830; impr. A. F. Didot, in-12. — 121 p. = 1525

Catulle (Caius Valerius). Vérone, 86; Rome, 46 av. J. C. Catulli, Tibulli, Propertii opera. *Londini*, typ. Brindley, 1749, 2 vol. in-24, titr. gr. — 1. 132 p. — 2. 120 p. (Ven., Vind. de Spira, 1472, gr. in-4°). = 1580.

Catullus, cum fragm. C. Gallo inscript. *Lutetiæ Parisiorum*, typ. Jos. Barbou, 1754, in-12, 3 fig. — xvi-344 p = 319.

Catullus. Carmina e rec. Fr. G. Doeringii, ed. d J. A. Amar. *Parisiis*, Lefevre, 1831; e typ. Rignoux; Albii Tibulli carmina e castig. Chr. Gott. Heyne, in-32. — 272 p. (Script lat. princip., t. 4). = 839.

Catulle. Poésies, trad de M. de M. A. D. V. (*Marolles.). *Paris*, Gvill. de Lvyne, MDCLIII (1653), pet. in-8. — (xxxviij)-388-(viij) p. = 422.

Catulle. Poésies, trad Mollevaut. *Paris*, Art. Bertrand, 1821, in-18. — (iv)-141 p. (Paris, 1812, in-8). = 588.

Catulle Poésies, trad. compl., suivie des poésies de Gallus et de la veillée des fêtes de Vénus, par Franç Noël (texte en reg.). *Paris*, Rénont, 1806; impr. Crapelet, 2 vol. in-8, fig. — 1. (iv)-xlviij-367 p. — 2. (iv)-559 p. = 1675.

CATULLE. Les noces de Thétis et de Pélée, trad. en vers par P. L. Ginguené. *Paris*, Michaud frères, 1812; impr. L. G. Michaud, in-18. — 252 p. = 854.

CAUCHY (Eug). Les Précédents de la Cour des Pairs. *Paris*, impr. roy., 1839, in-8. — xvi-710 p. = 1385 bis.

CAUSSIN DE PERCEVAL (J. J. Ant.). Montdidier, 24 juin 1759; Paris, 29 juillet 1835. — Voy. Apollonius. Catalogue.

CAVAIGNAC (le génal Louis Eug.). Paris, 15 oct. 1802. Assemblée nationale. Séance du 25 nov. 1848. Discours. *Paris*, typ. Plon frères. 1848, in-18. — 72 p. = 1403-8.

CAVAIGNAC (Éléon. L. God.). Paris, 1801; Paris, 5 mai 1845. Une tuerie de Cosaques. *Paris*, Gust. Havard, 1848; impr. Schneider, gr. in-8, 2 col. (Rom. illustr., livr. 23). — 16 p. = 1408-4.

Cavalier (le) de Sauoye, ov response av soldat françois. *S. L.*, MDCVII (1607), pet. in-12. — (xij)-216-60 p. = 1449 bis.

CAYLUS (M. Marg. de Villette, mise de). Poitou, 1673; Paris, 15 avril 1729. Les Souvenirs (*éd. Auger). *Paris*, Renard, 1804; impr. Chaignieau aîné, in-18. — 280 p. (*éd. Voltaire : Genève, 1770, in-8). = 1205.

CAYX (R. J. B. Ch.). Cahors, 5 juillet 1793. — Voy. Poirson.

CAZOTTE (Jacq.). Dijon, 1720; Paris, 25 sept. 1792. Ollivier. *Paris*, Dauthereau, 1827; impr. F. Didot, 2 vol. in-32. — 1. (iv)-xij-189 p. — 2. 270 p. (Paris, Panckoucke, 1762, 2 vol. in-12). = 793.

CAZOTTE (J.). Le Lord impromptu. *Paris*, Dauthereau, 1828; impr. F. Didot, in-32. — (iv)-235 p. (Paris, 1771, in-12). = 751.

CEBES. Thèbes, 395 av. J. C. — Voy. Épictète.

CELLINI (Benvenuto). Florence, 1er nov. 1500; Florence, 12 ou 13 févr. 1571. OEuvres complètes, trad. par Léop. Leclanché, sec. édit. *Paris*, Paulin, 1847; typ. Plon fr., 2 vol. in-12. — 1. (iv)-366 p. — 2 (iv)-424 p. (Due trat., Fior., 1568, in-4°). = 1538.

CELSE (Aul. Aurel. Corn.). Rome, 33 av.; 27 de J. C. De Re Medica libri octo, curant. P. Fouquier et F. S. Ratier. *Parisiis*, J. B. Baillière, 1823; ex typ. F. Didot, in-18. — 431 p. (Florentiæ, a Nicolao, 1478, pet. in-fol.). = 1266.

Cent (les) merveilles de la nature. *Paris*, 1832; impr. Béthune, in-18 (Bibliot. popul.). — 108 p. = 918-10.

CEPARI (Virg.). Panicale près Pérouse, 1564; Rome, 14 mars 1631. Vie de Saint-Louis de Gonzague, trad. par Calpin. *Bordeaux*, Lafargue, impr.-libr., 1821, in-12. — xij-358-116 p. = 19.

CÉRÉ-BARBÉ (Mme Hortense de). Poésies religieuses. *Paris*, Nepveu, 1824; impr. Moreau, in-8. — (viij)-152 p. = 1676.

CERVANTES SAAVEDRA (D. Miguel). Alcala de Henarès, 9 oct. 1547; Madrid, 23 avril 1616. El Ingenioso hidalgo don Quijote de la Mancha. *Paris*, Baudry, 1825; impr. Aucher-Éloy à Blois, 6 vol. in-32. — 1. (iv)-364 p. — 2. (iv)-394 p. — 3. (iv)-392 p. — 4. (iv)-364 p. — 5. (iv)-368 p. — 6. (iv)-384 p. (Madrid, Juan de la Cuerta, 1605-1615, pet. in-4°). = 1125.

CERVANTES. Don Quijote, con elogio por de José Mor de Fuentes. *Paris*, Baudry, 1835; impr. A. Éverat, in 8. — (iv-Lij)-779 p. = 1317.

CERVANTES. Histoire de don Quijote, trad. par F. de Brotonne. *Paris*, Lefèvre, A. Desrez, 1837; impr. Rignoux, 2 vol. in-8. — 1. (iv)-viij-480 p. — 2. (iv)-524 p. = 1273.

CESAR. Rome, juillet 99; Rome, 15 mars 44 av J. C. C. Ivlii Cæsaris quæ exstant, ex emend. Ios Scaligeri *Amstelodami*, typ. Danielis Elzevirii, sumpt. societ., 1664, in-24. — 455-LVI' p. = 468.

CESAR (Caius Julius). C. Ivlii Cæsaris quæ exstant. ex emend. Ios. Scaligeri. *Amstelodami*, apud vid. Claud. Thiboust, 1672, in-24 — (xvi)-386 p., fig. et cart. (Rome, P. de Maximis, 1469, in-fol.). = 360.

CESAR. C. J. Cæsaris commentarii de bello gallico et civili, not. adj. Ad. Regnier. *Parisiis*, L. Hachette, 1836, imp. Duverger, in-12. — 394 p. = 949-5 — Voy. Rohan.

CESARINI (Emidio). Recanati, 13 août 1796. Principii della giurisprudenza commerciale sec. ediz. *Macerata*, 1840; tip. di Ben. di Cortesi; *Roma*, gli eredi Raggi, in-4°, 2 col., portr. — viij-428 p. = 1184-0.

CHABROL-CHAMÉANE (E. de). Mémoire sur le déplacement de la population dans Paris et sur les moyens d'y remédier (10e, 11e et 12e arrond.). *Paris*, impr. L. Bouchard-Huzard, 1840, in-8. — (ij)-iv-34 p. = 1296-4.

CHADEUIL (Franç. Gust. Amdrieux). Limoges, 13 mars 1821. Les Djinns, poésies. *Paris*, Gabr. Roux et Cassanet, 1846; impr. Ed. Bautruche, in-8. — viij-304 p. = 1443 bis.

CHAMBEYRON, de Lyon (A. M. F.). Constitutions et Chartes, notions élémentaires de droit politique. *Paris*, 1834; impr. Mme Vve Poussin, in-18. (Bibliot. popul.). — 124 p. = 918-6.

CHAMBEYRON (A. M. F.). Histoire de la Grande-Bretagne. *Paris*, 1834, in-18. (Bibliot. popul.) — 127 p. et une carte. = 918-22.

CHAMBURE (E. de). Transeundo, poésies. *Paris*, Ledoyen, 1843; impr. Guiraudet et Jouaust, in-12. — (iv)-247 p. = 1491 bis.

CHAMFORT. (Séb. Roch Nic.); près Clermont, 1741; Paris, 13 avril 1794. Œuvres choisies. *Paris*, Lecointe, 1830; impr. Lachevardière. in-18. — viij-194 p. = 737.

CHAMPFLEURY. Confessions de Sylvius. Les Comédiens de province. *Paris*, J. Bry aîné, 1850; impr. Lacour et Cie, gr. in-8, 2 col. (Veillées littér. illustr. t. 3, livr. 14.; t. 5, livr. 6). — 24-24 p. = 1568, 1568 bis.

CHAMPOLLION-FIGEAC (Jean-Jacq.). Figeac, 1778. Archéologie. *Paris*, 1834; impr. Sétier, H. Vassal et J. Essling, in-18. (Bibliot. popul.). — 102-134 p. = 918-12.

CHANU. *Campagne d'Italie par Bonaparte, avril 1796. *Paris*, 1834; impr. H. Fournier, in-18. (Bibliot. popul.). — 108 p. = 918-20.

CHANU. *Campagne de Bonaparte en Égypte et en Syrie, sec. édit. *Paris*, 1832, in-18. (Bibliot. popul.). — 108 p. = 918-20.

Chapelle (Claude Emm. Luillier). La Chapelle, 1626; Paris, sept. 1670; et Bachaumont. Voyage, suivi de leurs poésies diverses. *Paris*, C. Le Tellier fils, 1825; impr. Casimir, in-8, portr.— iv -lix-332 p. (dans «Recueil de quelq. pièces curieuses»: Cologne, P. Marteau, 1667, pet. in 12). = 1100.

Chapellon (Alph.). Reflets, poésies, 1830-1837. *Odessa*, impr. de la ville, 1837, in-16. — viij-366 p. = 1422.

Chapsal (C. P.); né vers 1795. — Voy. Noël.

Charduin (A. Ch. J. M. Phil.). Paris, 6 oct. 1803. Histoire de la Grèce ancienne et de la Macédoine. *Paris*, 1833, in-18. (Bibliot. popul.). — 103 p. et une carte. = 918-13.

Chardin (A. C. J. M. P.). Histoire des Établissements européens aux Indes orientales. *Paris*, 1832; impr. A. Pinard, in-18. (Bibliot. popul.). — 104 p. et un tabl. = 918-21.

Chariton d'Aphrodise, vers l'an 400. Histoire des amours de Chéréas et de Callirrhoë, trad. (* par Larcher). *Paris*, Ganeau; 1763, 2 vol. pet. in-8. — 1. (iv)-xxiv-272 p. — 2. (iv)-284 p. (Amst., 1750, in-4°). = 1360 bis.

Chariton Les Amours de Chéréas et de Callirrhoë, trad. par P. H. Larcher. *Paris*, impr. de Guillaume, 1797, 2 vol. in-18. — 1. (iv)-226 p. — 2. (iv)-250 p. = 1352.

Charivari (le) 1er juin 1840-31 août 1846. *Paris*, impr. Lange-Lévy et Cie, 12 vol. pet. in-fol. = 852.

Charles de Valois, duc d'Angoulême. Fayet, 28 avril 1573; Paris, 24 sept. 1650. Mémoires très particuliers pour servir à l'histoire d'Henri III et d'Henri IV. *A Paris*, chez Denys Thierry, MDCLXVII (1667), pet. in-12. — 400 p. = 1014.

Charleton (Gautier). Sheptonmalet, 2 févr. 1619; Jersey, 1707. Exercitationes physico-anatomicæ de œconomia animali, edit. sec. *Amstelædami*, apud Joann. Ravesteynium, 1659, pet. in-12. — (xx)-244 p. (Lond., 1659, in-12). = 956.

Charron (Pierre). Paris, 1541; Paris, 16 nov. 1603. De la Sagesse, livres trois. *A Bourdeaus*, par Simon Millanges, 1601, pet. in-8 (édit. origin.). — (xx)-772-(viij) p. = 1214.

Charron (P.). De la Sagesse, suivant la vraye copie de Bourdeaux. *A Amsterdam*, chez Louys et Daniel Elzevier, CIↃ IↃ CLXII (1662), pet. in-12. — (xvi)-622-(viij) p. = 961.

Charron (P.). De la Sagesse. *Paris*, Barrois l'aîné, 1782, pet. in-12. — 20-815 p. = 879.

Chasles (Phil. Euphr. Ern.). Manivilliers près Chartres, 8 oct. 1799. Résumé de l'histoire de Suisse. *Paris*, Lecointe et Durey, 1824; impr. Lebel, in-18. — (iv)-240 p. = 281.

Chasot de Nantigny (Louis). Saux-le-Duc, août 1692; Paris, 29 déc. 1755. *Tablettes historiques. *Paris*, Legras, 1749-1759; impr. Vve Lemesle, 8 vol. in-24. = 214.

Chateaubriand (Fr. René Aug.). Saint-Malo, 4 sept. 1768; Paris, 4 juillet 1848. Atala, René. *Paris*, Boisgard, 1851; impr. Vialat et Cie à Lagny, gr. in-8, 2 col., illustr.— 32-16 p. (1800). = 1562 bis, 1562-3.

CHATEAUBRIAND. Atala, in ling. ital. da J. F. C. Blanvillain. *Parigi*, Hugnin, Delalain, 1801, in-18. — (iv)-viij-202 p. = 1172 4.

CHATEAUBRIAND. Itinéraire de Paris à Jérusalem. *Paris*, F. Didot frères, impr., 1852, 2 vol. in-12. — 1. (iv)-377 p. — 2. (iv)-420 p. = 1636.

CHATEAUBRIAND. Voyages en Amérique, en France et en Italie. *Paris*, Ledentu, 1834, impr. Casimir, 2 vol. in-18. — 1. (iv)-399. — 2. (iv)-420 p. = 138.

CHATEAUBRIAND. OEuvres complètes. *Paris*, Pourrat frères, Furne, 1832-1834; impr. Rignoux et Cie, 22 vol. in-8. — Essai histor. sur les révol. : 1. (iv)-LIJ-428 p.; 2. (iv)-275 p. — Mélanges histor. : 3. (iv)-491 p. — Études histor. : 4. (iv)-418 p.; 5. (iv)-358 p.; 6. (iv)-612 p. — Voyages : 7. (iv)-LX-464 p. — Itinéraire : 8. (iv)-CXLIV-350 p.; 9. (iv)-411 p. — Atala, René : 10. (iv)-xx-436 p. — Génie du Christian. : 11. (iv)-440 p.; 12. (iv)-372 p.; 13. (iv)-432 p. — Martyrs : 14. (iv)-479 p.; 15. (iv)-400 p. — Natchez : 16. (iv)-292 p.; 17. (iv)-323 p. — Mélang. littér. : 18. (iv)-376 p. — Mélang. polit. : 19. (iv)-448 p.; 20. (iv)-467 p. — Discours : 21. (iv)-574 p. — Polémique : 22. (iv)-488 p. = 136.

CHATEAUBRUN (J. B. Vivien de). Angoulême, 1686; Paris, 16 février 1775; et GUIMOND DE LA TOUCHE. OEuvres choisies. *Paris*, Lecointe, 1830; impr. Lachevardière, in-18. — (vi)-167 p. = 785.

CHATELAIN (J. F.) Nouvelles de l'autre monde et Souvenirs de celui-ci. *Paris*, Ladvocat, 1824; impr. F. Didot, in-18. — (iv)-212 p. = 798.

CHATTERTON (Thom.) Bristol, 20 nov. 1752; Lond., 24 août 1770. OEuvres complètes, trad. par Javelin-Pagnon. *Paris*, Desessart, 1839, 2 vol. in-8. — 1. (iv)-399 p. — 2. (iv)-336 p. (Lond., 1777, in-8). = 807.

CHAUDESAIGUES (Jacq. Germ.) Santhia près Turin, 7 févr. 1814; Paris, 1847. Les Écrivains modernes de la France. *Paris*, Ch. Gosselin, 1841; impr. Béthune et Plon, in-12. — (iv)-viij-445 p. = 1225.

CHAUDON (le P. Espr. Jos. Claude). Valensolles, vers 1738; vers 1800. * Dictionnaire interprète-manuel des noms latins de la géographie ancienne et moderne. *Paris*, Lacombe, 1777; impr. Demonville, in-8. — viij-446 p. = 1500.

CHAUDON (dom Louis Maïeul). Valensolles, 20 mai 1737; Mézin, 28 mai 1817. — Voy. Dictionnaire universel.

CHAULIEU (Guill. Amfrye de). Fontenai, 1639; Paris, 27 juin 1720. Poésies, suiv. des poésies choisies de La Fare. *Paris*, Fromont, 1825; impr. Rignoux, 2 vol. in-32, portr. — 1. (iv)-xvi-234 p. — 2. (iv)-238 p. = 867. — Voy. La Fare.

CHAUMETTE-DES FOSSÉS (J. B. Gabr. Am.). Paris, 18 juin 1782; Chagres, 4 oct. 1841. — Voy. Catalogue.

CHAUSSARD (P. J. Bapt.). Paris, 1766; Paris, 1823. *Héliogabale, ou Esquisse morale de la dissolution romaine sous les Empereurs. *Paris*, Dentu, impr.-libr., 1802, in-8, fig. — xiv-438 p. = 1677.

CHÉGOIN (J. J. Arth. de). Paris, 27 juillet 1820. Des Voies d'exécution, thèse, 21 juin 1844. *Paris*, impr. E. J. Bailly, 1844, in-4°. — 64 p. = 1184-11.

CHELLE (C.). Théorie des calculs, extr. de Condillac. *Paris*, 1833; impr. J. L. Joly à Sèvres, in-18. (Bibliot. popul.). — 124-96-108 p. = 918-7.

CHÊNEDOLLÉ (Ch. Lioult de). Vire, 1769; Au Coisel, 2 déc. 1833. Le Génie de l'homme, poème, sec. édit. *Paris*, H. Nicolle, 1812; impr. P. Didot l'aîné, in-18. — (iv)-xvi-268 p. (Paris, 1807). = 679.

CHÉNIER (And. Marie de). Constantinople, 29 oct. 1762; Paris, 25 juillet 1794. OEuvres anciennes, mises en ordre par D. Ch. Robert. — (iv)-348 p. — OEuvres posthumes, augm d'une notice par H. de Latouche. *Paris*, Guillaume, 1826; impr. F. Didot — (iv)-xx-352 p. 2 vol. in-8 (Paris, Baudoin frères, 1819, in-8). = 172.

CHÉNIER (Marie Jos. de). Constantinople, 28 août 1764; Paris, 10 janv. 1811. OEuvres, précéd. d'une notice par M. Arnault; mises en ordre par D. Ch. Robert, avec not. par M. Daunou. *Paris*, Guillaume, 1824; impr. F. Didot, 8 vol. in-8. portr. et fac-simile. — OEuvres anc.: 1. (iv)-xlviij-444 p. — 2. (iv)-420 p. — 3. (iv)-448 p. — 4. (iv)-495 p — 5. (iv)-456 p. — OEuvres. posth : 6. (iv)-xxiv-554 p. — 7. (iv)-554 p. — 8. (iv)-471 p. = 172.

CHENOT (F.). Manuel français-tamoul. *Saint-Denis, Ile de la Réunion*, typ. Lahuppe, 1849, in-18. — 59 p. = 1640-5.

CHENU (J.). Dictionnaire français *Paris*, 1833, in-18. — 621 p. (Bibliot. popul.) = 918-4.

CHESTERFIELD (Phil. Dormer Stanhope). Lond., 22 sept. 1694; Lond., 24 mars 1773. Advice to his son on men and manners. *London and Paris*, Th. Barrois, 1815, in-18. — 188 p. (1774). = 587.

CHEVALIER (Aug.). Traité élémentaire de physique. *Paris*, 1833; impr. J. L. Joly à Sèvres, in-18. (Bibliot. popul.). 100 p et une planche. = 918-9.

CHEVALIER (A.). Traité élémentaire de mécanique. *Paris*, 1833; impr. F. Locquin, in-18. (Bibliot. popul.). — 108 p. et une pl. = 918-9

CHEVET (Ém.) Douarnery, 1804; et Aug. CHEVALIER. Élémens de chimie. *Paris*, 1833, in-18. (Bibliot popul.). — 100-108 p. et une pl. = 918-9.

CHIFFLET (Ph. L.). Besançon, 10 mai 1597; Besançon, vers 1663. Sacro=Sancti œcumenici conc lii Tridentini Pavlo III, Ivlio III et Pio IV celebrati canones et decreta. *Coloniæ Agrippinæ*, apud Balth ab Egmond et socios, MDCLXXXVII (1687), in-24. — (xxiv) 196-xlij-xlvi p. (Antv., 1640, in-12. = 1665.

CHODZKO (Jacq Léonard). Oborek (Oszmiana), 6 nov. 1800. — Voy. Pologne.

CHOISY (l'abbé Fr. Tim. de. Paris, 16 août 1644; Paris, 20 oct. 1724. — Voy. Opuscules.

Choix des vieux poètes françois. *Paris*, impr. A. Belin, 1813, 4 vol. in-18. — 1. (vi)-289 p. — 2. (iv)-291 p. — 3. (iv)-315 p. — 4. (iv)-329 p = 149.

Choix d'oraisons funèbres de Fléchier, Mascaron, Massillon, Bourdaloue et La Rue. *Paris*, L. de Bure, 1825; impr. F. Didot. in-32. — iv-352 p = 1433.

CHOMPRÉ (Pierre). Narci près Châlons, 1698; Paris. 18 juillet 1760. Dictionnaire abbrégé de la fable, neuv. édit. *Paris*, Desaint et Saillant, 1760; impr. P. Al. Le Prieur, pet. in-12. — 396 p. (Paris, 1727, pet. in-12). = 42.

CHOMPRÉ (P.). Dictionnaire abrégé de la fable. *Paris*, impr. stéréot. de Mame, 1811, in-18, 19 pl. — (iv)-iv-475 p. = 1672-20.

CICÉRON (Marcus Tullius). Arpinum, 3 janv. 106; Formies, 7 déc. 43 av. J. C. Analyse et extraits des discours de Cicéron par F. Ragon. *Paris*, L. Hachette, 1828; impr. Trouvé et Cie, 2 part. in-12. — 1. viij-256 p. — 2. (iv)-279 p. = 954.-4.

CICÉRON. Traité de l'Orateur, trad. par l'abbé Colin. *Paris*, libr. assoc., 1809, in-12. — 407 p. (Paris, 1737, in-12). = 361.

CICÉRON. Epistolorvm ad Atticvm libri xvi, ex emend. D. Lambini. *Lvtetiæ*, apud Ioann. Benenatum, CIↃ IↃ LXXIII (1573), in-8. — p. 3431-4131 (lav., réglé). = 1156.

CICÉRON. Opera philosophica, ex rec. J. A. Ernesti. *Rotterodami*, apud Looij et Van Spaan, 1804; ex typ. J. J. Stuerman, Delphis, 2 vol. in-18, titr. gr. — 1. 306 p. — 2. 303 p. (Mogunt., Fust, 1465, in-fol.). = 1437.

CICÉRON. Opera quæ supersunt omnia, edid. Io. Casp. Orellius. *Turici*, typ. Orellii, Fuesslini et sociorum, 1833. Scholiastæ, edid. Io. Casp. Orellius et Io Georgius Baiterus, gr. in-8. — 5, pars 1. viij-412 p.; pars 2. viij-xvi-444 p. — Onomasticum Tullianum, 1838, tom. 7, pars 2. p. 353-658; tom. 8, 1837, pars 3. xiv-448 p.; Fasti : (ij)-CCXLV p. (Opera : Mediol., 1498-1499, 4 vol. in-fol.). = 1272, 1334 bis.

CLAPMARIUS (Arn. Clapmaier). Brême, 1574 ; Altdorf, 1er juin 1604. De Arcanis rervm pvblicarvm libri VI, illustr. a J. Corvino ; accessit Chr. Besoldi discursus. *Amsterodami*, apud Ludov. Elzev., 1641, pet. in-12. — (XL)-340-(ij)-53-(xxviij)-120 p. = 988.

CLARAC (le cte de). Paris, 1777 ; Paris, 20 janv. 1847. Mélanges d'Antiquités grecques et romaines. *Paris*, Firmin Didot frères, impr.-libr., 1830, in-8. — (vi)-80 p. (Extrait du Bulletin Férussac). = 1313-3. — Voy. Catalogue.

CLARKE (Sam.). Norwich, 11 oct. 1675 ; Lond., 17 mai 1729. OEuvres philosophiques (*trad. Ricotier), nouv. édit. par Am. Jacques. *Paris*, Ad. Delahays, 1843 ; impr. Crapelet, in-12. — (iv)-xxxviij-568 p. = 1602.

CLAUBERGIUS (Joh.). Solingen, 1622 ; Duisbourg, 31 janv. 1665. Logica vetus et nova, edit sec. *Amstelædami*, ex offic. Elzeviriana, CIↃ IↃ CLVIII (1658), pet. in-12. — (viij)-464-(xx) p. = 1030.

CLAUDIEN (Claudius). Alexandrie, 365 ; 408. Cl. Clavdiani opera. *Lugduni*, apvd Antonivm Gryphivm, MDLXXXIX (1589), pet. in-12. — 367 p. (Vicen., 1482, in-fol.). = 1185-0.

CLAUDIEN. Opera, cum comment. Steph. Clavierii. *Parisiis*, apud Vidvam Gvlielmi Chavdiere, MDCII (1602), in-4°. — (vi) 7 fts-(150-xvi) p. = 324.

CLAUDIEN. Cl. Clavdianvs. *Amsterodami*, apud Guiliel. Janssonium, CIↃ IↃ CXX (1620), in-24. — (ij)-240 p. = 432.

CLAUSADE (Am.). Usages locaux et topographie légale (dép. du Tarn). *Paris*, Joubert, 1843 ; impr. Lavergne à Toulouse, in-8. — xx-404 p. = 1403.

CLAUSOLLES (P.). Précis de l'histoire de France, trois° édit. *Toulouse*, J. B. Paya, impr.-libr., 1835, in-12. — (iv)-372 p. = 844.

Clauzel de Coussergues (Jean Claude). Coussergues, vers 1765 ; Coussergues, 7 juillet 1846. Projet de la proposition d'accusation contre M. le duc Decazes, sec. édit. *Paris*, J. G. Dentu, impr.-libr., 1820, in-8. — xxiv-380 p. = 1128-4.

Clavel (B.). Histoire des Gaules. *Paris*, Ad. Rion, 1834 ; impr. Poussielgue, in-12. — 36 p. = 183.

Clément (Saint); mort le 23 nov. de l'an 100. Épître. — Voy. Morceaux choisis.

Clément (J. M. Bern.). Dijon, 25 déc. 1742; Paris, 3 févr. 1812. Observations critiques sur la nouvelle traduction des Géorgiques de Virgile. *Genève*, 1771, in-8. — (iv)-496 p. = 1507 bis.

Clermont (Numa). Histoire naturelle des animaux sans vertèbres. *Paris*, 1834 ; impr. Marlin à Versailles, in-18. (Bibliot. popul.) - (iv)-104-104 p. = 918-26.

Clotilde de Surville. — Voy. Vanderbourg.

Cluvier (Philippe). Dantzig, 1580 ; Leyde, 1623. Introdvctionis in vniversam geographiam libri VI; accessit P. Bertii breviarium. *Amstelodami*, apud Elzevirios, 1677, in-24. — 352-70-(x) p. et 2 pl. = 1055.

Cluvier (Phil.). Introdvctionis in geogr. libri VI. *Amstelodami*, apud Ludov. Elzevirium, 1651, pet. in-12. — (xxviij)-394-(x) p. et une carte. = 1084 bis, 1165-10.

Cobbett (Guill.). Farnham (Surrey), 1766; Lond., 18 juin 1835. Le Maître d'anglais, cinqᵉ édit. rev. par L. H. Scip. du Roure. *Paris*, Bossange et Masson, Warée, Fayolle, 1816, in-8. — lxxxij-480 p. et 2 tabl. (Philadelphie, 1795, in-8). = 613.

Coccaie (Merlin). — Voy. Folengo (Th.).

Code civil. Ordonnance de Louis XIV, avril 1667. *Paris*, libr.-assoc., 1741 ; impr. Paulus-du-Mesnil, in-24. — xxiv-452-36 p. = 1168-4.

Code civil des Français, édit. origin. *Paris*, impr. de la République, 1804, in-8. — (iv)-336-236 p. (table alphab.). = 1112 bis, 1123.

Code civil. *Paris*, Durand, Lejay, 1838 ; impr. A. Hiard à Meulan. (iv)-xij-408 p. — Code de procédure civile, 1840. (iv)-222 p. — Code de commerce, 1839. (x)-140 p. = 687, 713, 873.

Code d'instruction criminelle. *Paris*, Corby, 1832 ; impr. Rignoux, in-32. — (iv)-256 p. = 767.

Code d'instruction criminelle, édit. originale. Code pénal, édit originale. *Paris*, impr. impér., 1810, in-8. (iv)-226 p. — (iv)-194 p. (table alphab.). = 1640 bis.

Code noir (le), ou recueil des réglements concernant les Négres dans les colonies françoises. *Paris*, L. F. Prault, impr.-libr., 1788, in-18. — xij-635 p. (Paris, 1742, in-18). = 1694.

Codes (les neuf). *Limoges*, Ardillier, impr.-libr., 1832, in-18. — 995 p. = 670.

Codes (les), édit. clichée, par A. F. Teulet et Urbain Loiseau, troisᵉ tirage. *Paris*, Videcoq, 1840 ; impr. Béthune et Plon, in-18. — (iv)-xxxvi-815 p. = 721.

Codes (les), par A. F. Teulet, septᵉ édit. *Paris*, Videcoq fils aîné, 1850 ; impr. Plon frères, in-32. — (iv)-16-xxx-63 à 176-xij-792-310-43 p. = 1623.

Codes français réunis. *Paris*, impr. Félix Locquin, 1843, in-8. — xxiv-672-xxx-31 p. = 1622.

Cogniard frères (Hipp. et Théod.); et Jaime. La Tire-lire, vaud., un acte; Palais-Royal, 5 nov. 1835. *Paris*, Marchant, 1836; impr. J. R. Mévrel, gr. in-8, 2 col. (Mag. théat., t. 10). — 14 p. = 557-13.

Colardeau (Ch. P.). Janville, 12 oct. 1732; Paris, 7 avril 1776. OEuvres. *Paris*, libr. anc. et mod., 1826; impr. H. Balzac, 2 vol. in-48. — 208-172 p = 951 bis.

Colardeau (Ch. P.). OEuvres choisies. *Paris*, Janet et Cotelle, 1825; impr. J. Didot aîné, gr. in-8, pap. vél. — xx-483 p. = 1000.

Colardeau (Ch. P.). OEuvres choisies. *Paris*, impr. P. Didot l'aîné et F. Didot, 1817, in-18. — xij-214 p. = 438.

Colet-Révoil (Mme Louise). Aix, vers 1810. La Jeunesse de Goethe, coméd., un acte, en vers; Renaissance, 20 juin 1839. *Paris*, Marchant, 1839; impr. Ve Dondey-Dupré, gr. in-8, 2 col. (Mag. théat., t. 25). — 16 p. = 601.

Colet-Révoil (Mme L.). Penserosa, poésies. *Paris*, H. L. Delloye, 1840; impr. Crapelet, in-8. — (iv)-382 p. = 702 — Voy. Campanella.

Collé (Ch.). Paris, 1709; Paris, 3 nov. 1783. OEuvres choisies. *Paris*, Lecointe, 1832, impr. F Didot frères, in-18. — viij-189 p. = 733.

Collecção das cartas pertencentes ao ensaio de ensinar a ler. (*Lisboa*), S. D., in-8. — 2 f.-cxxviij tabl.-22 p = 1411 bis.

Collection complète de tous les ouvrages pour et contre M. Necker. *Utrecht*, 1782, in-12. fig. — (iv)-112-3 tabl.-88-(iv)-171-(iv)-132 p. = 1274-3.

Collection des meilleurs ouvrages de la langue française. *Paris*, P. Didot l'aîné, 1814-1826, 73 vol. in-8. — Voy. Bossuet, Fénélon, Fléchier, Malherbe, Pascal.

Collection des meilleurs romans français et étrangers. *Paris*, Dauthereau, 1824-1827; impr. F. Didot, 100 vol. in-32; Suite, 32 vol. in-32. — Voy. Boufflers, Cazotte, Mme Cottin, Mme Élie de Beaumont, Fielding, Florian, Foé, Foscolo, Godwin, Goethe, Goldsmith, Mme de Graffigny, Hamilton, Miss Inchbald, Johnson, Mme de La Fayette, Lesage, Longus, Marivaux, Mirabeau, Montesquieu, Mme de Montolieu, Prévost, Mme Riccoboni, J. J. Rousseau, Scarron, Saint-Lambert, Mme de Stael, Sterne, Swift, Mme de Tencin, Tressan.

Collection des résumés de l'histoire de tous les peuples anciens et modernes. — Voy. *Ader*, Béarn; ...., Auvergne; *Barbaroux*, États-Unis; *Blanqui*, Commerce et Industrie; *Bodin*, Angleterre, Assemblées représentatives, France; *Carrel*, Écosse, Grecs modernes; *Chasles*, Suisse; *Coquerel*, Suède; *F. Denis*, Brésil, Buénos-Ayres; *Halévy*, Juifs anciens; *Lagarde*, Ile de France; *Monglave*, Mexique; *Rabbe*, Espagne, Portugal, Russie; *Scheffer*, Hollande; *Am. Thierry*, Guyenne; *Trognon*, Lombardie.

Collection générale des tableaux de dépréciation du papier-monnaie. *Paris*, Mme Ve J. Décle, Renard, 1825; impr. A. Égron, in-18. — 307 p. = 711.

Collet (Pierre). Ternay, 6 sept. 1693; Paris, 6 oct. 1770. Vie de Saint-Vincent de Paul. *Paris*, Méquignon-junior, 1822; impr. C. C. Masson, in-12. — (iv)-416 p. (Nancy, 1748, 2 vol. in-4°). = 21.

Collin d'Harleville (Jean François). Mévoisin près Chartres, 30 mai 1755; Paris, 24 févr. 1806. OEuvres choisies. *Paris*, Th. Dabo, 1820; impr. Tremblay à Senlis, in-18. — (iv)-296 p. = 31.

Collin d'Harleville. OEuvres complètes avec notice par Andrieux. *Paris*, J. N. Barba, 1828; impr. H. Fournier, 8 vol. in-18. — 1. (vi)-224 p. — 2. (iv)-254 p. — 3. (iv)-208 p. — 4. (iv)-229 p. — 5. (iv)-221 p. — 6. (iv)-203. p. — 7. (iv)-210 p. — 8. (iv)-238 p. = 724.

Colombet (Claude). Synoptica institutionum imperialium descriptio, ed. Ant. Bros, sec. edit. *Parisiis*, Nic. Le Gras, MDCXCI (1691), in-12. — (xij)-177 p. = 856.

Columelle (Lucius Junius Moderatus). Gades, 14 av. J. C.; 50 de J. C. — Voy. Libri de Re Rustica.

Coluthus. Lycopolis, vers 491-518. — Voy. Petits poèmes grecs.

Comenius (Jean Amos). Comno (Moravie), 1592; Amsterd., 15 nov. 1651. Ianva avrea lingvarvm, cum græc. vers. avt. Th. Simonio Holsato. *Amstelodami*, apud Ludovicum Elzevirium, CIƆ IƆC XLIX (1649), pet. in-12. — 286-312 p. (Lesna, 1631, in-8). = 953.

Commines (Phil. de). Commines (Flandre), 1445; Argenton, 16 août ou 17 oct. 1509. Mémoires. *Paris*, Belin-Leprieur, 1843; impr. J. Belin-Leprieur fils, in-12. — (iv)-504 p. (Paris, 1523, in-fol.). = 1542.

Commire (Jean). Amboise, 25 mars 1625; Paris 25 déc. 1702. Carmina. *Parisiis*, apud Jos. Barbou, 1753, 2 vol. in-12. — 1. (iv)-xij-xviij-507 p. — 2. (iv)-xvi-304 p. (Paris, 1678, in-4°). = 355.

Conciones et Orationes. — Voy. Naudet.

Condillac (Ét. Bonnot de). Grenoble, 30 sept. 1714; près Beaugency, 3 août 1780. OEuvres complètes (*rev. par Arnoux et Mousnier). *Paris*, Dufart, impr.-libr., 1803, 31 vol. in-12. (Sensat., 1754, 2 vol. in-12. — Logiq., 1784, in-12). = 1175-0.

Condorcet (J. M. Ant. Caritat de). Rubémont, 17 sept. 1743; 28 ou 29 mars 1794. Esquisse d'un tableau historique des progrès de l'esprit humain. *Paris*, Masson et fils, 1822; impr. Leblanc, in-8. — viij-440 p. (Paris, 1795, in-8). = 912.

Condorcet (Soph. de Grouchy Vve). Villette (Normandie), sept. 1766; Paris, 8 sept. 1822. — Voy. Smith.

Congnet (Henri). Εγχειρίδιον. Enchiridion de ceux qui commencent le grec, quatre édit. *Paris*, Jacq. Lecoffre et Cie, 1847; impr. Ém. Fossé-Darcosse à Soissons, in-12. — x-252 p. = 1700.

Congnet (H.). Lexique élémentaire grec-français, quatre édit. *Paris*, Jacq. Lecoffre et Cie, 1851; typ. Firmin Didot frères, in-12. — (iv)-272 p. (1840). = 1700 bis.

Congnet (H.). Chrestomathie élémentaire. Joseph, Ruth, Tobie et extraits bibliques suiv. de 46 fables d'Ésope, de morceaux d'Élien et autres auteurs et des fables choisies de Babrius. *Paris*, Jacq. Lecoffre et Cie, 1852; typ. Firmin Didot frères, in-12. — (vi)-228 p. (1840). = 1700-3.

CONSTANCIO (Franc. Solano). Lisbonne, 1777; Paris, déc. 1846. Nouveau dictionnaire portatif des langues française et portugaise, quatre édit. *Paris*, Rey et Gravier, Bobée et Hingray, Baudry, 1834; impr. P. Renouard, in-18. — (iv)-iv-366-viij-429 p. = 911.

CONSTANT DE REBECQUE (H. Benj.). Lausanne, 25 oct. 1767; Paris, 8 déc. 1830. Mélanges de littérature et de politique. *Paris*, Pichon et Didier, 1829; impr. Huzard-Courcier, in-8. — xiv-383 p. = 482.

CONSTANT (H. Benj.). Adolphe, quatre édit. *Paris*, Dauthereau, 1828; impr. F. Didot, in-32. — 308 p. = 491.

CONSTANT (H. Benj.). Adolphe. *Paris*, J. Bry aîné, 1848; impr. Lacour, gr. in-8, 2 col. (Veillées litt. illustr., t. 1, livr. 2). — 24 p = 1349-5.

Constitution de la République française, nouv. édit. (5 fruct. an III). *Paris*, Dufart, impr.-libr., Desenne, 1797, in-24. — (iv)-240 p. = 1677 bis.

Constitution française du 14 janvier 1852 (en bengali). (*Calcutta*, 1852), in-8. — 13 p. = 1643 bis.

CONTARENUS (Gasp.). Venise, 1483; Bologne, 24 août 1542. De Repvblica Venetorvm libri V, edit. sec. *Lugd. Batav.*, ex offic. Elzev., CIↃ IↃC XXVIII (1628), in-24. — 432 p. (Paris, Vascosan, 1543, in-4°). = 1079.

Contes chinois. — Voy. Rémusat (Abel).

CONTI (Noël), (Natalis Comes). Venise, vers 1505; Venise, vers 1582. Mythologiæ libri decem. Libri III de Venatione. *Genevæ*, apud Petr. et Iac. Chouet, MDCXVIII (1618), pet. in-8. — (xvi)-1123-52 p (Ven., Ald., 1551, in-4°). = 1188-0.

COOPER (Jam. Fenim.). Burlington (New-Jersey), 15 sept. 1789; Cooper's town, 14 sept. 1851. Le Pilote, trad. Defauconpret. *Paris*, Dauthereau, 1829; impr. Casimir, 6 vol. in-32. — 1. 215 p. — 2. 207 p. — 3. 214 p. — 4. 226 p. — 5. 219 p. — 6. 217 p. (1824). = 835.

COOPER (Jam. Fen.). El Ultimo Mohicano, trad. por J. M. P. *Paris*, Lecointe, 1835; impr. Moquet et Cie, in-18. — 220 p. (1826). = 1164 bis.

COQUEREL (Ch.). Paris, 1797; Paris, janvier 1851. Résumé de l'histoire de Suède, sec. édit. *Paris*, Lecointe et Durey, 1825; impr. Lebel, in-18. — (iv)-261 p. = 1413.

CORMON (J. L. Bart.); et VINC. MANNI. Diccionario de faltriquera ital.-esp. y esp.-ital. *Leon*, B. Cormon y Blanc, 1805, in-18, 3 col. — (iv)-xxiv-422 p. = 411.

CORNARO (Louis). Venise, 1467; Padoue, 26 avril 1566. — Voy. Lessius.

CORNEILLE (Pierre). Rouen, 6 juin 1606; Paris, 1er oct. 1684. Théâtre. *Amsterdam*, Zach. Châtelain, 1740, 5 part. pet. in-12, fig. — 1. (ij)-xciij-506 p. — 2. (iv)-586 p. — 3. (iv)-604 p. — 4. (iv)-512 p. — 5. (iv)-592 p. — Œuvres diverses. *Amsterdam et Leipzig*, Arkstée et Merkus, 1765, pet. in-12. — LX-435 p. — Commentaires par M. de Voltaire. *Amsterdam*, 1765, 2 vol. pet. in-12. — 1. viij-478 p. — 2. viij-400? p. (Rouen, 1663, 2 vol. in-fol.). = 1310.

CORNEILLE de l'Isle (Thomas). Rouen, 20 août 1626; Les Andelys, 8 déc. 1709. Chefs d'œuvres dramatiques. *Paris*, Belin, Valade aîné, 1791, 2 vol. in-18. = 335.

Cornelius Nepos. Hostilie, 84; Rome, 30 av. J. C. Opera quæ supersunt, ed. L. Quicherat. *Parisiis*, L. Hachette, 1830; impr. E. Duverger, in-12. — (iv)-x- 154 p. (Venise, 1471, gr. in-4°) = 125 bis.

Cornelius Nepos. Opera, ed. J. A. Amar. *Parisiis*, Lefevre, 1822; excud. P. Didot natu major, in-32. — viij-314 p. (Script. lat. princ., t. 7). = 866.

Cornelius Nepos. Vitæ excellentium imperatorum. *Amstelædami*, apud. J. Wetstenium, 1745, in-24. — 159-(ix) p. et une carte. = 1376.

Cornelius Nepos. Vitæ, curavit J. S. Ith. *Bernæ et Lausannæ*, apud societ. typogr., 1779, in-8. — (ij)-(xij)-406 p. = 1373.

Cornelius Nepos. Vitae, edit. tertia. *Glascuae*, excud. Andr. Foulis, 1777, pet. in-8. — viij-315 p. = 1129.

Cornelius Nepos. Vitæ. *Biponti*, ex typ. societ., 1788, in-8. — xliij-201-(cxiv) p. = 1504.

Cornelius Nepos. Vies des grands Capitaines de l'antiquité, trad. par l'abbé Paul. *Paris*, J. Barbou, 1781, in-12. — xij-381 p. = 306.

Corpus Juris civilis. — Voy. Justinien.

Corréard (Alexandre). Mémoire sur le projet d'un chemin de fer de Paris à Bordeaux. *Paris*, L. Mathias, 1838; impr. H. Fournier et Cie, in-4°. — 320 p. et 3 pl. = 1345.

Corvinus (Jean Arnold); né à Leyde; Amst., 1650. Posthumus Pacianus seu definitiones juris J. Pacii a Beriga. *Amstelodami*, apud Lud. Elzevirium, cIↃ IↃc xliii (1643), pet. in-12. — (x)-499-(lxxviij) p. = 965.

Corvinus (J. A.). Enchiridium, seu institutiones imperiales explicatæ, edit. quarta. *Amstelodami*, apud. Ludov. et Dan. Elzevirios, 1657, pet. in-12. — (xij)-644 p. = 1086.

Cossart (Gabr.). Pontoise, 1615; Paris, 16 sept. 1674. Orationes et carmina, sec. edit. *Parisiis*, Robert Pepie, mdcxc (1690), in-12. — (xxiv)-264-(xiv) p. (Paris, 1675, in-12). = 993.

Cottin (Marie Jos. Risteau, Vve). Tonneins, 1773; Paris, 25 août 1807. Élisabeth. *Paris*, G. Havard, 1848; typ. Schneider, gr. in-8, 2 col. — 24 p. (Rom. illustr., t. 1, livr. 2). = 1349-7.

Cottin (Mme). Claire d'Albe. *Paris*, J. Bry aîné, 1848; impr. Lacour et Cie, gr. in-8, 2 col. — 24 p. (Veill. littér. illustr., t. 1, livr. 15). = 1440 bis.

Cottin (Mme). OEuvres. *Paris*, A. Ledentu fils, 1844; impr. J. Belin-Leprieur fils, 2 vol. in-12. — 1. (iv)-540 p. — 2. (iv)-560 p. = 1590 bis.

Cottin (Mme). OEuvres complètes, avec notice (*par A. Petitot.) *Paris*, Ledentu, 1820; impr. P. Gueffier, 12 vol. in-18, fig. = 96.

Cottin (Mme.) Œuvres complètes. *Paris*, Ladrange, 1823; impr. F. Didot, 9 vol. in-18. — 1. (iv)-383 p. — 2. (iv)-379 p. — 3. (iv)-383 p. — 4. (iv)-378 p. — 5. (iv)-383 p. — 6. (iv)-362 p. — 7. (iv)-390 p. — 8. (iv)-363 p. — 9. (iv)-272 p. = 1056.

Couailhac (Louis); et V. Fleury. Campagne d'Austerlitz. *Paris*, 1832; impr. F. Didot frères, in-18. — 108 p. (Bibliot. popul.). = 918-20.

Coup-d'œil sur l'OEuvre de la Propagation de la Foi. *Lyon*, Pélagaud et Lesne, impr.-libr., 1838, in-8. — 55 p. = 1672-19.

Coupé (J. N. L.). Picardie, 18 oct. 1732; Paris, 10 mai 1818. — Voy. Théognis.

Courcelles (J. B. P. Jullien de). Orléans, 14 sept. 1759; Saint-Brieuc, 24 juillet 1834. — Voy. Catalogue.

Courier de Méré (Paul Louis). Paris, 4 janv. 1773; Véretz, 10 avril 1825. Pamphlets politiques et littéraires (avec un Essai sur sa vie par Arm. Carrel). *Paris*, Paulin, 1832; impr. H. Fournier, 2 vol. in-18. — 1. (iv)-240 p. — 2. (iv)-256 p. = 133. — Voy. Longus, Lucius.

Courtils (Gatien de). Paris, 1644; Paris, 6 mai 1712. *Nouveaux intérêts des princes de l'Europe, sec. édit. *A Cologne*, chez Pierre Marteau, MDCLXXXVI (1686), pet. in-12. — (xx)-519 p. (Colog., 1668, in-12). = 1186-1.

Cousin (Victor). Paris, 28 nov. 1792. — Voy. André.

Coutumes (Texte des) de la Prévosté de Paris. — Voy. Ferrière.

Cox (le capit. Hiram). Voyage dans l'empire des Birmans, avec des notes par A. P. Chaalons d'Argé. *Paris*, Arth. Bertrand, 1825; impr. Carpentier-Méricourt, 2 vol. in-8, fig. et une carte. — 1. (iv)-xi-CLVI-210 p. — 2. (iv)-402 p. = 1678.

Coyer (l'abbé Gabr. Fr.). Baume-les-Nones, 18 nov. 1607; Paris, 18 juillet 1782. *De la Prédication. *Londres et Paris*, chez la Vve Duchesne, 1766, in-12. — (iv)-176 p. = 1237.

Coyssard (Mich.). Besse (Var), 1547; Lyon, 10 juin 1623. Thesavrvs P. Virgilii Maronis, recogn. *Lvgdvni*, apvd Ioann. Pillehotte, MDCX (1610), pet. in-12. — 960-xij-(XLIV) p. (Lugd., 1590, in-8). = 1182.

Crébillon (Prosp. Jolyot de). Dijon, 13 févr. 1674; Paris, 17 juin 1762. Œuvres. *Paris*, Lecointe, 1831; impr. Firmin Didot frères, 3 vol. in-18. — 1. 228 p. — 2. 203 p. — 3. 235 p. = 258.

Crévenna (P. Ant. Bolongaro). Milan, 1735; Rome, 8 oct. 1792. — Voy. Catalogue.

Crévier (J. B. Louis). Paris, 1693; Paris, 1er déc. 1765. Rhétorique françoise. *Paris*, Saillant, Desaint, 1787; impr. Le Breton, 2 vol. in-12. — 1. xxxvi-428 p. — 2. (iv)-384 p. (Paris, 1765, 2 vol. in-12). = 435.

Crévier (J. B. L.). Histoire des Empereurs romains depuis Auguste jusqu'à Constantin. *Paris*, Ledoux et Tenré, 1818-1819; impr. Didot le jeune, 6 vol. in-8, cinq cartes par D'Anville. — 1. viij-737 p — 2. 599 p. — 3. 593 p. — 4. 582 p. — 5. 599 p. — 6. 603 p. (Paris, 1750-1756, 6 vol in-4°). = 1679.

Crévier (J. B. L.). Histoire des Empereurs romains. *Toulouse*, J. Rose et Sens, 1828; impr. Benichet aîné, 12 vol. in-12. = 907.

Crignon-Vandebergue, d'Orléans. Les Orangers (trad. du lat. de Veschambez), les Vers-à-soie (trad. de Vida) et les Abeilles (trad. de J. Ruccelai). *Paris*, Lagrange et Cazin, 1786, in-18. — (iv)-354 p. = 1333-3.

CRINITUS (Piet. Riccio). Florence, 1465; 1505. Libri xxv cometariorum de honesta disciplina. Libri v de poetis latinis. Poematum. (vij-ccxvj-ij-LXXIV) p. (à la fin) : *Ex ædibus Ascensianis, ad idus Iunias ab anno salutifero* M D VII (1507), pet. in-fol. (lav. réglé). = 1155.

CROFT (le chev. Herbert); mort en 1816. Horace éclairci par la ponctuation. *Paris*, Ant. Aug. Renouard, 1810; impr. Ledien-Candia à Amiens, pet. in-8. — vij-iv-204 p. et un tableau. = 1447.

CRUCHLEY'S Picture of London, ninth édit., *London*, Cruchley, 1844; J. Masters pr., in-18, 59 grav. — xij-294. = 1461 bis.

CUNÆUS (Pierre Van der Kun). Flessingue, 1586 ; Leyde, nov. 1638. De Republica Hebræorum libri III. *Lugd. Batav.*, ex offic. Elzeviriana, 1632, in-24. — (xxxij)-372 p. (Leyde, Elz., 1617, in-8). = 1078.

CURCE (QUINTE). — Voy. Quinte-Curce.

CURION (Cœlius Augustinus). Piémont, vers 1538; 1567. Sarracenicae historiae libri tres. *Basileae*, ex offic. Oporiana, 1568, in-8. — 504-(xxx) p. = 1332.

CUVIER (Frédéric). Montbéliard, 27 juin 1773; Strasbourg, 1838.; et DUMÉZILLE. Histoire naturelle des Mammifères. *Paris*, 1832; impr. F. Didot frères, in-18. — 108-100 p. (Bibliot. popul.). = 918-25. — Voy. Catalogue.

DACIER (Anne Lefèvre Tanneguy, dame). Saumur, déc. 1651; Paris, 17 août 1720. — Voy. Anacréon, Aristophane.

DAGUERRE (T. Jacq. Maudé). Cormeilles, 18 nov. 1787; Petit-Brie-sur-Marne, 10 juillet 1851. An historical account of the Daguerreotype. *London*, Lean, Nutt, 1839; print. Belin and Co, in-8. — (iv)-86 p. = 1322 bis.

D'AGUESSEAU (Henr. Franç.). Limoges, 27 nov. 1768; Fresnes, 9 févr. 1751. Discours et OEuvres mêlées (* publ. par J. Balt. Gibert). *Paris*, libr.-assoc., 1773, 2 vol. in-12. — 1. (iv-iv)-338 p. — 2. (iv)-456 p. (Amst. (Paris), 1756, 2 vol. in-12). = 208. — Voy. Catalogue.

D'ALBANÈS (A.); et Georges FATH. Les Nains célèbres, illustr. par Éd. de Beaumont. *Paris*, Gust. Havard, (1846); typ. Lacrampe et Cie, pet. in-8. — 159 p. = 1553 bis.

D'ALEMBERT (Jean Le Rond). Paris, 16 nov. 1717; Paris, 29 oct. 1723. Mélanges de littérature, d'histoire et de philosophie, quatre édit. *Amsterdam*, Zach. Châtelain et fils, 1767, 5 vol. in-12. — 1. (iv)-xvi-412 p. — 2. (iv)-456 p. — 3. (iv)-431-40 p. — 4. (iv)-464 p. — 5. xxiv-610 p. = 1260.

DAMAS (Mme de), née Longeron. * Pensées morales. *Paris*, Desenne, S. D. ; impr. Bertrandet, gr. in-18. — 108 p. = 1215.

DAMIRON (Jean Philibert). Belleville (Rhône), 10 mai 1794. Cours de Philosophie. *Paris*, L. Hachette, 1834; impr. Moquet et Cie, 2 part. in-8. — 1. XLIV-456 p. — 2. xij-358 p. = 461.

Damours (L.); né à Angers; mort à Paris, 16 nov. 1788. * Lettres de Ninon de Lenclos, au marquis de Sévigné. *Paris*, Ledentu, 1820; impr. Ét. Imbert, 2 vol. in-18, portr. — 1. 220 p. — 2. 225 p. (Amst., F. Joly, 1752, 2 vol. in-12). = 1287.

Dampierre de la Salle (de). Paris, 1720; Paris, 1793. * Théâtre d'un Amateur. *Paris*, Vve Duchesne, 1787; impr. Cailleau, 2 vol. in-18. — 1. 273 p. — 2. 324 p. = 3.

D'Andrezel (Phil. Picon Barth.). Salins, 1757; Versailles, 12 déc. ou 2 janv. 1825. Excerpta e scriptoribus græcis. *Parisiis*, Bruno-Labbe, 1822; impr. Fain, in-12. — x-449 p. (Paris, 1814, in-12). = 633.

D'Andrezel (P. P. B.). Extraits des auteurs grecs, trad. Fl. Lécluse; poésie. *Paris*, Delalain, 1836, in-12. — viij-456 p. = 676.

Daniæ et Norwegiæ (de regno). *Lvgdvni Batavorvm*, ex officina Elzeviriana, cIↄ Iↄ cxxix (1629), in-24. — (xvi)-510 p. = 1072.

Dante Alighieri. Florence, mai 1265; Ravenne, 14 sept. 1321. La Divina Commedia, col comento del P. Pomp. Venturi. *In Venezia*, 1793; stamp. P. Q. G. Gatti, in-8. — 284-272-286 p. (Foligno, 1472, in-fol.). = 1412.

Dante. Commedia. *Firenze*, Pallade, 1818; stamp. granducale, 4 vol. in-12, portr. — 1. xiv-176 p. — 2. 172 p. — 3. 170 p. — 4. 100 p. = 1380-3.

Dante. Commedia, ed. G. Biagioli. *Parigi*, Am. Costes, 1830; torch. de Ach. Desjardins, Bellovaco, 3 vol. in-18. — 1. (iv)-vij-188 p. — 2. (iv)-191 p. — 3. (iv)-195 p. = 689.

Dante. Commedia. *Parigi*, Blanc-Montanier, 1843; impr. P. Baudoin, in-12. — (iv)-518 p. = 1254.

Dante. L'Enfer, trad. en vers par Jos. Ant. de Gourbillon. *Paris*, Aug. Auffray, impr., 1831, gr. in-8. — xvi-376 p. = 1372.

Dante. L'Enfer, trad. en vers par J. A. Mongis, sec. édit. *Paris*, Sauvaignat, 1846; impr. H. Fournier et Cie, in-8. — xxx-398 p. = 1426.

Dante. L'Enfer, trad. en vers par Ch. Calemard de Lafayette. *Paris*, Paul, 1835-1837; impr. Béthune et Plon, 2 vol. in-8. — 1. xliv-355 p. — 2. (iv)-400 p. = 1423.

Dante. L'Enfer, trad. en vers par Brait Delamathe. *Paris*, Bossange père, 1823; impr. J. Gratiot, in-8. — (iv)-l-464 p. et 2 plans. = 1523.

Dante. OEuvres, la Divine Comédie, trad. A. Brizeux; la Vie Nouvelle, trad. E. J. Delécluse. *Paris*, Charpentier, 1847; impr. A. Dupré à Poitiers, in-12. — (iv)-397 p. = 1547.

D'Arcet (J. P. Jos.). Paris, 31 août 1777; Paris, 1844. — Voy. Catalogue.

Darès. Phrygie, vers 1200 av. J. C. De Excidio Troiae historia, recens. And. Dederich. *Bonnae*, impr. Ed. Weberi, 1835, pet. in-8. — x-102 p. (avec Homère: Bâle, 1583, in-fol.). = 1267 bis.

D'Argonne (dom Bonav.). Paris, 1640; Gaillon, 1704. * Mélanges d'histoire et de littérature, recueillis par M. de Vigneul-Marville, sec. édit. *Rouen*, Ant. Maurry, 1700-1701, 3 vol. in-12. — 1. (iv)-410-(xx) p. — 2. (iv)-432-(xxiv) p. — 3. (iv)-348-(xviij) p. = 1311.

DARU (P. Ant. Bruno Noël). Montpellier, janv. 1737; Meulan, 5 sept. 1829. — Voy. Catalogue.

D'AULNOY (Mar. Cath. Jumelle de Berneville). Normandie, 1650; janv. 1705. Contes. *Paris*, Gust. Havard, 1851; impr. Schneider, gr. in-8, 2 col.— 36 p. (Romans illustr., livr. 137-138). (Paris, Barbin, 1698, 4 vol. in-12). = 1566.

D'AVRIGNI (Ch. Jos. L. Lœuillard). La Martinique, vers 1760; Paris, 17 nov. 1823. Jeanne d'Arc à Rouen, trag., cinq actes; Théâtre français, 4 mai 1819. *Paris*, J. N. Barba, Pollet, Bezou, 1834; impr. Jul. Didot l'aîné, gr. in-8, 2 col. (France dramat., p. 365-385). = 555-14.

Daya Crama Sangraha (Traité original des Successions, par Sri Crisna Tercalancara Bhuttacharruj), augmenté de notes et de passages du Mitacshara, par G. Orianne. *Pondichéry*, A. Tontin, impr. du gouvern., 1843, in-8. — xix-195 p. = 1649.

DE BELLOY (P. Laur. Buirette). Saint-Flour, 17 nov. 1727; Paris, 5 mars 1775. Œuvres choisies. *Paris*, impr. P. Didot l'aîné et Firm. Didot, 1811, 2 vol. in-18. — 1. xiv-213 p. — 2. 237 p. = 159.

DE BURE le jeune (Guill. Franç.). Paris, janv. 1731; Paris, 15 juill. 1782. Bibliographie instructive. *Paris*, Guill. De Bure le jeune, 1763-1768; impr. Didot, 7 vol. in-8. — 1. (iv)-LXXVI-603 p. — 2. xxviij-773 p. — 3. xvi-734 p. — 4. 544 p. — 5. xxiij-631 p. — 6. 685 p. — 7. 687 p. = 1177-1, 1496 bis. — Voy. La Vallière.

DE FER (N.). Introduction à la géographie. *Paris*, Danet, 1717, sec. édit., in-8. — 204 p. et 6 cartes (ouvr. gravé en entier). = 1410.

DE GÉRANDO (Joseph Marie). Lyon, 29 févr. 1772; Paris, 10 novembre 1842. Du Perfectionnement moral. *Paris*, A. A. Renouard, 1824; impr. P. Renouard, 2 vol. in-8. — 1. xvi-407 p. — 2. (iv)-448 p. = 531.

DE GÉRANDO (J. M.). Cours normal des instituteurs primaires, sec. édit. *Paris*, Jul. Renouard, 1836; impr. P. Renouard, in-12. — viij-310 p. = 665. — Voy. Catalogue.

DEGUERLE (J. Nic. Marie); près d'Issoudun, 6 janv. 1766; Paris, 11 nov. 1824. Œuvres diverses. *Paris*, Delangle frères, 1829; impr. G. Doyen, in-8. — (iv)-xvi-510 p. = 774.

DELAFAYE-BRÉHIER (Mme Julie). La Lanterne magique. *Paris*, Eymery, Fruger et Cie, 1828; impr. Trouvé et Cie, in-18, fig. — 171 p. = 36.

DELAFAYE-BRÉHIER (Mme Julie). Le Collège incendié. *Paris*, Al. Eymery, 1821; impr. Ét. Imbert, 4 vol. in-18, fig. = 38.

DELAFOSSE (G.). Précis élémentaire d'histoire naturelle, sec. édit. *Paris*, L. Hachette, 1833, 2 part. in-12, fig. — 1. Minéralogie et géologie, impr. Moquet et Cie, (iv)-358 p. — 2. Botanique et zoologie, impr. Marchand du Breuil, (iv)-452 p. = 169.

DELAMARCHE (Félix). Atlas de géographie. *Paris*, 1833, pet. in-fol. = 91.

DELANNEAU (P. Ant. Vict.). Bar, 24 déc. 1758; Paris, 31 mai 1830. Dictionnaire de poche lat.-franç. *Paris*, Baudoin, 1829; impr. Rignoux, in-32. — (iv)-iv-544 p. = 116.

DELANNEAU (P. A. V.). Dictionnaire de poche de la langue française, sept^e^ édit. *Paris*, P. Pourrat frères, 1832; impr. Rignoux, in-32. — (iv)-iv-453 p. = 117.

Delanneau (P. A. V.). Dictionnaire portatif des rimes françaises. *Paris*, Ch. Froment, Th. Berquet, 1846; impr. Moulinard à Meulan, in-32. — (ij)-xxxxviij-240 p. = 1436 bis.

Delavigne (J. Franç. Casimir). Le Hâvre, avril 1793; Lyon, 12 déc. 1843. Messéniennes, seiz^{e} édit. *Paris*, Dufey et Vezard, 1831; impr. Lenormant fils, in-8. — (iv)-463 p. = 173.

Delavigne (J. F. C.). Théâtre (Recueil factice, France dramat., et Mag. théât.), *Paris*, 1834-1840, gr. in-8, 2 col = 555, 707.

Delille (Jacq.). Aigueperse, 22 juin 1738; Paris, 1er mai 1813. Les Jardins. *Paris*, 1782; impr. P. D. Pierres, in-18. (Paris, 1780). = 9.

Delille (J.). L'Homme des champs, trad. en vers lat. par P. J. B. Dubois, *Paris*, Giguet et Michaud, impr.-lib., 1808, in-18. — xx-239 p. (Paris, 1802). = 390.

Delille (J.). Dithyrambe sur l'immortalité de l'âme. *Paris*, Giguet et Michaud, impr.-libr., 1808, in-12. — 125 p. (Paris, 1802, in-8). = 416.

Delille (J.). La Pitié. *Paris*, Giguet et Michaud, impr.-libr., 1803, in-18. — viij-243 p. (Paris, 1802). = 415.

Delille (J.). OEuvres. *Paris*, Lefèvre, 1833; typ. F. Didot frères, gr. in-8, 2 col., portr. — (iv)-viij-914 p. = 108.

De Lisle (Leconte). — Voy. Leconte.

Delolme (Jean-Louis). Genève, 1740; Seven (Schwits), juillet 1806. Constitution de l'Angleterre. *Genève*, Barde; *Paris*, Buisson, 1787, 2 vol. in-8, portr. — 1. xxxvi-247 p. — 2. 286 p. (Amst., van Harrevelt, 1771, 2 vol. in-8). = 1136-3.

Delolme (J. L.). The Constitution of England. *Basil*, J. J. Tourneisen, 1792, in-8. — xviij-436 p. (Lond., octob. 1775, in-8). = 984.

De Loy (J. B. Aimé). Plancherbas près Lure, 1798; Saint-Étienne, 25 mai 1834. Préludes poétiques, avec une introd. par Ch. Durand. *Paris*, Ladvocat, 1827; impr. C. Coque à Lyon, in-18. — (iv)-xxxv-220 p. = 717.

Demanne (Louis Ch. Joseph). Paris, 11 sept. 1773; Paris, 23 juillet 1832. Nouveau Recueil d'ouvrages anonymes et pseudonymes. *Paris*, Gide, 1834; impr. A Pihan de La Forest, gr. in-8. — (vi-582 p. = 727.

Demézil (le doct^{r}). Ornithologie. *Paris*, 1832; impr. J. L. Joly à Sèvres, 2 part. in-18, fig. — 1. 106 p. — 2. 103 p. (Bibliot. popul.). = 918-25.

Demézil. Histoire naturelle des poissons. *Paris*, 1834, in-18. — 114 p. (Bibliot. popul.). = 918-26.

Demogeot (Jacq. Claude). Paris, vers 1809. Véronne et Scaliger (poème). *Bordeaux*, Th. Lafargne, impr.-libr., 1835, in-8. — (ij)-iv-14 p. = 139.

Demogeot (J. C.). Études sur Ausone. *Bordeaux*, 1837, in-8. = 139 bis.

Demogeot (J. C.) Histoire de la Littérature française depuis ses origines jusqu'en 1830. *Paris*, L. Hachette et Cie, 1852; impr. Crapelet, in-12. — (iv)-iv-664 p. = 1510.

Demogeot (J. C.). Étude sur Shakspere. Roméo et Juliette, drame en cinq actes et en vers. *Paris*, L. Hachette et Cie, 1852; impr. Ch. Lahure, in-12. — (iv)-117 p. = 1652 bis. — Voy. Pline le jeune.

Démosthènes. Athènes, 381; 10 nov. 322 av. J.-C. OEuvres complètes, trad. Auger. *Paris*, Debure fils aîné, Th. Barrois, Alex. Jombert jeune, 1784; 6 vol. in-8, portr. (gr.: Ven., Ald., 1504, pet. in-fol.; Auger: Paris, 1777, 4 vol. in-8). = 848, 1108 bis.

Demoustier (Ch. Alb.). Villers-Coterets, 11 mars 1760; Villers-Coterets, 2 mars 1801. Lettres à Émilie sur la Mythologie. *Paris*, Saintin, 1826; impr. Rignoux, 6 vol. in-32, grav. (1786-1798, 6 part. in-8). = 5.

Demoustier (C. A.). Les Femmes, coméd., trois actes; Théât. de la Nation, 19 avril 1793. *Paris*, Barba, an VI, in-8. — 64 p. = 243.

Demoustier (C. A.). Les Consolations. *Paris*, Ant. Aug. Renouard, 1834; impr. Crapelet, in-18. — (iv)-174-xij-174 p. = 528.

Denis (Alph.). Paris, 25 déc. 1794. L'Ami du Mari ou la Bague, comédie, un acte; Théât. franç., 12 mars 1822. *Paris*, Mme Huet, 1822; impr. Mme Jeunehomme-Crémière, in-8. — 60 p. = 247.

Denis (Jean Ferdin.). Paris, 13 août 1798. Le Brahme voyageur ou la Sagesse populaire de toutes les nations. *Paris*, 1832; impr. Casimir, in-18. — 108 p. (Bibliot. popul.). = 918-6.

Denis (J. F.). Histoire géographique du Brésil. *Paris*, 1833; impr. Casimir, 2 part. in-8. — 1. 107 p. — 2. 100 p. et une carte. (Bibliot. popul.). = 918-11.

Denis (J. F.). Résumé de l'histoire du Brésil, suivi du résumé de l'histoire de la Guyane. *Paris*, Lecointe et Durey, 1825; impr. Lachevardière fils, in-18. — viij-343 p. = 1379.

Denis (J. F.). Résumé de l'histoire de Buénos-Ayres, du Paraguay, de la Plata, du Chili. *Paris*, Lecointe et Durey, 1827; impr. Lachevardière fils, in-18. — xvi-321 p. = 1503.

Denis (J. F.). Le Monde enchanté, cosmographie et histoire naturelle fantastique du moyen âge. *Paris*, A. Fournier, 1843; impr. Hennuyer et Turpin à Batignolles, in-32, grav. — (iv)-iv-376 p. = 1324.

Denis (J. F.). Tableau historique des sciences occultes. *Paris*, Mairet et Fournier, 1842; impr. Hennuyer et Turpin à Batignolles, in-32. — (iv)-vi-296 p. = 1364 bis.

Denne-Baron (P. Jacq. René). Paris, 6 sept. 1780; Paris, 6 juin 1854. Fleurs poétiques. *Paris*, Al. Eymery, 1825; impr. Lachevardière fils, in-18, 16 grav. color. — xij-187 p. = 1679 bis.

Denys d'Halicarnasse. Carie, 30 ans av. J. C. Scripta quæ extant omnia historica et rhetorica, gr.-lat. (*Galenii), ed. Frid. Sylburgii. *Francofurti*, Wechel., 1586, in-fol. (gr.: Lutetiæ, Rob. Steph., 1546-1547, in-fol.). = 1174-3.

Deperthes (J. L. Hub. Sim.). Rheims, 12 juillet 1730; Montfaucon, sept. 1792. Histoire des Naufrages, augm. par J. B. Eyriès. *Paris*, L. Tenré, 1816; impr. J. Jacob à Versailles, 3 vol. in-12, fig. — 1. (iv)-400 p. — 2. (iv)-470 p. — 3. 392 p. (Rheims, 1781, 3 part. in-8). = 85.

Derodon (David); né à Orange; Genève, 1664. L'Atheisme convaincv: Traite demonstrant par raisons natvrelles qvil y a vn Diev. *Orange*, Olivier de Varennes, MDCLIX (1659), in-12. — 151 p. = 1236 bis.

Desbillons (Franç. Jos. Terrasse). Châteauneuf, 26 janv. 1711; Manheim, 19 mars 1789. Fabulæ Æsopiæ, quinta edit. *Parisiis*, typis J. Barbou, 1769, in-12. — xxxvi-504 p. (Glascow, 1754). = 1168-1.

Desbordes-Valmore (Mme Marceline). Douai, 1787. Poésies inédites. *Paris*, A. Boulland, 1830; impr. G. Doyen, in-18. — (iv)-481 p. = 563.

Descartes (René). La Haie (Touraine), 31 mars 1596; Stockolm, 11 févr. 1650. Les Principes de la philosophie (* trad. Cl. Picot). *Paris*, Le Gras, 1724, in-12, fig. — 28-335 p. (Paris, 1647, in-4°). = 455.

Descartes. Méditations métaphysiques. *Paris*, Ant. Aug. Renouard, 1825; impr. Paul Renouard, in-18, portr. — (iv)-212 p. (Paris, 1641, in-8). = 1491.

Deschamps (Antoni); né à Paris en 1809. * Dernières Paroles. *Paris*, Éd. Guérin, Ébrard, 1835; impr. E. Duverger, in-8. — (iv)-362 p. = 681.

Deschamps (Émile); né à Bourges, vers 1795. Études françaises et étrangères, quatre édit. *Paris*, A. Levavasseur, Urb. Canel, Ch. Gosselin; 1829; impr. David, in-8. — LXIV-316 p. (1828). = 682.

Descrouais. Magny, 1703; Paris, 6 oct. 1766. Les Gasconismes corrigés, quatre édit. *Toulouse*, Vve Douladoure, impr.-libr., 1801, in-12. — xxiv-450 p. (1766, in-12). = 606.

Deshoulières (Mme Ant. du Ligier de La Garde). Paris, 1633; Paris, 17 fév. 1694; et Mlle Thérèse de La Fon de Bois-Guérin Deshoulières. Paris, 1662; Paris, 8 août 1718. OEuvres. *Paris*, Th. Dabo, 1821, 2 vol. in-18. — 1. xxxix-288 p. — 2. (iv)-275 p. (Mme: 1687, in-8; Mlle: 1695, in-8). = 265.

Desjardins (C. L. G.). * Campagnes des Français en Italie sous les ordres de Bonaparte jusqu'au traité de Campo-Formio, sec édit. *Paris*, Ponthieu, 1802; impr. Langlois, 6 vol. in-8, fig. — 1. xxiv-352 p. — 2. (iv)-384 p. — 3. (iv)-388 p. — 4. (iv)-311 p. — 5. (iv)-332 p. — 6. (iv)-288 p. —Atlas, dressé par Lapie, gravé par Fr. Tardieu, 1805, gr. in-fol. — (vi) p.-12 cartes et 2 planches. = 344

Desmichels (Chrys. Ovide). Au Val (Var), 2 janv. 1763. Précis de l'histoire du moyen âge, quatre édit. *Paris*, L. Colas, L. Hachette, 1834; impr. Casimir, in-8. — viij-360 p. = 122.

Desmichels (C. O). Histoire générale du moyen âge. *Paris*, L. Colas, L. Hachette, 1827; impr. Fain, 2 vol. in-8. — 1. viij-564 p. — 2. (iv)-500? p. = 1165-2.

Des Périers (Bonav.). Bar-sur-Aube, 1507; 1544. Cymbalum mundi, ou Dialogues satiriques. *Amsterdam et Leipzig*, Arkstée et Merkus, 1753, pet. in-8. — xxx-222 p. (Paris, Jean Morin, 1537). = 1386.

Des Périers. Les Contes ou les Nouvelles Recréations et Joyeux Devis, avec notes par Paul L. Jacob et notice par Ch. Nodier. *Paris*, Ch. Gosselin, 1843; impr. Hennuyer et Turpin à Batignolles, in-12. — 322 p. (Lyon, 1558, pet. in-4°). = 1558.

Des Portes (Phil.). Chartres, 1546 ; Pont-de-l'Arche, 5 oct. 1606. Les Premières OEvvres. *A Paris*, par Mamert Patisson, MDLXXXIII (1583), pet. in-12.—(xij) p.-336 fts-(xxiv) p. (1573). = 429.

Des Portes (P.). Les CL Pseavmes de David mis en vers françois. *A Paris*, par la Vefue Mamert Patisson, MDCIV (1604), pet. in-12. — (iv) p.-200 fts-(xvi) p.; Poesies chrestiennes, MDCIII (1603).— 26 fts. (1698, in-8). = 1239.

Destouches (Phil. Néricault). Tours, 22 avril 1680 ; Paris, 4 avril 1754. Le Glorieux. (4 juillet 1740). *Paris*, Prault, 1740, in-12. = 227.

Desvaux (N. A.) ; né à Angers. Précis d'un Cours d'agriculture générale. *Paris*, 1832; impr. F. Didot frères, in-18. — 100 p. (Bibliot. popul.). = 918-24.

Deux-Ponts. — Voy. Aurelius Victor, Ausone, Cornelius Nepos, Horace, Justin, Lactance, Lucréce, Phèdre, Pomponius Mela, Quinte-Curce, Solin, Térence, Valerius Flaccus, Virgile, Vitruve. (Collection dirigée à Deux-Ponts de 1779 à 1793 par Croll et Exter; continuée à Strasbourg en 1798 par Exter et Embser; et dirigée pour les éditions grecques par J. Schweighæuser).

De Ville (Ant.). Toulouse, 1596 ; vers 1656. De la Charge des Gouverneurs des places. *Rouen et Paris*, Comp. des libr., MDCLXVI (1666); impr. à Roven par L. Mavrry, in-12. — (xij)-503-(xxiv) p. (Lyon et Paris, 1639, in-fol.). = 1186-u.

Dhèle (Thomas). Glocester, vers 1740 ; Paris, 27 déc. 1780. OEuvres. *Paris*, Belin, Brunet, 1787, in-18. = 328.

D'Holbach (Paul Thiri). Heidelsheim, 1723 ; Paris, 21 janv. 1789. * Système Social. *Paris*, Niogret. 1822, impr. Cordier, 2 vol. in-18. — 1. (iv)-xij-362 p. — 2. (iv)-510 p. (Londr. (Amst.), 1773, 3 vol. in-8). = 894.

D'Holbach. *Système de la Nature. *Leipsick*, 1780, 2 vol. in-18. — 1. (iv)-235-iij p. — 2. (iv)-203-ij p. (Lond., 1770, 2 vol. in-8). = 1701.

D'Holbach. Élémens de la morale universelle, ou Catéchisme de la nature. *Paris*, G. de Bure, 1790 ; impr. Didot fils aîné, in-24. — (vi)-208 p. = 1218.

Dictionarium latino-gallico-tamulicum. Dictionnaire latin-français-tamoul, இலத்தீன்-பிராஞ்சு-தமிழ் அகராதி. (Ilattîn prângsou tamije agarâdi). auctoribus duobus missionariis apostolicis (* PP. Dupuis et Mousset). *Pudicherii*, e typ. Mission. apostol., 1846, in-8, 2 col. — xviij-1430 p. = 1651-3.

Dictionary (a new spelling and pronouncing) of the english language. S. L. et S. D., in-16. = 1166-A.

Dictionnaire françois-allemand et allemand-françois à l'usage des deux nations, sept^e édit. *Strasbourg, Paris*, Amand Kœnig, impr.-libr, 1812, 2 vol. in-4°, 3 col. — 1. (iv)-750? p. — 2. (iv)-762 p. = 1635.

Dictionnaire (Nouvel et complet) étymologiqve, grammatical et critiqve de la langve françoise ancienne et moderne (édit. Ch. Fr. Schrader). *Halle*, Maison des Orphelins, 1771-1784, 2 tomes en 3 part in-4°, 3 col. — 1. 1771. (iv)-1284 p. — 2. 1781. (viij)-700 p. — 3. 1784. (iv)-p. 701-1710. = 1173-A.

7*

Dictionnaire classique de Géographie ancienne (*publ. par Bertrand d'Ayrolles). *Paris*, Lacombe, 1768, in-8. — xxviij-626-(vi)-p. = 1500 bis.

Dictionnaire de l'Académie française, sixe édit. *Paris*, impr. et libr. de Firmin Didot frères, 1835, 2 vol. in-4o — 1. xxxij-(ij)-911 p. — 2. (iv)-961 p. (Paris, 1694, 2 vol. in-fol.). = 1450.

Dictionnaire (Nouveau) de poche français-allemand et allemand-français. *Leipsic*, Ch. Tauchnitz, S. D., in-16, 2 col. — (vi)-651 p. = 698.

Dictionnaire universel, historique, critique et bibliographique, d'après l'édit. publ. par MM. Chaudon et Delandine, neuve édit. ornée de 1200 portr. *Paris*, L. Prudhomme, 1810-1812; impr. Mame frères, 20 vol. in-8. (1804-1805, 5 vol. in-4o) = 1327.

? Dictys Cretensis, vers l'an 1200 av. J. C.; et Dares. De Excidio Trojæ, ed. Jac. Perizonio (variorum). *Amsterdam*, 1702, in-8. (Milan, 1477, in-4o). — 1400-27.

Dicuil, vivait vers l'an 825. — Voy. Letronne.

Diderot (Denis). Langres, 1713; Paris, 31 juillet 1784. Le Neveu de Rameau. Les deux Amis de Bourbonne. *Paris*, J. Bry aîné, 1849; impr. Lacour, gr. in-8, 2 col. — 24 p. (Veill. litt. illustr., tom. 2, livr. 3). = 1568-3.

Didot (Firm.). Paris, 1764; Paris, 24 avril 1836. Les Chants de Tyrtée, trad. en vers. *Paris*, typ. F. Didot, 1826, in-12. — (iv)-227 p. = 780.

Didot (F.). Poésies et traductions en vers. *Paris*, typ. de l'aut., 1822, in-12. — (iv)-397 p. = 781. — Voy. Catalogue.

Dinys da Cruz (Antonio). Castello-de-Vide (Alentejo), 1730; Rio-de-Janeiro, 1797. Le Goupillon, poème, trad. du portug. (* par Boissonnade). *Paris*, Verdet et Lequien fils, 1828; impr. G. Doyen, in-32. — xvi-203 p. = 1387.

Diodore de Sicile. Argyrium, 30 ans av. J. C. Bibliothèque historique, trad. par M. Ferd. Hoëfer. *Paris*, Ad. Delahays, 1851; impr. Gust. Gratiot, 4 vol. in-12. — 1. xxvi-350 p. — 2. (iv)-473 p. — 3. (iv)-369 p. — 4. (iv)-499 p. (Bâle, J. Oporinus, 1539, in-4o). = 1597.

Diogène Laerce. Laerta (Cilicie), l'an 190 av. J. C. De Vitis, Dogmatibus et Apophtegmatibus clarorum philosophorum, libri X. Hesychii liber; omnia gr. et lat. edit. sec., Is. Casavboni. *Excudebat Henric. Steph.*, MDLXXXIIII (1584), in-8. — xvi-884-120-(vi)-48-(xxiv)-88 p. (Bâle, Froben, 1533, in-4o). = 302.

Diogène Laerce. Les Vies des plus illustres Philosophes de l'antiquité, trad. franc., nouv. édit. *Paris*, Richard, 1796; impr. Stoupe, 2 vol. in-8. — 1. xxxij-507 p. — 2. 536 p. (Amst., 1756, 3 vol. in-12). = 1680.

? Dion Cassius. Nicée, 229 av. J. C. Historiarum romanarum libri XXV, gr. et lat. ex versione Leunclavii. *Hanoviæ*, 1606, in-fol. (Parisiis, Rob. Stephanus, 1548, in-fol.). = 1400-14.

? Dion Chrysostôme. Pruse, vers l'an 96. Orationes, gr. et lat. ex recens. F. Morellii. *Lut. Parisior*, Morellius, 1604, in-fol. (Ven., Fed. Turrisan., 1551, in-8). = 1094.

Discours de Lycurgue, d'Andocide, d'Isée, de Dinarque, avec un fragm. sous le nom de Démade, trad. Auger. *Paris*, De Bure, Th. Barrois, Jombert, 1783, in-8. — xvi-579 p. = 358.

DOISY. Essai de Bibliologie militaire. *Paris*, Anselin et Pochard, 1824; impr. Demonville, in-8. — (iv)-124 p. = 1255.

DOMAT (Jean). Clermont, 30 nov. 1625; Clermont, 14 mars 1695. Les loix civiles dans leur ordre naturel; nouv. édit. augm. par MM. de Héricourt, de Bouchevret, Berroyer, Chevalier et de Jouy. *Paris*, Cellot, libr.-impr., 1777, 2 part. in-fol. — 1. (xij)-xxxvi-575 p. — 2. (xxij) 286 (x)-234-(LXVI) p. (Paris, 1689-1697, 5 vol in-4°). = 1184-E.

DONEY (Mgr), évêque de Montauban. * De la Situation de la question liturgique en France en 1851. *Paris*, Jacq. Lecoffre et Cie, 1851; typ. Firmin Didot frères, in-8. — iv-83 p. = 1680 bis.

DORAT (Claude Jos.). Paris, 31 déc. 1734; Paris, 29 avril 1780. Les Malheurs de l'Inconstance. *Paris*, Le Prieur, 1794, 2 vol. in-18, fig. — 1. 251 p. — 2. 216 p. = 1178-1.

DORAT (C. J.). Les Sacrifices de l'Amour. *Paris*, Le Prieur, 1793, 2 vol. in-18, fig. — 1. 248 p. — 2. 232 p. = 1178-0.

DOURRY-EFFENDY, ambassadeur de la Porte Othomane auprès du Roi de Perse (1720) Relation de son ambassade, trad. du turk (* par M. de Fienne), et suivi de l'extrait des voyages (1694) de Pétis de La Croix (* publ. par Langlès). *Paris*, Ferra, 1810; impr. J. B. Sajou, in-8. — viij-188 p. = 1330.

DOUY (J). Physique végétale, revu par M. Brisseau de Mirbel. *Paris*, 1832; impr. J. L. Joly à Sèvres, in-18. — (ij)-104 p. (Bibliot. popul.). = 918-24.

DOUY (J.). Le Jardinier-Maraîcher, d'après MM. Pirolle et Poiteau. *Paris*, 1833; impr. J. L. Joly à Sèvres, in-18. — 103 p. (Bibliot. popul). = 918-24.

DOUY (J.). Herpétologie, d'après G. Cuvier et revue par M. Duméril. *Paris*, 1834; impr. P. Baudoin, in-18. — 100 p. (Bibliot. popul). = 918-26.

DROZ (Joseph). Besançon, 1773; Paris, 9 déc. 1850. De la Philosophie morale, sec. édit. *Paris*, Ant. Aug. Renouard, 1824; impr. P. Renouard, in-8. — xij-294 p. = 1043.

DRYDEN (John). Aldwincle, 1631; Lond., 1er mai 1707. — Voy. Virgile.

DUBARLE (Eugène). Histoire de l'Université. *Paris*, J. L. J. Brière, 1829; impr. F. Didot, 2 vol. in-8. — 1. (iv)-xvi-368 p. — 2. (iv)-380 p. = 1293.

DUBOCAGE (Mar. Ann. Le Page). Rouen, 22 oct. 1710; Paris, 8 août 1802. Œuvres choisies. *Paris*, Masson et Yonet, S. D., impr. E. Pochard, in-18. — (iv)-xxiv-282 p. = 151.

DUBOCAGE (Mme). Recueil de ses œuvres. *Lyon*, Périsse frères, impr.-lib., 1770, 3 vol. pet. in-8, fig. — 1. (iv)-336 p. — 2. (iv)-351 p. — 3 (iv)-399 p. = 1333 bis.

DUBOCHET (Jacq. Jul.); né à Vaud. Histoire des Suisses. *Paris*, Raymond, 1825; impr. P. Renouard, in-12. — (iv)-iv-376 p. (Bibliot. du XIXe siècle, t. 57). = 921.

DUBOIS (l'abbé J. A). Mœurs, Institutions et Cérémonies des peuples de l'Inde. *Paris*, impr. roy., chez J. S. Merlin, 1825, 2 vol. in-8. — 1. (iv)-xxxij-491 p. — 2. (iv)-559 p. = 1651-4. — Voy. Hough.

Dubois (l'abbé J. A.) Le Pantcha-tantra, ou les cinq ruses, fables du brahme Vichnou-Sarma; Aventures de Paramarta et autres contes, traduits pour la première fois. *Paris*, J. S. Merlin, 1826; impr. Mme Huzard, in-8. — xvi-416 p. = 1652.

Dubos (L'abbé J. B.). Beauvais, déc. 1670; Paris, 23 mars 1742. Réflexions critiques sur la poésie et sur la peinture, septe. édit. *Paris*, Pissot, 1770, 3 vol. in-12.—1. xij-523 p. — 2. x-594 p. — 3. viij-434 p. (Paris, 1719, 2 vol. in-12). = 1275.

Dubos (E. Constant); né à Béziers; Paris, 1845. Les Fleurs, idylles morales. *Paris*, Léop. Collin, 1808; impr. Crapelet, in-8. — xvi-182 p., et 15 p. de musique gravée. = 980.

Du Buat-Nançay (L. Gabr.). Normandie, 2 mars 1732; Nançay (Berry), 18 sept. 1787. * Les Origines, ou l'Ancien gouvernement de la France, de l'Allemagne et de l'Italie. *La Haye (Paris)*, 1757, 4 vol. in-12. — 1. (iv)-48-390 p. — 2. (iv)-557 p. — 3. (iv)-451 p. — 4. (iv)-359 p. = 1179-e.

Ducange (Vict. Henri Jos. Brahain). La Haye, 25 nov. 1783; Paris, 15 oct. 1833. Calas, drame, trois actes; Ambigu, 20 nov. 1819. *Paris*, Barba, 1834; impr. J. Didot l'aîné, gr. in-8, 2 col. — 30 p. (France dramat., livr. 11,12). = 557-9.

Du Cauroy (A. M. de La Croix). Eu, 1788; Paris, juin 1850. — Voy. Justinien: Institutes.

Duchatelet (E.). Chronologie. *Paris*, 1832; impr. F. Didot frères, in-18. — 180 p. et une carte. (Bibliot. popul.). = 918-12.

Duché de Vancy (Jos. Franç.) Paris, 29 oct. 1668; Paris, 4 déc. 1704. — Voy. La Fosse.

Ducis (Jean Franç.). Versailles, 22 août 1733; Versailles, 30 mars 1816. OEuvres (* publ. par L. S. Auger). *Paris*, Aimé-André, Ladvocat, 1827; impr. Rignoux, 6 vol. in-18. — 1. (iv)-viij-328 p. — 2. (iv)-286 p. — 3. (iv)-319 p. — 4. (iv)-504 p. — 5. (iv)-229 p. — 6. (iv)-275 p. = 167.

Duclos (Charles Pineau). Dinan, 12 févr. 1704; Paris, 26 mars 1772. Considérations sur les mœurs de ce siècle (avec l'orthog. de Duclos), septe édit. *Paris*, Prault, Durand neveu, 1780; impr. Prault, in-12. — xij-396 p. (Paris, Prault, 1750). = 548.

Duclos (Ch. P.). Considérations. *Paris*, Niogret, 1823; impr. David, in-18, portr. — xxvi-320 p. = 518.

Ducray-Duminil (Franç. Guill.). Paris, 1761; Ville-d'Avray, 29 oct. 1819. Elmonde. *Paris*, J. G. Dentu, impr.-libr., 1812, 5 vol. in-18, fig. = 49.

Ducray-Duminil (F. G.). Paul, troise édit. *Paris*, Belin fils, 1810, 3 vol. in-18, fig. = 49 bis.

Dudevant (Mme Marie Aurore Dupin, George Sand); née à Nohant près la Châtre en 1803. Leone Leoni. *Paris*, Fél. Bonnaire, Vict. Magen, 1835; impr. Éverat, in-8. — (iv)-340 p. = 398.

Dudevant (Mme George Sand). Lélia. *Paris*, 1836, 2 vol. in-8. — 1. (iv)-350 p. — 2. (iv)-400 p. = 708.

Duez (Nathanael); né vers 1602. Le vray et parfait Gvidon de la langve françoise. *Sur l'impr. à Amsterdam*, chez Louys et Daniel Elzevier, MDCLXIX (1669), in-8. — (xiv)-560 p. = 1166-0.

Duez (N). Le Gvidon de la langve italienne. *A Amsterdam*, chez Louys et Daniel Elzevier, CIↃ IↃ LIX (1659), pet. in-8. — (viij)-263 p. = 1187-1.

Dufaure (Jules); né en 1798. — Voy. Projet de la loi.

Dufey fils. Élémens de la grammaire française. *Paris*, 1833; impr. Ducessois, in-18. — 104 p. (Bibliot. popul.). = 918-1.

Dufrénoy (Mme Adél. Gillet Bellet). Paris, 3 déc. 1765; Paris, 7 mars 1825. Élégies, sec. édit. *Paris*, Al. Eymery, 1813; impr. Brasseur aîné, in-18, fig. — (iv)-231 p. (1807). = 768. — Voy. Berton.

Dufresny (Ch. Rivière). Paris, 1648; Paris, 6 oct. 1724. OEuvres choisies. *Paris*, Lecointe, 1830; impr. Lachevardière, 2 vol. in-18. — 1. xxiv-244 p. — 2. 292 p. = 734.

Dugald-Stewart. Édimbourg, 22 nov. 1753; Édimb., 11 juin 1828. Esquisses de Philosophie morale, quatre édit., trad. par Th. Jouffroy. *Paris*, A. Johanneau, 1826; impr. Rignoux, in-8. — (iv)-CLVI-236 p. (Édimb., 1793, gr. in-8). = 474.

Dugazon (J. B. H. Gourgault). Paris, 1741; Sandillon près Orléans, 11 oct. 1809. Le Modéré, coméd., un acte, en vers; Théât. de la Républ., 17 Brum. an II (7 nov. 1793). *Paris*, Maradan, an II; impr. Crapelet, in-8. — viij-36 p. = 244.

Duguet (Jacq. Jos.). Montbrison, 9 déc. 1649; Paris, 23 oct. 1733. *Explication littérale de l'ouvrage des six jours. *Bruxelles*, Franç. Foppens, 1731, in-12. — (iv)-272 p. = 1385-3.

Dumarsais (César Chesneau). Marseille, 17 juillet 1676; Paris, 11 juin 1756. Des Tropes. *Paris*, Duprat-Duverger, 1810, in-12. — 214 p. (Paris, 1730, in-8). = 146.

Dumarsais (C. C.). Logique. *Paris*, H. Vauquelin, 1821; impr. Brasseur aîné, in-12. (iv)-125 p. (Paris, 1769, in-8). = 802.

Dumarsais (C. C.). OEuvres (*publ. par Duchosal et Millon). *Paris*, Pougin, Gide, 1797; impr. Pougin, 7 vol. in-8. — 1. (iv)-xcij-285 p. — 2. (iv)-viij-433 p. — 3. (iv)-408 p. — 4. (iv)-396 p. — 5. (iv)-391 p. — 6. (iv)-355 p. — 7. (iv)-444 p. = 1279 bis.

Dumas (Adolphe); né à Bompas (Vaucluse), vers 1810. La Cité des hommes. *Paris*, H. Dupuy, impr., 1835, gr. in 8. — (iv)-xxxij-468 p. = 691.

Dumas (Ad.). Le Camp des Croisés, drame, cinq actes; Odéon, 3 mai 1838. *Paris*, Barba, 1838; impr. J. Didot l'aîné, gr. in-8, 2 col. — p. 509-541. (France dramat., livr. 357-358). = 557-18.

Dumas (Alexandre). Villers-Coterets, 14 ou 24 juillet 1803. Théâtre (Recueil factice, Mag. théât. et France dramat.), gr. in-8, 2 col. = 388, 556, 578, 579, 580, 782.

Du Mersan (Théoph. Marion). Castelnau près Issoudun, 4 janv. 1780; Paris, janv. 1849. Élémens de Numismatique. *Paris*, 1834, in-18. — 120 p. et une planche. (Bibliot. popul.). = 918-12.

Dumon (P. Sylvain); né à Agen en 1797. — Voy. Projet de loi.

Dumont (Édouard). Précis de l'histoire des Empereurs romains, quatr. édit. *Paris*, L. Colas, L. Hachette, 1835; impr. Casimir, in-8. — 166 p. (1828, in-12). = 198, 1577 bis.

Dumont (Éd.). Cahiers d'histoire universelle. Histoire romaine. *Paris*, Crochard, Chamerot, 1834-1849; impr. P. Renouard, Rignoux, 10 part. in-12. = 924.

Dumont (Pierre Ét. Louis). Genève, 1749; Milan, 1829. Tactique des Assemblées législatives, extr. des manusc. de Jér. Bentham, sec. édit. *Paris*, Bossange frères, 1822; impr. L. T. Cellot, 2 vol. in-8. — 1. (iv)-xv-340 p. — 2. xv-376 p. (1816). = 1640.

Du Moulin (Pierre). Buhy (Vexin), 18 oct. 1568; Sédan, 10 mars 1658. Bouclier de la Foi, ou Défense de la Confession de foi des Églises réformées. *Paris*, L. R. Delay, 1846; impr. C. H. Lambert, in-12. — 650 p. (Genève, 1649, in-8). = 1592.

Dupaty (Ch. Marg. J. B. Mercier). La Rochelle, 1744; Paris, 17 sept. 1788. Lettres sur l'Italie (* publ. par Auguis). *Paris*, Ménard et Desenne fils, 1819; impr. Chaignieau jeune, 3 vol. in-18. — 1. (iv)-xxxvi-157 p. — 2. (iv)-150 p. — 3. (iv)-137 p. (1788, 2 vol. in-8). = 809.

Dupaty (Emm. Félic. Ch. Mercier). Blanquefort, 30 juillet 1775; Paris, 29 juillet 1851. Ninon chez Mme de Sévigné, coméd. en vers, mêlée de chants, musique de H. Berton; Opéra-com., 26 sept. 1808. *Paris*, Barba, 1834; impr. J. Didot l'aîné, gr. in-8, 2 col. — p. 39-53. (France dramat., livr. 75). = 557-11.

Du Perron (le cardinal Jacq. Davy). Berne, 25 nov. 1556; Paris, 5 sept. 1618. — Voy. Perroniana.

Dupin aîné (And. Mar. J. J.). Varzy, 1er févr. 1783. Prolegomena juris. *Parisiis*, Baudoin, 1820, in-18, x-104 p. — Baconii de Fontibus juris. *Parisiis*, Baudoin, 1822, in-18. — xij-144 p. = 1124. — Voy. Camus.

Dupin (Charles). Varzy, 6 oct. 1784. — Voy. Exposition.

Duplessis (P. Alex. Gratet). Chartres, vers 1793; Paris, 21 mai 1853. — Voy. Nodier: catalogue.

Dupont (Pierre). Chants et chansons; poésie et musique. *Paris*, Martinon, 1850; impr. L. Martinet, pet. in-8, fig. = 1581-9.

Duport (Paulin). L'Oubli; Vaudeville, 18 juin 1830. *Paris*, Bezou, 1830; impr. Chassaignon, in-8. — 42 p. = 388. — Voy. Scribe.

Duprat (Pascal). Essai historique sur les races anciennes et modernes de l'Afrique septentrionale. *Paris*, Jules Labitte, 1845; impr. Dondey-Dupré, in-8. — (iv)-xvi-308 p. = 1540.

Dupré de Saint-Maur (Nic. Franç.). Paris, 1695; Paris, 1er déc. 1774. * Recherches sur la valeur des monnoies et sur le prix des grains avant et après le concile de Francfort. *Paris*, Nyon, Didot, Saugrain, 1762; impr. Didot, in-12. — xl-389 p. = 1192-1. — Voy. Milton.

Du Puy (Christophe). Paris, 1580; Rome, 28 juin 1654; et Du Puy (Pierre). Paris, ou Agen, 27 nov. 1582; Paris, 14 déc. 1651. — Voy. Perroniana.

Du Puy (Henri Van de Putte, Erycius Puteanus). Venloo, 4 sept. 1574; Louvain, 17 sept. 1646. Suada attica, sive orationum selectarum syntagma. *Amstelodami*, apud Ludov. Elzev., cIↄ Iↄ XLIV (1644), pet. in-12. — (xij)-620 p. = 1152.

Du Puy (Jean); né à Cimont; Toulouse, 1623. Responsio exetastica ad tractatum Præadamitæ (* Isaac de La Peyrère). *Lugd. Batav.*, apud Joh. Elsevirium, cIↄ Iↄ LVI (1656), pet. in-12. — (xvi)-414 p. (Paris, 1655, in-4°). = 1088.

Duras (Claire de Kersaint duchesse de). Brest, 1778; Nice, janv. 1829. Ourika. Édouard. *Paris*, J. Bry aîné, 1848; impr. Lacour, gr. in-8, 2 col. — 24 p. (Veill. littér. illustr., tom. 1, livr. 14). = 1350 bis.

Durdent (Jean René). Rouen, vers 1776; Paris, 30 juin 1819. Campagne de Moscow en 1812, cinq^e édit. *Paris*, Al. Eymery, 1814; impr. J. B. Imbert, in-8. — 96 p. = 67.

Du Resnel (J. Franç. du Bellay). Rouen, 29 juin 1692; Paris, 25 févr. 1763. — Voy. Pope.

Durozoir (Ch.). Paris, 15 déc. 1790; Goussainville, 11 sept. 1844. Précis de l'histoire romaine, quatr^e édit. *Paris*, L. Colas, L. Hachette, 1835; impr. Casimir, in-8. — 251 p. = 198, 1577 bis.

Dutrey. Nouvelle grammaire de la langue latine, quatr^e édit. *Paris*, L. Hachette, 1843; impr. Panckoucke, in-12. — (iv)-iv-616 p. = 1573.

Du Val (Pierre). Abbeville, 19 mai 1619; Paris, 29 sept. 1683. Description de l'Italie et de l'Allemagne. *Paris*, l'aut., 1668, in-18. — (ij)-221-xiv p. et 2 pl. = 1174-4.

Duval-Pineu (Alex. Vinc.). Rennes, 6 avril 1767; Paris, 9 janv. 1842. Le Naufrage ou les Héritiers, coméd.; 7 frim. au V (28 nov. 1796). *Paris*, Barba, 1797, in-8. — 39 p. = 387.

Duvergier de Hauranne (J. Prosp.). Rouen, 4 août 1798. De la Réforme parlementaire et de la Réforme électorale, trois^e édit. *Paris*, Pagnerre, Paulin, 1847; impr. Lacrampe fils et Cie, in-18. — (ij)-LXIIJ-324 p. = 1467 bis.

Duvert (Fréd. Aug.). Paris, 13 janv. 1795. Bonaparte, coméd. histor., deux actes, par MM. Xavier, Duvert et Saint-Laurent; Vaudeville, 9 oct. 1830. *Paris*, Bezou, 1830; impr. Chassaignon, in-8. — (ij)-62 p. = 389.

Duveyrier (Charles, Mélesville). Paris, 12 avril 1830. — Voy. Scribe, Wailly.

Écho (l') de la Jeune France, journal du progrès par le christianisme. *Paris*, impr. Éverat; gérant, Jules Forfelier, 1833-1836, 4 vol. in-8, grav. = 142.

Edgeworth (Miss Maria). Edgeworthtown (Irlande), vers 1766; mai 1849. Ausgewahlte Erzahlungen, aus dem englischen von Adelbert Keller. Helene. *Stuttgart*, Ebner und Seubert, 1840, in-16. — (iv)-480 p. = 1166-3.

EDWARDS (Henri Milne); né à Bruges en 1800; et Ach. COMTE. Cahiers d'histoire naturelle, troise édit. *Paris*, Crochard, 1836; impr. F. Locquin, P. Renouard, 6 cah. in-12. — 1. 120 p. et 6 pl. — 2. (ij)-134 p. et 6 pl. — 3. (ij)-106 p. et 6 pl. — 4. (vi)-88 p. et 5 pl. — 5. — 6. 74 p. et 5 pl. = 932.

Église (l'), son autorité, ses institutions et l'ordre des Jésuites défendus... Instruction pastorale par Mgr l'Archevêque de Paris, Christophe de Beaumont. *Paris*, Debécourt 1844; impr. E. J. Bailly, in-8. — (iv)-xxv-285 p. = 1680-3.

ÉLIE DE BEAUMONT (Mme Anne Louise Morin du Mesnil). Caen, 1729; Paris, 12 janv. 1783. Lettres du marquis de Roselle. *Paris*, Dauthereau, 1829; impr. F. Didot, 2 vol. in-32. — 1. (iv)-252 p. — 2. (iv)-242 p. (Paris, 1764, 2 vol. in-12). = 745.

ÉLIEN (Claudius Ælianus). Préneste, 232. Cl. Æliani sophistæ variæ historiæ, libri XIV, gr. et lat. (* Just. Vulteii). *Basileæ*, apud Joh. Schweighauser, 1774, in-12. — (iv)-453-(LVI) p. (Romæ, 1545, in-4°). = 1067.

ÉLIEN. Histoires diverses (* trad. Dacier). *Paris*, Moutard, 1772, in-8.—xij-520 p. = 1358.

EMMIUS (Urbo). Gretha, 1547; Groningue, 9 déc. 1626. Græcorvm Respvblicæ ab Vrbone Emmio descriptæ. Respvblicæ Atheniensivm et Laconvm. *Lugd. Batavorvm*, ex officinâ Elzeviriana, 1632, in-24. — 426-(vi) p. = 1075.

Enis el-Djelis, ou Histoire de la belle Persane, conte des mille et une nuits, traduit de l'arabe (texte en regard) par A. de Biberstein Kasimirski. *Paris*, Th. Barrois, 1847, impr. Claye et Cie et Vve Dondey-Dupré, in-8. — (iv)-176 p. = 1586 bis.

ENOCH (Louis); né à Issoudun et mort à Genève. De pueríli græcarū literarū Doctrina liber. *Oliua Roberti Stephani*, MDLV (1555), in-8. — 206 fts. = 1382 bis.

ÉPICTÈTE. Hieropolis, 66; Nicopolis, 149. Manuel; et Tableau de Cébès en gr. avec une trad. par Lefebvre Villebrune. *Paris*, Gail et Pigoreau, an III; impr. Didot jeune, 2 vol. in-18. — 1. (iv)-261 p. — 2. (iv)-132 p. (Ven., de Sabio, 1528, in-4°). = 1135 bis.

Epigrammatvm delectvs ex omnibvs tvm veteribvs, tvm recentioribvs poetis, cum dissertatione (Petri Nicole) de vera pulchritudine. *Parisiis*, apud Car. Savreux, CIƆ IƆ CLIX (1659), pet. in-12. —(LVI)-590 p. = 1194. — Voy. Lancelot.

Epistolæ familiares et carmina (recueils factices, M. S.), 1833-1852, 6 vol. = 1581-44.

ÉRASME (Didier). Rotterdam, 28 oct. 1467; Bâle, 12 juillet 1636. Colloquia, cum notis, accurante Corn. Schrevelio. *Lugd. Batavorum*, apud Franciscum Hackium, CIƆ IƆ CLV (1655), pet. in-8. — (xij)-677-(xxi) p. (Bâle, 1522). = 373.

ÉRASME. Moriæ Encomium, Gerardi Listrii commentariis illustr. *Coloniæ*, apud Joan. Soterem, MDXXIII (1523), in-16. — 351-(xvi) p. (Argentorati, Matth. Schurerius, 1511, in-4°). = 1151. — Voy. Sénèque.

ERCILLA Y ÇUNIGA (Don Alonzo). Berméo près Madrid, 7 août 1533; Madrid, 1596. La Araucana. *En Madrid*, por D. Ant. de Sancha, 1776, 2 vol. in-8, fig. —1. (iv)-LVI-298 p. — 2. 413 p. (Madrid, 1569-1578, in-8). = 1460.

ERCILLA. L'Araucana, trad. et abrégé par Gilibert de Merlhiac. *Paris*, Igonette, 1824; impr. J. Crauffon, in-8. — 282 p. = 1458.

ERSCH (Joh. Sam.). Glogau, 1766; Iéna, 1828. Literatur der Philologie, Philosophie und Padogogik, neue ausgabe, von Ern. Gott. Ad. Bockel. *Leipzig*, F. A. Brockhaus, 1822, in-8. — (vi)-580 col.-11 p. = 1263.

ERYTHRÆUS (Janus Nicius). — Voy. Rossi.

ESCHENBURG (Jean Joach.). Hambourg, 7 déc. 1733; Brunswick, 29 févr. 1820. Manuel de littérature classique ancienne, trad. C. F. Cramer. *Paris*, impr. du trad., an X, 2 vol. in-8. — 1. xxxiv-549 p. — 2. xvi-511 p. (1783). = 1039.

ESCHINES. Athènes, 387; 312 av. J. C. — Voy. Démosthènes.

ESCHYLE. Éleusis, 525; Athènes, 436 av. J. C. Les Sept Chefs, gr.-franç. par A. L. Vendel-Heyl. *Paris*, A. Poilleux, 1834; impr. Ducessois, in-12. — (iv)-iv-202 p. (Æschyli: Venet., Aldi, 1518, in-8). = 1166-6. — Voy. Wunderlich.

ESCOUSSE (Victor). Paris, 1811; Paris, 16 févr. 1832; et Aug. LEBRAS. Farruck le Maure, drame, trois actes, en vers; musique d'Alex. Piccini; Porte-Saint-Martin, 25 juin 1831. *Paris*, Barba, 1837; impr. J. Didot l'aîné, gr. in-8. — p. 481-531. (France dramat., livr. 291-292). = 555-16.

ESMÉNARD (Mar. Jos. Alph.). Pélissane, 1770; Fondi près Naples, 25 juin 1811. La Navigation, poème, sec. édit. *Paris*, Giguet et Michaud, 1806, in-8. — xvi-412 p. = 453.

ÉSOPE. Phrygie, 600-560 av. J. C. Αισωπου μυθοι. Fabulae AEsopicae graecae cum adnot. Joan. Hudsonis et Joan. Michael Heusingeri. *Lipsiae*, apud Sommerum, 1799, pet. in-8. — (ij)-120-(CLXVIIJ) p. (lat.: Romæ, de Lignamine, 1473, in-4°). = 1365 bis, 623, 1169 bis. — Voy. Le Roy.

ESQUIROS (Alph.). Charlotte Corday. *Paris*, J. Bry aîné, 1848; impr. Lacour, gr. in-8, 2 col. — 24 p. (Veill. littér. illustr., t. 1, livr. 4). = 1350-4.

Essai sur l'Administration, par le Sous-Préfet de Béthune (* M. de Normandie). *Paris*, Pillet, Roret, 1830; impr. A. de Savary, in-8. — viij-186 p. = 1490 bis.

ESTIENNE (Charles). Paris, 1504; Paris, 1564. De Re Hortensi libellus. De Cultu et satione Hortorum. *Lutetiæ*, ex offic. Rob. Stephani, 1545, pet. in-8. — 125-(xxxij) p. (1535-1536, in-8). = 1089.

ÉTIENNE (Charl. Guill.). Chamouilley, 5 janv. 1778; Paris, 14 mars 1845. Bruis et Palaprat, coméd., un acte, en vers; Théât. franç., 28 nov. 1807. *Paris*, J. N. Barba, 1834; impr. Jules Didot l'aîné, gr. in-8, 2 col. — p. 199-209. (France dramat., livr. 58). = 555-13.

? EUCLIDES. 320 av. J. C. Elementorum libri xv ex edit. G. Fr. Baermanni. *Lipsiæ*, 1769, in-8. (Basileæ, Hervagius, 1530, in-fol.). = 1400-25.

EURIPIDE. Salamine, 479; 406 av. J. C. Ευριπιδου Φοινισσαι. Les Phéniciennes, avec un choix de scholies grecques et des notes françaises, par Fr. Thurot. *Paris*, Firmin Didot, impr., 1813, in-8, portr. — xvi-246 p. (Opera: Venetiis, Aldus, 1503, in-8). = 1513.

EUSÈBE PAMPHILE. 268 ; Césarée, 338. — Voy. Morceaux choisis.

EUSTATHE ; vers l'an 1100. De Ismeniæ et Ismenes Amoribvs libri XI et Parthenii Nicæensis de amatoriis Affectionibvs liber vnvs, lat. serm. editi (* a Gilb. Gaulmin et Jan. Cornario). *Lugduni Batavorum*, ex offic. Iacobi Marci, CIↃ IↃ CXVIII (1618), pet. in-8. — (iv)-378 p. = 1425.

EUSTATHE. * Les Amours d'Ismène et d'Isménias, suivis de ceux d'Abrocome et d'Anthia. *Genève*, 1782, in-24, fig. — (iv)-272 p. = 1255 bis.

EUSTATHE. * Ismene and Ismenias, a novel, transl. by L. H. Le Moine, esq. *London, Paris*, Cazin, 1788, in-18. — xij-200 p. = 1372 bis.

EUTROPE (Flavius). 330-370. Breviarium historiæ romanæ. *Parisiis*, Brocas, 1712, in-24. — 188 p. (Romæ, 1471, pet. in-fol.). = 951.

EUTROPE. Abrégé de l'histoire romaine, trad. Lezeau. *Paris*, Iean et Ioseph Barbou frères, 1717; impr. J. F. Knapen, in-12. — xiv-512 p. = 348.

Examen de la procédure criminelle instruite sur les causes de la mort de S. A. R. le duc de Bourbon prince de Condé. *Paris*, impr. Plassan et Cie, 1832, in-8. — (iv)-400 p. et 3 planch. = 1084 bis.

Explication des ouvrages de peinture, sculpture, architecture, gravure et lithographie des artistes vivants. *Paris*, impr. Vinchon, 21 vol. in-12. 1831 (2670 nos), 1833 (2925 nos), 1834 (2314 nos), 1835 (2535 nos), 1836 (2122 nos), 1837 (2130 nos), 1838 (2031 nos), 1839 (2404 nos), 1840 (1849 nos), 1841 (2280 nos), 1842 (2121 nos), 1843 (1597 nos), 1844 (2423 nos), 1845 (2332 nos), 1846 (2412 nos), 1847 (2321 nos), 1848 (5180 nos), 1849 (2586 nos), 1850 (3923 nos), 1852 (1757 nos), 1853 (1768 nos). = 1344-3. — Voy. Liste.

Exposition des Produits de l'Industrie française. Rapports. *Paris*, 1806, 1819, 1823, 1827, 1834, 1844, 1849, 1855, 12 vol. in-8. = 986.

EYRIÈS (J. Benoit). Marseille, 24 juin 1767; Graville, 12 juin 1846. — Voy. Catalogue.

ÉZÉCHIEL. 624-572 av. J. C. Sainte-Bible, trad. par M. Eugène Genoude, t. XIV, Ézéchiel. *Paris*, Henri Nicolle, 1820; impr. roy., in-8. — 404 p. = 458.

FABRE (Mar. J. Jos. Victorin). Jaujac (Ardèche), 19 juillet 1785; Paris, 29 mai 1831. Tableau littéraire du XVIIIe siècle, discours (4 avril 1810). *Paris*, Michaud frères, Delaunay, 1810; impr. Baudoin et Cie, in-8. — 297 p. = 1681.

FABRE D'ÉGLANTINE (Phil. Franç. Nazaire). Carcassonne, 28 déc. 1755; Paris, 5 avril 1794. OEuvres choisies. *Paris*, Mme Dabo-Butschert, 1825; impr. Tremblay à Senlis, in-18. — (iv)-316 p. = 152.

FABRE D'OLIVET. Ganges, 8 déc. 1768; Paris, avril 1825. Le Troubadour, poésies occitaniques du XIIIe siècle, trad. et publ. *Paris*, Henrichs, 1803; impr. Valade, 2 vol. in-8, fig. — 1. (iv)-xij-LXVIIJ-223 p. — 2. (iv)-293 p. = 1414.

FAGAN (Christ. Barth.). Paris, 31 mars 1702; Paris, 28 avril 1755. Chefs-d'œuvres. *Paris*, Valade, 1789, in-18. = 332.

Falconet (Camille). Lyon, 1er mars 1671; Paris, 8 févr. 1762. — Voy. Catalogue.

Faucher (Léon). Limoges, 8 sept. 1804 ; Marseille, 13 déc. 1854. Discours, 5 juin 1849. *Paris*, typ. Panckoucke, in-8. — 32 p. = 1403-9.

Fauchet (Claude). Paris, 1529 ; Paris, 1601. Flevr de la Maison de Charlemaigne qvi est la continvation des antiquitez françoises : depuis l'an 751 iusques à l'an 840. *A Paris*, chez Ieremie Perier, MDCI (1601), pet. in-8. — (xxxij) p.-263 fts.-(vi) p. = 1240.

Faure (A. N. G.). Traité de rhétorique et de poésie, trois. édit. *Lyon*, J. B. Pélagaud et Cie, impr., 1846, in-12. — (vi)-300 p. = 1577-5.

Favart (Ch. Sim.). Paris, 13 nov. 1710 ; Paris, 12 mai 1792. OEuvres choisies. *Paris*, Lecointe, 1830 ; impr. Lachevardière, 3 vol. in-18. — 1. xij-228 p. — 2. (iv)-190 p. — 3. 205 p. = 787.

Faye (Ant. Louis Chéri). Bordeaux, 3 nov. 1797. * Almanach et Noëls anciens et nouveaux. *Bordeaux*, impr. Prosper Faye, 1843, in-16. — 72 p. = 1184-1.

Fell (G). Éléments d'histoire naturelle. (Coll. Me Jacques). *Paris*, Beauvais, S. D., impr. Éverat et Cie, in-18, fig. — 104 p. = 1257-4.

Fénélon (Franç. de Salignac de La Motte). Fénélon, 6 août 1651 ; Cambrai, 8 janv. 1715. Les Aventures de Télémaque, fils d'Ulysse. *Paris*, Bibliot. économ., 1829 ; impr. Tastu, 2 vol. in-8, portr. — 1. (iv)-388 p. — 2. (iv)-335 p. (Paris, Vve de Cl. Barbin, 1699, in-12, 208 p.). = 141.

Fénélon. Télémaque, avec des remarques (* par Limiers). *Londres* (*Paris*, Cazin), 1791, 3 vol. pet. in-12. — 1. (iv)-lij-243 p. — 2. (iv)-299 p. — 3. (iv)-304 p. = 10, 1369-3.

Fénélon. Télémaque. *Paris*, 1790, in-18, portr. — xxiv-264 p. = 1427-3, 1551 bis.

Fénélon. Télémaque. *Paris*, Mme Dabo-Butschert, 1825 ; impr. Tremblay à Senlis, 2 vol. in-12. = 1128 bis.

Fénélon. Télémaque français et anglais, les quatre premiers livres, trad. par Hawkesworth, appropriés à la méthode Jacotot par A. Boniface. *Paris*, Janet et Cotelle, 1836 ; impr. E. Duverger, in-12. — xiij-182 p. = 626.

Fénélon. The Adventures of Telemachus, tr. by John Hawkesworth. *London and Paris*, Th. Barrois, 1819, in-12. — (iv)-504 p. (Lond., 1769, in-4°). = 1134-3.

Fénélon. Die Seltsame begebenheiten des Telemach, von Ludwig Ernst von Faramond. *Francfurt und Leipzig*, bey Peter Conrad Monath, 1756 ; Nurnberg, gedruck bey Michael Arnold, 2 vol. in-12, fig. — 1. (xxxiv)-448 p. — 2. p. 449-872. (1733, in-8). = 1475.

Fénélon. Le Avventure di Telemaco. *Avignone*, Ved. Seguin ; *Parigi*, Teof. Barrois, 1804, 2 vol. in-12. — 1. 28-282 p. — 2. (iv)-283 p. (Leyde, 1702, in-12). = 1131-3.

Fénélon. Aventuras de Telemaco. *En Paris*, por Bossange, Masson y Besson, impr.-libr., 1804, in-12. — (iv)-411 p. (La Haye, Adr. Moetjens, 1713, in-12). = 1145 bis.

Fénélon. Les Aventures de Télémaque (en russe), trad. Ivan Zacharoff. *Saint-Pétersbourg*, 1786, 2 vol. in-8. — 1. — 2. (ij)-438 p. (Saint-Pétersbourg, 1747, in-8). = 1128-3.

Fénélon. Telemachiados libri xxiv, in lat. carm. transl. Steph. Alex. Viel. *Lutet. Paris.*, typis P. Didot natu major, Dentu, 1808, in-12. — 28-414 p. = 1091.

Fénélon. Abrégé des Vies des plus illustres philosophes de l'antiquité. *Lyon, Paris*, Périsse frères, 1826 ; impr. Périsse fils, in-12. — viij-252 p. (1726, in-12). = 118.

Fénélon. Dialogues des morts anciens et modernes. *Paris*, Garnery, H. Nicolle, 1815; impr. Adr. Égron, in-12. — (vi)-388 p. (1712, in-12). = 277.

Fénélon. Dialogues des morts. *Paris*, P. Didot l'aîné, 1819 ; impr. P. Didot l'aîné et Jules Didot, in-8. — (iv)-427 p. = 506.

Fénélon. Dialogues sur l'Éloquence. *Paris*, Briand, 1810, in-12. — (iv)-428 p. (1718, in-12). = 263.

Fénélon. Directions pour la conscience d'un Roi. *Paris*, Lebègue, impr.-libr., 1821, in-12. — 194 p. (La Haye, 1747, in-12). = 252.

Fénélon. De l'Éducation des filles. *Avignon*, Offray aîné, impr.-libr., 1819, in-18. — 180 p. (1687, in-12). = 264.

Fénélon. Morceaux choisis, sec. édit. *Paris*, Belin fils, 1810, impr. J. B. Imbert, in-18. — (vi)-321 p. = 25.

Fénélon. OEuvres spirituelles. *Nancy*, Hæner, impr.-libr., 1835, 4 vol. in-12. — 1. 372 p. — 2. 383 p. — 3. 400 p. — 4. 358 p. (1709, in-4°). = 276.

Ferrière (Claude de). Paris, 1639 ; Reims, 11 mai 1715. Histoire du droit romain. *Paris*, Ant. Warin et L. A. Thomelin, 1718, in-12. — viij-460 p. = 1012 bis.

Ferrière (Cl. de). Texte des coutumes de la Prévosté et Vicomté de Paris avec des nottes. *Paris*, Jean Cochart, mdclxxx (1680), in-24. — (xij)-274 p. = 1145 bis. — Voy. Justinien : Institutes.

Festus (Pompeius Sextus); vers l'an 400. — Voy. Verrius Flaccus.

Feuilhade-Chauvin. Bordeaux, 30 nov. 1796. De la Dignité du Magistrat ; Discours, 14 nov. 1839. *Lyon*, impr. Dumoulin, Ronet et Sibuet, 1839, in-8. — 16 p. = 1287 bis.

Feuilletoniste (le), Répertoire de lectures du soir. *Paris*, 1843, gr. in-8, 2 col. — (iv)-572 p. = 1190-0.

Fielding (Henri). Sharpam-park, 22 avril 1707 ; Lisbonne, 8 oct 1754. Tom Jones ou l'Enfant trouvé (* trad. Am. Pichot). *Paris*, Dauthereau, 1828; impr. Firmin Didot, 6 vol. in-32. — 1. (iv)-iv-283 p. — 2. (iv)-261 p. — 3. (iv)-338 p. — 4. (iv)-407 p. — 5. (iv)-324 p. — 6. (iv)-344 p. (Lond., 1750). = 1368.

Fiévée (J.). Paris, 10 avril 1767; Paris, 1839. La Dot de Suzette. *Paris*, J. Bry aîné, 1849 ; impr. Lacour, gr. in-8, 2 col. — 24 p. (Veill. littér. illustr., t. 3, livr. 9). (Paris, Maradan, 1798, in-12). = 1407-3.

?Filangieri (Gaëtano). Naples, 18 août 1752; Vico-Equense, 21 juillet 1788. La Scienzia della Legislazione. *Livorno*, 1807, 5 vol. in-8. (1780-1783, 4 part. in-8). = 1400-47.

Filicaia (Vincenzo da). Florence, 30 déc. 1642; Florence, 24 sept. 1707 Poesie toscane. *Venezia*, G. B. Vitarelli, 1812, 2 vol. in-16, portr. — 1. (iv)-l-240 p. — 2. (iv)-315 p. (Firenze., 1684, in-4°). = 1380.

Filon. Éléments de rhétorique. *Paris*, Brédif, 1826, in-12. — xlij-266 p. = 412.

Finck (P. J. E.). Géométrie élémentaire, sec. édit. *Strasbourg*, Derivaux, 1841; impr. G. Silbermann, in-8. — viij-447 p. = 1621.

Flamel (Hortensius). (pseudonyme). Le Livre d'Or, Révélations des destinées humaines au moyen de la Chiromancie. *Paris*, Lavigne, 1842; impr. Béthune et Plon, in-18. — 144 p. = 1529 bis.

Fléchier (Esprit). Pernes, 10 juin 1632; Montpellier, 16 févr. 1710. Oraisons funèbres. *Paris*, P. Didot l'aîné, 1824; impr. Jules Didot, in-8. — xxxix-347 p. (Paris, 1681, in-4°). = 502.

Fléchier. Oraisons funèbres. *Paris*, Lefèvre et Brière, 1826; impr. Jules Didot aîné, in-32. — (iv)-323 p. = 1694-3.

Fléchier. Recueil des Oraisons funèbres. *Paris*, libr.-assoc., 1785; impr. Laporte, in-12. — 447 p. = 1179-2.

Fléchier. Histoire de Théodose le Grand. *Paris*, Méquignon fils aîné, 1817, in-12. — viij-400 p. (Paris, 1679, in-4°). = 84.

Fléchier. Morceaux choisis. *Paris*, Boiste fils aîné, 1822; impr. Clo, in-18, portr. — xij-306 p = 24. — Voy. Choix d'Oraisons funèbres.

Fleischer (Guillaume); mort à Paris, le 1er juin 1820. * Dictionnaire de bibliographie française. *Paris*, au bureau de bibliog. franç., 1812; impr. L. Haussmann, 2 vol. in-8 (les seuls publiés). — 1. a-anz. (iv)-l-520 p. — 2. apa-bha. (iv)-636 p. (5409 nos; tables). = 1298.

Fleurieu (Charles Pierre Claret d'Éveux de). Lyon, 2 juillet 1738; Paris, 18 août 1810. — Voy. Catalogue.

Fleury (l'abbé Claude). Paris, 6 déc. 1640; Paris, 14 juillet 1723. Mœurs des Israélites et des Chrétiens. *Paris*, J. Th. Hérissant fils, 1766, in-12. — xij-382 p. (Israélites: 1681, in-12; Chrét.: 1682, in-12; réunis: 1730). = 850.

Fleury (Cl.). Mœurs des Israélites et des Chrétiens. *Paris*, Vve Nyon jeune, 1806, in-12. — viij-397 p. = 1165-5.

Fleury (Cl.). * Institution au Droit ecclésiastique de France par feu M. Charles Bonel et revue avec soin par M. de Massac, sec. édit. *Paris*, Gervais Clouzier, mdclxxix (1679), pet. in-8. — xvi-466 p. (1677, 2 vol. in-12). = 1168-v.

Fleury (Cl.). Traité du choix et de la méthode des études. *Paris*, P. Auboin, P. Eymery et Ch. Clouzier, mdclxxxvi (1686), in-12. — xvi-365 p. (Paris, 1681, in-12). = 1173-v. — Voy. Gibbon.

FLORIAN (J. P. Claris de). Florian près de Sauve, 8 mars 1755; Sceaux, 13 sept. 1794. Poésies. *Paris*, Vve Dabo, 1821, in-18.— xxviij-282 p. (Collect. de poèt. franç., t. 30, édit. Lepeintre.). (Fables: Paris, Didot, 1792, in-18). = 1165-0.

FLORIAN. Estelle, pastorale. *Paris*, Dauthereau, 1827; impr. Firmin Didot, in-32. — xxviij-xij-172 p. (1788). = 1274.

FLORIAN. Numa Pompilius. *Paris*, impr. de Didot l'aîné, 1786, pet. in-8, fig. — (iv)-420 p. (édit. originale). = 1312 bis.

FLORIAN. Numa Pompilius. *Paris*, Lebigre frères, 1833; impr. F. Locquin, 2 vol. in-18. — 1. (iv)-176 p. — 2. (iv)-183 p. = 98.

FLORIAN. Gonzalve de Cordoue. *Paris*, Dauthereau, 1828; impr. Firmin Didot, 3 vol. in-32. — 1. 240 p. — 2. (iv)-189 p. — 3. (iv)-190 p. (Paris, 1791, 2 vol. in-8). = 833.

FLORUS (Lucius Annæus Julius); vers 60-110. L. Flori Epitome. Henrichi Lorichi Glareani annotationes. *Lutetiæ Parisiorum*, ex officina Michaelis Vascosani, MDLII (1552), in-fol. — (18-114-32-41) fts. (Rome, Sweynheym et Pannartz, 1472, in-fol.). = 305.

FLORUS, Cl. Salmasius addidit Lucium Ampelium. *Lugd. Batav.*, apud Elzevirios, 1638, pet. in-12. — (viij)-536-(xvi) p. = 989.

FLORUS. Rerum romanarum epitome, restituit J. J. Amar. *Parisiis*, apud Lefevre, 1822; excud. P. Didot natu major, in-32. — 352 p. (Script. lat. princ., t. 8). = 916.

FLORUS. Epitome, edit. E. P. Allais. *Paris*, impr. Aug. Delalain, 1826, in-18. — (iv)-vi-437 p. = 115. — Voy. Salluste.

FOE (Daniel de). Londres, 1663; Islington, avril 1731. Les Aventures de Robinson Crusoé (* trad. de Saint-Hyacinthe et Van Effen). *Paris*, Dauthereau, 1827; impr. Firmin Didot, 4 vol. in-32. — 1. (iv)-xij-245 p. — 2. (iv)-250 p. — 3. (iv)-237 p. — (Lond, 1719; trad.: Amst., 1720-1721, 3 vol. in-12). = 743.

FOLENGO (Teofile Antene); près Mantoue, 8 nov. 1491; près Bassano, 9 déc. 1544. * Histoire maccaronique de Merlin Coccaie, prototype de Rablais (*sic*). *A Paris*, chez Toussaincts du Bray, MDCVI (1606), 2 vol. pet. in-12. — 1. viij-370 p. — 2. (ij)-420 p. (Ven., Paganini, 1517, pet. in-8). = 1232.

FONFRÈDE (Henri). Bordeaux, 21 févr. 1788; près Bordeaux, 23 juillet 1841. Du Gouvernement du Roi et des limites constitutionnelles de la prérogative parlementaire. *Paris*, H. Delloye, 1839; impr. Rignoux, in-8. — (iv)-298 p. = 829.

FONTAINE (P. Jul.). Manuel de l'Amateur d'Autographes. *Paris*, Paul Morta, Heu, 1836, impr. Béthune et Plon, in-8. — viij-362 p. = 1264.

FONTAN (Louis Marie). Lorient, 4 nov. 1801; Thiais, 10 oct. 1839. Odes et Épîtres. *Paris*, Aug. Imbert, 1826; impr. A. Belin, in-18. — 184 p. = 927.

FONTANA (Lodov. Vitt. Savioli). Bologne, 1729; Bologne, 1er sept. 1804. * Poesie. *Firenze*, stamp. granducale, 1818, in-18. — 116 p. = 880.

FONTANINI (Giusto). San-Daniele (Frioul), 30 oct. 1666; Rome, 17 avril 1736. Della Eloquenza italiana libri due, impress. terza. *Roma*, per Girolamo Mainardi, 1736, in-4°. — (xx)-238 p. (1706). = 1145.

Fontenelle (Bern. Le Bovier de). Rouen, 11 févr. 1657; Paris, 9 janv. 1757. OEuvres. *Paris*, libr.-assoc., 1766, 11 vol. in-12, portr. — 1. xij-551 p. — 2. (iv)-401 p. — 3. 384 p. — 4. 408 p. — 5. (iv)-516 p. — 6. (iv)-580 p. — 7. 478 p. — 8. 384 p. — 9. 470 p. — 10. 480 p. — 11. lxxij-315 p. (Pluralité des Mondes : 1686, in-12; Oracles : 1687, in-12). = 365.

Fontenelle. Φοντενελ. Ομιλιαι περι πληθυος κοσμων παρα Παναγιωτακη Κοδρικα. Εν Βιεννη της Αουστριας, 1794, Τυπογρ. Γεωργιου Βεντοτη, in-8. — lij-485 p. et une pl. = 1416.

Forster (Valentin). Wittemberg, 1530; Wittemberg, 27 oct. 1609. De Historia Ivris romani libri tres, quartùm editi. *Helmaestadii*, typ. Iacobi Lucii, impr. Melch. Behmen, cIↃ IↃ cx (1610), in-8. — (xvi)-721-(lxx) p. (Mayence, 1607, in-4°). = 1187-a.

Forster (Jacob Reinhold). Dirschau (Prusse), 22 oct. 1729; Halle, 9 déc. 1798. * Catalogue raisonné d'une collection de minéraux et autres objets d'histoire naturelle (vente, 21 févr. 1780). *Paris*, Didot jeune, impr., 1780, in-8. — xij-220 p. = 1282-3.

Fortia d'Urban (Paul Ant.). Avignon, 18 févr. 1756; Paris, 4 août 1843. Plan d'un atlas historique. *Paris*, Xhrouet et Déterville, 1809, in-12. — (iv)-342 p. = 1087. — Voy. Catalogue.

Forticuerra (Niccolò). Pistoie, 7 nov. 1674; Rome, 17 févr. 1737. * Ricciardetto di Niccolò Carteromaco. *Milano*, stamp. Gio. Bernardoni, 1813, 3 vol. in-8, portr. — 1. xliv-350 p. — 2. 331 p. — 3. 352 p. (Parigi (Venezia), Fr. Pitteri, 1738, in-4°). = 1484.

Forticuerra. * Richardet, poëme (imité par Dumouriez). *Liège*, C. Plomteux, 1776, 2 part. in-12. — 1. 238 p. — 2. (ij)-217 p. (La Haye (Paris), 1764, 2 vol. in-8). = 1203 bis.

Foscolo (Ugo). Zante, 1777; Chiswick, 14 sept. 1827. * Ultime Lettere di Jacopo Ortis. *Milano e Parigi*, Teof. Barrois, Joubert; impr. P. N. Rougeron, 1824, in-12, portr. — xiij-286 p. (Milan, 1802). = 490.

Foscolo (U.). Jacopo Ortis, trad. M. G***. (Gosselin). *Paris*, Dauthereau, 1829; impr. Firmin Didot, 2 vol. in-32. — 1. (iv)-238 p. — 2. (iv)-216 p. = 750.

Fouillou (l'abbé Jacq.). La Rochelle, 1670; Paris, 21 sept. 1736. * Histoire abbregé du Jansénisme. *A Cologne*, chez Jean Druckerus, mdcxcviii (1698), pet. in-12. — (xxx)-lxxiv-298 p. = 757.

Fouilloux (Jacq. du). La Gastine (Poitou), vers 1520; vers 1573. La Vénerie. *Angers*, Charles Le Bossé, 1844; impr. Cornilleau et Maige à Angers, in-4°, fig. — xv-xvi p.-125 fts-(x) p. (Poitiers, les Marnefs, 1561, in-fol.). = 1402.

Fouquet (Nic.). Paris, 1615; Pignerol, 23 mars 1680. — Voy. Pellisson.

Fournier (Fr. Ign.); né à Paris vers 1777. Dictionnaire portatif de bibliographie. *Paris*, Fournier frères, impr.-libr., 1805, in-8. — xvi-406 p. = 1148.

Fournier (F. I.). Dictionnaire portatif de bibliographie, sec. édit. *Paris*, Fournier frères, mai 1809, in-8. — (x)-x-566-(xlix) p. = 1288 bis.

Foy (le g^{al} Maxim. Séb.). Ham, 3 févr. 1775; Paris, 28 nov. 1825. Discours, précéd. d'un essai par M. Jay, sec. édit. *Paris*, Moutardier, 1826; impr. Gaultier-Laguionie, 2 vol. in-8, portr. et fac-sim.). — 1. (iv)-cxxvi-423 p. — 2. (iv)-xxxix-526 p. = 279.

Fracastor (Jérome). Vérone, 1483; Padoue, 6 août 1553. Syphilis, avec la trad. franç. (* par Ph. Macquer et J. Lacombe). *Paris*, Lucet, 1796, in-18, portr. — xiv-162 p. (Vérone, 1530, in-4°; trad. Macquer: Paris, 1753, in-8). = 1519.

Fragmenta poetarum veterum latinorum quorum opera non extant: Ennii, Accii, Lvcilii, Laberii, Pacvvii, Afranii, Naevii, Caecilii, aliorumque multorum: a Rob. Stephano congesta, nunc ab Henr. Stephano digesta. MDLXIIII (1564), *Excud. Henric. Stephanus, Huldrici Fuggeri typographus*, pet. in-8. — 433 p. = 316.

France (la) littéraire (* par d'Hébraïl, de La Porte et Guiot), sec. édit. *Paris*, Vve Duchesne, 1769-1784, 4 vol. pet. in-8. — 1. viij-452 p. — 2. (iv)-591 p. — 3. (vi)-239-(iv) 336 p. — 4. xvi-432-xvi-286 p. = 1175-1.

François de Neufchateau (Nic. Louis). Liffol-le-grand (Vosges), 17 avril 1750; Paris, 10 janv. 1828. Paméla ou la vertu récompensée, coméd., cinq actes, en vers; Coméd. franç., 1er août 1793. *Paris*, André, impr.-libr., 1800, in-8. — 100 p. (1795). = 222.

?François de Sales (Saint). Sales (Savoie), 21 août 1567; Lyon, 28 déc. 1622. Introduction à la Vie dévote. *Paris*, impr. roy., 1651, in-8. (Lyon, 1606, in-8). = 1400 bis.

Franklin (Benj.). Boston, 17 janv. 1706; Philadelphie, 17 avril 1790. Vie de B. Franklin écrite par lui-même, suivie de ses œuvres morales, politiques et littéraires, trad. par J. Castéra. *Paris*, F. Buisson, impr.-libr., 1798, 2 vol. in-8. — 1. (iv)-400? p. — 2. (iv)-438 p. (Bonhomme Richard, trad. Quétant: Paris, 1778, in-12). = 419.

Frontin (Sextus Julius); vers 40-106. Strategematicωn libri tres, strategicωn liber unus, emend. Jos. Valart. *Lutetiæ*, apud Guill. Debure, 1763; e typ. Fr. Ambr. Didot, pet. in-12. — xviij-216 p. (Bolon., 1486, in-fol.). = 1296. — Voy. Polyen.

Fronton (Marcus Aurelius); vers 120-170. — Voy. Marc-Aurèle.

Fualdès (Ant. Bernardin). Mur de Barrez, 10 juin 1761; Rodez, 19 mars 1817. — Voy. Notice.

Gaillardin (Casimir). Cahiers d'histoire universelle. Histoire du moyen âge. *Paris*, Crochard, Chamerot, 1834-1836; impr. Paul Renouard, 9 part. in-12. — 1. 108 p. — 2. 98 p. — 3. 219 p. — 4. 166 p. — 5. 180 p. — 6. 132 p. — 7. 151 p. — 8. 144 p. — 9. 194 p. = 900.

Gaius (Tatius); né l'an 117; 180. — Voy. Justinien, Laboulaye.

?Galien (Claudius Galenus). Pergame, 131; 201. Adhortatio ad artes, gr. et lat., *Lugduni Batavorum*, 1812, in-8. (Opera, gr.: Ven., 1500, in-fol.). = 1400-28.

GALITZINE (la princesse Eudoxie, née Ismaïlow). De l'Analyse de la force (*par M. Hegewald). *Paris*, impr. A. Henry, 1845, in-8.— 49-xvi-92-(ix)-x-448 p.= 1329.

GALLAND (Ant. de). Rollot, 1646; Paris, 17 févr. 1717. — Voy. Mille et Une nuits.

Gallery (the) of modern british Artists, including MM. Turner, Stanfield, Roberts, Bonington, Harding, Prout, Clennel, Cattermole, Dewint, C. Fielding, Austin, Cox, etc., etc. (texte franç. et angl.). *London*, Simpkin and Marshall, T. W. Stevens, 1834; print. J. Moyes, (ij)-38 p. *Paris*, Desenne, 1835; impr. Decourchant, 41 p. in-4°, 36 grav. = 1703.

GALLOIS-MONTBRUN (Maximil. Jos. Arthur). Marseille, 29 mai 1821. De l'application de la loi électorale dans les Établissements français de l'Inde. *Madras*, Johnson, 1848 (*Pondichéry*, Géruzet), in-4°. — 8 p. = 1636-3.

GALLOIS-MONTBRUN (M. J. A.). Notice sur la chronique en langue tamile et sur la vie d'Ananda-Rangapillei. *Pondichéry*, (Géruzet, impr. du gouvern.), 1849, in-8. — 16 p. = 1578-5.

GALLOIS-MONTBRUN (M. J. A.). Mémoire sur les dégrèvements en matière de redevances territoriales à Pondichéry. *Pondichéry*, impr. du gouvern. (Géruzet), 1850, in-8. — 43 p. = 1636-4.

GALLOIS-MONTBRUN (M. J. A.). Rapport à M. le Gouverneur sur l'Exposition ouverte à Madras le 20 février 1855. *Pondichéry*, Géruzet, impr. du gouvern., 1855, in-8. — 95-8 p.= 1639-3.

GANS (Édouard). Berlin, 22 mars 1798; Berlin, 5 mai 1836. Histoire du droit de succession en France au moyen âge, trad. par L. de Loménie, précéd. d'une notice par Saint-Marc-Girardin. *Paris*, Moquet, Challamel, 1845; impr. Hauquelin et Bautruche, in-12. — xxxi-239 p. (Das Erbrecht in weltgeschichtlicher Entwickelung, Berlin, 1823-1829, 3 vol.). = 1532.

GARAT (Domin. Jos. Jules). Bordeaux, 4 août 1820. Des polypes fibreux de l'utérus, thèse, 16 déc. 1845. *Paris*, impr. Rignoux, 1845, in-4°. — 40 p. = 1184-23.

? GARCILASO DE LA VEGA. Cuzco (Pérou), 1530; Valladolid, 1568. Historia general del Peru. *Madrid*, 1723, in-fol. (Lisboa y Cordova, 1609-1617, 2 vol. in-fol.). = 1400 bis.

GARCIN DE TASSY (J. Hél.). Rudimens de la langue hindoustani, 1829, 97 p.; Appendice aux rudimens, 1833, 68 p. et 7 planch. *Paris*, De Bure frères, impr. roy., in-4°. = 1551.

GARCIN DE TASSY. * Manuel de l'auditeur du cours d'hindoustani ou thèmes gradués accompagnés d'un vocabulaire français-hindoustani. *Paris*, impr. roy., 1836; chez De Bure frères, in-8. — (ij)-ij-92 p. = 1646.

GARCIN DE TASSY. * Corrigé des thèmes hindoustani, 1836, in-8; (en hindoustani lithographié). — 80 p. = 1616 bis.

GARCIN DE TASSY. Histoire de la littérature hindoui et hindoustani, impr. roy., 1839-1847; *Londres*, chez W. Allen. et Cie, *Paris*, chez Benj. Duprat, 2 vol. in-8. — 1. 1839; Biographie et Bibliographie : (iv)-xvi-630 p. — 2. 1847; Extraits et Mélanges : (iv)-xxxij-608 p. = 1645. — Voy. Taçîhn-Uddîn.

GARDIN-DUMESNIL (J. Bapt.). Saint-Cyr (Normandie), 1720 ; Saint-Cyr, 1802. Synonymes latins et leurs différentes significations, rev. par N. L. Achaintre. *Paris*, impr. Aug. Delalain, 1827, in-8. — LIV-680 p. (Paris, 1777, in-12). = 134.

GARNIER-DESCHÊNES (Ém. Hil.). Montpellier, 1er mars 1727 ; Paris, 16 janv. 1812. Traité élémentaire du Notariat. *Paris*, impr. de la Cie des Notaires, 1807, in-8. — (viij-555 p. = 1004.

GASSENDI (Pierre). Chantersier près Digne, 22 janv. 1592 ; Paris, 25 oct. 1655. De Vita et moribvs Epicvri libri octo. *Lugdvni*, apud Gvillelmvm Barbier, typ., MDCXLVII (1647), in-4°. — 236-(xviij) p. = 1336.

GASSIOT aîné. * Résumé de l'histoire de Bordeaux, par M. G. A. *Bordeaux*, Gassiot aîné, 1835 ; impr. Barbou à Limoges, in-18. — 240 p. = 143.

GATIEN-ARNOULT. Programme d'un cours de philosophie, sec. édit. *Paris*, Belin-Mandar, 1833 ; imp. J. M. Corne à Toulouse, in-8. — xvi-399 p. = 466.

GAULTIER (l'abbé Louis Éd. Cam.). Asti, vers 1755 ; Paris, 19 sept. 1818. Géographie, refondue par de Blignières, De Moyencourt, Ducros (de Sixt) et Le Clerc aîné, cinqe édit. *Paris*, Jules Renouard, 1831 ; impr. Paul Renouard, in-18, planch. — xvi-380 p. (Paris, 1788, in-8). = 89.

GAULTIER (l'abbé). Méthode pour analyser la pensée ou mécanisme de la composition des phrases, troise édit. *Paris*, Ant. Aug. Renouard, 1825 ; impr. Paul Renouard, in-18. — (iv)-iv-195 p. et 2 tabl. = 1427-4.

GAUTRUCHE (le P. Pierre). Orléans, 1602 ; Caen, 30 mai 1681. Philosophiæ ac mathematicæ totivs institvtio. Mathematica. *Viennæ Avstriæ*, in bibliop. Ioannis Blaev, MDCLXI (1661). pet. in-12. — 291-(iv) p. (Paris, 1653, 4 vol. in-12). = 1512 bis.

GAY (Delphine). — Voy. Girardin (Mme de).

GAY (John). Barnstaple, 1688 ; Londres, 4 déc. 1732. Fables, are added Fables by Ed. Moore. *Paris*, print. by P. Didot the elder, 1800, in-18. — 236 p. (Gay : 1726). = 883, 1165 bis.

GAY (J.). Fables, trad. par Mme de Kéralio. *Londres et Paris*, Duchesne, 1759, in-12. — xxvi-312 p. = 1199.

GELLERT (Christ. Furchtegott). Haynichen, 4 juillet 1715 ; Carlsbad, 13 déc. 1769. Briefe nebst praktischen Abhandlung von dem guten Geschmacke in Briefen. *Leipsig*, Casp. Fritsch, 1779, in-8. — (xij)-172 p. = 1166-1.

GENCE (J. B. Modeste). Amiens, 15 juin 1755 ; Paris, 20 avril 1840. — Voy. Barbier.

GENLIS (Stéphanie Ducrest de Saint-Aubin comtesse de). Champceri, 25 janv. 1746 ; Paris, 31 déc. 1830. Mademoiselle de La Fayette, ou le Siècle de Louis XIII, troise édit. *Paris*, Maradan, 1815 ; impr. Cellot, 2 vol. in-12. — 1. (iv)-xij-198 p. — 2. (iv)-206 p. (Paris, 1813, in-8). = 61.

GENLIS (Mme de). Madame de Maintenon, quatre édit. *Paris*, Maradan, 1813 ; impr. Ph. Hardy, 2 vol. in-12. — 1. (iv)-xxxvi-207 p. — 2. (iv)-122 p. (Paris, 1806, in-8). = 60.

Genlis (Mme de). Les petits Émigrés, cinqe édit. *Paris*, Maradan, 1812; impr. A. Clo, 2 vol. in-12. — 1. xij-360 p. — 2. (iv)-370 p. (Paris, 1798, 2 vol. in-8). = 64.

Genlis (Mme de). *Les Veillées du château. *Paris*, Maradan, 1816; impr. Fain, 3 vol. in-12. — 1. xvij-360 p. — 2. (iv)-418 p. — 3. (iv)-459 p. (Paris, 1784, 3 vol. in-8). = 27.

Genlis (Mme de). Palmyre et Flaminie ou le Secret. *Paris*, Maradan, 1821; impr. Fain, 2 vol. in-8. — 1. viij-272 p. — 2. (iv)-232 p. = 63.

Genlis (Mme de). Adèle et Théodore, quatre édit. *Paris*, Maradan, 1802; impr. Crapelet, 3 vol. in-8. — 1. xxxij-414 p. — 2. 448 p. — 3. 462 p. (Paris, 1782, 3 vol in-8). = 62.

Genlis (Mme de). Mademoiselle de Clermont. *Paris*, Maradan, 1818; impr. A. Clo, in-18, portr. — 167 p. (1802). = 1197.

Genoude (Ant. Eug. de). Montélimart, 1792; Hyères, 19 avril 1849. — Voy. Ézéchiel.

Geoffroy-Saint-Hilaire (Étienne). Étampes, 15 avril 1772; Paris, 19 juin 1843. — Voy. Catalogue.

Gérard de Nerval; mort à Paris le 25 janv. 1855. — Voy. Goethe.

Géraud (Edmond). Bordeaux, 1780; Paris, 1831. Poésies diverses, sec. édit. *Paris*, Ch. Gosselin, 1822; impr. Cosson, in-18. — x- 38- 248 p. (1818). = 394.

Gessner (Salomon). Zurich, 1er avril 1730; Zurich, 2 mars 1788. Œuvres complètes (* trad. Huber, Meister et Bruté de Loirelle), avec fig. de Le Barbier. *Paris*, Philippe, 1834; impr. Brodard à Coulommiers, 4 vol. in-18. — 1. 180 p. — 2. 180 p. — 3. 181 p. — 4. (iv)-177 p. (Zurich, 1765, 5 vol. in-8; trad. Huber, etc: Paris, 1786-1793, 3 vol. gr. in-4°; Daphnis, 1754; Idylles, 1756; Abel, 1758). = 156.

Gibbon (Édouard). Putney (Surrey), 27 avril 1737; Londres, 16 janv. 1794. Aperçus historiques sur le Droit romain par Gibbon et sur l'origine du Droit français par Fleury. *Paris*, Mlle Leloir, 1821; impr. Pillet jeune, in-8. — (vi)-240 p. (Extraits de « History of the decline and fall of the roman Empire » de Gibbon : London, 1776-1788, 6 vol. in-4°; trad.: Paris, 1757-1795, 18 vol. in-8; Fleury: Paris, 1674, in-12). = 1127 bis.

Gibelin (Esprit Mich. Toussaint Sextius). Aix, 10 nov. 1791; 1852. Études sur le Droit civil des Hindoux et recherches de législation comparée sur les lois de l'Inde, les lois d'Athènes et de Rome et les coutumes des Germains. *Pondichéry*, 2 vol. in-8. — 1. 1846, A. Toutin, impr. 1847, 336 p. — 2. É. V. Géruzet, impr., xcvi-376 p. = 1637.

Gibelin (E. M. T. S.). Discours prononcé à l'audience de rentrée de la Cour Royale de Pondichéry, 25 févr. 1843 (Concordances du Code Napoléon et des lois des Hindoux), (iv)-43 p. — Discours, 27 févr. 1844 (de la Magistrature coloniale et de la Magistrature métropolitaine), 24 p. — Discours, 1er mars 1845 (des Lois romaines et des Lois hindoues), 57 p. *Pondichéry*, impr. du gouvern., in-8. = 1672-5-8.

Gilbert (Nic. Jos. Laurent). Fontenoi-le-Château, 1751; Paris, 12 nov. 1780. Œuvres complètes. *Paris*, Pillot, 1805; impr. Chaignieau, 2 vol. in-18, portr. — 1. (iv)-189 p. — 2. (iv)-187 p. (Paris, 1788, in-8). = 254.

GIRARDIN (Mme Émile de), née Delphine Gay. Aix-la-Chapelle, 26 janv. 1804; Paris, 29 juin 1855. Nouveaux Essais poétiques, sec. édit. *Paris*, Dupont et Roret, Urbain Canel, 1826; impr. J. Tastu, in-18. — (iv)-294 p. (1824). = 493.

GIRARDIN (Mme de). Poésies complètes. *Paris*, 1847, in-12. = 1653.

GIRAULT DE SAINT-FARGEAU. * Dictionnaire usuel des artistes, par G. D. S. F. *Paris*, Pichon et Didier, Rignoux, 1830; impr. Rignoux, in-18. — viij-524 p. = 148.

GIRAULT-DUVIVIER (Charles Pierre); né en 1765; mort à Paris en 1832. Grammaire des grammaires, ou Analyse des meilleurs traités sur la langue françoise, cinqe édit. *Paris*, Janet et Cotelle, 1822; impr. J. M. Éberhart, 2 vol. in-8. — 1. (x)-xvi-654 p. — 2. (iv)-iv p.-p. 655 à 1086-174-90 p. = 1451.

GODEAU (Ant.). Dreux, 1605; Vence, 21 avril 1672. Traité des Séminaires. *Aix*, I. B. et Est. Roize, 1660, in-12. — 271 p. = 849.

GODEAU (A.). Paraphrase svr l'Épistre de Saint-Pavl avx Romains, sec. édit. *Paris*, Iean Camvsat, 1636, pet. in-12. — 253-(vi) p. (Paris, 1635, in-4°). = 814.

GODEFROY (Jacques). Genève, 13 sept. 1587; Genève, 24 juin 1652. Jac. Gothofredi Manvale jvris, sexta edit. *Genevæ*, sumpt. J. Ant. et Sam. de Tournes, MDCLIV (1654), pet. in-12. — xx-83-132-322 p. = 1098 bis.

GODEFROY (Jacq.). Manuale juris, ædit. nova, a J. F. Berthelot. *Parisiis*, C. L. Metier, 1806; typ. J. Farge, in-8. — xij-20-24-76-50-190-74 p. = 1045.

GODWIN (William). Wisbeach, 5 mars 1756; Londres, 7 avril 1836. Aventures de Caleb Williams ou les choses comme elles sont (* trad. Garnier). *Paris*, Dauthereau, 1829; impr. Firmin Didot, 4 vol. in-32. — 1. (iv)-xvi-206 p. — 2. (iv)-179 p. — 3. (iv)-236 p. — 4. (iv)-243 p. (Lond., 1794, 3 vol. in-12). = 747.

GOETHE (Jean Wolfgang de). Francfort, 27 août 1749; Weimar, 22 mars 1832. Werther. *Maestricht*, J. P. Roux et Cie, impr.-libr.; *Grenoble*, J. L. A. Giroud, 1792, in-18, fig. — viij-436 p. (Leipz., 1774, 2 vol. in-12; prem. trad. franç. par Aubry: Manheim (Paris), 1777, in-8). = 253.

GOETHE. Werther. *Paris*, Dauthereau, 1827; impr. Firmin Didot, 2 vol. in-32. — 1. (iv)-xxij-184 p. — 2. (iv)-173 p. = 487.

GOETHE. Werther. *Paris*, Gust. Havard, 1848; typ. Schneider, gr. in-8, 2 col. — 24 p. (Romans illustr., t. 1, livr. 5). = 1349-6.

GOETHE. Faust (prem. part.), trad. par Gérard de Nerval. *Paris*, J. Bry aîné, 1849; impr. Lacour et Cie, gr. in-8, 2 col. — 44 p. (Veill. littér. illustr. t. 7, livr. 7-8). (1791; trad. Gérard: Paris, 1827, in-18). = 1564. — Voy. Perrin.

GOGOL (Nicolas); mort en 1852. Nouvelles russes, trad. franç. publiée par Louis Viardot. *Paris*, Paulin, 1845; impr. Gust. Gratiot, in-12. — viij-325 p. = 1589.

GOLDONI (Carlo). Venise, 1707; Paris, 8 janv. 1793. Scelta di alcune commedie, ediz. corr. da L. Pio. *Parigi*, L. Fayolle, S. D.; impr. Fain, in-12. — (iv)-iv-453 p. (Ven., Pasquali. 1761, 18 vol. in-8). = 489.

GOLDSMITH (Olivier). Pallismore (Irlande), 10 ou 21 nov. 1728; Londres, 4 avril 1774. * The Vicar of Wakefield, a tale. *Glascow*, print. by J. and M. Robertson, 1790, 2 vol. in-12. — 1. 143 p. — 2. 140 p. (1766). = 1363-3.

Goldsmith. Le Ministre de Wakefield. *Paris*, Dauthereau, 1826; impr. Firmin Didot, 2 vol. in-32. — 1. xvi-214 p. — 2. (iv)-195 p. (prem. trad. franç., Mme de Montesson: Paris, 1767, in-12). = 488.

Goldsmith. OEuvres choisies de Goldsmith et de Sterne. *Paris*, Ch. Gosselin, 1841; impr. H. Fournier et Cie, in-12. — (iv)-iv-216-(iv)-240 p. = 1220.

Goldsmith. Abrégé de l'histoire d'Angleterre, trad. de la treize édit. par Jean Maréchal. *Londres*, J. Johnson, etc, 1807; impr. W. Thorne, in-12. — (iv)-335 p. 1762). = 1681 bis.

Goldsmith. History of Greece, eigth edit. *London*, print. for Rivington, 1816, in-12. — xij-309 p. (1776). = 1038.

Goldsmith. Abrégé de l'histoire grecque, trad. par M. B. (*Mme Dagoty, née Boinvilliers). *Paris*, impr. Aug. Delalain, 1824, in-12. — (iv)-x-303 p. (prem. trad. franç., par Aubin: Paris, 1802, 2 vol. in-8). = 1172-k.

Goldsmith. Abrégé de l'histoire romaine, trad. sur la douze édit. par V. D. Musset-Pathay, trois édit. *Paris*, Hyac. Langlois, 1807, in-12. — (iv)-188-(ij)-172 p. et une carte. (Paris, 1802, 2 part. in-8). = 1063.

Golnitzius (Abraham). Compendivm geographicvm. *Amstelodami*, apud Ludovicum Elzevirium, 1643, pet. in-12. — (xx)-278-(cviij) p., 5 tableaux. = 1190-i.

Golnitzius (Abrah. Dantisc.). Ulysses Belgico-Gallicus. *Lugd. Batav.*, ex offic. Elzeviriana, cIↄ Iↄc xxxi (1631), pet. in-12. — (viij)-672-(xl) p. = 1016.

Gondon (Jules). *L'Agitation irlandaise depuis 1829; le procès, la condamnation et l'acquittement de Daniel O'Connell. *Paris*, Waille, 1845; impr. Belin-Mandar à Saint-Cloud, in-12. — viij-386 p. = 1524.

Gosse (Étienne). Bordeaux, 1773; Toulon, 21 févr. 1834. Fables. *Paris*, Chaumerot jeune, 1818; impr. P. Gueffier, in-12. — xxiv-250 p. = 718.

Goudelin (Pierre Goudouli). Toulouse, 1579; Toulouse, 10 sept. 1649. Las Obros, augmentados noubelomen de forço pessos ambé le dictionnaire sur la lengo moundino (*par Jean Doujat). *A Toulouso*, chez Me J. A. H. M. B. Pijon, aboucat, 1774; impr. Jean Pech à Toulouso, in-12. — (iv)-xxxvi-382 p. (Toulouse, 1638, in-8). = 1446.

Gout-Desmartres (Édouard). Gerbes de poésie. *Paris*, Ch. Gosselin, 1841; impr. Crapelet, gr. in-8. — (viij)-224 p. = 1473.

Graduel à l'usage du diocèse de Nantes, sec. édit., impr. par ordre de Mgr de Hercé. *Nantes*, impr. Ern. Merson, 1845, in-12. — (vi)-618 p. = 1682.

Graffigny (Françoise d'Issembourg d'Apponcourt). Nancy, 1694; Paris, 12 déc. 1758. Lettres d'une Péruvienne. *Paris*, Dauthereau, 1827; impr. F. Didot, in-32. — (iv)-244 p. (*Paris, 1749, in-12). = 789.

Grainville (J. B. Franç. Xav. Cousin de). Le Hâvre, 3 avril 1746; Amiens, 1er févr. 1805. Le Dernier homme, ouvrage posthume. *Paris*, Déterville, 1805; impr. Crapelet, 2 vol. in-12. — 1. (iv)-200 p. — 2. (iv)-177 p. = 1212.

Grand-père (le), ou l'Incendie de Moscou, trad. de l'angl. par M******. *Paris*, Masson, 1823; impr. A. Belin, 4 vol. in-12. = 51.

Granier de Cassagnac (Adolphe). Introduction à l'histoire universelle. Première partie. Histoire des Classes Ouvrières et des Classes Bourgeoises. *Paris*, Aug. Desrez Eug. Renduel, 1838 ; impr. E. Duverger, in-8. — xxxij-574 p. = 1192-E.

Graslin (L. F.); mort le 7 nov. 1850. De l'Ibérie, on Essai critique sur l'origine des premières populations de l'Espagne. *Paris*, Leleux, 1838 ; impr. E. Dépée à Sceaux, in-8. — (iv)-475 p. = 1529.

Grégoire (Saint) de Tours (Georges Florent). Clermont, 30 nov. 539; Tours, 17 nov. 593. Gregorii Tvronensis episcopi historiæ Francorvm libri decem quibus adiectus est liber xi, ex bibliot. Lavr. Bochelli. Ioannis monachi maioris monasterii historiæ Gauffredi ducis Normannorum. *Parisiis*, e typ. Petri Chevalerii, MDCX (1610), in-8. — (xvi)-520-(vi)-209-24-17-130-(xviij) p. (Paris, Guill. Petit, 1512, in-fol.). = 1243.

Grégoire (Henri). Vého (Meurthe), 4 déc. 1750; Paris, 28 mai 1831. Les Ruines de Port-Royal des Champs en 1809, année séculaire de la destruction de ce monastère. *Paris*, Levacher, 1809, in-8. — (iv)-178 p. = 1683.

Grégoire (Jos. Aimable). Relevé général des objets d'art commandés depuis 1816 jusqu'en 1830 par l'administration de la ville de Paris et indication des lieux où ils sont placés. *Paris*, l'aut., 1833 ; impr. Firmin Didot frères, in-8. — 120 p. = 1322-3.

Grellmann (H. M. G.). Histoire des Bohémiens, ou Tableau des mœurs, usages et coutumes de ce peuple nomade, trad. de l'allem. sur la sec. édit. par M. J. *Paris*, Jos. Chaumerot, Chaumerot jeune, 1810, in-8. — (iv)-354 p. = 1333.

Grenet (l'abbé). Atlas portatif général (91 cartes par R. Bonne, 1780-1800). *Paris*, Jean, in-4°. (1787-1788, 2 vol. in-4°). = 1370.

Gresset (J. B. Louis). Amiens, 29 août 1709 ; Amiens, 16 juin 1777. Chefs-d'œuvre. *Paris*, Billois, 1810 (Belin, 1791), in-18, portr. = 338.

Gresset (J. B. L). OEuvres. *Paris*, Lecointe, 1829 ; impr. Lachevardière, 2 vol. in-18. — 1. xij-221 p. — 2. (iv)-243 p. = 157.

Gresset (J. B. L.). Ververt. *Paris*, march. de nouv., 1832 ; impr. A. Barbier, gr. in-8, 5 fig. — 79 p. (1735). = 99.

Grimaud (G.); et V. C. Durocher. Essai sur la physiologie humaine. *Paris*, Raymond, 1825; impr. Paul Renouard, in-12. — (iv)-viij-381 p. (Bibliot du XIXe siècle, t. 26). = 898.

Gronovius (Joh. Fréd.). Hambourg, 10 sept. 1611 ; Leyde, 28 déc. 1671. De Sestertiis sev svbsecivorvm pecvniæ veteris Græciæ et Romæ libri IV. *Amstelodami*, apud Ludovicum et Danielem Elzevirios, CIↃ IↃ CLVI (1656), in-8. — xxiv-915-(XL) p. (Dventer, 1643, in-4°). = 936.

Grotius (Hugo de Groot). Delft, 10 avril 1585 ; Rostock, 28 août 1645. De Mare libero et P. Merula de Maribus. *Lugd. Batav.*, ex offic. Elzev., 1633, in-24. — (XVI)-267 p. (1608). = 970.

Guadet (J.). Saint-Émilion, son histoire et ses monuments. *Paris*, impr. roy., 1841, in-8. — (iv)-x-344 p. = 1375.

Gualdi (l'abbé). — Voy. Leti (Gregorio).

GUARINI (Giambaptista). Ferrare, 10 déc. 1537; Venise, 6 oct. 1612. Il pastor fido. *Pisa*, tip. della soc. litter., 1803, in-12. — xvi-308 p. (Ven., Bonfaldini, 1590, in-4°). = 475.

GUARINI. Le Berger fidèle. *Amsterdam et Paris*, Visse, 1789, pet. in-12. — (iv)-338 p. = 1165-8.

GUARINI. Le Berger fidèle, trad. en vers françois (*par de Torches). *La Haye*, Jean Swart, 1713, pet. in-12, fig. — (xxiv)-539 p. (Paris, Barbin, 1664, pet. in-12). = 1136.

GUBLER (Adolphe). Metz, 4 avril 1821. Observations sur quelques plantes naines, suivies de remarques générales sur le nanisme dans le règne végétal. (Société de Biologie, 1848). *Paris*, 1848; impr. Thunot et Cie, gr. in-8. — 14 p. = 1520-4.

GUÉNARD (Mme), baronne de Méré. Paris, 1751; Paris, 18 févr. 1829. Les Soirées du château de Valbonne. *Paris*, Locard et Davi, Blanchard, 1816; impr. D'Hautel, 2 vol. in-18, fig. — 1. 180 p. — 2. 180 p. = 74.

GUÉPIN (le dr). Traité d'Économie sociale. *Paris*, 1833; impr. Mme de Lacombe, in-18. — 108 p. (Bibliot. popul.). = 918-6.

GUÉROULT (P. Claude Bern.). Rouen, 7 juin 1744; Paris, 11 nov. 1821. Grammaire française. *Paris*, impr. Mame, 1811, in-12. — 108-72 p. = 949.

GUÉROULT (P. C. B.). Méthode pour étudier la langue latine. *Paris*, Dabo, Tremblay, Féret et Gayet, 1819; impr. Tremblay à Senlis, in-12. — x-104-110 p. = 636, 1573 bis.

GUICCIARDINI (Francesco). Florence, 16 mars 1482; Moutici, 22 mai 1540. La Historia d'Italia, dal R. P. Remigio. *In Venetia*, appr. Nicolò Bevilacqua, MDLXV (1565), in-8. — (XLVIIJ) p.-471 fts. (Fiorenzà, Torrentino, 1561, gr. in-fol.). = 1470.

GUICHARD (J. Marie). Besançon, vers 1810; Paris, avril 1852. Notice sur le Speculum humanæ salvationis. *Paris*, Techener, 1840; impr. Paul Renouard, in-8. — 131 p. = 1258 bis.

Guida del Forestiere per la città di Bologna e suoi sobborghi. *Bologna*, dai torchi di Franc. Cardinali, 1825, in-18. — 365 p. et 3 pl. = 1099 bis.

Guide des Voyageurs en Dannemark avec un vocabulaire français et danois. *A Hambourg*, chez A. Bran, S. D., in-12. — (ij)-72 p. = 1474 bis.

GUILLARD D'ARCY. *Règles de la discipline ecclésiastiqve sec. édit. *Paris*, Hélie Josset, MDCLXX (1670), pet. in-12. — (xxiv)-299 p. (1665). = 954.

GUILLET DE SAINT-GEORGE. Thiers, vers 1625; Paris, 16 avril 1705. Athenes ancienne et novvelle et l'Estat present de l'empire des Turcs, par le Sieur de la Guilletière. *A Paris*, chez Estienne Michallet, MDCLXXV (1675), in-12. — (xxiv)-456-(xxxiv) p., 2 pl. = 1350.

GUILLON (l'abbé M. Nic. Silv.). Paris, 1er janv. 1766; Montfermeil (Seine-et-Oise), 16 oct. 1847. — Voy. Catalogue.

GUIMOND DE LA TOUCHE (Claude). Châteauroux, 17 oct. 1723; Paris, 14 févr. 1760. Iphigénie en Tauride, 4 juin 1757. *Paris*, Vente, 1782, in-8. — 62 p. (Paris, 1758, in-8). = 382. — Voy. Châteaubrun.

GUINODIE (Raymond, fils aîné). Histoire de Libourne et des autres villes et bourgs de son arrondissement. *Bordeaux*, Henry Faye, impr., 1845, 3 vol. gr. in-8. — 1. xj-491 p. — 2. 509 p. — 3. 444 p. = 1584.

GUIRAUD (P. Mar. Thér. Alex.). Limoux, 25 déc. 1788; Paris, 24 févr. 1847. Poèmes et Chants élégiaques, sec. édit. *Paris*, Ladvocat et Boulland, 1824; impr. Firmin Didot, in-18. — (iv)-264 p. = 497.

GUIZOT (Franç. P. Guill.). Nîmes, 4 oct. 1787. Cours d'histoire moderne. Histoire générale de la civilisation en Europe. *Paris*, Pichon et Didier, 1828; impr. Rignoux, C. J. Trouvé et Cie, in-8, portr. = 539.

GUIZOT (F. P. G.). Essais sur l'histoire de France, pour servir de complément aux Observations de l'abbé de Mably, cinq^e édit. *Paris*, Charpentier, 1841; impr. Vve Dondey-Dupré, in-12. — viij-384 p. (Paris, 1824, in-8). = 1182-E.

GUTTINGUER (Ulric); né à Rouen vers 1786. Mélanges poétiques. *Paris*, Aug. Boulland et Cie, Ambr. Tardieu, 1824; impr. Firmin Didot, gr. in-8. — (vi)-252 p. = 998.

GUYOT DE FÈRE. Statistique des Beaux-Arts en France. *Paris*, 1835; impr. Dondey-Dupré, in-8. — 318 p. et 12 grav. = 1100 bis.

GUYS (Pierre Augustin). Marseille, 1720; Zante, 1799. Voyage littéraire de la Grèce, ou Lettres sur les Grecs anciens et modernes. *Paris*, Vve Duchesne, 1771, 2 vol. in-12. — 1. viij-420 p. — 2. (iv)-244 p. = 210.

HALEVY (Léon). Paris, 14 févr. 1802. Résumé de l'histoire des Juifs anciens. *Paris*, Lecointe et Durey, 1827; impr. Anth. Boucher, in-18. — viij-393 p. = 1329.

HALEVY (L.); et Francis (*D'ALLARDE). Indiana, drame, cinq part.; musique de M. Paris, Gaîté, 2 nov. 1833. *Paris*, Marchant, 1835; impr. J. R. Mévrel, gr. in-8, 2 col. — 32 p. (Mag. théâtr., t. 2). = 557-15.

HALEVY (L.); et LHÉRIE. Le Sauveur, comédie, trois actes; Variétés, 12 déc. 1833. *Paris*, Marchant, 1835; impr. Mme de Lacombe, gr. in-8, 2 col. — 30 p. (Mag. théâtr., t. 1). = 557-14.

HALMAGRAND. Origine de l'Université. *Paris*, imprimeurs-unis, 1845; impr. Boulé et Cie, in-8. — (iv)-387 p. = 1400.

HAMBERGER (George Christ.). Feuchtwang, 1726; Gœttingue, 8 févr. 1773; et Joh. Georg. MEUSEL. Das Gelehrte Deutschland (l'Allemagne savante), quatr^e édit. *Lemgo*, Meyer, 1783, 4 vol. in-8. — 1. xxiv-628 p. — 2. (ij)-650 p. — 3. 672 p. — 4. 462 p.; Erster Nachtrag zu der vierten Ausgabe, von Joh. G. Meusel. *Lemgo*, Meyer, 1786, in-8. — (iv)-776 p. (Lemgo, 1767-1774, 5 part. in-8). = 1343.

HAMILTON (Ant.). Irlande, vers 1646; Saint-Germain-en-Laye, 21 avril 1720. Contes. *Paris*, Dauthereau, 1828; impr. F. Didot, 2 vol. in-32. — 1. (iv)-269 p. — 2. (iv)-288 p. = 740.

HAMILTON (A.). Mémoires du comte de Grammont. *Paris*, J. B. Fournier père et fils, impr.-libr., 1802, 2 vol. in-36. — 1. (iv)-164 p. — 2. (iv)-176 p. (Bibliot. portat. du Voyageur). = 1431.

HAMILTON (A.). Mémoires du comte de Grammont. *Paris*, Dauthereau, 1827; impr. F. Didot, 2 vol. in-32. — 1. xij-235 p. — 2. (iv)-283 p. = 972.

HAMON (l'abbé). *Vie du cardinal de Cheverus, quatr^e édit. *Paris*, Jacq. Lecoffre et Cie, 1850; impr. Th. Lafargue à Bordeaux, in-8, portr. — viij-484 p. = 1628.

HAMONIÈRE (G.). Orléans, 18 août 1789. Nouveau dictionnaire de poche françois-italien et italien-françois. *Paris*, Ch. Hingray, 1835; impr. J. Smith, in-16, 3 col. — 1. (iv)-241 p. — 2. (iv)-295 p. (1819). = 886.

Handbuch für Litteratoren, oder allgemeine Uebersicht. (Manuel pour les Littérateurs, ou revue universelle alphabétique de tous les livres courants de l'Allemagne et de la littérature étrangère). *Magdebourg*, chez Joh. Christian Giesecke, 1794, pet. in-8. — (iv)-827 p. = 1166-u.

Harangues tirées d'Hérodote, de Thucydide, des histoires grecques de Xénophon, trad. par Auger. *Paris*, Nyon l'aîné et fils, 1788; impr. Stoupe, 2 vol. in-8. — 1. (iv)-civ-447 p. — 2. (iv)-583 p. = 1684.

HARDOUIN de Beaumont de Péréfixe. — Voy. Péréfixe.

HATIN (Eugène). Histoire du Journal en France. *Paris*, Gust. Havard, 1846; impr. Schneider et Langrand, in-18. — 128 p. = 1444 bis.

HÉCART (Gabr. Ant. Jos.). Valenciennes, 23 mars 1755; Valenciennes, 19 sept. 1838. — Voy. Catalogue.

HEEREN (Arn. Herm. Louis). Arbergen près Brême, 25 oct. 1760; Gœttingue, 8 mars 1842. Manuel de l'histoire ancienne, trad. par Al. Thurot, trois^e édit. *Paris*, Firmin Didot frères, impr.-libr., 1836, in-8.—xxiv-545 p. (1799; trad. Thurot: 1823).= 196.

HEINECCIUS (Joh. Gottlieb Heineck). Eisenberg, 21 sept. 1681; Halle, 31 août 1741. Éléments du Droit civil romain, trad. J. F. Berthelot, sec. édit. *Paris*, Tardieu-Denesle, 1812; impr. J. F. Patris, 4 vol. in-12. — 1. XLVIIJ-322 p. — 2. 306 p. — 3. 324 p.—4. 342 p. (Franekere, 1725, in-8; Berthelot: Paris, 1806, in-12). = 1037.

HEINSIUS (Dan.). Gand, mai 1580; Leyde, 25 févr. 1655. Poematum editio nova. *Lugd. Batav.*, sumpt. Elzeviriorum et Joh. Mairii, CIƆ IƆC XXI (1621); de contemptu mortis libri IV, 1621; typis Isaaci Elzevirii, pet. in-12.—(viij)-474-(viij)-167-(xviij) p. (Lugd. Batav., 1613). = 1092.

HEINSIUS (Nic.). Leyde, 29 juillet 1620; La Haye, 7 oct. 1681; Poemata, accedunt Joan. Rutgersii poemata. *Lugd. Batav.*, ex offic. Elzeviriorum, CIƆ IƆ CLIII (1653), pet. in-12. — (xxiv)-256 p. = 1153.

HÉLIODORE. Émèse (Phénicie), 370; Tricca, 430. Æthiopicorum libri x, ab Hier. Commelino emendati. *Lvgdvni*, apvd Vidvam de Harsy, MDCXI (1611), interprete Stan. Warschewiczki; ex typ. Iac. Mallet et P. Marniolles, in-8. — xvi-582-(xxxiv) p. (Basileæ, Hervagius, 1534, in-4°, 242 p.). = 303.

Héliodore. Histoire Éthiopique, ou les Amours de Théagène et de Chariclée, trad. d'Amyot, revue par M. Trognon. *Paris*, Alex. Corréard, 1822; impr. P. Dupont, 2 vol. in-8. —1. 426 p. —2. 408 p. (Collect. de rom. grecs et lat.). (Paris, Sertenas, 1547, in-fol.). = 861.

Helliez. Géographie de Virgile; augm. de la géographie d'Horace, par J. G. Masselin. *Paris*, impr. Aug. Delalain, 1820, in-12. — xvi-317 p. et 4 cartes. (Paris, 1771, in-8). = 869.

Héloïse. Paris, 1101 ; au Paraclet, 17 mai 1164. Lettres et Épîtres amoureuses d'Héloïse et d'Abailard (trad. de don Gervaise, avec les imitat. en vers). *Paris*, Jules Bossange et Tenon, 1821; impr. F. Didot, 2 vol. in-32. — 1. 193 p. — 2. 185 p. (Opera: Parisiis, 1616, pet. in-4°; trad. Gervaise: Paris, 1723, 2 vol. in-12). = 1339.

Helvétius (Claude Adrien). Paris, janv. 1715; Paris, 26 déc. 1771. De l'Esprit. *Paris*, A. Chasseriau, 1822; impr. P. Dupont, 2 vol. in-18. — 1. viij-483 p. — 2. 540 p. (Paris, Durand, 1758, in-4°). = 480.

Helvétius (Cl. Ad.). OEuvres complètes (*publ. par l'abbé Lefèvre de La Roche). *Paris*, impr. P. Didot l'aîné, 1795, 14 vol. in-18. — 1. x-285 p. — 2. (iv)-281 p. — 3. (iv)-285 p. —4. (iv)-273 p. —5. (iv)-256 p.—6. (iv)-236 p. — 7. xviij-240 p. — 8. (iv)-280 p. — 9. (iv)-246 p. — 10. 237 p. — 11. (iv)-230 p. — 12. 215 p. — 13. 254 p. — 14. 200 p. = 522.

Hénault (le présid. Ch. J. Franç.). Paris, 8 févr. 1685; Paris, 24 nov. 1770. Nouvel Abrégé chronologique de l'histoire de France, sept^{e} édit. *Paris*, Prault père, 1775; impr. Prault père, 2 vol. in-8.— 1. viij-545 p. — 2. (iv) p.-p. 549-928-(xcij) p. (Paris, 1744, in-4°). = 187.

Henrion. Émile. *Paris*, moniteur des villes et des camp., 1833; impr. Decourchant, in-32. — (iv)-xij-240 p. = 668.

Henry (l'abbé). Histoire de l'Éloquence, sec. édit. *Paris*, Jacq. Lecoffre, 1848-1850; impr. Humbert à Mirecourt, 4 vol. in-8. — 1. viij-424 p. — 2. (iv)-378 p. — 3. (iv)-342 p. — 4. (iv)-426 p. = 1631.

Herder (Joh. Gottfried). Mohrungen, 25 août 1744; Weymar, 18 déc. 1803. Palmbladen of uitgelesene oostersche vertellingen. *Te Leyden*, W. H. Gryp, 1787, pet. in-8. — xvi-176 p. = 1164 bis.

Hérissant (Louis Ant. Prosper). Paris, 27 juillet 1745; Paris, 10 août 1769. Bibliothèque physique de la France. *Paris*, J. Th. Hérissant, in-8.— 496 p. = 1130 bis.

Hérisson (Ch. Cl. Franç.). Chartres, 26 oct. 1762; Chartres, 27 juillet 1840.— Voy. Catalogue.

Hérodien. Alexandrie, 160 ; Rome, 225. Historiarvm libri viii (gr.). (A la fin): *Venetiis, in aedibvs Aldi et Andreae Asvlani soceri*, mense sept. mdxxiiii (1524), 98 fts. pet. in-8. (Venetiis, Aldi, 1503, in-fol.). = 1158.

Hérodien. Ηρωδιανου Ιστοριων βιβλια η'. Historiarvm libri viii, edit. cvra Io. H. Boecleri. *Argentorati*, ex offic. Io. Phil. Mulbii, mdcxliv (1644), pet. in-8. — (xxxii)-464-(l) p. = 1366-3.

HÉRODIEN. Historiæ de imperio libri VIII, Ang. Politiano interprete. *Lemovicis*, apud Viduam Mart. Barbou, 1688, in-24. — 351 p. (Politien : Romæ, 1493, in-fol.). = 186.

HÉRODIEN. Ηρωδιανου Ιστοριων βιϐλια η'. Historiarum libri VIII, præmissa est vita M. Antonini a Jo. Xiphilino conscripta. *Edimburgi*, in ædibus Tho. Ruddimanni, sumpt. Jo. Patoni, 1724, pet. in-8. — (iv)-xxviij-314 p. = 1276 bis.

HÉRODIEN. Historiarum romanarum libri octo (gr.). *Lipsiae*, sumt. et typ. Car. Tauchnitii, 1829, in-16. — (ij)-243 p. = 1325.

HÉRODOTE. Halicarnasse, 484; 432 av. J. C. Historiarum libri IX, cum brevi annot. Aug. Matthiæ et Henrici Apetzii (gr.). *Lipsiae*, typ. B. G. Teubneri, 1825, 2 vol. in-12. — 1. (ij)-viij-306 p. — 2. (ij)-vi-296 p. (Venetiis, Aldi, 1502, in-fol.). = 1290. — Voy. Harangues.

HERPIN (J. Ch.). Metz, 8 avril 1798. Abrégé de la méthode naturelle de lecture. *Paris*, 1833; impr. Demonville, 3 part. in-18. — 1. 48 p. et 2 tabl. — 2. 104 p. — 3. 107 p. (Bibliot. popul.). = 918-2-3.

HERPIN (J. Ch.). Notions élémentaires d'arpentage. *Paris*, 1833; impr. Bacquenois et Appert, in-18. — 86 p. et 3 planch. (Bibliot. popul.). = 918-8.

HERVEY (Mme Élisa). Amabel, ou Mémoires d'une jeune femme de qualité, trad. par Mme de Montolieu. *Paris*, Art. Bertrand, 1820; impr. Cellot, 5 vol. in-12. — 1. (iv)-iv-298 p. — 2. (iv)-301 p. — 3. (iv)-330 p. — 4. (iv)-442 p. — 5. (iv)-399 p. = 65.

HÉSIODE. Ascra, 970 ans av. J. C. Ησιοδου Ασκραιου. Hesiodi Ascræi opera quæ extant omnia. *Parisiis*, apud Ioan Libert, MDCXXVII (1627), pet. in-8. (avec Théocrite, gr.: Venetiis, Aldi, 1495, pet. in-fol.). = 1276.

HÉSIODE. Les OEuvres, trad. par M. Gin. *Paris*, Gueffier, Moutard, Servière, 1785; impr. Ph. D. Pierres, pet. in-8. — viij-305 p. = 604. — Voy. Petits poèmes grecs.

HEUZET (J.). Saint-Quentin, vers 1660; Paris, 14 février 1728. Selectæ e romanis scriptoribus historiæ. *Paris*, 1805, in-12. — (iv)-xvi-317 p. (Paris, 1727, in-12). = 125-3.

HILL (John); né en 1716; Lond., 22 nov. 1775. — Voy. Lucine (Abrah. Johnson).

HILPERT (J.). Le Messagiste, ou traité théorique, pratique et législatif de la Messagerie. *Paris*, Aimé-André, 1840; impr. Fain et Thunot, in-8. — (iv)-420 p. = 1167-U.

HIPPOCRATE. Cos, 460; 361 av. J. C. Ἱπποκράτους Κώου Ἀφορισμοί καὶ Προγνωστικόν. Aphorismi et prænotionum liber, recens. Ed. Fr. Mar. Bosquillon (gr.-lat.). *Parisiis*, apud Crochard, 1814; typ. Feugueray, in-18. — (iv)-255 p. (Venetiis, Aldi, 1526, in-fol.). = 1421.

HIPPOCRATE. Ἱπποκράτους Ἀφορισμοί. Aphorismi Hippocratis et Celsi locis parallelis illustr., cura Janss. ab Almelooven; accessit Lud. Verhoofd index, Boerhavii comment.; edit. Ann. Car. Lorry. *Parisiis*, apud Theop. Barrois juniorem; e typ. Monsieur (Didot), in-18. — xx-353 p. = 1084.

HIPPOCRATE. Les Aphorismes expliquez, trad. franç. (* par Hecquet). *Paris*, D'Houry, 1727, 2 vol. in-12. — 1. xcvi-432 p. — 2. (ij)-507 p. = 1008.

HIPPOCRATE. Aphorismes, lat.-franç., trad. par E. Pariset, trois^{e} édit. *Paris*, Méquignon-Marvis, 1830; impr. Plassan et Cie, in-32. — xvi-284 p. (Paris, 1813, in-8). = 1139.

HIPPOCRATE. Pronostiques et Porrhétiques, trad. par Lefebvre-Villebrune. *Paris*, Th. Barrois le jeune, an III, in-18. — xvi-178 p. = 1153-6.

Histoire auguste (les Écrivains de l'), trad. par Guill. de Moulines. *Paris*, impr. bibliogr., 1806; chez Barrois, Delaunay, 3 vol. in-12. — 1. (iv)-xL-346 p. — 2. (iv)-348 p. — 3. (iv-399 p. (Mediolani, 1475, in-fol.; Moulines : Berlin, 1783, 3 vol. in-12). = 1200.

Histoire de France. Tablettes historiques. *Paris*, Ad. Rion et Cie, 1834; impr. Poussielgue, in-12. — 36 p. = 183.

Histoire de la découverte de l'Amérique. *Paris*, Ad. Rion et Cie, 1834; impr. Poussielgue, in-12. — 36 p. = 183.

Histoire des bienfaits du Christianisme. *Paris*, moniteur des villes et des camp., 1833; impr. Decourchant, in-12. — (ij)-viij-244 p. = 114.

Histoire des quatre fils Aymon. *Rouen*, Lecrêne-Labbey, 1847, in-8. — 152 p. (Lyon, 1493, in-fol., goth.). = 1388-6.

Historia del Principe don Carlos. *Paris*, H. Seguin, 1825; impr. H. Fournier, in-18. — (iv)-177 p. = 885.

Historiæ romanæ scriptores minores; Sext. Aur. Victor, Sext. Rufus, Eutropius, Messala Corvinus. *Biponti*, ex typ. societ., 1789, in-8, portr. — (ij)-xLv-354. (Lxiv) p. = 1356.

HOFFMANN (Ern. Théod. Guill.). Kœnigsberg, 24 janv. 1776; Berlin, 25 juin 1822. Contes fantastiques, trad. par X. Marmier. *Paris*, Charpentier, 1852; impr. Crété à Corbeil, in-12. — (iv)-457 p. (1819-1821). = 1588.

HOMÈRE; vers l'an 970 av. J. C. Poetarvm omnivm secvlorvm longè principis omnia qvae qvidem extant opera, graecè adiecta versione latina ad verbvm. *Basileæ*, per Nicolaum Bryling et Bartholomæum Calybæum, MDLI (1551), pet. in-fol. — (xij)-292-(viij)-317 p. (Florentiæ, Nerlii, 1488, 2 vol. in-fol.). = 1476.

HOMÈRE. Ομηρου Ραψοδιαι, (gr.-lat.). *Atrebati*, Jo. Crispinus, 1560-1567, 2 vol. pet. in-12. — 1. (iv)-963-67-(xiv) p. — 2. (iv)-895-(xL) p. = 296, 1091 bis.

HOMÈRE. Ομηρου Ιλιας. Homeri Ilias, ed. Quicherat. *Parisiis*, L. Hachette, 1845; impr. E. Duverger, in-12. — (iv)-576 p. = 1576 bis.

HOMÈRE. Ομηρος. Odyssea, curante Jo. Fr. Boissonnade. *Parisiis*, Lefevre, 1825; typ. Jul. Didot, 2 vol. in-32. — 1. (iv)-374 p. — 2. (iv)-358 p. (Ποιητων ελληνικων συλλογη, t. 6-7). = 1448 bis.

HOMÈRE. L'Iliade et l'Odyssée, nouv. trad. (*par de La Valterie). *Suivant la copie imprimée à Paris, chez Cl. Barbin (Hollande)*, MDCLXXXII (1682), 2 vol. pet. in-12, avec 50 grav. de Schoonebeck. — 1. (xij)-576 p. — 2. (viij)-327 p. = 1165, 1491-3.

HOMÈRE. OEuvres, trad. par J. P. Bitaubé. *Paris*, Lebigre frères, 1832 ; impr. Hæner à Nancy, 4 vol. in-12. — 1. (iv)-456 p. — 2. (iv)-556 p. — 3. (iv)-332 p. — 4. (iv)-332 p. (1764-1785). = 76.

HOMÈRE. L'Iliade et l'Odyssée, trad. nouv. par P. Giguet, sec. édit. *Paris*, Vict. Lecou, 1852 ; impr. Crété à Corbeil, in-12. — x-646 p. = 1552.

HOMÈRE. L'Iliade, trad. en vers par A. Bignan. *Paris*, Belin-Mandar, 1830 ; impr. J. Gratiot, 2 vol. in-8. — 1. (iv)-cxv-368 p. — 2. (iv)-537 p. = 174. — Voy. Petits poèmes grecs.

HORACE. Quintus Horatius Flaccus. Venouse, 8 déc. 64 av. J. C.; Rome, 7 nov. 9 de J. C. Opera, denuò emendata. *Amsterodami*, sumpt. societ., 1697, in-24. — 216 p. (Mediolani, Ant. Zarotus, 1474, gr. in-4°). = 1166-E.

HORACE. Opera. *Biponti*, e typ. societ., 1783, in-8. — (ij)-c-333 p. = 1428.

HORATIUS (Q.), edit. ster. *Parisiis*, P. Didot natu maj. et F. Didot, 1810, in-18. — (iv)-280 p. = 288, 1171-I.

HORACE. Carmina. *Parisiis*, H. Nicolle, A. A. Renouard, 1808 ; e prelis fratr. Mame, in-12. — xvi-354 p. = 1171-O.

HORACE. Opera omnia, curis J. A. Amar. *Parisiis*, apud Lefevre, 1825 ; excud. Jul. Didot natu major, in-32. — xvi-395 p. (Script. lat. princ., t. 8). = 193.

HORATIUS (Q.). *Lugduni*, apud Perisse fratres, 1830, in-18. — xviij-304 p. = 1165 bis.

HORACE. Poemata selecta. *Monachii*, sumpt. libr. schol. regiae, 1839, in-8. — (ij)-238 p. = 1480 bis.

HORACE. Horativs, opera Dion. Lambini illustratus, accesser. Adr. Tvrnebi commentarij et Th. Marsilii lectiones. *Parisiis*, apud Bartholomæum Macæum, MDCIV (1604), in-fol. — (xij)-380-462-(viij)-64-(XLViij) p. = 202.

HORACE. Poemata, scholiis illustrata a Joan. Bond. *Amstelodami*, apud Danielem Elzevirium, 1676, pet. in-12, gr. pap. — 234 p. (1606). = 1183.

HORACE. Opera, curante Jos. Valart. *Parisiis*, typ. Mich. Lambert, 1770, in-8. — (iv)-XL-520 p. = 1480.

HORACE. Carmina expurgata, cum adnot. et perpet. interp. Jos. Juvencii. *Parisiis*, typ. Jos. Barbou, 1754, 3 vol. in-12. — 1. (x)-363 p. — 2. (iv)-270 p. — 3. (ij)-254 p. (Paris, 1696, 2 vol. in-12). = 185.

HORACE. Les Poésies, trad. en franç. (*par Batteux). *Paris*, Desaint et Saillant, 1753; impr. P. A. Le Prieur, 2 vol. in-12. — 1. XL-314 p. — 2. (iv)-300 ? p. (Paris, 1650, 2 vol. pet. in-12). = 1165-4. — Voy. Batteux : Quatre poétiques.

HORACE. OEuvres complètes, trad. en franç. *Paris*, Panckoucke, impr.-lib., 1831-1832, 2 vol. in-8. — 1. (iv)-xxiij-422 p. — 2. (iv)-434 p. (Bibliot. lat.-franç.). = 725.

HORACE. Traduction en vers françois de l'Art poétique, de quelques satyres (*par le Sieur de Prépetit de Grammont). *Paris*, G. N. Aubert, MDCCXI (1711); impr. L. Sevestre, in-12. — xij-550 p. = 1164 bis.

Horace. Traductions des œuvres d'Horace en vers françois (*recueillies de divers auteurs par Salmon). *Paris*, Nyon fils et Guillyn, 1752 ; impr. Vve Delatour, 5 vol. pet. in-12. — 1. (viij)-xxiv-376 p. — 2. (viij)-400 p. — 3. (iv)-395 p. — 4. (ij)-402 p. — 5. (iv)-403 p. = 203.

Horace. Odes, trad. en vers français, avec le texte en regard ; premier et second livres, par M. Albert Villeneuve. *Albi*, impr. Maur. Papailhiau, 1849, in-8. — (iv)-vi-189 p. = 1404.

Horace. Satyræ et de Arte poetica, cum italico carmine, interpret. ac notis. *Mediolani*, typ. impr. monast. S. Ambrosii majoris; Giuseppe de' Necchi Aquila, 1784, in-8. — xvi-283 p. = 985.

Horace éclairci par la ponctuation. — Voy. Croft.

Hostein (Adolphe); né à Nantes le 26 nov. 1800. — Voy. Marryat, Parker-King.

Hotoman (Franç.). Paris, 23 août 1524 ; Bâle, 12 févr. 1590. Quæstionum liber, tertia edit. *Lvgdvni*, apud Ant. de Harsy, MDLXXIX (1579), pet. in-8. — (viij)-376-31 p. (Genève, 1573, in-8). = 1189-A.

Hough (rev. James). A Reply to the letters of the abbé Dubois on the state of Christianity in India. *London*, L. R. Seeley and son, 1824 ; print. R. Watts ; *Madras*, re-print. at mission press, 1824, in-8. — (ij)-vi-284 p. = 1702.

Huet (Pierre Dan.). Caen, 8 févr. 1630 ; Paris, 26 janv. 1721. Carmina Huetii, Fraguerii, Oliveti et aliorum (*ed. Ant. Boudet). *Parisiis*, J. Barbou, 1760, in-12. — 372 p. (Carmina Huetii : Utrecht, 1665, in-8). = 1171.

Hugo (Marie Victor). Besançon, 26 févr. 1802. Odes et Ballades. *Paris*, Eug. Renduel, 1834 ; impr. Plassan, 2 vol. in-8. — 1. 370 p. — 2. 439 p. = 405.

Hugo (M. V.). Les Orientales, septe edit. *Paris*, Ch. Gosselin, H. Bossange, 1829 ; impr. P. Renouard, in-18, fig. — (iv)-iv-xviij-368 p. (janv. 1829). = 292.

Hugo (M. V.). Les Feuilles d'automne. *Paris*, Eug. Renduel, 1834 ; impr. Plassan, in-8. — xvi-330 p. (1831). = 1465.

Hugo (M. V.) Les Chants du crépuscule. *Paris*, Eug. Renduel, 1835 ; impr. Éverat, in-8. — xx-355 p. = 454.

Hugo (M. V). Les Voix intérieures. *Paris*, Eug. Renduel, 1837 ; impr. Terzuolo, in-8. — xvi-320 p. = 404.

Hugo (M. V). * Le dernier jour d'un condamné. *Paris*, Ch. Gosselin, H. Bossange, 1829 ; impr. Lachevardière, in-12. — viij-260 p. et une planche. = 498.

Hugo (M. V.). Marie Tudor, sec. édit. *Paris*, Eug. Renduel, 1833 ; impr. Plassan, in-8. — (iv)-iv-214 p. = 447.

Hume (David). Édimbourg, avril 1717 ; Édimbourg, 26 août 1776. Histoire de la maison de Stuart sur le trône d'Angleterre (* trad. par l'abbé Prévost). *Londres*, (*Paris*), 1766, 6 vol. in-12. — 1. (iv)-iv-391 p. — 2. (iv)-iv-420 p. — 3. (iv)-iv-466 p. — 4. (iv)-iv-371 p. — 5. (iv)-viij-503 p. — 6. (iv)-iv-455 p. (1754-1756, 3 vol. in-4°). = 1179-I.

Hungaria. Respvblica et statvs regni Hvngariæ. (*Lugd. Batav.*), ex officina Elzeviriana, cIↄ Iↄcxxxiv (1634), in-24. — 330 p. (1626). = 1077.

Hunkler (l'abbé). Histoire des Israélites. *Paris*, 1832; impr. Firmin Didot frères, in-18. — (ij)-108 p. (Bibliot. popul.). = 918-13.

Husson (Aug.). Art de parler et d'écrire ou traité de rhétorique générale. *Paris*, 1833; impr. Dépée frères, J. P. Bellemain in-18. — 122 p. (Bibliot. popul.). = 918-1.

Hutcheson (Francis). Irlande, 8 août 1694; Glascow, 1747. Système de philosophie morale, trad. par M. E***. (Eidous). *Lyon*, Regnault, 1770, 2 vol. in-12. — 1. (iv)-xx-592 p. — 2. (iv)-iv-546 p. (1755). = 532.

Huzard (J. Bapt.). Paris, 3 nov. 1755; Paris, 1er déc. 1838. — Voy. Catalogue.

Hygin (Caius Julius). Espagne ou Alexandrie, l'an 60 av. J. C.; l'an 15 de J. C. Fabvlarvm liber. *Lugd. Batav. et Amstel.*, apud Gaasbekios, MDCLXX (1670), pet. in-12. — (xxiv)-288-(xiv) p. (Basileæ, Jo. Hervagius, 1535, in-fol.). = 1252.

Ignace [Saint] (Théophore), viv. à Antioche de 69 à 116. Épîtres. — Voy. Morceaux choisis.

Image (l'), revue mensuelle illustrée. *Paris*, 1847; impr. Plon frères, gr. in-8, 2 col. — viij-398 p. = 1408-5.

Imbert (Barth.). Nîmes, 1747; Paris, 23 août 1790. *Choix de fabliaux mis en vers. *Genève; Paris*, Prault, 1788, 2 vol. pet in-12. — 1. xij-316 p. — 2. (iv)-264 p. = 1234.

Imbert (J. B. Aug.). Paris, 3 mars 1791. — Voy. Catalogue.

Imitation de J. C. De Imitatione Christi libri qvatvor avthore Thoma a Kempis, emend. Henrici Sommalii. *Antverpiæ*, ex offic. Plantiniana, apud Joan. Moretum, cIↄ Iↄ CI (1601), pet. in-12. — 321-(xxvi) p. (Venet., Ioslein de Langencen, 1485, in-4°, goth.). = 950.

Imitatione (de) Christi. *Parisiis*, apud Mequignon filium, 1819; impr. Cellot, in-32. — (ij)-264 p. = 1185-E.

Imitatione (de) Christi. *Lugduni*, apud Perisse fratres, impr.-libr., 1832, in-32. — (iv)-xij-304 p. = 250.

Imitation (l') de J. C., trad. nouv. par le Sr. Du Beuil (*deSacy). *Limoges*, J. B. Dalesme, S. D., in-12. — (xij)-xij-432 p. (Paris, 1663, in-12). = 1542 bis.

Imitation (l') de Jésus-Christ, trad. nouv. par le P. Lallemant. *Paris*, Gaillourdet, impr., an VIII (1802), in-32. — viij-444 p. (Paris, 1740, in-12). = 1369 bis.

Imitation (l') de Jésus-Christ, trad. par le P. Lallemand. *Paris*, Gaume frères, 1847; typ. Plon frères, in-32. — xxxij-192 p. = 1369-3.

Imitation de (l') de Jésus-Christ, trad. par. J. B. M. Gence, trois. édit. (*Paris*), S. D., pet. in-12, portr. — xiv-412 p. = 1367.

Imitation (l') de Jésus-Christ, trad. nouv. avec des réflexions par F. de La Mennais, onz^e^ édit. *Paris*, Pagnerre, 1843 ; impr. Schneider et Langrand, in-18. — (iv)-554 p. = 1516.

Imitazione (della) di Christo libri quattro, trad. dall'abbate Ant. Cesari, *Besanzone*, Montarsolo e C^ia^, 1831, in-18. — viij-334 p. = 1442.

Inchbald (Mistr. Elisa Simpson). Standingfield (Devon), 15 oct. 1753 ; Londres, 1er août 1821. Simple histoire (*trad. par Deschamps,) trois^e^ édit. *Paris*, Louis, 1793, 2 vol. in-18, fig. — 1. (iv)-187 p. — 2. (iv)-139 p. (Londr., 1791). = 6.

Inchbald (Mistr. E. S.). Simple histoire. *Paris*, Dauthereau, 1826; impr. F. Didot, 2 vol. in-32. — 1. xxiv-190 p. — 2. (iv)-184 p. = 741.

Inchbald (Mistr. E. S.). La Nature et l'Art (*trad. par Deschamps). *Paris*, Dauthereau, 1828 ; impr. F. Didot, 2 vol. in-32. — 1. (iv)-179 p.— 2. (iv)-181 p. (trad. Deschamps: Paris, 1796, 2 vol. in-8). = 742.

Index omnivm legvm et paragraphorvm qvæ in Pandectis, Codice et Instit. continentur. *Lvgdvni*, apud Gul. Rouillium, 1571, in-16. —(496) p. = 1166-5.

Institution des Diaconesses des églises évangéliques de France. *Paris*, L. R. Delay, 1846, in-8. — 88 p. = 1287-5.

Instruction générale sur les frais de justice en matière criminelle, correctionnelle et de simple police. *Paris*, impr. roy., 1826, in-4°. — (ij)-169 p.-f. 22 à 39 et 6 tabl. = 1644.

Instructions générales en forme de catéchisme, impr. par ordre de Mgr C. J. Colbert (*par le P. Poujet). *Bruxelles*, G. Frick, 1767, 3 vol. in-12. — 1. (xx)-432-(lij) p. — 2. viij-276-viij-264 p. — 3. viij-353-clxij p. (Paris, 1702, in-4°). = 1010.

Isocrate. Athènes, 436 ; 338 av. J. C. Orationes et Epistolæ cum lat. interpr. Hier. Wolfii. *Parisiis*, apud Ioann. Libert, MDCXXI (1621), in-8, 2 col. — 725-(xlviij) p. (Mediolani, per Henr. Germanum, 1493, pet. in-fol.). = 205.

Isocrate. Pensées morales, trad. par M. l'abbé Auger. *Paris*, Didot l'aîné et De Bure l'aîné, 1782 ; (impr. Didot), pet. in-12. (Collect. des Moral. anc.). = 1387-3.

Jacob (le bibliophile). — Voy. Lacroix (Paul).

Jacquemont (Victor). Paris, 8 août 1801 ; Bombay, 7 déc. 1832. Correspondance pendant son voyage dans l'Inde (1828-1831). *Bruxelles*, H. Dumont, 1834 ; impr. Vanderborght fils à Bruxelles, 2 vol. in-12. — 1. (iv)-360 p. — 2. 356 p. et une carte. = 1229.

Jacquier (P. J.). Élémens de psychologie, d'idéologie et de logique ou art de penser. *Paris*, Raymond, 1825; impr. Gueffier, in-12. —(iv)-274 p. (Bibliot. du XIXe siècle, t. 7). = 897.

Jacquier (P.J.). Géographie élémentaire. *Paris*, Raymond, 1825 ; impr. Lachevardière, 2 vol. in-12. — 1. (iv)-xxiv-312 p. — 2. (iv)-308 p. (Bibliot. du XIXe siècle, t. 17-18). = 1166.

Jaillet (Pierre Ach.). Synthèses de pharmacie et de chimie, 23 et 30 août 1851. *Paris*, impr. Poussielgue, Masson et Cie, 1851, in-4°. — 7 p. = 1184-21.

Janin (Jules). L'Ane mort et la femme guillotinée. *Paris*, Ambr. Dupont, 1838 ; impr. Ad. Éverat et Cie, in-8. — (iv)-336 p. = 1435.

Janin (Jules). Condrieu, vers 1806. Le Chemin de traverse. *Paris*, Jul. Chapelle et Cie, 1841 ; impr. Lacrampe et Cie, in-8. — (iv)-382 p. = 1426.

Jarry de Mancy (Adrien). Paris, 6 déc. 1796. — Voy. Portraits.

Jaubert (Am. Émilien). Aix, 3 juin 1779 ; Paris, 27 janv. 1847. — Voy. Catalogue.

Jay (Ant.). Guîtres, 20 oct. 1770 ; Chaberville (Gironde), 9 avril 1854. Tableau littéraire de la France pendant le xviiie siècle, discours (4 avril 1810). *Paris*, Baudoin frères, Michaud frères, Delaunay, 1810 ; impr. Baudoin, in-8. — 99 p. = 1665. — Voy. Foy.

Jean Second. — Voy. Second.

Jefferson (Th.). Shadwell (Virginie), 13 avril 1743 ; Monticello, 4 juillet 1826. Mélanges politiques et philosophiques, précéd. d'un essai par L. P. Conseil. *Paris*, Paulin, 1833 ; impr. Fournier, 2 vol. in-8. — 1. (iv)-468 p. — 2. (iv)-477 p. = 716.

Jéliotte, Jélyote, ou Géliote. Béarn, vers 1710 ; Paris, 1788. — Voy. Catalogue.

Johnson (Sam.). Litchfield, 18 sept. 1709 ; Londres, 13 déc. 1784. The History of Rasselas, prince of Abyssinia. *London*, John Creswick and Co, 1796, in-18. — xvi-199 p. (Lond., 1759). = 587.

Johnson (S.). The History of Rasselas. *Paris*, Baudry, 1842 ; impr. J. Smith, in-18. — viij-205 p. = 1581-43.

Johnson (S.). Histoire de Rasselas (* trad. par Mme Durey des Minières). *Paris*, Dauthereau, 1827 ; impr. F. Didot, 2 vol. in-32. — 1. (iv)-xxxvi-133 p. — 2. (iv)-144 p. (Paris, 1760, in-12). = 788.

Johnson (S.). Dictionary of the english language, tenth edit. by R. J. Hamilton. *London*, Longman, 1798, pet. in-12, 2 col. — (iv)-284 p. (Lond., 1755, 2 vol. in-fol.). — 196.

Johnson (S.). Dictionary of the english language. *London*, Houlston and son, 1832, pet. in-12. — (iv)-248 p. = 1581-35.

Joly (Claude). Paris, 2 févr. 1607 ; Paris, 15 janv. 1700. *Traité des Restitutions des grands. (*A la Sphère, Holl., Elzév.*), mdclxv (1665), pet. in-12. — (ij)-228 p. (Paris, 1665). = 1140.

Jordan (Cam.). Lyon, 11 janv. 1771 ; Paris, 19 mai 1821. Discours, précéd. de son éloge par Ballanche. *Paris*, J. Renouard, 1826 ; impr. P. Renouard, in-8, portr. et fac-sim. — (iv)-lx-368 p. = 287.

Jornandès, vers 552. Histoire générale des Goths, trad. (*par Drouet de Maupertuis). *Paris*, chez la veuve de Cl. Barbin, mdciii (1703), in-12. — xlviij-287 p. (avec Warnfride : Augsbourg, 1515, in-fol.). = 1277.

Josèphe (Flavius). Jérusalem, 37; Rome, 95. Histoire des Juifs, écrite sous le titre de: Antiquitez judaïques, trad. par Arnauld d'Andilly, quatre édit. *Paris*, Pierre le Petit, MDCLXXII (1672), 5 vol. pet. in-12. — 1. xxij-510 p. — 2. 528 p. — 3. *A Brusselle*, chez Fr. Foppens, MDCCV (1705), 416 p. — 4. xxx-384 p. — 5. 550 p. (Antiq.: per Joh. Schuszler, civem august., 1470, in-fol., goth.; Arnauld : Paris, 1667-1669, 2 vol. in-fol.). = 1119.

Josse (Aug. L.). Nouvelle grammaire espagnole, revue par M. Bonifaz, suivie d'un traité de versification par M. Hamonière. *Paris*, Bobée et Hingray, Baudry, 1830; impr. C. Farcy, 2 vol. in-12. — 1. (iv)-iv-311 p. — 2. 232 p. (Lond., 1799, in-8). = 842.

Jouffroy (Th. Sim.). Les Pontets (Jura), 7 juillet 1796; Paris, 1er mars 1842. — Voy. Dugald-Stewart.

Jourdain (Amab. L. Mar. M. Bréchillet). Paris, 1788; Paris, 1818. Recherches critiques sur l'âge et l'origine des traductions latines d'Aristote. *Paris*, Fantin et Cie, Delaunay, 1819; impr. P. N. Rougeron, in-8. — x-532 p. = 1258.

Jourdan (Ath. J. Léger). Saint-Aubin des Chaumes, 29 juin 1791; Deal près Douvres, 27 août 1826. Relation du concours ouvert à Paris pour la chaire de droit romain le 20 févr. 1819. *Paris*, Baudoin frères, impr.-libr., Lenoir et Warée, 1819, in-8. — (ij)-vi-404 p. = 1115.

Jourdan (J. B.). Marseille, 20 déc. 1711; Paris, 7 janv. 1793. — Voy. Xénophon.

Journal des Connaissances utiles (direct. Ém. de Girardin). *Paris*, impr. Lachevardière, Éverat, 3 vol. in-8. — 1. 1831-1832, 348-8 p. — 2. 1833, 352 p. — 3. 1834, 186 ? p. = 101.

Journal des Débats politiques et littéraires, (direct. Bertin). *Paris*, 16 juin 1840-30 juin 1856, 32 vol. gr. in-fol. (1er numéro : 1er pluviôse an XIII-21 janvier 1800). = 852 bis.

Journal des Demoiselles, (directr. Mme J. J. Fouqueau de Pussy). *Paris*, 1833-1855, 23 vol. gr. in-8, 2 col., grav., dessins, musique. = 113 bis.

Journal des Enfants. *Paris*, impr. Dezauche, Rignoux, Éverat, 2 vol. gr. in-8, 2 col. — 1. 1832, 386 p. — 2. 1833, 386 p. = 113.

Joursanvault (le baron de). Catalogue analytique de ses archives. *Paris*, J. Techener, 1838; impr. Maulde et Renou, 2 vol. in-8. — 1. xvi-372 p. — 2. (iv)-298 p. et 2 fac-sim., 3638 nos. = 1385.

Jouy (Vict. Jos. Étienne de). Jouy, 1769; Saint-Germain-en-Laye, 4 sept. 1846. Sylla. *Paris*, 1822, in-8. = 246. — Voy. Catalogue.

Joyau (Firmin). Falaise, 2 sept. 1805. Substance des moyens pour les toiles bleues de Pondichéry. *Paris*, impr. Éd. Proux et Cie, 18 sept. 1842, in-8. — 19 p. = 1702 bis.

Julien (l'emper. Flavius Claudius). Constantinople, 6 nov. 331; Arménie, 28 juin 363. Œuvres complètes, trad. par R. Tourlet. *Paris*, l'aut., 1821; impr. Moreau, 3 vol. in-8. — 1. xvi-460 p. — 2. (iv)-462 p. — 3. (iv)-533 p. (gr.-lat.: Parisiis, 1583, in-8). = 1399. — Voy. La Bletterie.

JULLIEN (Bern.). Histoire de la poésie française à l'époque impériale. *Paris*, Paulin, 1844; impr. Saillard à Bar-sur-Seine, 2 vol. in-12. — 1. xiv-468 p. — 2. (iv)-486 p. = 1535.

Juris civilis Ecloga (*edit. Du Caurroy). *Parisiis*, Alex. Gobelet, 1832; ex typ. Fain, in-12. — (iv)-xvi-298-ij-268 p. (Paris, 1822, in-12). = 945.

JUSTIN (Junianus); vers l'an 100-150. Ivstini historiarum ex Pompeio Trogo libri XLIIII. *Amsterodami*, apud Guiljelmū Cæsium, CIↃ IↃ CXXI (1621), in-24. — 239 p. (Romæ, Conr. Suueynheym et Arn. Pannartz, 1472, in-fol.). = 1182-1.

JUSTIN. Historiarum Philipicarum Trogi Pompei epitome, ed. J. Schefferus. *Hamburgi*, apud G. Schutzen; *Amsterodami*, apud Janssonio-Wesbergios, MDCLXXVIII (1678), pet. in-12. — (viij)-128-330 p. = 1177-U.

JUSTIN. Historiae Philippicae. *Biponti*, ex typ. societ., 1784, in-8, portr. — (ij)-423-(XLVI) p. = 1438.

JUSTIN. Historiarum ex Trogo Pompeio libri XLIV. *Tolosæ*, typ. J. N. Douladoure, 1811, in-24. — 370 p. = 77.

IVSTIN vray hystoriographe, sur les hystoires de Troge Pompée. (A la fin): Nouuellement translaté par Maistre Guillaume Michel, dict, de Tours. *Impr. à Paris par Denis Ianot*, mil cinq cens XL (1540). On les vend à Paris, par Arn. & Ch. Les Angeliers, pet. in-8. — (16)-271 fts. = 1448.

JUSTIN (Saint). Naplouse (Samarie), 103; Rome, 167. — Voy. Morceaux choisis.

JUSTINIEN (Flavius). Tauresium près Sardia (Sophia), 5 mai 482 ou 11 mai 483; Constantinople, 4 nov. 565. Corporis Justinianei, cum comment. Accursii, scholiis Contii, Cujacii paratitlis, edid. Dion. Gothofredus. *Lugduni*, Hor. Cardon, MDCIII (1603), 6 vol. in-fol. — 1-3. Dig., 1. (16 f.)-2222 col.; 2. (8 f.)-2019 col.; 3. (10 f.)-1926 col. — 4. Codex, (20 f.)-2204 col.-(15 f.). — 5. Nov., Inst., (6 f.)-324 col. (4 f.)-640 col.-(10 f.)-198 col.-(6 f.)-564 col. — 6. Thesaurus Accursianus, (10 f.-864) p. — Tomus septimus continens indicem, autore Steph. Daoys. *Lugduni*, Jean Pillehotte, MDCXVIII (1618), in-fol. — (iv-732) p. (Dig.: Romæ, 1475-1476; Codex: Moguntiæ, 1475; Instit.: Moguntiæ, 1468; Nov.: Moguntiæ, 1477). = 958.

JUSTINIEN. Codicis, ex Greg. Haloandro fide. *Parisiis*, apud Car. Guillard et Gul. Desbois, 1548, pet. in-8. — 472 fts. = 1095.

JUSTINIEN. Institutionum libri IIII. *Parisiis*, apud Hier. de Marnef, 1560, in-24. (lavé, réglé). — 624 p. = 1176-3.

JUSTINIEN. Institutionum libri IV, cum stud. Arn. Vinnii. *Lugd. Batav.*, ex offic. Franc. Hackii, cIↃ IↃCXLVI (1646); *Amstel.*, Lud. Elzev., pet. in-12. — (xxxiv)-637 p. = 1116 bis.

JUSTINIEN. Institutionum libri IV, cum notis perpetuis Arn. Vinnii. *Amstelodami*, ex offic. Elzeviriana, cIↃ IↃCLXIX (1669), pet. in-12. — (xxiv)-643 p. = 1082.

JUSTINIEN. Institutionum libri IIII. *Amstelodami*, apud Danielem Elzevirium, 1676, in-32. — 391-(cx) p. = 1344 bis.

JUSTINIEN. Institutiones. *Parisiis*, ex offic. ster. Herhan, sumpt. J. B. Garnery, 1805, in-12. — xij-348 p. = 847.

JUSTINIEN. Institutionum libri IV, recens. Ed. Laboulaye. *Parisiis*, A. Durand, 1839; e typ. Am. Gratiot, in-32. — (iv)-iv-296 p. = 899.

JUSTINIEN. Flavii Iustianiani Institutiones, recens. D. Em. Ferdin. Vogel. *Lipsiæ*, in libr. Serigiana, 1833, in-8. — xij-148 p. = 1474.

JUSTINIANI. Institutionum libri IIII. (A la fin): *Basileæ*, in offic. Henrichi Petri, MDXLIIII (1544), pet. in-12, 2 col. (gr.-lat). — 927 p. = 1182-A.

JUSTINIEN. Les Institutes, trad. par M. Hulot. *Metz*, Behmer, Lamort; *Paris*, Rondonneau, 1806, in-4°. — (iv)-335 p. = 1073.

JUSTINIEN. Institutes, trad. franç., texte en reg., avec notes et appendices par L. B. Bonjean. *Paris*, Videcoq, Joubert, Fanjat, 1838; impr. Moquet et Cie. — (iv)-464 p. (t. 2). Jus antejustinianeum ed. H. Blondeau. *Paris*, impr. Rignoux. — (vi)-x-470 p., 2 vol. in-8. = 700, 1042 bis.

JUSTINIEN. Institutionum expositio methodica Franc. Lorry. *Parisiis*, Desaint et Saillant, Vincent, 1757, in-4°. — xviij-556 p. = 1170-U.

JUSTINIEN. Nouvelle traduction des Institutes, par Cl. Jos. de Ferrière. *Paris*, libr.-assoc., 1787, 6 vol. in-12. — 1. xij-462 p. — 2. (ij)-377 p. — 3. (iv)-435 p. — 4. (iv)-435 p. — 5. (iv)-588 p. — 6. (iv)-445 p. (Paris, 1692, 2 vol. in-12). — t. 7. Histoire du droit romain, viij-584 p. = 987.

JUSTINIEN. Institutes nouvellement expliquées par A. M. Du Caurroy, six^e^ édit. *Paris*, G. Thorel, 1841; impr. Cardon à Troyes, 2 vol. in-8. — 1. (iv)-viij-602 p. — 2. (iv)-504 p. (Paris, 1822-1827, 3 vol. in-8). = 930 bis. — Voy. Laboulaye, Perezius, Théophile, Vinnius.

JUVÉNAL (Decius Junius), Aquinum, 42 av.; Rome, 121 de J. C. D. IVN. IVVENALIS et AVLI PERSII Flacci satyræ. *Amstelaedami*, apud Waesberge, Wetstenivm & Smith, 1735, pet. in-12. — 119 p. (1470, gr. in-4°). = 1492.

JUVÉNAL. Satiræ XVI e rec. G. A. Ruperti, edid. J. A. Amar. *Parisiis*, apud Lefevre, 1821; excud. P. Didot natu major; Auli PERSII Flacci Satirarum liber singularis, in-32. — 206 p. (Script. lat. princ., t. 15). = 274.

JUVENALIS et PERSII satiræ cum notis Jos. Juvencii. *Parisiis*, ex typ. Aug. Delalain, 1826, in-12. — vij-400 p. = 265.

? JUVENCUS (Caius Vectius Aquilinus). Espagne, vers 330. Historiæ evangelicæ. *Francoforti*, 1710, in-8. = 315.

KARR (Alph.); né en 1808. Geneviève. *Paris*, J. Bry aîné, 1849; impr. Lacour et Cie, gr. in-8, 2 col. — 56 p. (Veill. littér. illustr., t. 5, livr. 16-17-18). = 1562.

KARR. (A.). Les Guêpes. *Paris*, impr. C. Bajat, in-18, sept. 1840. — 96 p. = 1562 bis.

KEMPIS (Thom. a). Kempen (Cologne), 380; Mont-Saint-Agnès, 1471. — Voy. Imitation.

Kératry (Aug. Hilarion). Rennes, 28 déc. 1769. Inductions morales et physiologiques, sec. édit. *Paris*, Maradan, Treuttel et Würtz, 1818; impr. A. Clo, in-8. — (iv)-xiv-467 p. (1817). = 592.

Kieffer (Jean Dan.). Strasbourg, 4 mai 1767; Paris, 29 janv. 1833. — Voy. Catalogue.

Klopstock (Fréd. Gottlieb). Quedlinbourg, 2 juillet 1724; Hambourg, 14 mars 1803. Le Messie, poëme en dix chants, trad. (*par Anthelmy et Junker). *Paris*, Vincent, impr.-libr., 1769, in-12. — xij-299-(iv)-254 p. (Copenhague, 1755, 2 vol. in-8). = 703.

Kock (Ch. Paul de). Passy, 1795; et Ch. Labie. Le Commis et la Grisette, vaudeville, un acte; Palais-Royal, 10 juillet 1834. *Paris*, Marchant, 1834; impr. J. R. Mévrel, gr. in-8, 2 col. — 15 p. (Mag. théâtr., t. 3, livr. 7). = 557-12.

Kotzebue (Aug. Fréd. de). Weymar, 3 mai 1761; Manheim, 23 mars 1819. Les Deux Frères, coméd., quatre actes, arrangée par MM. Weiss, L. F. Jauffret et J. Patrat; 11 therm. an VII (29 juillet 1798). *Paris*, Barba, an IX, in-8. — (iv)-103 p. = 381.

Kriloff (N. M. Iwan). Moscou, 1768; Saint-Pétersbourg, déc. 1844. Basni rouskaïa. Fables russes, imit. en vers franç. et ital. par divers auteurs.; publ. par le c^te Orloff. *Paris*, Bossange, 1825; impr. Firmin Didot, 2 vol. in-8, fig. — 1. (viij)-lxiv-250 p. — 2. (viij)-382 p. = 1582.

Krudener (Mme Julienne Vietinghoff). Riga, 1766; Karaçoubasar (Crimée), 3 déc. 1824. Valérie. *Paris*, Gust. Havard, 1851; impr. Schneider, gr. in-8, 2 col. — 40 p. (Rom. illustr., livr. 114-115). (Paris, 1803, 2 vol. in-12). = 1567.

Labarthe (Alamir). Fantastika, poésies. *Paris*, Gabriel et Mallet, 1845; impr. Lacrampe et Cie, in-12. — (iv)-226 p. = 1174-u.

Labbe (Phil.). Bourges, 10 juillet 1607; Paris, 25 mars 1667. *Bibliotheca Anti-Ianseniana sive catalogvs piorvm ervditorvmqve scriptorvm qui Iansenii errores oppugnarunt. *Parisiis*, ex offic. Cramoisiana, mdcliv (1654), in-4°. — (xiv)-104 p. = 1397.

Lablée (Jacq.). Beaugency, 26 août 1751; Paris, 1841. *Le nouveau Parnasse chrétien, ou choix de poésies morales et chrétiennes, sec. édit. *Paris*, Ch. Villet, 1808; impr. P. N. Rougeron, in-12. — xij-366 p. (1806). = 22.

La Bletterie (Jean Phil. René de). Rennes, 25 févr. 1696; Paris, 1er juin 1772. Histoire de l'empereur Jovien et trad. de quelques ouvrages de l'empereur Julien. *Paris*, Brocas, Vve Desaint, Delalain, Nyon aîné, 1776, in-12. — (iv)-539 p. (Paris, 1748, 2 vol. in-12). = 1440.

La Bletterie. (J. P. R. de). Vie de l'empereur Julien. *Paris*, Vve Savoye, Saillant, Vve Desaint, Delalain, Bailly, 1775, in-12. — xij-468 p. (Paris, 1735, in-12). = 1466.

La Boétie (Étienne de). Sarlat, 1er nov. 1530; Germignac, 18 août 1563. Discours de la Servitude volontaire. (1578). — Voy. Montaigne.

Labouïsse-Rochefort (J. P. Jacq. Aug. de) Laverdun, 4 juillet 1778 ; Toulouse, 22 févr. 1852. Lettres biographiques sur François de Maynard. *Toulouse*, impr. Labouïsse-Rochefort, 1846, in-32. — (iv)-363 p. = 1192-a.

Laboulaye (Éd.). Juris civilis promptuarium. *Parisiis*, A. Durand, 1845 ; impr. Aug. Desrez et Cie à Batignolles ; D. Justiniani institutionum, Gaii institutionum, impr. J. B. Gros, in-32. — (iv)-iv-296-341 p. = 1361 bis.

La Bruyère (Jean de). Dourdan, 1644 ; Versailles, 10 mai 1696. Les Caractères de Théophraste, trad. du grec ; avec les Caractères ou les Mœurs de ce siècle. *Paris*, Est. Michalet, mdcc (1700). Suite des caractères de Théophraste et des pensées de M. Pascal (*par Alleaume), mdcxcix (1699), 2 vol. in-12. — 1. (viij)-466-(x) p. — 2. (iv)-164-(viij)-273 p. (Paris, 1687, in-12). = 1169-e, 1189-o.

La Bruyère. Les Caractères, avec des notes par M. Coste. *Paris*, Hochereau et Panckoucke, 1765 ; impr. C. F. Simon, in-4°.—viij-484 p. (Paris, 1720, 2 vol. in-12). = 1176-e.

La Bruyère. Les Caractères. *Paris*, Th. Dabo, 1821 ; impr. Tremblay à Senlis, 3 vol. in-12. — 1. xxxij-257 p. — 2. 303 p. — 3. Les Caractères de Théophraste avec des notes par J. G. Schweighæuser, lv-162 p. = 1164.

Lacaussade (Aug.). de l'île Bourbon. Les Salaziennes, poésies. *Paris*, J. P. Aillaud, 1839 ; impr. A. René et Cie, in-8. — 288 p. = 696.

La Chalotais (Louis René de Caradeuc de). Rennes, 6 mars 1704 ; Rennes, 12 juillet 1785. Second Compte-rendu sur l'appel comme d'abus des constitutions des Jésuites les 21, 22 et 24 mars 1762. *S. L.*, 1762, in-12. — 160 p. = 755.

La Chalotais. Comptes-rendus des Constitutions des Jésuites avec des notes latines. *Paris*, Langlois fils et Cie, 1826 ; impr. Decourchant, in-8. — (vi)-xij-436 p. (1716, 1762, in-4°). = 1032 bis.

Lachambeaudie (Pierre). Fables populaires, troise édit. *Paris*, Jaillet, 1841 ; impr. A. René et Cie, in-18. — 144 p. = 726.

La Chambre (Marin Cureau de). Le Mans, 1594 ; Paris, 29 nov. 1669. L'Art de connoistre les hommes. *A Amsterdam*, chez Iacques le jeune, 1660, pet. in-12. — 278-(vi) p. (Paris, 1659, in-4°). = 982.

La Chapelle (Jean de). Bourges, 1655 ; Paris, 29 mai 1723. Chefs-d'œuvres dramatiques. *Paris*, Belin, Valade l'aîné, 1791, in-18. = 332.

La Chaussée (P. Cl. Nivelle de). Paris, 1692 ; Paris, 14 mai 1774. OEuvres choisies. *Paris*, impr. P. Didot l'aîné et F. Didot, 1810, 2 vol. in-18. — 1. 255 p. — 2. 227 p. = 331.

La Chaussée (P. C. N. de). OEuvres (*publ. par Sablier). *Paris*, Prault, 1762, 5 vol. in-18, portr. — 1. (iv)-xl-354 p. — 2. (iv)-400 p. — 3. (iv)-391 p. — 4. (iv)-373 p. — 5. (iv)-216-94 p. = 1175-u.

Lacroix (Louis Ant. Nicolle de). Paris, 1704 ; Paris, 14 sept. 1760. Géographie moderne (*édit. Mentelle). *Paris*, Hérissant fils, 1777, 2 vol. in-12. — 1. xxvi-670 p. — 2. xij-600 p. (Paris, 1747, in-12). = 53.

Lacroix (Paul) [bibliophile Jacob]. Paris, 26 févr. 1806. Réforme de la Bibliothèque du Roi. *Paris*, Techener, 1845; impr. Hennuyer et Turpin, Batignolles, in-12, pap. vél. — (iv)-151 p. = 1303. — Voy. Catalogue.

Lactance (Lucius Cœlius Firmianus). Fermo, 230; Trèves, 325. Diuinarū Institutionū libr. viii; de ira Dei lib. i; de Opificio Dei lib. i. Epitome. Carmen. Omnia ex castigat. Honorati Fasitelij. *Lugduni*, apud Ioannem Tornæsium & Gul. Gazeium, 1561, in-24. — 787-(xlv) p. (Romæ, 1465, in-fol.). = 1244.

Lactance. Opera omnia quæ exstant. *Biponti*, ex typogr. societ., 1786, 2 vol. in-8, titr. grav. — 1. (liv)-394 p. — 2. 454-(xvi) p. = 1509.

Ladevi-Roche. Réfutation du matérialisme et démonstration du spiritualisme par la physiologie et la psychologie. *Paris*, Hachette; *Bordeaux*, Granet, 1838; impr. H. Faye à Bordeaux, in-8, — viij-192 p. = 509.

Ladvocat (J. Bapt.). Vaucouleurs, 3 janv. 1709; Paris, 29 déc. 1765. — Voy. Vosgien.

Laet (Jean de). Anvers, 1595; Anvers, 1649. Belgii confœderati. Respublica. *Lugd. Batav.* ex officina Elzeviriana, cIↄ Iↄ cxxx (1630), in-24. — 352-(x) p. = 1135.

Laet (J. de). Persia, seu regni persici status, cum aliquot iconibus. *Lugd. Batav.* ex officina Elzeviriana, cIↄ Iↄ cxxxiii (1633), in-24. — 374-(viij) p. = 1076.

La Fare (Charl. Aug. de). Valgorge (Vivarais), 1644; Paris, 22 mai 1712; et Chaulieu. Poésies. *Paris*, impr. A. Belin, 1813, in-18. — xxiv-299-57 p. = 154. — Voy. Chaulieu.

La Fayette (Mme Mar. Magdel. Pioche de Lavergne de). 1633; Paris, juin 1693. La princesse de Clèves (*édit. Adry). *Paris*, impr. Ange Clo, 1807, 2 vol. in-12. — 1. (iv)-xxiv-349 p. — 2. (vi)-335 p. (Paris, 1670-1671, 2 vol. in-8). = 59.

La Fayette (M. M. P. de L. de). La princesse de Clèves. *Paris*, Dauthereau, 1827; impr. F. Didot, 2 vol. in-32. — 1. (iv)-viij-168 p. — 2 (iv)-221 p. = 906.

La Fayette (M. M. P. de L. de). Zayde. *Paris*, Dauthereau, 1828; impr. F. Didot, 2 vol. in-32. — 1. (iv)-203 p. — 2. (iv)-211 p. = 749.

Laferrière (F.). Cours de droit public et administratif, sec. édit. *Paris*, Joubert, 1841; impr. Crété à Corbeil, in-8. — xxviij-657 p. = 1001.

Lafont (Jos. de). Paris, 1686; Passy, 20 mars 1725. Chef-d'œuvres dramatiques. *Paris*, Belin, Valade l'aîné, 1791, in-18. = 329.

La Fontaine (Jean de). Château-Thierry, 8 juillet 1621; Paris, 14 avril 1695. Fables. *Paris*, Th. Dabo, 1820; impr. stér. de Tremblay à Senlis, in-18, portr. — (iv)-xxxviij-402 p. (Paris, 1668-1678-1690, 5 part. in-12). = 29.

La Fontaine. Fables. *Paris*, librairie anc. et mod., 1827; impr. Plassan, 2 vol. in-32. — 1. (iv)-181 p. — 2. (iv)-222 p. = 1337 bis.

La Fontaine. Fables illustrées. *Paris*, Le Bailly, 1848; impr. Mame à Tours, in-18. — (iv)-391 p. = 1387 bis.

La Fontaine. Les Amours de Psyché et de Cupidon. *Paris*, Fr. Dufart, impr.-libr., 1793, in-18, pap. vél., fig. — 216 p. (1669). = 1496.

LA FONTAINE. OEuvres complètes, précéd. d'une notice par M. Auger. *Paris*, Delongchamps, 1826; impr. Jules Didot l'aîné, in-8, 2 col. — (iv)-xvi-518 p. = 512.

LA FOSSE (Ant. d'Aubigny de). Paris, 1653; Paris, 2 nov. 1708; et DUCHÉ. OEuvres choisies. *Paris*, impr. P. Didot l'aîné et F. Didot, 1811, in-18, pap. vél. — viij-193 p. = 161. — Voy. Anacréon.

LAGARDE (Denis). Résumé de l'histoire de l'île de France, de l'Orléanais et du pays Chartrain. *Paris*, Lecointe et Durey, 1826; impr. Decourchant, in-18. — (iv)-419 p. = 1319.

LAGRANGE (Eug.). Manuel complet pour les aspirants au grade de licencié en droit, trois^{e} examen. *Paris*, Mansut fils, 1836; impr. Moquet et Cie, in-12. — (iv)-480 p. = 826.

LA GRANGE-CHANCEL (Jos. de). Antoniac près Périgueux, 1er janv. 1676; Antoniac, 27 déc. 1758. OEuvres choisies. *Paris*, Lecointe, 1830; impr. Lachevardière, in-18. — 263 p. = 735.

LA GRUE (Phil.). Grammaire hollandaise, revue par Guill. Sewel, six^{e} édit. *Amsterdam*, Changuion et Den Hengst, 1806, in-12. — (iv)-352 p. (Amst., 1701, in-12). = 1314.

LAHARPE (Jean Franç. de). Paris, 20 nov. 1739; Paris, 11 févr. 1803. Mélanie, drame, trois actes, en vers. *Yverdon*, 1770, in-8. — 76 p. = 379.

LAHARPE (J. F. de). Lycée ou Cours de littérature ancienne et moderne, précéd. d'une notice par M. L. Thiessé. *Paris*, Pourrat frères et Cie, 1831; impr. A. Barbier, 18 vol. in-8. — 1. (iv)-XLIV-344 p. — 2. (iv)-356 p. — 3. (iv)-474 p. — 4. (iv)-461 p. — 5. (iv)-393 p. — 6. (iv)-418 p. — 7. (iv)-385 p. — 8. (iv)-414 p. — 9 (iv)-452 p. — 10. (iv)-426 p. — 11. (iv)-412 p. — 12. (iv)-401 p. — 13. (iv)-384 p. — 14. (iv)-409 p. — 15. (iv)-490 p. — 16. (iv)-518 p. — 17. (iv)-480 p. — 18. (iv)-400 p. (Paris, Agasse, 1799-1805, 19 vol. in-8). = 450.

LAHARPE (J. F. de). OEuvres choisies. *Paris*, Mme Vve Dabo, 1821; impr. Tremblay à Senlis, in-18. — (iv)-170 p. = 278.

LALANDE (Jos. Jér. Le Français de). Bourg (Ain), 11 juillet 1732; Paris, 4 avril 1807. Abrégé d'Astronomie. *Paris*, Vve Desaint, 1774, in-8. — xxxvi-507 p. et 16 pl. (prem. édit.). = 846.

LA LANDELLE (G. de). Les Quarts de nuit, contes et nouvelles d'un vieux navigateur. *Paris*, Jacq. Lecoffre et Cie, 1846; impr. A. Sirou, in-12. — 316 p. = 1633.

LA LUZERNE (César Guill. de). Paris, 7 juillet 1738; Paris, 27 juin 1821. Instruction pastorale de Mgr l'évêque de Langres sur la Révélation, sec. édit. *Paris*, Le Clère, impr.-libr., 1802, in-12. — (iv)-280 p. = 1145-3.

LAMARE (J.); mort à Paris, mars 1856. Histoire du Japon. *Paris*, Raymond, 1825; impr. Lachevardière fils, in-12. — (iv)-211 p. (Bibliot. du XIXe siècle, t. 71). = 1467.

LAMARTINE (Marie Louis Alph. de Prat de). Mâcon, 21 oct. 1790. Premières Méditations poétiques. *Paris*, Ch. Gosselin et Furne, 1836; impr. Éverat, in-8. — viij-418 p. (Paris, Nicolle, 1820, in-8). = 266.

LAMARTINE. Nouvelles Méditations poétiques, six^{e} édit. *Paris*, Ch. Gosselin, 1828; impr. H. Fournier, in-32, titr. gr. — (iv)-250 p. (Paris, Urb. Canel, 1821, in-8). = 467.

LAMARTINE. Harmonies poétiques et religieuses. *Paris*, Ch. Gosselin et Furne, 1837; impr. Éverat, 2 vol. in-8. — 1. (iv)-448 p. — 2. (iv)-472 p. et 12 p. musique. (Paris, Ch. Gosselin, 1829, 2 vol. in-8). = 511.

LAMARTINE. Jocelyn. *Paris*, Ch. Gosselin, Furne et Cie, Pagnerre, 1847; impr. Prévot et Drouard à Saint-Denis, in-12. — (iv)-388 p. (Paris, 1836, 2 vol. in-8). = 1406.

LAMARTINE. La Chute d'un ange, septe édit. *Paris*, Ch. Gosselin, 1839; impr. H. Fournier et Ce, 2 vol. in-32. — 1. (iv)-320 p. — 2. (iv)-320 p. (Paris, 1838, 2 vol. in-8). = 753.

LAMBERT (Anne Thér. de Marguenat de Courcelles de Saint-Bris, mise de). Paris, 1647; Paris, 12 juillet 1733. OEuvres. *Paris*, libr.-assoc., 1785, 2 vol. in-18. — 1. (iv)-xx-359 p. — 2. (iv)-xvi-384 p. = 1153-3.

LAMENNAIS (Rob. Félicité de). Saint-Malo, 19 juin 1782; Paris, 27 févr. 1854. Paroles d'un Croyant, 1833. *Paris*, Eug. Renduel, 1834; impr. Cosson, in-18. — (iv)-176 p. = 176.

LAMENNAIS (R. F. de). Worte des Glaubens, uberzetzt von Ludwig Borne. *Paris*, F. P. Aillaud, 1834; impr. F. Didot, in-8. — (ij)-182 p. = 1425 bis.

LAMENNAIS (R. F. de). Le livre du Peuple, cinqe édit. *Paris*, Pagnerre, 1838; impr. Mme Porthmann, in-18. — 191 p. = 562. — Voy. Catalogue, Imitation, Quérard.

LA MONNOYE (Bern. de). Dijon, 15 juin 1641; Paris, 15 oct. 1728. Noei borguignon de Gui Barôzai, cinqueime édicion. *An Bregogne*, 1738 (*Paris*, impr. J. B. Chr. Ballard, 1737), in-12. — (xij)-112 p. musiq. - 24-302-(xij) p. (Dijon, Ressayre, 1700, in-12). = 1344.

LA MONNOYE. Les Noëls bourguignons, publ. pour la prem. fois avec trad. littér. par F. Fertiault. *Paris*, Lavigne, 1842; impr. Hip. Tilliard, in-12. — LIX-396 p. et 23 p. muzicle. = 1401 bis.

LA MOTHE LE VAYER DE BOUTIGNY (Franç. Rolland). Paris, vers 1620; Soissons, 1685. * Tarsis et Zélie. *Paris*, Musier fils, 1774; impr. Lambert et J. G. Clousier, 3 vol. gr. in-8, fig. — 1. (iv)-xxiv-563 p. — 2. (iv)-563 p. — 3. (iv)-602 p. = 1178-E.

LAMOTTE (Ant. Houdart de). Paris, 27 janv. 1672; Paris, 18 déc. 1731. Chefs-d'œuvres dramatiques. *Paris*, Belin, Valade l'aîné, 1791, in-18. = 329.

LANCELOT (Claude). Paris, 1615; Quimperlé, 15 avril 1695. Le Jardin des racines grecques, nouv. édit. revue par Jos. Planche et P. P. Leuchsenring. *Paris*, Belin-Mandar et Devaux, 1828; impr. T. Belin à Sézanne, in-12. — viij-412 p. (Paris, 1644, in-12). = 624. — Voy. Epigrammatum delectus.

LANDON (C. P.). Nonant (Orne), 1760; Paris, mars 1826. Description de Paris, et de ses édifices, par J. G. Legrand et C. P. Landon, sec. édit. *Paris*, 1818; impr. P. Didot l'aîné, 2 vol. in-8. — 1. viij-383 p.-58 pl. et 1 carte. — 2. — .(1807). = 1696.

LANDON (C. P.). Description de Londres et de ses édifices, par J. B. Barjaud et C. P. Landon. *Paris*, Treuttel et Würtz, 1811; impr. Didot?, in-8. — viij-239-4 p.-42 pl. et 1 carte. = 1697.

LANGENDYK (Pierre). Harlem, 25 juillet 1683; Harlem, 18 juillet 1756. — Voy. Théâtres étrangers.

Langlès (Louis Math.). Péronne, 22 août 1763; Paris, 28 janv. 1824. Alphabet mantchou, trois^{e} édit. *Paris*, impr. impér. (J. J. Marcel), 1807, gr. in-8. — xvi-208 p. (Paris, 1787, in-8). = 1284.

Lapie (le colonel Pierre). Mézières, 11 août 1777 ; Paris, déc. 1850. Carte d'Espagne. *Paris*, 1821, in-fol. = 64 bis.

Lapie (P.). Carte routière, physique et administrative de la France et d'une partie des États voisins. *Paris*, Ch. Picquet, 1830, (grav. Lallemand), in-fol. = 1631.

Lapie (P.). Théâtre de la guerre en Orient, grav. par P. Tardieu. *Paris*, Garnier frères, (1854); impr. Caillet, in-fol. =1626-4.

Laporte (l'abbé Gabr. Jos. de). Béfort, 1713; Paris, 19 déc. 1779. *Observations sur la littérature. *Londres, La Haye, Amsterdam, Paris*, Vve Cailleau, 1750-1752, 9 vol. in-12. = 1176. — Voy. France littéraire.

Laprade (Victor de). Odes et poëmes. *Paris*, Jules Labitte, 1843; impr. Bourgogne et Martinet, in-12. — xx-311 p. = 1464.

Larauza (Jean Louis). Paris, 8 mars 1793; Paris, 29 sept. 1825. Histoire critique du passage des Alpes par Annibal, publ. par V. (*Viguier). *Paris*, Dondey-Dupré père et fils, impr.-libr., 1826, in-8. — xvi-222 p. et une carte. = 1167-e.

Larcher (Pierre Henri). Dijon, 12 oct. 1726; Paris, 22 déc. 1812. — Voy. Chariton.

La Rochefoucauld (le duc Franç. VI de). 15 déc. 1613; Paris, 17 mars 1680. Maximes et réflexions morales. *Paris*, impr. P. Didot l'aîné et F. Didot, 1815, in-18. — 120 p. (Paris, Cl. Barbin, 1665, pet. in-12). = 823.

La Rochefoucauld (Franç. de). Maximes, avec leurs paronymes par le baron Massias. *Paris*, impr. de Firmin Didot, 1825, in-18. — (iv)-vi-113 p. = 1466 bis.

La Rochefoucauld (Franç. de). Mémoires de M. D. L. R. sur les brigues à la mort de Louys XIII. *A Cologne*, chez Pierre Van Dyck, mdclxiv (1664), pet. in-12. — (iv)-400 p. (Cologne, 1662, in-4°). = 1035.

La Rochefoucauld-Liancourt (Franç. Fréd. Alexandre). 11 janv. 1747; Paris, 27 mars 1827. — Voy. Catalogue.

Laromiguière (Pierre). Lévignac, 1756; Paris, 12 août 1837. Leçons de philosophie, ou Essai sur les facultés de l'âme. *Paris*, Brunot-Labbe, 1815; impr. Fain, in-8, t. 1er. — (iv)-437 p. = 1686.

Larrey (Isaac de). Bolbec, 1638; Berlin, 17 mars 1719. Histoire des Sept Sages de la Grèce. *A Rotterdam*, chez Fritsch et Bohm, 1714-1716, 2 vol in-12. — 1. xij-398-(xxij) p. — 2. xviij-420-(xviij) p. (prem. édit.). = 1391.

La Rue (Ch. de). Paris, 1643; Paris, 27 mai 1725. — Voy. Virgile.

La Sablière (Ant. Rambouillet de). Paris, 1615 ; Paris, 1680. *Madrigaux de M. D. L. S. *A Paris*, chez Cl. Barbin, mdclxxx (1680), pet. in-12. — viij-167 p. (prem. édit.). = 761.

Las Casas (Barthélemy de). Séville, 1474; Madrid, 1566. OEuvres, précéd. de sa vie par J. A. Llorente. *Paris*, Alex. Eymery, 1822 ; impr. Cosson, 2 vol. in-8, portr. — 1. viij-cx-410 p. — 2. (iv)-505 p. (Brevissima relacion : Sevilla, 1552, in-4°). = 286.

La Serna Santander (Ch. Ant. de). Colindres (Biscaye), 1er févr. 1752; Bruxelles, nov. 1815. — Voy. Catalogue.

Lasiauve (Eug. de). Études sur le Schleswig-Holstein avant et après le 24 mars 1848, sec. édit. *Paris*, Garnier frères, 1849; typ. Firmin Didot frères, in-8. — (iv)-xvi-432 = d. 1553.

Lattaignant (l'abbé Gabr. Charl. de). Paris, 1697; Paris, 10 janv. 1757. Choix des poésies (*publ. par Beuchot et Millevoye). *Paris*, Capelle et Renand, 1810; impr. Poulet, in-18. — 250 p. (Paris, 1750, 2 vol. in-12). = 1196.

Laude (Franç. Nicolas). Marvelise (Doubs), 4 oct. 1822. Manuel de droit indou et de législation civile et criminelle applicable dans les Établissements français de l'Inde. *Pondichéry*, É. V. Géruzet, impr. du gouvern., 1856, in-8. = 1705.

Laureau (Pierre). 1748; Saint-André (Yonne), mars 1845. Histoire de France avant Clovis, précédant l'hist. de France de MM. Velly, Villaret et Garnier. *Paris*, Nyon l'aîné et fils, 1789, 2 vol. in-12. — 1. xij-LX-368 p. — 2. (iv)-424 p. (Paris, 1785, in-12). = 1170.

Laurent (H.); et Cortambert. Traité élémentaire de géographie et de statistique. *Paris*, bibliot. ecclésiast., 1838; impr. Vve Dondey-Dupré, in-8. — (iv)-347 p. = 1400-3.

Laurent (Ph.). Histoire des pêches fluviales et marines, d'après J. Cloquet. *Paris*, 1833; impr. Bacquenois et Appert, in-18. — 104 p. (Bibliot. popul.). = 918-26.

Laurès (le chev. Ant. de). Gignac, 1708; Paris, 13 janv. 1779. La Pharsale, poëme. *Paris*, Ruault, 1773; impr. P. D. Pierres, in-8. — xiv-248 p. = 1176-5.

Lavallée de Boisrobert (Jos.). Dieppe, 23 août 1747; Londres, 28 févr. 1816. *Cécile, fille d'Achmet III, sec. édit. *A Constantinople et à Paris*, Buisson, 1788, 2 vol. in-18. — 1. (iv)-172 p. — 2. (iv)-129 p. = 47.

Lavallée (Théop.). Histoire des Français jusqu'en 1840. *Paris*, Hetzel, 1847, 2 vol. gr. in-8. = 1654.

La Vallière (Louis César de la Beaume Le Blanc, duc de). Paris, 9 oct. 1708; Paris, 16 nov. 1780. — Voy. Catalogue.

Laveaux (Jacq. Charl. Thiébault de). Troyes, 17 nov. 1749; Paris, 1827. Dictionnaire synonymique de la langue française. *Paris*, A. Thoisnier-Desplaces, 1826; impr. Cosson, 2 vol. in-8, 2 col. — 1. xiv-399 p. — 2. (iv)-306 p. = 168.

Lavie (Jean Charles de). *Abrégé de la République de Bodin. *Londres*, Jean Nourse, 1755, 2 vol. in-12. — 1. (ij)-xij-466 p. — 2. (ij)-vi-417 p. = 1453.

Laya (Jean Louis). Paris, 4 déc. 1761; Bellevue près Paris, 25 août 1833. Jean Calas, trag., cinq actes; 18 déc. 1790. *Amsterdam*, Gabr. Dufour, 1792, in-8. — viij-87 p. = 384.

Laya (J. L.). L'Ami des Loix, coméd., cinq actes, en vers; Théât. de la Nation, 2 janv. 1793. *Paris*, Maradan, 1793, in-8. — (ij)-62 p. = 232.

Lebras (Aug.). Lorient, 1816; Paris, 16 févr. 1832. — Voy. Escousse.

LEBRUN (Ponce Den. Écouchard). Paris, 10 août 1729 ; Paris, 2 sept. 1807. Œuvres, mises en ordre par P. L. Ginguené. *Paris*, Gabr. Warée, 1811 ; impr. Crapelet, 4 vol. in-8, portr. — 1. LIIJ-426 p. — 2. (IV)-410 p. — 3. (IV)-442 p. — 4. (IV)-444 p. = 543.

LEBRUN (Charles Franç.). Saint-Sauveur-Landelin, 19 mars 1739 ; Saint-Mesme près Dourdan, 16 juin 1824. — Voy. Tasse.

LE CHEVALIER (l'abbé). 1731 ; 1807. Prosodie latine. *Paris*, Belin-Mandar et Devaux, 1827 ; impr. T. Belin et Cie à Sézanne, in-12. — (IV)-IV-52 p. (Paris, 1760, in-12). = 625.

LE CHEVALIER (J. Bapt.). Trelly (Manche), 1er juillet 1752 ; Paris, 2 juillet 1836. = Voy. Catalogue.

LE CLERC (Henriette Désirée Vve Fallery). Paris, 17 janv. 1822. *La vertu seule fait le bonheur ; dix nouvelles morales et religieuses par Melle H. de Saint-Martin. *Paris*, société de Saint-Nicolas, 1840 ; impr. H. Vrayet de Surgy et Cie, in-12. — (IV)-296 p. = 1174-5.

LE CLERC (H. D.). *Un Ange sur la terre, par Melle H. de Saint-Martin, avec une préface par Aug. Vinson. *Paris*, Picard fils aîné, 1842 ; impr. A. Laurant à Lagny, in-12. — (VI)-XIJ-XX-9-202 p. = 1174-6.

LE CLERC (Jean). Genève, 1er mars 1657 ; Genève, 8 janv. 1736. Ars critica, edit. sec. *Amstelædami*, apud G. Gallet, MDCC (1700), typ. Huguetanorum, 3 vol. pet. in-8. — 1. (XVI)-538 p. — 2. edit. quinta, apud Janssonio-Waesbergios, 1730, (XVI)-470 p. — 3. (XVI)-344-(LVI) p. = 1346.

LECLERC (Jos. Vict.). Paris, 2 déc. 1789. Nouvelle Rhétorique. *Paris*, impr. Aug. Delalain, 1827, in-12. — X-420 p. (1822). = 218. — Voy. Platon.

LECLERC (Louis Paul). Esquisse de l'histoire universelle. *Paris*, P. J. Loss, 1840 ; impr. L. Bouchard-Huzard, in-18. — (IV)-221 p. = 1114.

LÉCLUSE (Fleury) ; mort à Auteuil, 1845. Résumé de l'histoire de la Littérature grecque. *Paris*, Jules Delalain et Cie, 1837 ; impr. Delalain, in-18. — VIIJ-232 p. = 1576.

LÉCLUSE (F.). Résumé de l'histoire de la Littérature latine. *Paris*, Jules Delalain et Cie, 1837 ; impr. J. Delalain, in-18. — VIIJ-184 p. = 1577. — Voy. Catalogue, D'Andrezel.

LECOMTE (Alfred). La Logique populaire. *Paris*, 1832 ; impr. Casimir, in-18. — 104 p. (Bibliot. popul.). = 918-1.

LECONTE DE LISLE (Charles). Saint-Paul (île Bourbon), 17 nov. 1819. Poèmes antiques. *Paris*, Marc Ducloux, 1852 ; impr. Marc Ducloux et Cie, in-12. — XX-378 p. = 1604.

LE CORREUR (l'abbé). *Traité de la pratique des billets entre les négociants, sec. édit. *A Mons*, chez Gaspard Migeot, 1684, pet. in-12. — (VIIJ)-345 p. (Louvain, 1682). = 1169-1.

Ledhuy (Adolphe). Traité de musique. Théorie et Solfège. *Paris*, 1833 ; lithog. Montoux, in-18 obl. — (iv)-vij-85 p. (Bibliot. popul.). = 918-27.

Ledru-Rollin. De la Décadence de l'Angleterre. *Paris*, Escudier frères, 1850; impr. Bénard et Cie, 2 vol. gr. in-8. — 1. viij-366 p. — 2. (iv)-350 p. = 1587.

Lefeuve (Charles). Nouvelles poésies, sec. édit. *Paris*, Debécour, 1843 ; impr. Hennuyer et Turpin, Batignolles, in-32. — 191 p. = 1164 bis.

Le Franc de Pompignan (Jean Jacq.). Montauban, 17 août 1709 ; Pompignan, 1er nov. 1784. Chef-d'œuvres dramatiques. *Paris*, Belin, Valade l'aîné, 1791, in-18. = 334.

Legay (F.). Les Historiens grecs, ou choix de morceaux (Diodore, Arrien, Denys, Appien, Hérodien, Josèphe). *Paris*, L. Hachette, 1828 ; impr. Cosson, 3 part. in-12. = 1174-3.

Legendre (Adr. Marie). Paris, 18 sept. 1752 ; Paris, 9 janv. 1833. Éléments de géométrie, douze édit. *Paris*, Firmin Didot, impr.-libr., 1823, in-8. — (vi)-431 p. et 14 pl. (Paris, 1794, in-8). = 667.

Legouvé (Gabr. Mar. J. Bapt.). Paris, 23 juin 1764 ; Ivry, 20 oct. 1812. La mort d'Abel, trag., trois actes ; 6 mars 1792. *Paris*, J. G. Mérigot, 1793 ; impr. Clousier, in-8. — xxiv-64 p. = 386.

Legouvé (G. M. J. B.). Épicharis et Néron, trag., cinq actes ; 15 pluviôse an II (4 févr. 1794). *Paris*, Maradan, an II, in-8. — viij-60 p. = 385.

Legouvé (G. M. J. B.). Le Mérite des femmes. *Paris*, Lavigne, 1836 ; impr. Mme Huzard, in-18, fig. — 212 p. (Paris, Didot, 1800, in-12). = 182.

Legouvé (G. M. J. B.). Il Merto delle donne in versi ital. da Luigi Balochi. *Parigi*, Ant. Aug. Renouard, 1802 ; stamp. Crapelet, in-18. — 178 p. = 1129 bis.

Legouvé (Ernest). Paris, vers 1817 ; et Pr. Dinaux. Louise de Lignerolles, drame, cinq actes ; Théât. franç., 6 juin 1838. *Paris*, Barba, 1838 ; impr. Jules Didot l'aîné, gr. in-8, 2 col. (France dramat., livr. 366-367). = 555-19.

Legrand (Jacq. Guill.). Paris, 9 mai 1743 ; Saint-Denis, 9 nov. 1807 — Voy. Landon.

Legrand (A.), d'Amiens. Traité de Physique. *Paris*, Raymond, 1825 ; impr. Lachevardière fils, in-12. — (iv)-xliv-404 p. et 2 pl. (Bibliot. du xixe siècle, t. 19). = 935.

Legrand d'Aussy (Pierre Jean-Bapt.). Amiens, 3 juin 1737 ; Paris, 6 déc. 1800. *Fabliaux ou Contes du XIIe et du XIIIe siècles, traduits ou extraits d'après divers manuscrits du tems. *Paris*, Eug. Onfroy, 1779-1781 ; impr. Ph. D. Pierres, 4 vol. in-8, fig. — 1. (iv)-cxiv-416 p. — 2. (iv)-431 p. — 3. (iv)-466 p. — 4. Contes dévots, 1781 : (iv)-8-xlviij-416 p. = 1233.

Legrand d'Aussy (P. J. B.). Histoire de la vie privée des François, depuis l'origine de la nation jusqu'à nos jours, nouv. édit. par J. B. B. de Roquefort. *Paris*, Laurent-Beaupré, 1815 ; impr. d'Hautel, 3 vol. in-8. — 1. (vi)-448 p. — 2. (iv)-431 p. — 3. (iv)-482 p. (Paris, 1782, 3 vol. in-8). = 1233 bis.

Leibnitz (God. Guill. de). Leipzig, 3 juillet 1646 ; Berlin, 14 nov. 1716. Esprit de Leibnitz, ou recueil des pensées choisies (*par l'abbé Émery). *Lyon*, J. M. Bruyset, 1772, 2 vol. in-12. = 12.

LEMAIRE (C.). Alphabet et livre de lecture, publ. par Me Jacques. *Paris*, Beauvais, S. D.; impr. Béthune et Plon, in-18. — 108 p. = 1363 bis.

LEMERCIER (Népom. Louis). Paris, 21 août 1771; Paris, 6 juin 1840. Agamemnon, trag., cinq actes; Théât. franç., 24 avril 1797. *Paris*, Barba, 1836; impr. Jules Didot l'aîné, gr. in-8, 2 col. — p. 33-53 (France dramat., livr. 237-238). = 555-12.

LEMERCIER (N. L.). Cours analytique de littérature générale professé à l'Athénée de Paris. *Paris*, Nepveu, 1817; impr. F. Didot, 4 vol. in-8. — 1. 540 p. — 2. 464 p. — 3. 336 p. — 4. 314 p. = 675.

LE MÉTAYER (l'abbé). *Dissertation sur les pensions selon les libertez de l'église gallicane. *A Paris*, chez la Ve Ch. Savreux; *et à Rouen*, chez Eust. Viret, MDCLXXVI (1676), pet. in-12. — 168 p. = 1241.

LEMIERRE (Ant. Marin). Paris, 12 janv. 1733; Saint-Germain-en-Laye, 4 juillet 1793. OEuvres, précéd. d'une notice par René Perrin. *Paris*, Maugeret fils, impr. et édit., Arth. Bertrand, Delaunay, 1810, 3 vol. in-8. — 1. (iv)-CLXXXIIJ-191 p. — 2. (iv)-vi-675 p. — 3. (iv)-xvi-467 p. = 345.

LÉMONTEY (Pierre Édouard). Lyon, 14 janv. 1762; Paris, 26 juin 1826. Irons-nous à Paris? ou Une famille du Jura. *Paris*, 1802, in-12. = 1182-7.

LEMOUZY (Jacq.). Réalmont, 6 janv. 1777; Albi, 23 mai 1841. Alphabet progressif, ou Méthode de lecture française prompte et sûre, publ. par Aug. Lemouzy. *Albi*, S. Rodière, 1841, in-18. — 163 p. = 1403-6.

LENCLOS (Anne, Ninon de). Paris, 15 mai 1616; Paris, 17 oct. 1705. Lettres. — Voy. Damours.

LE NOIR (Jean), théologal de Séez. Alençon, 1622; Nantes, 22 avril 1692. *Les Nouvelles Lumières politiques pour le gouvernement de l'Église, ou l'Évangile nouveau du cardinal Palavicin. *Suivant la copie imprimée à Paris*, chez Jean Martel (*Holl.*, *Elz.*), CIↃ IↃ CLXXVI (1676), pet. in-12. — (xij)-264 p. = 963.

LENORMAND (Louis Sébast.). Montpellier, 25 mai 1757. Manuel du relieur. *Paris*, Roret, 1827; impr. Crapelet, in-18. — xij-344 p. et 2 pl. = 43.

LÉONARD (Nic. Germ.). Guadeloupe, 1744; Nantes, 26 janv. 1793. OEuvres diverses. *Liège*, Desoer, impr.-libr., 1777, in-8, titr. gr. — 332 p. et 20 romances. (Idylles: Paris, 1766, in-8). = 387.

LÉONARD (N. G.). OEuvres, quatre édit. *Paris*, Prault, 1788, 3 vol. pet. in-8, 9 grav. — 1. 196 p. — 2. 192 p. — 3. 172 p. = 1167 bis.

LÉOUZON LE DUC. La Finlande; son histoire primitive, sa mythologie, sa poésie épique, avec la trad. de Kalewala. *Paris*, Jules Labitte, 1845; impr. Dondey-Dupré, 2 vol. in-8. — 1. (iv)-cxxxviij-265 p. — 2. (iv)-447 p. = 1541.

LE PRÉVOST D'IRAY (Chrét. Siméon). Iray (Orne), 13 juin 1768; Iray, 16 sept. 1849. Poésies fugitives. *Paris*, Arth. Bertrand, Gosselin, 1826; impr. Fournier, in-18. — (iv)-228 p. = 712.

LEQUIEN (E. A.). Grammaire élémentaire, huit^e édit. *Paris*, l'aut., 1830; impr. A. Belin, in-12. — xij-287 p. (Paris, 1805, in-12). = 814 bis.

LE RAGOIS (l'abbé N.); mort à Paris, vers 1683. Nouvelle histoire de France, refondue, trois^e édit. *Bordeaux*, Barbet, 1833; impr. Mart. Ardant à Limoges, in-12. — viij-232-132 p. et 72 portr. (Introduction à l'histoire de France : Paris, Prélard, 1685, in-12). = 1189-A.

LE REBOURS (Mme Marie Angélique Anel). Larche (Corrèze), 1731; Larche, 5 août 1821. Avis aux mères qui veulent nourrir leurs enfans, trois^e édit. *Paris*, Th. Barrois, 1783; impr. P. Fr. Gueffier, in-18. — xxxiv-250 p. = 1021.

LE ROI (l'abbé Chrétien). Wandelincourt (Ardennes), 29 oct. 1711; Paris, 11 mai 1780. Principes généraux tirés des élémens de la langue grecque, ou précis de la grammaire simple accompagné du recueil complet des fables d'Ésope. *Paris*, P. D. Brocas, 1783, pet. in-8. — 272 p. (Utrecht, 1767, pet. in-12). = 1169 bis.

LEROUX DE LINCY. Le Livre des proverbes français. *Paris*, Paulin, 1842 ; impr. Crapelet, 2 vol. in-12. — 1. (iv)-iv-cxx-259 p. — 2. (iv)-422 p. = 1221.

LEROUX DE LINCY. Recueil de chants historiques français depuis le XIIe jusqu'au XVIIIe siècle. *Paris*, Ch. Gosselin, 1841-1842; impr. Béthune et Plon, 2 vol. in-12. — 1. (iv)-XLVIIJ-416 p. — 2. (iv)-xij-618 p. = 1222.

LESAGE (Alain René). Sarzeau (Morbihan), 8 mai 1668; Boulogne, 16 nov. 1747. Chef-d'œuvres dramatiques. *Paris*, Belin, Valade l'aîné, impr.-libr., 1791, 2 vol. in-18. (Turcaret : 14 févr. 1709). = 336.

LESAGE (A. R.). Gilblas. *Paris*, Ét. Ledoux, 1828; impr. Marchand du Breuil, 2 vol. in-8. — 1. (iv)-535 p. — 2. (iv)-560 p. (Paris, Ribou, 1715-1735, 4 vol. in-12). = 685.

LESAGE (A. R.). Histoire de Gilblas de Santillane. *Paris*, Dauthereau, 1827; impr. F. Didot, 6 vol. in-32. — 1. (iv)-293 p. — 2. (iv)-326 p. — 3. (iv)-231 p. — 4. (iv)-242 p. — 5. (iv)-244 p. — 6. (iv)-254 p. = 704.

LESAGE (A. N.). Le Diable boiteux. *Paris*, Dauthereau, 1827; impr. F. Didot, 2 vol. in-32. — 1. (iv)-xxiv-252 p. — 2. (iv)-258 p. (Paris, Barbin, 1707, in-12). = 905.

LESNIER (Jean Franç. Dieudonné). Chamadelle (Gironde), 3 juin 1823. Affaire Lesnier; sa vie écrite par lui-même. *Bordeaux*, impr. des ouvriers-associés, 1855, in-8. — 48 p. = 1638 bis.

LESPÈS (Léo). Les Esprits de l'âtre. *Paris*, Gust. Havard, 1849; impr. Schneider, gr. in-8, 2 col. — 16 p. (Rom. illustr., livr. 40). = 1570.

L'ESPINASSE (Julie Jeanne Éléonore de). Lyon, 19 nov. 1732 ; Paris, 23 mai 1776. — Voy. Sterne.

LESSING (Gotthold Éphraïm). Kamentz (Haute-Lusace), 22 janv. 1729; Brunswig, 15 févr. 1781. Du Laocoon, ou des limites respectives de la poésie et de la peinture, trad. par Ch. Vanderbourg. *Paris*, Ant. Aug. Renouard, 1802 ; impr. Ch. Crapelet, in-8, fig. — xvi-384 p. (Berlin, 1765, in-8). = 291.

Lessius (Léonard). Brechtau (Brabant), 1er oct. 1554 ; Louvain, 15 janv. 1623. De la Sobriété et de ses avantages, où le vrai moyen de se conserver dans une santé parfaite jusqu'à l'âge le plus avancé, trad. nouv. de Lessius et de Cornaro, par M. D. L. B. (* De La Bonaudière). *Paris*, Edme, 1772, 2 part. in-12. — xij-160-viij-164 p. (Cornaro : Padoue, 1558 ; Lessius : Anvers, 1613, in-8 ; trad. de La Bonaudière : Paris, 1701, in-12). = 1213.

Letellier (Ch. Constant). Boulogne, 1762 ; Passy, 12 nov. 1840. Grammaire françoise, trente-huite édit. *Paris*, Le Prieur, Belin, Const. Letellier, 1823 ; impr. J. Gratiot, in-12. — 240 p. (Paris, 1805, in-12). =94 bis.

Letellier (C. C.). *La Nouvelle Abeille du Parnasse, dix-septe édit. *Paris*, Le Prieur, Belin Le Prieur, C. Letellier fils, 1831 ; impr. A. Belin, in-18. — 283 p. (Paris, 1805, in-18). = 94.

Leti (Gregorio). Milan, 29 mai 1630 ; Amsterdam, 9 juin 1701. *Histoire de donna Olimpia Maldachini, trad. de l'ital. de l'abbé Gualdi (*par Renoult). *A Leyde*, chez Iean Dv Val, mdclxvi (1666), pet. in-12. — 213 p. (Raguse [Genève], 1666, in-12). = 1360.

Leti (G.). *Le Nepotisme de Rome ou Relation des raisons qui portent les papes a aggrandir leurs neveus, trad. de l'italien. (*Amsterdam*), mdclxix (1669), 2 part. pet. in-12. — (xxviij)-224-264-(xxiv) p. (Il Nipotismo : Amst., 1667, in-12). = 1026.

Letronne (Jean Ant.). Paris, 25 janv. 1787 ; Paris, 14 déc. 1848. Recherches géographiques et critiques sur le livre « de Mensura orbis terræ » par Dicuil, suivies du texte. *Paris*, Germ. Mathiot, 1814 ; impr. J. B. Imbert, in-8. — (iv)-249-94 p. (Dicuil : Paris, 1807). = 1106.

Letronne (J. A.). Cours élémentaire de géographie ancienne et moderne, seiz. édit. *Paris*, Maire-Nyon, 1833 ; impr. Casimir, in-12. — xij-233 p. et une pl. = 939. — Voy. Catalogue.

Leupold (J. C.). Leçons élémentaires de physique. *Paris*, Barrois l'aîné, 1823 ; impr. Moreau et Suwerinck à Bordeaux, in-8, tome 1er. — xvi-200-32 p. et 3 pl. = 1167.

Levée (Jér. Balth.). Le Havre, 1769 ; Paris, 1835. Dictionnaire des Épithètes françaises. *Paris*, L'Huillier, 1818 ; impr. Mme Jeunehomme-Crémière, in-8, 2 col. — (iv)-xlviij-370 p. = 1686 bis.

Lévesque (Pierre-Charles). Paris, 28 mars 1736 ; Paris, 12 mai 1812. Histoire critique de la République romaine. *Paris*, Dentu, impr.-libr., 1807, 3 vol. in-8. — 1. (iv)-xxxviij-468 p. — 2. (iv)-483 p. — 3. (vi)-508 p. = 983.

Lévesque (P. C.). Études de l'histoire ancienne et de celle de la Grèce. *Paris*, Fournier frères, 1811 ; impr. Brasseur aîné, 5 vol. in-8. — 1. xxxij-456 p. — 2. (iv)-512 p. — 3. (iv)-531 p. — 4. (iv)-507 p. — 5. (iv)-508 p. = 1259. — Voy. Théophraste.

Lévis (Pierre Marc Gaston de). Paris, 7 mars 1764; Paris, 15 févr. 1830. Maximes et réflexions, trois^{e} édit. *Paris*, impr. P. Didot l'aîné, 1830, in-18. — xvi-269 p. (Paris, Déterville, 1808, in-12). = 1066.

Lévy (le président de). * Journal historique ou Fastes du règne de Louis XV. *Paris*, Prault, Saillant, 1766, pet. in-8. — viij-208-256 p. = 213.

Lherbette (A. J.). 1791. Introduction à l'étude philosophique du Droit, édit. de 1819. *Paris*, Lejay, Aug. Durand, 1838; impr. A. Hiard à Meulan, in-8. — (iv)-lxxij-240 p. = 1108.

Lhomond (l'abbé Charl. Franç.). Chaulnes (Somme), 1727; Paris, 31 déc. 1794. Élémens de la grammaire française, A. M. D. G. *Lyon*, Rusand, 1822, in-12. — xvi-128 p. = 610.

Lhomond (C. F). Grammaire française, revue par P. Bras. *Bordeaux*, impr. A. Brossier, 1822, in-12. — 118 p. = 614.

Lhomond (C. F.). Elémens de la grammaire latine. *Paris*, Mme Dabo-Butschert, 1826; impr. Tremblay à Senlis, in-12. — (iv)-iv-231 p. = 630.

Lhomond (C. F.). Grammaire latine, revue par P. Bras, cinq^{e} édit. *Paris*, Ch. Le Normant, 1826; impr. H. Faye fils à Bordeaux, in-12. — 216 p. = 615.

Lhomond (C. F.) Histoire abrégée de la Religion. *Lyon*, *Paris*, Périsse frères, impr.-libr., 1829, in-12. — (iv)-xij-430 p. (Paris, Onfroy, 1791, in-8). = 533.

Lhomond (C. F.). Doctrine chrétienne. *Limoges*, Mart. Ardant, impr.-libr., 1838, in-12. — (iv)-xij-414 p. (Paris, Berton, 1783, in-12). = 191.

? Lhospital (Michel de). Aigueperse, 1503; Vignay, 13 mars 1573. Discours sur le sacre de François II (* publ. par M. Motteley). *Paris*, impr. F. Didot, 1825, pet. in-12. = 1400-54.

Libri-Carucci dalla Sommala (Guill. Brutus Icile Timoléon). Florence, 2 janv. 1803. — Voy. Catalogue.

Libri de Re Rustica, M. Catonis, Marci Terentii Varronis, L. Iunii Moderati, Columellæ, Palladii Rutilii. *Parisiis*, apvd Ioannem Paruum. (A la fin): *Lutetiæ*, prælo Ant. Augerelli, impensis I. Parui et Galeoti a Prato, anno MDXXXIII (1533), in-fol. — (lvi)-509 p. (Venetiis, Nic. Jenson, 1472, in-fol.). = 1326.

Liburnio (Nicolò). Venise, 1474; 1557. Le Tre Fontane. (A la fin): *Stamp. in Vinegia*, per Merchio Sessa, MDXXXIIII (1534), pet. in-8. — 111 f. = 1177-A.

Limiers (Henri Phil. de); mort à Utrecht en 1725. — Voy. Fénélon : Télémaque; Mézeray.

Linguet (Sim. Nic. Henri). Reims, 14 juillet 1736; Paris, 27 juin 1794. *Histoire du siècle d'Alexandre. *Amsterdam* (*Paris*), 1762, in-12. — xvi-341 p. = 1450-3.

Lipenius (Martin). Gortze (Brandebourg), 11 nov. 1630; Lubeck, 6 nov. 1692. Bibliotheca realis juridica. *Francofurti ad Moenum*, cura Joh. Friderici, literis J. N. Hummii et J. Gorlini, MDCLXXIX (1679), pet. in-fol. — xij-560-(ij) p. (prem. édit.). = 1282.

Lisola (Franç. Paul). Salins, 1613; Vienne, 1675. *Bouclier d'Estat et de justice contre le dessein manifestement découvert de la monarchie universelle, sec. édit. (*Hollande*), MDCLXVII (1667), pet. in-12. — 360 p. = 1172-u.

Liste des Artistes vivants ayant obtenu des récompenses antérieurement au 1er mai 1853. *Paris*, impr. Vinchon, 1853, in-12. — 35 p. = 1589-3.

Locke (John). Wrington près Bristol, 29 août 1632; Oates près Londres, 28 oct. 1704. Traité du Gouverniement civil (*trad. Mazel). *Paris*, C. Volland, 1802, in-12. — (xxxviij)-486 p. (Treatise: Lond., 1690, in-8; trad. Mazel: Amst., 1691). = 1456.

Loève-Veimars (A.). Paris, 26 avril 1801; Paris, 7 nov. 1854. Chronologie universelle. *Paris*, Raymond, 1825; impr. Lachevardière fils, in-12. — (vi)-467 p. (Bibliot. du XIXe siècle, t. 100). = 920.

Loève-Veimars (A). Histoire des Littératures anciennes. *Paris*, Raymond, 1825; impr. Paul Renouard, in-12. — (iv)-284 p. (Bibliot. du XIXe siècle, t. 87). = 471. — Voy. Vanderburch.

Logique (la) de Port-Royal. — Voy. Arnaud.

Lois et Ordonnances pour les Établissements français dans l'Inde (Recueil factice, sept pièces), 1840-1847, in-8. = 1686-3.

Lokman; vers l'an 600 av. J. C. Fables, adaptées à l'idiome arabe d'Alger par J. H. Delaporte fils. *Alger*, impr. du gouvern., 1835, in-8. — viij-60 p. (arab.-lat., Erpenius: Leyd., 1615, pet. in-8). = 1408 bis.

Lokman. Fables de Loqman surnommé le Sage, trad. par J. J. Marcel, sec. édit. *Paris*, Galland, 1803; impr. de la républ., in-18. — (ij)-154 p. (Au Kaire, 1799, pet. in-4°). = 1267.

Longepierre (Hil. Bern. de Reyqueleine). Dijon, 18 oct. 1659; Paris, 31 mars 1721. Médée, trag., cinq actes. *Paris; Marseille*, Jean Mossy, 1777, in-8. — 48 p. (Paris, 1694). = 230. — Voy. Bion.

Longin (Denis Cassius). Athènes, 210; 273. Quæ supersunt, græcè edidit A. C. Egger. *Parisiis*, apud Bourgeois-Maze, 1737; impr. Moquet et Cie, in-16. — viij-LXXVI-253 p. (Bâle, Oporinus, 1554, in-4°). = 1041.

Longpré (Alex. de). Une Saint-Hubert, coméd., un acte, en vers; Théâtr. franç. 20 févr. 1838. *Paris*, Barba, 1839; impr. Jules Didot l'aîné, gr. in-8, 2 col. — p. 519-534. (France dramat., livr. 437). = 582.

Longus, vers l'an 500. Les Amours pastorales de Daphnis et Chloé (*trad. Amyot). *A La Haye*, chez Jean Neaulme, 1764, pet. in-8, 8 fig. par B. Audran. — (x)-159-xx p. (gr.: Florent., Phil. Junta, 1598, in-4°). = 1455.

Longus. Les Amours pastorales de Daphnis et de Chloé, trad. par Amyot. *Paris*, J. B. Fournier père et fils, 1802, in-36. — 232 p. (Bibliot. portat. du Voyageur). = 1430.

Longus. Daphnis et Chloé, trad. de Jacq. Amyot, revue par P. L. Courier. *Paris*, Dauthereau, 1829; impr. F. Didot, in-32. — (iv)-xx-170 p. (trad. Amyot: Paris, Sertenas, 1559, in-8; édit. Courier: Florence, Piatti, 1810, in-8). = 215.

LONGUS. Daphnis et Chloé, trad. d'Amyot, revue par P. L. Courier. *Paris*, G. Havard, (1848); impr. Schneider, gr. in-8, 2 col.— 24 p. (Rom. illustr., livr. 17). = 1565 bis.

LONGUS. Gli Amori pastorali di Dafni e di Cloe, trad. dal Annibal Caro. *Nizza*; *Lione*, presso F. Matheron, 1801, in-18. — 180 p. (Parma, Bodoni, 1786, gr. in-4°). = 857.

LOPE DE VEGA CARPIO (Feliz). Madrid, 25 nov. 1562; Madrid, 26 août 1635. Chefs d'œuvre des théâtres étrangers. Chefs d'œuvre du théâtre espagnol. (*trad. J. Esménard et A. La Beaumelle). Lope de Vega. *Paris*, Ladvocat, 1822; impr. Fain, in-8. — (vi)-504 p. = 526.

LORIQUET (le P. J. N.) Épernay, 1767; Paris. 9 avril 1745. *Élémens d'Arithmétique, A. M. D. G. *Lyon*, *Paris*, M. P. Rusand et Cie, 1830, in-8. — viij-80 p. = 627.

LORIQUET (le P. J. N.). *Traité de l'élégance et de la versification latine, A. M. D. G. *Lyon*, *Paris*, Rusand, impr.-libr., 1825, in-12. — 144 p. = 617.

LORIQUET (le P. J. N.). *Sommaire de la géographie des différents âges, A. M. D. G. *Lyon*, *Paris*, M. P. Rusand et Cie, 1830, in-8. — (iv)-vi-135 p. = 87.

LORIQUET (le P. J. N.). *Cours d'histoire à l'usage de la jeunesse, A. M. D. G. Tableau chronologique; Histoire sainte; Ecclésiastique; Ancienne; Romaine; de France. *Lyon*, Rusand, 1825, 7 vol. in-18. = 607, 608, 609.

LOUIS DE BAVIÈRE (Charl. Aug.); né à Strasbourg le 25 août 1786. Poésies, trad. par Will. Duckett. *Paris*, L. Dureuil, 1829-1830; impr. Decourchant, 2 vol. in-12. — 1. (iv)-282 p. — 2. (iv)-258 p. = 1127.

LOUIS DE GRENADE. Grenade, 1505; Grenade, 31 déc. 1588. Les Additions, ou Supplément du Mémorial de la vie chrestienne, traduict par Iean Chabanel, tholosan, et par F. de Belle-Forest. *A Lyon*, par Jean Pillehotte, 1600, in-24. — (XLVIIJ)-524-(xxxvi)-(xxxij)-512-(xvi) p. = 1025.

LOUVET DE COUDRAY (J. Bapt.). Paris, 11 juin 1760; Paris, 25 août 1797. Vie du chevalier de Faublas. *A Paris*, chez Roux, 1806, 13 vol. in-18, portr. (1787-1790, 19 part. in-12). = 56.

LUCAIN (Marcus Annæus Lucanus). Cordoue, 3 nov. 39; Rome, 12 avril 69. Pharsalia, sive de bello civili Cæsaris et Pompeii libr. x, ex emend. U. C. Hvg. *Amsterodami*, typ. Lvdovici Elzevirii, sumpt. societ., 1651, in-24. — (xij)-273 p. (Romæ, Conr. Sweynheym et Arn. Pannartz, 1469, in-fol.). = 1184-U.

LUCAIN. Pharsalia. *Amsterodami*, typ. Dan. Elzevirii, sumpt. societ., 1671, in-24.— (xij)-273 p. = 255.

LUCAIN. Pharsalia, recog. et ad Burmanniani text. emend. J. A. Amar. *Parisiis*, apud Lefevre, 1822; excud. P. Didot natu major, 2 vol. in-32. — 1. 237 p. — 2. 244 p. (Script. lat. princ., t. 16, 17). (Burmann: Leyde, 1740, in-4°). = 275.

LUCAIN préparé pour l'usage des étudiants, par J. Naudet. *Paris*, A. Guyot et Scribe, 1832, in-12. — (iv)-XLVIIJ-192 p. = 1185-A.

Lucain. La Pharsale, trad. par de Brebeuf. *Leide*, Jean Elzevier, cIↄ Iↄ clviii (1658), pet. in-12. — 417 p. (Paris, Sommaville, 1655, in-12.) = 1053.

Lucain. La Pharsale, en vers françois par M. de Brebeuf. *Impr. à Rouen et se vend à Paris*, chez Ant. de Sommaville, mdclxiii (1663); impr. à Roven par Lavrens Mavrry, pet. in-12, 9 grav. — (xij)-390 p. = 431. — Voy. Laurès.

Lucas (Charles). Saint-Brieuc, 9 mai 1802. Recueil des débats des assemblées législatives de la France sur la question de la peine de mort. *Paris*, Mme Ve Ch. Béchet, 1831; impr. Cosson, in-8. — (viij)-xx-222 p. = 777.

Lucet (l'abbé Jean Claude). Pont-de-Veyle, 1755; Vanvres, 11 juin 1806. Pensées sur plusieurs points importants de littérature, de politique et de religion, recueillies de l'histoire ancienne et du Traité des Études de M. Rollin. *Paris*, les frères Estienne, 1780; impr. Cl. Simon, in-12. — (iv)-xij-524 p. (prem. édit.). = 209.

Lucien. Samosate, 120; 200. Opera, gr. et lat., ex recens. Jo. Benedicti, interpr. *Salmurii*, typ. P. Piededii, 1619, 2 vol. in-8. (gr. : Florentiæ, 1496, in-fol.). = 359.

Lucien, de la traduction de N. Perrot Sr d'Ablancourt. *A Paris*, chez P. Trabouillet, mdclxxxvii (1687), 3 vol. pet. in-8. — 1. (xvi)-xiv-vi-446-(xviij) p. — 2. *A Paris*, chez Aug. Courbé, mdclx (1660); impr. Nic. Hercules à Leyden, 1659; 514-(xxxvi) p. — 3. (vi)-426-(xxiv) p. (Perrot: Paris, Courbé, 1654-1655, 2 vol. in-4°). = 426.

Lucien. OEuvres, trad. du grec (* par Belin de Ballu). *Paris*, J. Fr. Bastien, 1789; impr. Stoupe, 6 vol. in-8, portr. — 1. viij-xxxi-448 p. — 2. (iv)-570 p. — 3. (iv)-604 p. — 4. (iv)-585 p. — 5. (iv)-468 p. — 6. viij-cxxxv-cxxxvi-cxiij-40 p. = 1177-o.

Lucien. L'Histoire véritable et Lucius ou l'Asne, trad. sur l'édit. de Bastien. *Paris*, impr. de Guillaume, 1797, in-18. — (iv)-214 p. = 1379 bis.

Lucien. Λουκιανου Ονειρος η Αλεκτρυων. Le Songe ou le Coq, expl. par E. Géruzez. *Paris*, Aug. Delalain, 1833, in-12. — viij-121 p. = 1671. — Voy. Lucius.

Lucina sine concubitu. Lucine affranchie des loix du concours. Lettre, trad. d'Abr. Johnson (* John Hill) (* trad. par J. P. Moet). (*Paris*), mdccl (1750), (iv)-x-57 p.; Concubitus sine Lucina ou le plaisir sans peine, réponse (Richard Roë) (* trad. par de Combe, de Lyon). *A Londres*, 1750, 59 p., pet. in-8. = 1335.

Lucius de Patras (Caïus); vers l'an 140. La Luciade ou l'Ane, trad. de P. L. Courier, suiv. de l'histoire véritable de Lucien, des Amours d'Abrocome et d'Anthia. *Paris*, Rapilly, 1824; impr. David, in-8. — 408 p. (Paris, Bobée, 1818, in-12). = 483.

Lucrèce (Titus Carus Lucretius). Rome, 95; Rome 51 av. J. C. De Rerum natura libri sex (* ed. Maittaire). *Londini*, ex offic. Jac. Tonson et Joh. Watts, 1713, pet. in-8, titr. gr. — (xxiv)-214-(ccij) p. (Veronæ, Paulus Fridenperger, 1486, in-fol.). = 1429.

Lucrèce. De Rerum natura, studiis societ. Bipontinae, edit. sec. *Argentorati*, ex typ. societ., 1808, in-8. — xli-500? p. (1782). = 1265.

Lucrèce. De Rerum natura, ed. J. A. Amar. *Parisiis*, apud Lefevre, 1822; excud. P. Didot natu major, in-32. — 316 p. (Script. lat. princ, t. 3). = 1168-a.

Lucrèce, trad. nouv., avec des notes par M. Lagrange. *Paris*, Potey, Laran, 1799; impr. Laran, 2 vol. in-12. — 1. xxiv-387 p. — 2. (iv)-492 p. (Paris, 1768, 2 vol. in-8). = 1192-u.

Ludoviciana, ou Recueil d'anecdotes, traits historiques et réponses de Louis XVI, par L. C.... fils. *Paris*, Pillot, 1801, in-18. — 126 p. = 1171-4.

Lucuet (l'abbé). Périgueux, 15 janv. 1763; Paris, 10 juillet 1834. — Voy. Catalogue.

Luther (Martin). Isleben, 10 nov. 1483; Isleben, 18 févr. 1546. Les Propos de table, trad. par Gust. Brunet. *Paris*, Garnier frères, 1844; impr. Hennuyer et Turpin, Batignolles, in-12. — 390 p. (Tischreden : Eisleben, 1566, in-fol.). = 1539. — Voy. Biblia.

Lycurgue. Athènes, 408; 326 av. J. C. — Voy. Discours.

Lysias. Athènes, 453; 375 av. J. C. Orationes xxxiv, interp. Iodoco Vander-Heidio. *Marburgi Cattorum*, Ludov. Bourgeat, mdclxxxiii (1683); literis J. H. Stockenius, in-8, 2 col. — (xiv)-555-(xiv) p. (Rhetores græci : Venet., Ald., 1508-1509, 2 vol. pet. in-fol.). = 206.

Lysias. OEuvres complètes, trad. par l'abbé Auger. *Paris*, Debure fils aîné, Th. Barrois, Al. Jombert jeune, 1783, in-8. — (iv)-lxxvi-488 p. = 1357.

Mably (l'abbé Gabr. Bonnot de). Grenoble, 14 mars 1709; Paris, 23 avril 1785. Des principes des Négociations. *A Amsterdam*, chez Jean Schreuder et P. Mortier le jeune, 1757, pet. in-8. — viij-278 p. = 1175-3.

Mably (l'abbé G. B. de). Œuvres complètes. *Paris*, Bossange, Masson et Besson, 1797; impr. Frantin à Dijon, 12 vol. in-8. = 892.

Macchiavel (Niccolo di Bernardo). Florence, 3 mai 1469; Florence, 22 juin 1527. Discovrs de l'estat de paix et de gverre, trad. (* par Jacq. Gohorry); plus vn liure intitvlé le Prince. *A Paris*, chez Iean Micard, 1606, pet. in-12. — 724 p. (Discorsi : 1531, in-4°; trad. Gohorry : Paris, 1553). = 1175-1.

Macchiavel (Nicc.). Les OEvvres, nouuellement trad. *A Rouen et se vend à Paris*, comp. des libr., mdclxiv (1664), 2 vol. pet. in-12. — 1. (xxxij)-592 p. — 2. (xxiv)-383-(iv)-159 p. = 443.

Macchiavel (Nicc.). OEuvres (* trad. par Tétard). *Paris*, Volland, impr.-libr., 1793, 8 vol. in-8. — 1. (iv)-xvi-331-xi p. — 2. (iv)-332-viij p. — 3. (iv)-272-vi p. — 4. xxviij-306 p. — 5. (iv) 302 p. — 6. (iv)-331 p. — 7. (iv)-210 p., 7 tabl. — 8. (iv)-lxvi-296-3 p. (Firenze, Giunta, 1532, in-4°). = 1687.

Macfie. Cours de langue anglaise théorique et pratique, nouv. édit. *Paris*, Pichon et Didier; *Angoulême*, l'aut., 1830; impr. Fs Trémeau à Angoulême, in-8. — (iv)-224 p. (1819, in-8). = 612.

Mackeldey (F.). 1795; Bonn, 1834. Histoire des sources du Droit romain, trad. par F. F. Poncelet, précéd. d'un discours par C. Seruzier. *Paris*, Toussaint, 1846; impr. Crété à Corbeil, in-12. — (iv)-4-xxxix-298 p. = 1533.

MACPHERSON (James). Ruthven (Écosse), 1738; Betz, 17 févr. 1796. — Voy. Ossian.

MACQUER (Phil.). Paris, 20 févr. 1720; Paris, 27 janv. 1770. Annales romaines ou Abrégé chronologique de l'histoire romaine. *Paris*, J. T. Hérissant, 1756, in-8. — viij-532 p. = 340. — Voy. Fracastor.

MACROBE (Ambr. Aur. Theod.). 350-410. In somnium Scipionis, libr. II. Saturnaliorum, libr. VII. *Geneuæ*, apvd Iacobvm Stoer, MDCVII (1607), in-24. — 745-(LXXXXIX) p. (Venetiis, Nic. Jenson, 1472, in-fol.). = 1240.

MADELENET (Gabriel). Saint-Martin-du-Puy près Auxerre, 1587; Auxerre, 20 nov. 1661. Carmina, nova edit. *Parisiis*, typ. Jos. Barbou, 1753, in-12. — (xxviij)-136 p. (Paris, 1662, in-12). = 352, 1171-A.

Magasin pittoresque (le). *Paris*, impr. Lachevardière, Bourgogne et Martinet, gr. in-8, 2 col., fig. — 1. 1833. (iv)-420 p. — 2. 1834. (iv)-412 p. — 3. 1835. (iv)-412 p. — 4. 1836. (iv)-412 p. = 566.

MAHOMET (Mohammed ben Abdallah Abou'l Cassim). La Mecque, 10 nov. 570; Médine, 8 juin 632. L'Alcoran, trad. par Andre du Ryer, Sieur de La Garde Malezair, nouv. édit. revue et augm. du discours de G. Sale. *A Amsterdam et à Leipzig*, chez Arkstée et Merkus, 1770, 2 vol. in-12. — 1. xviij-427 p., 4 pl. — 2. (iv)-476 p. (arab. : Venise, 1530; Hamb., 1694, in-4o; lat. : Bâle, 1543, in-fol.; ital. : Venet., 1547, pet. in-4o; trad. du Ryer : Paris, 1647, in-4o). = 672.

MAHOMET. Le Coran, trad. par Savary; précédé d'une notice sur Mahomet par M. Collin de Plancy. *Paris*, Bureau de Courval et Cie, 1826; impr. A. Henry, 2 vol. in-18, portr. — 1. — 2. (iv)-400 p. (Paris, 1783, 2 vol. in-8). = 1701 bis.

MAIGRE (P.). *Notice sur l'art aérostatique, par un Aéronaute. *Bordeaux*, impr. Cruzel, (1847), pet. in-8. — 16 p. = 1637-4.

MAILLARD (Olivier). Bretagne, 1440; près de Toulouse, 13 juin 1502. Sermones de Sanctis. Reverendi Patris Fratris Oliuerii Maillardi ordinis fratrū minorū de Obseruantia, sua propria manu scripti aut correcti. De nouo reuisi. (*Parisiis*), M. Durand Gerlier, venales extant. (A la fin) : sumptib. Magri Durādi Gerlier, anno dñi, 1507, die 14 Ianuarij, in-16, goth. — cxij f. = 1149.

MAILLET (Ben. de). Saint-Mihiel, 12 avril 1656; Marseille, 30 janv. 1738. *Telliamed ou Entretiens d'un philosophe indien avec un philosophe françois, mis en ordre par J. A. G. (*Guer). *A Amsterdam*, chez L'Honoré et fils, 1748, 2 part. in-8. — 1. x-cxxviij-208 p. — 2. (ij)-235 p. = 529.

MAIMBOURG (le P. Louis). Nancy, 1610; Paris, 13 août 1686. Histoire des Croisades, sec. édit. *Paris*, S. M. Cramoisy, MDCLXXVI (1676), 4 vol. in-12. = 1018.

MAIMBOURG (le P. L.). Trois Traitez de controverse. La Méthode pacifique pour ramener sans dispute les protestans à la vraye foy sur le point de l'Eucharistie, troise édit., 1678; (xxiv)-167 p. — Traité de la vraye parole de Dieu, sec. édit., 1673; (xvi)-168 p. — Traité de la vraye Église de Jésus-Christ, sec. édit. 1674; (xij)-300 p.; *Paris*, S. M. Cramoisy, in-12. = 1017.

Mainville (le Sieur de), escuyer. Du Bonheur et du malheur du Mariage, ouvrage moral et curieux. *A La Haye*, chez Adrien Moetjens, MDCLXXXIV (1684), pet. in-12. — 278 p. = 1230.

Maistre (le comte Jos. de). Chambéry, 1er avril 1755 ; Turin, 25 févr. 1821. Considérations sur la France, nouv. édit. *Lyon*, J. B. Pélagaud et Cie, impr., 1851, in-8. — xij-220 p. (1796). = 1660.

Maistre (J. de). Essai sur le principe générateur des constitutions politiques et des autres institutions humaines. *Lyon*, J. B. Pélagaud et Cie, impr., 1851, in-8. — (iv)-xvi-91 p. (Saint-Pétersbourg, 1810). = 1661.

Maistre (J. de). Sur les délais de la justice divine dans la punition des coupables, ouvrage de Plutarque nouvell. trad., suivi de la trad. du même traité par Amyot. *Lyon*, J. B. Pélagaud et Cie, impr., 1852, in-8. — (iv)-xvi-202 p. (Paris, 1816). = 1658.

Maistre (J. de). Du Pape, neuve édit. *Lyon*, J. B. Pélagaud et Cie, impr., 1851, in-8. — (iv)-XL-508 p. (Turin, 1820, 2 vol. in-8). = 1657.

Maistre (J. de). Les Soirées de Saint-Pétersbourg, ou Entretiens sur le gouvernement temporel de la Providence, suiv. d'un traité sur les Sacrifices, six. édit. *Lyon*, J. B. Pélagaud et Cie, impr., 1850, 2 vol. in-8. — 1. xx-460-iv p. — 2. (iv)-406-iv p. (1822). = 1663.

Maistre (J. de). Examen de la philosophie de Bacon, ouvr. posth. *Lyon*, J. B. Pélagaud et Cie, impr., 1852, 2 vol. in-8. — 1. (iv)-323 p. — 2. (iv)-379 p. (1831). = 1664.

Maistre (Jos. de). Lettres à un gentilhomme russe sur l'Inquisition espagnole. *Lyon*, J. B. Pélagaud et Cie, impr., 1852, in-8. — vi-183 p. = 1659.

Maistre (Jos. de). De l'Église gallicane dans son rapport avec le Souverain Pontife. *Lyon*, J. B. Pélagaud et Cie, impr., 1852, in-8. — viij-360 p. = 1662.

Maistre (Xavier de). Chambéry, 1764 ; Turin, juin 1852. Voyage autour de ma chambre. Le Lépreux de la cité d'Aoste. *Paris*, J. Bry aîné, (1848) ; impr. Lacour, gr. in-8, 2 col. — 24 p. (Veill. littér. illustr., (t. 1er, livr. 5). (Turin, 1794, in-18). = 1407 bis.

Maittaire (Michel) ; né en France, 1668 ; Londres, 7 août 1747. — Voy. Lucrèce, Opera et fragmenta.

Malebranche (Nicolas). Paris, 6 août 1638 ; Paris, 13 oct. 1715. * De la Recherche de la vérité, quatre édit. *Suivant la copie impr. à Paris, chez André Pralard (Hollande)*, MDCLXXVIII (1678), 3 part. en 2 vol. pet. in-12. — 1. (xxviij)-416-(x) p. — 2. (L)-497-(vi) p. — 3. 1679. (xvi)-238-(vi) p. (Paris, 1674, 3 vol. in-12). = 1102.

Malfilatre (Jacq. Charl. Louis Climpchamp de). Caen, 8 déc. 1733 ; Paris, 6 mars 1757. OEuvres, nouv. édit. par M. L. (*Leduc). *Paris*, Jehenne, 1825 ; impr. J. Pinard, in-8, portr. — xxxix-363 p. (*Narcisse : Paris, 1769, in-8). = 1688.

Malfilatre (J. C. L. C. de). OEuvres, avec notice par J. R. (* Jules Ravenel). *Paris*, Lemoine, 1829 ; impr. C. Farcy, in-48. — xxvi-158 p. = 395.

Malherbe (Franç. de). Caen, 1556; Paris, oct. 1628. Les OEvvres de Messire Franç. de Malherbe, Gentilhomme ordinaire de la chambre du Roy, trois^{e} édit. *A Troyes*, chez Iacqves Baldvc, MDCXXV (1625), pet. in-8.—(viij)-592 p. (Paris, 1585, in-8).=339.

Malherbe (F. de). Poésies. *Paris*, impr. de P. Didot l'aîné, 1815, in-8. — xxxij-262 p. = 500.

Malherbe (F. de). Poésies. *Paris*, Lecointe, 1829; impr. Lachevardière, in-18. — xxij-202 p. = 470.

Mallian (Julien de). La Guadeloupe, vers 1805; Paris, mars 1851. Le curé Mérino, drame, cinq actes, de MM. Mallian, P. Tournemine et Bernard; Ambigu-comique, 30 janv. 1834. *Paris*, Marchant, 1834; impr. J. R. Mévrel, gr. in-8, 2 col. — 32 p. (Mag. théâtr., 1er vol.). = 557-20. — Voy. Bourgeois (Anicet).

Manilius (Marcus). Rome, vers 315. M. Manili Astronomicωn libri qvinqve, Iosephvs Scaliger Ivl. Cæs. f. recensvit, cum notis F. IvnI Bitvrigis. (*Lugd. Batav.*), In officina Sanctandreana, cIɔ Iɔ LXXXX (1590), in-8. — (xiv)-136-(vi)-415-(xiv)-131-(iv) p. (Bononiæ, 1474, pet. in-fol.). = 325.

Manuce (Aldus ou Theobaldus Manutius, l'ancien). Bassiano près Velletri, 1447; Venise, avril 1515. De dierum generibus. *Lutetiæ*, ex offic. Rob. Stephani, 1543, pet. in-8. (Libri de Re Rustica : Venet., Ald., 1514, pet. in-4°). = 1175-A.

Manzoni (Aless.). Milan, 1784. I promessi Sposi, storia milanese. *Parigi*, Baudry, 1836; impr. Crapelet, in-8, portr. — (iv)-512 p. (Milan, 1827, 3 vol. in-8). = 705.

Manzoni (A.). Les Fiancés, trad. par Gosselin, sec. édit. *Paris*, Ledentu, 1838; impr. Casimir, 5 vol. in-32. — 1. (iv)-318 p. — 2. (iv)-324 p. — 3. (iv)-312 p. — 4. (iv)-314 p. — 5. (iv)-246 p. (1828). = 836.

Marat (Jean Paul). Baudry (Suisse), 1744; Paris, 13 juillet 1793. Les Chaînes de l'esclavage. *Paris*, Jonde, (1849); impr. Mme Vve Dondey-Dupré, gr. in-8, 2 col., fig. — 48 p. (Bibliot. du Peuple); (en anglais : Edimb., 1774, in-8; en franç. : Paris, 1792, in-8). = 1560.

Marc-Aurèle Antonin. Rome, 26 avril 121; Sirmium (Pannonie) [Zirmich], 17 mars 180. Pensées, trad. par M. de Joly. *Paris*, A. A. Renouard, 1803; impr. L. N. Frantin à Dijon, in-18. — 404 p. (gr. lat. : Tiguri [Zurich], 1558, in-8; trad. Joly : Paris, 1742, in-12). = 33.

Marc-Aurèle Antonin. Lettres inédites de Marc-Aurèle et de Fronton, trad. par Arm. Cassan (*et Corpet). *Paris*, Levavasseur, 1830; impr. Plassan et Cie, 2 vol. in-8. — 1. (iv)-428 p., 1 tab. — 2. (iv)-436 p. (Maï : Milan, 1815, in-8). = 1271.

Marcella (Ét.). Η Σηροτροφια ητοι η τεχνη της μεταξοποιας. Εν Παρισιω, 1846; impr. Henry, in-8. — xij-108 p. et 4 planch. (Ενκυκλοπαιδεια της χωρικης βιομεχανιας) = 1381-3.

Marcellus (Mar. Louis Aug. de Martin de Tyrac de). Marcellus, 1776; Marcellus, 25 déc. 1841. Odes sacrées, idylles et poésies diverses. *Paris*, Ladvocat, 1825; impr. F. Didot, in-18. — viij-352 p. = 779.

MARCHANGY (Louis Ant. Franç. de). Clamecy, 28 août 1782 ; Paris, 2 févr. 1826. La Gaule poétique. *Paris*, Chaumerot, 1813-1817 ; impr. Brasseur aîné, 8 vol. in-8. = 393.

MAREZOLL (Théod.). Précis d'un cours sur l'ensemble du droit privé des Romains, publié sous ce titre : Lehrbuch der Institutionem des ræmischen Rechtes (Leipzig, 1829), trad. et annoté par M. C. A. Pellat. *Paris*, G. Thorel, 1840 ; impr. L. Bouchard-Huzard, in-8. — xxiv-479 p. = 931.

MARGUERITE LOUISE DE LORRAINE, princesse de Conti. Blois, 1582 ; Eu, 30 avril 1631. *Histoire des Amours de Henry IV, avec diverses lettres écrites à ses maîtresses et autres pièces curieuses. Belles actions et paroles de Henry le Grand. *A Leyde*, chez Jean Sambyx, MDCLXIII (1663), pet. in-12. — 142-46 p. = 1002.

MARGUERITE DE VALOIS, reine de Navarre. Angoulême, 11 avril 1492 ; Odos en Bigorre, 21 déc. 1549. Contes et Nouvelles. *Paris*, Dauthereau, 1827 ; impr. F. Didot, 5 vol. in-32. — 1. (iv)-xxvi-187 p. — 2. (iv)-189 p. — 3. (iv)-191 p. — 4. (iv)-187 p. — 5. (iv)-176 p. (Les Amants fortunés, publ. par P. Boaistuau : Paris, Gilles, 1558, in-4°). = 739.

MARIANA (Jean). Talavera, 1537 ; Tolède, 17 févr. 1624. Ioannis Marianae hispani, historiæ de rebus Hispaniæ libri xxx. *Mogvntiæ*, typ. Balth. Lippii, impensis heredum Andreæ Wecheli, MDCV (1605), in-4°, 2 col. — (xvi)-638-(xxxvi) p. (Toleti, P. Roderici, 1592, in-fol.; en espag. : Tolède, 1601, 2 vol. in-fol.). = 1305.

MARIE, avocat. Consultation pour M. Busch, suivie des adhésions de MM. Ph. Dupin et Paillet. *Paris*, impr. G. Gratiot, 1845, in-8. — (iv)-60 p. = 1251-6.

MARIE DE FRANCE. Compiègne, vers 1260. — Voy. Legrand d'Aussy.

MARINO (Gianbaptista). Naples, 18 oct. 1569 ; Naples, 26 mars 1625. L'Adone, poema. *In Amsterdam*, D. Elsevier, *ed in Parigi*, appr. Th. Jolly, MDCLXXVIII (1678), 4 vol. in-24, fig. — 1. 373 p. — 2. 301 p. — 3. 357 p. — 4. 310-(xxvi) p. (Venetia, 1623, in-4°). = 960 bis.

MARIVAUX (Pierre Carlet Chamblain de). Paris, 1688 ; Paris, 12 févr. 1763. Le Père prudent et équitable, coméd., un acte, en vers. *Troyes*, Gobelet, impr.-libr., an VII, in-8. — 39 p. (1712). = 233.

MARIVAUX (P. C. C. de). Les Sincères, coméd.; Coméd. Ital., 13 janv. 1739. *Paris*, Prault père, 1739, in-8. — 45 p. = 235.

MARIVAUX (P. C. C. de). Le Préjugé vaincu, coméd., un acte ; Coméd. Ital., 1746. *Paris*, Vve Duchesne, 1781, in-8. — 39 p. (1747). = 234.

MARIVAUX (P. C. C. de). La Vie de Marianne. *Paris*, Dauthereau, 1826 ; impr F. Didot, 5 vol. in-32. — 1. (iv)-xij-272 p. — 2. (iv)-190 p. — 3. (iv)-196 p. — 4. (iv)-304 p. — 5. (iv)-172 p. = 1518.

MARMIER (Xav.). Histoire de la Littérature en Danemark et en Suède. *Paris*, Félix Bonnaire, 1839; impr. Am. Gratiot et Cie, in-8. — (iv)-viij-452 p. = 1530.

MARMIER (X.). Lettres sur l'Islande et poésies, troise édit. *Paris*, Delloye, Garnier frères, 1844; impr. Fél. Locquin, in-12. — (iv)-xliv-456 p. = 1595. — Voy. Hoffmann.

MARMONTEL (Jean Franç.). Bort, 11 juillet 1723 ; Abloville (Eure). 31 déc. 1799. Contes moraux. *Amsterdam*, S. D., 4 vol. in-18. — 1. (iv)-xij-234 p. — 2. (iv)-216 p. — 3. (iv)-198 p. — 4. (iv)-270 p. (1756-1761). == 69.

MARMONTEL (J. F.). Bélisaire. *Paris*, impr. Laurent aîné, 1818, in-18. — (iv)-218 p. (Paris, 1767, in-12). == 37.

MARMONTEL (J. F.). Les Incas. *Paris*, Mme Dabo-Butschert, 1825 ; impr. Tremblay à Senlis, 3 vol. in-18. — 1. 178 p. — 2. 182 p. — 3. 166 p. (Paris, 1772, 2 vol. in-8). == 251.

MARMONTEL (J. F.). Poétique [en russe]. *Moscou*, 1798, pet. in-8. — (iv)-379 p. (Paris, 1763, in-8). == 1174-1.

MARMONTEL (J. F.). OEuvres (*publ. par Villenave). *Paris*, A. Belin, impr.-libr., 1819-1820, 7 vol. in-8. — 1. (iv)-iv-785 p. — 2. (iv)-624 p. — 3. (iv)-621 p. — 4. (iv)-874 p. — 5. (iv)-799 p. — 6. (iv)-751 p. — 7. (iv)-xliij-880 p. == 1190.

MARMONTEL (J. F.). OEuvres complètes (*publ. par M. de Saint-Surin). *Paris*, Verdière, 1819 ; impr. F. Didot, 18 vol. in-8, 38 grav. == 456, 457.

MARON (Eugène). François Ier et Soliman le Grand, premières relations de la France et de la Turquie. *Paris*, Garnier frères, 1853 ; impr. Bailly, Divry et Cie, gr. in-8. — 40 p. == 1652-3.

MAROT (Clément). Cahors, 1495 ; Turin, sept. 1544. OEuvres choisies, précéd. d'une notice par J. B. Champagnac. *Paris*, Mesnard et Desenne fils, 1826 ; impr. Marchand du Breuil, in-18. — (iv)-xv-246 p. (L'Adolescence Clémentine : Paris, Roffet, 1532, in-8). == 692.

Marquis (le) de Botteville, histoire du siècle. *Paris*, Baudoin frères, Houdaille, 1829 ; impr. Plassan et Ce, in-12. — (iv)-89 p. == 1182-7.

MARRYAT. Code de signaux à l'usage des navires du commerce de toutes les nations, édit. de 1851, trad. par A. Hostein. *Pondichéry*, É. V. Géruzet (impr. du gouv.), 1853, in-8. — 12-(384) p. == 1672-18.

MARSOLLIER (l'abbé Jacques). Paris, 1647 ; Uzès, 30 août 1724. La vie de la vénérable mère de Chantal. *Paris*, Fr. Babuty, 1717, 2 vol. in-12. — 1. xxiv-406 p. — 2. (iv)-439 p. (Paris, 1715, 2 vol. in-12). == 756.

MARTIAL (Marcus Valerius Martialis). Bilbilis (Espagne), 40 ; Bilbilis, 103. M. Val. Martialis, ex museo Petri Scriverii. *Lvgdvni Batavorvm*, apvd Ioannem Maire, CIƆ IƆ CXIX (1619), pet. in-12. — (viij)-16-312-142 p. (Ferrariæ, 1471, in-4°). == 1185.

MARTIALIS Epigrammata, cum notis Th. Farnabii. *Amsterdami*, apud Iohannem Blaev, MDCXLIV (1644), pet. in-12, titr. gr. — 492 p. (Farnab. : Lond., 1615, in-8). == 1193.

MARTIALIS Epigrammata. *Paris*, Vve Sim. Benard, 1693, in-8. — viij-690-(xxx) p. (variorum). == 323.

MARTIN (Gabr.). Paris, 1679 ; Paris, févr. 1761. — Voy. Catalogues Danty, Rothelin.

MARTIN (Henri). Saint-Quentin (Aisne), 20 févr. 1810; et H. LISTER, de Bâle. Histoire d'Allemagne, de Suisse et des Pays-Bas; sec. édit. *Paris*, 1832; impr. F. Didot frères, in-18. — 108 p. (Bibliot. popul.). = 918-21.

MARTIN (H.). De la France, de son génie et de ses destinées. *Paris*, Furne et Cie, 1847; impr. Plon frères, in-12. — vi-341 p. = 1306.

MARTIN (Joseph). Cours abrégé de géographie ancienne et moderne. *Paris*, Delamarche et Dien, 1820; impr. Dondey-Dupré, in-12. — vi-363 p. = 622.

MARTIN (Louis Aimé). Lyon, 1786; Paris, 20 juin 1847.—Voy. Saint-Pierre (B. de).

MARTIN (P. R.). Histoire des deux campagnes de Saxe en 1813, revue par M. de Norvins. *Paris*, 1833, in-18. (Bibliot. popul.). = 918-20.

MARTINEZ (don Francisco). Le nouveau Sobrino ou Grammaire de la langue espagnole, sixe édit. *Bordeaux*, P. Beaume, impr.-libr., 1829, in-8. — (iv)-352 p. (Bordeaux, 1823, in-8). = 903.

MARTINEZ LOPÈS (don P.). Diccionario francés-español. *Paris*, C. Hingray, 1829; impr. J. Smith, in-8, 3 col. — (iv)-483 p. = 843.

MASCARON (Jul.). Marseille, 1634; Agen, 16 déc. 1703. — Voy. Choix d'Oraisons funèbres.

MASSILLON (Jean Bapt.). Hyères, 24 juin 1663; Clermont, 18 sept. 1742. Petit Carême. *Paris*, A. A. Renouard, 1802; impr. Crapelet, in-18. — (vi)-325 p. (1717). = 272.

MASSILLON (J. B.). Petit Carême (édit. C. L.). *Paris*, Baudoin frères, 1826; impr. Plassan, in-48. — xij-161 p. = 1487.

MASSILLON (J. B.). Petit Carême (*édit. L. Thiessé). *Paris*, Baudoin frères, 1827; impr. Rignoux, in-8. — (iv)-XLviij-319 p. = 505.

MASSILLON (J. B.). Morceaux choisis. *Paris*, Jules Renouard, 1830; impr. Paul Renouard, in-18. — x-380 p. = 189. — Voy. Choix d'Oraisons funèbres.

MASSOT (A.). Cour d'appel de l'île de la Réunion. Audience solennelle de rentrée du 3 nov. 1848. Discours. (Histoire de l'Organisation judiciaire à Bourbon), 40 p. — Discours. (Des Devoirs de la Magistrature), 3 nov. 1849. 20 p. *Saint-Denis*, impr. V. Delval, in-8. — Discours. (Histoire de la Magistrature), 4 nov. 1850. *Saint-Denis*, typ. Lahuppe, gr. in-8, 42 p. = 1672-9-10-11.

MATTHIEU (Pierre). Pesme (Franche-Comté), 10 déc. 1563; Toulouse, 12 oct. 1621. Ælius Seianus, histoire romaine. Histoire des prosperitez mal-hevrevses d'vne femme cathenoise. Remarqves d'Estat et d'histoire sur M. de Villeroy. *A Rouen*, MDCXLII (1642); impr. Pierre de La Motte, pet. in-12. — (iv)-548 p. (Rouen, 1618). = 1180-15.

MAUDRU (Jean Bapt.). Éléments raisonnés de la langue russe. *Paris*, Courcier, impr.-libr., Levrault frères, 1802, 2 vol. in-8. — 1. viij-cxx-242 p. — 2. (iv) p.-p. 243-626. = 1029.

MAULÉON (le v^te L. J. de). *Les Mérovingiens. Les Carlovingiens. *Paris*, Gide fils, Adr. Égron, impr.-libr., H. Nicolle, 1815-1816, 3 part. in-8. — 1. xiv-390 p. — 2. (iv)-viij-361 p. — 3. (iv)-xij-206 p. = 270.

MAUPERTUIS (P. Louis Moreau de). Saint-Malo, 17 juillet 1698; Bâle, 27 juillet 1759. OEuvres. *Berlin*, Ét. de Bourdeaux; *et Lyon*, Bruyset frères, 1753, 2 vol. pet. in-8. — 1. xxxij-422 p. — 2. (vi)-478 p. = 1167-0.

MAUROCORDATO (Démétrius Étienne). Des Preuves en général et en particulier des présomptions de l'aveu et du serment (thèse, 12 déc. 1844). *Paris*, impr. Lacour et Maistrasse, 1844, in-8. — (iv)-96 p. = 1184-10.

MAURY (le c^al Jean Siffrein). Valréas (Avignon), 26 juin 1746; Rome, 11 mai 1817. Essai sur l'Éloquence de la Chaire, panégyriques, éloges et discours, nouv. édit. *Paris*, Gabr. Warée, 1810; impr. Crapelet, 2 vol. in-8. — 1. xij-541 p. — 2. 730 p. (Paris, 1777, in-12). = 990.

MAVOR (le rév. Will.). Fordyce près Aberdeen, 1er août 1758; Woodstook, 1838. Le Buffon des écoles, trad. par M. Breton, trois^e édit., fig. *Paris*, De Pélafol, 1819; impr. J. C. Salles à Riom, 2 vol. in-12. — 1. (iv)-iv-379 p. — 2. (iv)-360 p. (Paris, Vve Gueffier, 1802, 2 vol. in-12). = 75.

MAXIME DE TYR; vers l'an 146. V. C. Maximi Tyrii phil. Plat. Dissertationes XLI, græcè, cum interpret., notis et emend. Dan. Heinsii; accessit Alcinoi in doct. Plat. introductio et alia. *Lugduni Batavorum*, apud Ioannem Patium (* Paetzium), CIↃ IↃ CVII (1607), pet. in-8. — (xxiv)-408-(160)-(xij)-415 p. (lat., C. Pazzi: Rome, 1517, in-fol.; gr.: Parisiis, Henr. Stephanus, 1557, 2 part. in-8). = 1382.

MAXIME DE TYR. Dissertations, trad. par J. J. Combes-Daunous. *Paris*, Bossange, Masson et Besson, 1802, 2 vol. in-8. — 1. viij-XLVI-300? p. — 2. (vi)-338 p. = 1279.

MAYNARD (Franç. de). Toulouse, 1582; Toulouse, 26 oct. 1646. — Voy. Labouïsse-Rochefort.

MÉALLARD. * Les Caractères de l'homme sans passions selon les sentimens de Sénéque. *A Paris*, par la Comp. des libr., MDCLXV (1665), pet. in-12. — (viij)-342 p. = 1015.

MEIDINGER (Jean Valentin). Grammaire allemande-pratique, nouv. édit. *Saint Nicolas* (Meurthe), Prosper Trenel, impr., 1837, in-8. — 304 p. (1700?). = 697.

MEINERS (Will.) [*Lhéritier]. Principes généraux de littérature. *Paris*, Wercherin, 1826; impr. P. Renouard, in-12. — (iv)-456 p. (Bibliot. du XIXe siècle, t. 86). = 889.

MEINERS (W.). Histoire de la Réformation. *Paris*, Raymond, 1825; impr. P. Renouard, in-12. — (iv)-viij-409 p. (Bibliot. du XIXe siècle, t. 84). = 896.

MEISSAS (Ach.); et Aug. MICHELOT. Nouvelle géographie méthodique, dix^e édit. *Paris*, L. Hachette, 1833; impr. Rignoux et Cie, in-12. — (iv)-xij-356 et 2 pl. (1827). = 88.

MELA (Pomponius). Bétique, vers l'an 43. De Sitv orbis, libri tres; æthici cosmographia; H. Glareani descriptio orbis. *Parisiis*, apud Ioh. Libert, MDCXXV (1625), in-24. — 262 p. (Mediolani, 1471, in-4°). = 1251 bis.

MELA (Pomponius). P. Melae de situ orbis libri tres. Rufi Festi Avieni descriptio orbis terrae. Prisciani. Cl. Rutilii Numatiani itinerarium. Vibius Sequester. *Argentorati*, ex typ. Bipontinae, 1809, in-8. — LXXIV-328 p. = 1527.

MÉLESVILLE, pseudonyme. — Voy. Duveyrier, Scribe, Wailly.

Mémoires produits en justice, M. S. *Pondichéry*, 1853-1855, in-fol. et in-4°. = 1578, 1580, 1581, 1637-5.

Mémoires secrets pour servir à l'histoire de Perse (*par Mme de Vieux-Maisons?). *Berlin*, aux dép. de la Cie, 1759, pet. in-12. — XXIV-352 p. (Amst., 1745, in-12). = 1165-U.

MÉNANDRE. Céphisia près Athènes, 342; Athènes, 293 av. J. C. — Voy. Aristophane.

MENDELS-SOHN (Mosès). Dessau, 12 sept. 1729; Berlin, 4 janv. 1786. Phédon, ou entretiens sur la spiritualité et l'immortalité de l'âme, trad. par Junker. *Paris*, Saillant; *Bayeux*, Lepelley, 1772; impr. Quillau, in-8. — (IV)-XXIV-344 p. (Berlin, 1767, in-8). = 1210.

MENGOTTI (Francesco). Milan, vers 1760; vers 1840. Il Colbertismo, dissertazione (13 giugno 1792), nona ediz. *Milano*, P. Cavalletti e Cia, 1821, in-18. — 156 p. = 945 bis.

MENNECHET (Édouard). Nantes, 25 mars 1794; Paris, 24 déc. 1845. Contes en vers et poésies diverses. *Paris*, Ladvocat, 1827; impr. J. Pinard, in-18. — (IV)-224 p. = 693.

MERCIER (Louis Séb.). Paris, 6 juin 1740; Paris, 25 avril 1814. Le Déserteur, drame, cinq actes, corrigé par M. J. Patrat. *Paris*, Cailleau, impr.-libr., 1787, in-8. — 43 p. = 380.

MERCIER (L. S.). Tableau de Paris critiqué par un Solitaire du pied des Alpes. *A Nyon en Suisse*, impr. de Matthey, 1783-1788, 12 vol. in-8. (les 2 prem. seulem.). — 1. 6-314 p. — 2. 316 p. = 538.

MERLE (Jean Toussaint). Montpellier, 16 juin 1785; Paris, 27 févr. 1852; et BRAZIER. Le Ci-Devant jeune homme, coméd., un acte; Variétés, 28 mai 1812. *Paris*, J. N. Barba, Pollet, Bezou, 1835; impr. Jules Didot l'aîné, gr. in-8, 2 col. — p. 13-26. (France dramat., livr. 37). = 557-10.

MÉRY (J.). Marseille, 21 janv. 1798. Héva. *Paris*, G. Havard, (1849); impr. Schneider, gr. in-8, 2 col. — 40 p. (Romans, contes illustr., livr. 21-22). = 1567 bis. — Voy. Barthélemy, Biographie.

MÉSENGUY (Franç. Phil.). Beauvais, 22 août 1677; Saint-Germain-en-Laye, 19 févr. 1763. Abrégé de l'histoire et de la morale de l'Ancien Testament. *Paris*, Brajeux; *Lyon*, Am. Leroy, 1804, in-12. — 539 p. (Paris, 1728, in-12). = 14.

MESNARD (J. B.). Histoire du Portugal. *Paris*, 1833, in-18. — 99 p. et une carte. (Bibliot. popul.). = 918-21.

METASTASIO (Piet. Ant. Dom. Bonav. Trapassi). Assisi, 3 janv. 1698; Vienne, 2 avril 1782. Scelta di poesie e prose di A. Buttura. *Parigi*, presso Lefevre, 1822; dai torchi di Crapelet, in-12. — (IV)-IV-411 p. = 889.

Mézeray (Franç. Eudes de). Ry (Seine-inférieure), 1610; Paris, 10 juillet 1683. Abrégé chronologique de l'histoire de France. *A Amsterdam*, chez Abraham Wolfgang, 1682-1688, 6 vol. pet. in-8, fig. — 1. (xvi)-414-(xxvi) p. — 2. (iv) p.-p. 415-847-(xl) p. — 3. (iv)-350-(xxvi) p. — 4. (ij) p.-p. 351-723-(xxiv) p. — 5. (iv)-357-(xlvi) p. — 6. (iv)-453-(xxx) p.; Histoire de France avant Clovis: (viij)-562-(xxx) p.; Abrégé chronologique de l'histoire de France sous les règnes de Louis XIII et de Louis XIV. (*par de Limiers). *Amsterdam*, chez David Mortier, 1728, 3 vol. in-12, fig. — 1. (iv)-453 p. — 2. (iv)-457 p. — 3. (iv)-442 p. (Mézeray, Abrégé: Paris, 1668, 3 vol. in-4°; Avant-Clovis: 1688; Limiers: 1720, 2 vol. in-12). = 764, 1349 bis.

Michaud (Jos. Franç.). Albens (Savoie), 19 juin 1767; Passy, 30 sept. 1839. Le printemps d'un proscrit, huit^e^ édit. *Paris*, Ambr. Dupont et Cie, 1827; impr. J. Tastu, in-8. — xvi-346 p. (1803). = 796.

Michel (Francisque). Choix de poésies orientales. *Paris*, impr. Béthune, 1830, in-18. — (iv)-xvi-263 p. (Bibliot. choisie). = 399.

Michel (F.). Histoire des Croisades. *Paris*, 1832; impr. F. Didot frères, in-18. — 103 p. (Bibliot. popul.). = 918-13.

Michelet (Jules). Paris, 21 août 1798. Introduction à l'histoire universelle. *Paris*, L. Hachette, avril 1831; impr. Ducessois, in-8. — 158 p. = 1257 bis.

Michelet (J.). Tableau chronologique de l'histoire moderne. *Paris*, L. Colas, Dondey-Dupré, in-8. — (vi)-163 p. = 195.

Michelet (J.). Précis de l'histoire moderne, sept^e^ édit. *Paris*, L. Hachette, 1842; impr. Ducessois, in-8. — viij-312 p. (1827). = 217, 1577-3.

Michelet (J.). Précis de l'histoire de France. *Paris*, L. Hachette, 1833; impr. Ducessois, in-8. — viij-272 p. = 974.

Michiels (Alf.). Histoire des idées littéraires en France au dix-neuvième siècle. *Paris*, W. Coquebert, 1842; impr. Cosson, 2 vol. in-8. — 1. xvi-400 p. — 2. (iv)-519 p. = 1471.

Mille (les) et une nuits, contes arabes, trad. par M. Galland, nouv. édit. *Paris*, Comp des libr., 1774; impr. Chardon, 6 vol. in-12. — 1. xvi-350 p. — 2. xij-358 p. — 3. viij-419 p. — 4. (iv)-469 p. — 5. (iv)-416 p. — 6. (iv)-384 p. (Paris, 1704-1708, 12 vol. in-12). = 58. — Voy. Enis el-Djelis.

Miller (Franz). Reine Taktik der Infanterie, Cavallerie, und Artillerie. *Stuttgard*, Karlscheele, 1787, gr. in-8, 12 pl. — xxiv-622 p. = 1167-4.

Millet (Aimé). Histoire du Bas-Empire, avec une introd. par Alph. Rabbe. *Paris*, Raymond, 1825; impr. A. Henry, 2 vol. in-12. — 1. xlviij-318 p. — 2. (iv)-311 p. (Bibliot. du xixe siècle, t. 44-45). = 864.

Millevoye (Charl. Hubert). Abbeville, 24 déc. 1782; Paris, 12 août 1816. OEuvres complètes. *Paris*, Ladvocat, 1823; impr. F. Didot, 6 vol. in-18. — 1. 297 p. — 2. 315 p. — 3. 312 p. — 4. 299 p. — 5. 331 p. — 6. 334 p. = 520.

Million (un) de faits, aide-mémoire universel des sciences, des arts et des lettres, par J. Aicard, Desportes, Paul Gervais, Léon Lalanne, Lud. Lalanne, A. Le Pileur, Ch. Martins, Ch. Vergé et Young, quatre édit. *Paris*, Garnier frères, 1851 ; impr. Claye et Cie, in-12. — xxviij p.-1596 col.-37 p. (1844). = 1549.

MILLY (Louis P. Ant. de). Paris, 24 avril 1728 ; Paris, 23 mars 1799. — Voy. Catalogue.

MILTON (John). Londres, 9 déc. 1608 ; Londres, 10 nov. 1674. Paradise lost (with life by Elijah Fenton). *London*, publ. by W. Suttaby, B. Crosby and Co, and C. Corrall, 1806 ; print. C. Corrall, in-24, titr. gr. — vi-301-(x) p. (Lond., 1667, pet. in-4°). = 1515.

MILTON. Paradise lost. *London and Paris*, Th. Barrois, 1816, in-12. — 348 p. = 507.

MILTON. Le Paradis perdu, avec des notes et les remarques de M. Addison, trad. (*par l'abbé de Boismorand sous le nom de Dupré de Saint-Maur). *Avignon*, J. A. Fischer, impr.-libr., 1823, in-12. — 357 p. (Paris, 1729, 3 vol. in-12). = 516.

MILTON. Le Paradis perdu, trad. (*par L. Racine). *Paris*, Ve Savoye, 1765 ; impr. Ve Quillau, 4 vol. in-18. — 1. (iv)-xxiv-284 p. — 2. (iv)-310 p. — 3. (iv)-231 p. — 4. (iv)-375 p. (Paris, 1755, 3 vol. in-12). = 71.

MINTURNI (Ant. Seb.) ; mort à Cortone, 1570. De Poeta libri sex. *Venetiis*, MDLIX (1559) ; (à la fin) : *Venetiis*, apvd Franciscvm Rampazetvm, pet. in-4° [italiq.] — (viij)-567 p. = 1147.

MIONNET (Théod. Edme). Paris, 2 sept. 1770 ; Paris, 1840. — Voy. Catalogue.

MIRABEAU (Hon. Gabr. Riquetti de). Bignon près Nemours, 9 mars 1749 ; Paris, 2 avril 1791. Lettres à Sophie. *Paris*, Dauthereau, 1828 ; impr. F. Didot, 6 vol. in-32. — 1. XLij-221 p. — 2. (iv)-230 p. — 3. (iv)-235 p. — 4. (iv)-243 p. — 5. (iv)-241 p. — 6. (iv)-230 p. (Paris, 1792, 4 vol. in-8). = 919.

MOET (Jean Pierre). Paris, 21 juin 1721 ; Versailles, 31 janv. 1806. — Voy. Lucina, Swedenborg.

MOHAMMED-EFFENDI ; vers 1720. Relation de l'Ambassade de Mohammed, texte turk. *Paris*, typ. F. Didot frères, 1841, gr. in-8. — 80 p. (Chrestomathies orientales). = 876.

MOLIÈRE (J. B. Pocquelin de). Paris, 15 janv. 1622 ; Paris, 17 févr. 1673. Les OEuvres de Monsieur Molière. *A Amsterdam*, chez Jaques le jeune, MDCLXXIX (1679), 5 vol. pet. in-12. (Paris, Billaine, 1666, 2 vol. in-12). = 1003.

MOLIÈRE (J. B. P. de). OEuvres complètes, précéd. d'une notice par L. B. Picard. *Paris*, Pourrat frères, 1834 ; impr. Rignoux, 6 vol. in-8, portr. — 1. (iv)-LV-334 p. — 2. (iv)-439 p. — 3. (iv)-512 p. — 4. (iv)-512 p. — 5. (iv)-571 p. — 6. (iv)-435 p. = 459.

MOLLEVAULT (Charl. Louis). Nancy, 26 sept. 1776 ; Paris, 13 nov. 1844. Poésies diverses. *Paris*, Lelong, 1821 ; impr. Didot le jeune, in-18. — x-195 p. (Paris, Chanson, 1813, in-12). = 162. — Voy. Catulle, Properce, Tibulle.

MONBRIAL (J. B.). Dictionnaire de poche classique français-latin pour les choses usuelles. *Paris*, Grimbert et Dorez, Popinot, 1829 ; impr. Cosson, in-32. — viij-350 p. = 913.

MONCEY (Bon Adrien Jeannot), duc de Conégliano. Besançon, 31 juillet 1754 ; Paris, 20 avril 1842. Discours adressé au Roi en août 1815. *Niort*, Morisset, S. D., in-12. — 8 p. = 1580-16.

MONCRIF (Franç. Aug. Paradis de). Paris, 1687 ; Paris, 13 nov. 1770. OEuvres choisies. *Paris*, Lenoir, 1801, 2 vol. in-18. — 1. (iv)-197 p. — 2. (iv)-298 p. = 1153-4.

MONDELOT (Jacq. Prosp. Stan.). Saint-Valery, 6 janv. 1792. Leçons d'histoire du moyen âge. *Hesdin*, Thulliez-Alfeston, 1824 ; impr. Boulanger-Vion à Abbeville, in-8. — (iv)-282 p. = 1374.

MONDELOT (J. P. S.). Υακινθοι. Προδρομος. Hyacinthes. Prodrome (poésies). *Paris*, Charpentier, nov. 1846 ; impr. A. René et Cie, in-12. — 36 p. = 1374 bis.

MONGLAVE (Franç. Eug. Garay de). Bayonne, 5 mars 1796. Histoire de l'Espagne. *Paris*, Raymond, 1825 ; impr. Lachevardière fils, in-12. — (iv)-348 p. (Bibliot. du XIXe siècle, t. 59). = 815.

MONGLAVE (F. E. G. de). Résumé de l'histoire du Mexique. *Paris*, Lecointe et Durey, 1826 ; impr. David, in-18. — (iv)-iv-307 p. = 928.

MONGLAVE (F. E. G. de). Histoire de Paris. *Paris*, 1833 ; impr. J. L. Joly à Sèvres, 2 part. in-18. — 107-100 p. (Bibliot. popul.). = 918-19.

Moniteur (le) officiel des Établissements français dans l'Inde. *Pondichéry*, É. V. Géruzet, impr. du gouvern., 1849-1856, 7 vol. pet. in-fol. (hebdomadaire, prem. numéro : 7 mars 1849). = 1705 bis.

MONTAGUE (Mary Pierrepoint lady Wortley). Thoresby (Nottingham), 1690 ; Twickenham, 21 août 1762. Letters, to which are added poems. *Paris*, print. by P. Didot the elder, 1799, in-18. — (iv)-287 p. (Lond., 1763, 3 vol. in-12). = 882.

MONTAGUE (Lady). Lettres, trad. par P. H. Anson, sec. édit. *Paris*, Lenormant, Merlin, 1805 ; impr. Th. Tarbé à Sens, 2 vol. in-12. — 1. XXIV-323 p. — 2. (iv)-376 p. (Anson : Paris, 1795, 2 vol. in-12). = 1172 bis. — Voy. Berton.

MONTAIGNE (Michel Eyquem de). Montaigne, 28 févr. 1533 ; Montaigne, 13 sept. 1592. Essais (édit. Naigeon). *Paris*, impr. de P. Didot l'aîné et de Firmin Didot, 1802, 4 vol. in-12. — 1. xij-412 p. — 2. (ij)-391 p. — 3. (ij)-390 p. — 4. (ij)-387 p. (Bourdeaus, S. Millanges, 1580, pet. in-8). = 363.

MONTAIGNE. Essais, nouv. édit. par P. Christian. *Paris*, Vict. Lecou, 1850 ; impr. Schneider, in-12. — xij-718 p. = 1550.

MONTARAN (Edme Hipp. Jacq. Michau de). Paris, 1780 ; Paris, 21 sept. 1848. — Voy. Catalogue.

MONTESQUIEU (Charles de Secondat baron de La Brède et de). La Brède près Bordeaux, 18 janv. 1689 ; Paris, 10 févr. 1755. Lettres persanes. *Genève*, 1777, 2 vol. in-24. (Amsterdam [Paris], 1721, 2 vol. in-12). = 1349-4.

MONTESQUIEU. Lettres persanes. *Paris*, Dauthereau, 1828 ; impr. F. Didot, 3 vol. in-32. — 1. (iv)-xxxiv-215 p. — 2. (iv)-250 p. — 3. (iv)-218 p. = 834.

MONTESQUIEU. Lettres persanes. *Paris*, Lecointe, 1829 ; impr. Lachevardière, 2 vol. in-18. — 1. 234 p. — 2. 226 p. = 463.

Montesquieu. Considérations sur les causes de la grandeur des Romains et de leur décadence. *A Londres*, 1787, pet. in-12. — (iv)-349 p. (Amst., 1734, in-12). = 1501 bis.

Montesquieu. Considérations sur les causes de la grandeur des Romains. *Paris*, Lecointe, 1830 ; impr. Lachevardière, in-18. — (iv)-230 p. = 462.

Montesquieu. Arsace et Isménie, histoire orientale. *A Londres*, *à Paris*, chez Guill. de Bure fils aîné, 1783, in-18. — 143 p. (prem. édit.). = 1349-3.

Montesquieu. Le Temple de Gnide. *Paris*, Bozérian, Déterville, 1794 ; impr. Didot jeune, gr. in-8, fig. grav. par N. Le Mire, d'après Ch. Eisen. — (ij)-xij-153 p. (Paris, Simart, 1725, in-12, 82 p.). = 1669.

Montesquieu. De l'Esprit des Lois. Édition-Touquet. *Paris*, impr. Abel Lanoë, 1821, in-12. — (iv)-808 p. (publ. anonyme par J. J. Vernet : Genève, chez Barillot et fils, 2 vol. in-4°). = 979.

Montesquieu. De l'Esprit des Lois. Édition-Touquet, sec. édit. *Paris*, sept. 1821, in-12, portr., index. — (iv)-xxiv-988 p. = 1368-3.

Montesquieu. OEuvres complètes (édit. L. S. Auger). *Paris*, Lefèvre, Ledentu, 1820 ; impr. Crapelet, 5 vol. in-8, portr. et cartes. — 1. lxxx-492 p. — 2. (iv)-460 p. — 3. (iv)-462 p. — 4. (iv)-664 p. — 5. (iv)-464 p. (Paris, 1759, 6 vol. in-12). = 1418.

Montesquieu. OEuvres complètes, nouv. édit. par J. Ravenel. *Paris*, L. Debure, 1834 ; impr. Firmin Didot frères, gr. in-8, 2 col. — (iv)-xvi-779 p. = 1626.

Montesquieu. OEuvres complètes, avec des notes de Dupin, Crévier, Voltaire, Mably, Servan, La Harpe. *Paris*, Lefèvre, 1835; impr. Éverat, gr. in-8, 2 col., portr. — xxij-771 p. = 165.

Montgommery (Louis de), Seigneur de Courbouson. La Milice françoise, redvite a l'ancien ordre & discipline militaire des legions : telle & comme la souloient obseruer les anciens Romains, & les Macedoniens. *A Paris*, chez Samvel Thibovst, mdcxvii (1617), pet. in-8. — (viij)-149 p. = 1449.

Montolieu (Pauline Isab. de Bottens de). Lausanne, 7 mai 1751; Bruyer près Lausanne, 28 déc. 1832. Caroline de Lichtfield ou Mémoires d'une famille prussienne. *Paris*, Dauthereau, 1829; impr. F. Didot, 4 vol in-12. — 1. (iv)-186 p. — 2. (iv)-187 p. — 3. (iv)-180 p. — 4. (iv)-142 p. (Lausanne, 1786, 2 vol. in-12). = 484. — Voy. Hervey.

Montrésor (Claude de Bourdeilles de). 1608-1663. Memoires. *A Cologne*, chez Jean Sambix le jeune, mdccxxiii (1723), 2 vol. pet. in-12. — 1. (viij)-400 p. — 2. (iv)-424 p. (1663). = 1488.

Montvalon (André Barrigue de). Marseille, 1688? ; Aix, 18 janv. 1779. Epitome juris et legum romanarum, cum indice. *Gandavi*, typ. P. de Goesin, 1773, in-12. — xvi-48-624 p. (Aix, 1756, in-12). = 1122.

Moore (Edward); mort le 28 févr. 1757. Fables. *Paris*, A. A. Renouard, 1802; impr. Crapelet, in-12. — (iv)-103 p. = 1523 bis. — Voy. Gay.

MOORE (Thomas). Dublin, 28 mai 1779 ou 1780; Sloper-cottage près Devizes, 25 févr. 1852. The Loves of the Angels, a poem. *Paris*, Amyot, 1823; impr. Rignoux, pet. in-8. — x-108 p. (Lond., Longmann, 1823, in-8). = 1174-0.

Morale de Jésus-Christ et des Apôtres. *Paris*, impr. de Didot l'aîné, 1790, 2 vol. in-18. — 1. 348 p. — 2. 286 p. (1785). = 766.

Morale (la) merveilleuse, Contes de tous les temps et de tous les pays, recueillis et mis en ordre par P. Christian. *Paris*, Lavigne, 1844; impr. J. Belin-Leprieur fils, gr. in-8, fig. — viij-315 p. = 1443.

MORATIN (don Mart. Leand. Fern. de). Madrid, 10 mars 1760; Paris, 21 mai 1828. Comedias. *Paris*, Baudry, 1837; impr. Casimir, in-8, portr. — (iv)-285 p. = 1257.

Morceaux choisis des Saints Pères de l'Église grecque. (Clément, Ignace, Polycarpe, Clément d'Alexandrie, Eusèbe Pamphile, Théodoret, Basile, Justin, Hermias). *Paris*, Poussielgue-Rusand, Hachette, 1834, in-12. = 127.

MOREL DE CHEDEVILLE (Ét.). Paris, 11 janv. 1747; Paris, 13 juillet 1814. La Caravane du Caire, opéra-ballet, trois actes, musique de M. Grétry; Fontainebleau, 30 oct. 1783. *Paris*, impr. de Ballard, 1786, in-8. = 221.

MORÉRY (Louis). Bargemont (Provence), 25 mars 1643; Paris, 10 juillet 1680. Le grand Dictionnaire historique, nouv. édit. revue par M. Vaultier. *Paris*, J. N. Coignard, impr. et libr., 1707, 4 vol. in-fol., 2 col., portr. — 1. xvi-736 p. — 2. (iv)-850 p. — 3. (iv)-873 p. — 4. (iv)-960 p. (Lyon, Gyrie, 1673, in-fol.). = 765.

MORLINO et DE ROUJOUX. Dictionnaire classique italien-français et français-italien, quatre édit. *Paris*, Belin-Mandar, 1832; impr. Lachevardière, 2 vol. in-8. — 1. xxxij-734 p. — 2. xvi-528 p. (Paris, Lasneau, 1826, 2 vol. in-8). = 460.

MOSCHUS. Syracuse, vers l'an 200 av. J. C. — Voy. Anacréon, Bion, Théocrite.

MOSNERON (Jean). Nantes, 28 août 1738; Saint-Gaudens, 1830. *Vie du législateur des Chrétiens, sans lacunes et sans miracles, par J. M. *Paris*, Dabin, 1803; impr. Fournier, in-8. — 358 p. = 1208.

MOUNIER (Cl. Phil. Éd.). Grenoble, 2 déc. 1784; Paris, 11 mai 1843. — Voy. Catalogue.

MUNIER (F.). Cacologie méthodique, sec. édit. *Metz*, Thiel, 1829; impr. S. Lamort, in-12. — xij-174 p. = 1573-4.

MURET (Théod.); né à Rouen. Les Droits de la femme, coméd., un acte, en vers; Théâtre français, 15 mai 1837. *Paris*, Marchant, 1838; impr. Vve Dondey-Dupré, gr. in-8, 2 col. — 16 p. (Mag. théât., t. 22). = 555-17.

MUSÉE; vers l'an 400. — Voy. Orphica, Petits poèmes grecs.

Musée des familles, lectures du soir. *Paris*, 1833-1834, impr. Éverat, gr. in-8, 2 col., fig. — (iv)-308 p. = 119.

MUYART DE VOUGLANS (Pierre Franç.). Moirans (Jura), 1713; Paris, 14 mars 1791. Les Loix criminelles de France dans leur ordre naturel. *Paris*, Mérigot le jeune, Crapart, 1780; impr. Benoit Morin, in-fol. — xxiij-884 p. = 1347.

Naudé (Gabr.). Paris, 2 févr. 1600; Abbeville, 29 juillet 1653. Apologie pour les grands hommes soupçonnez de magie. *A Amsterdam*, chez Jean Fréd. Bernard, MDCCXII (1712), pet. in-12, tit. gr. — (xx)-470 p. (Paris, 1625, in-8). = 1209.

Naudé (Phil.). Metz, 28 déc. 1654; Berlin, mars 1729. *Histoire abrégée de la naissance et des progrez du Kouakérisme. *A Cologne*, chez P. Marteau, 1692, pet. in-12. — (xxiv)-174-(vi) p. = 940.

Naudet (D. Jos.). Paris, 8 déc. 1786. Conciones et Orationes. *Parisiis*, Aug. Delalain, 1817, in-18. — 574 p. (? Paris., H. Steph., 1570, pet. in-fol.). = 192.

Navy list, 20 june 1847. *London*, J. Murray, 1847, pet. in-8. — (iv)-270 p. = 1250-3.

Necker (J. N. Jos.). Genève, 30 sept. 1732; Coppet, 9 avril 1804. De l'importance des opinions religieuses. *Londres*, *Paris*, 1788, in-8. — (iv)-544 p. = 1022.

Née de la Rochelle (Jean Franç.). Paris, 9 nov. 1751; La Charité (Nièvre), 16 févr. 1838. — Voy. Catalogue: Daguesseau, D'Hangard, Née.

Némésien (Marcus Aurelius Olympius). Carthage, vers l'an 281. Eclogæ IV et T. Calpvrnii Sicvli eclogæ VI, cvm notis selectis Titii, Martelli, Vltii et P. Bvrmanni integris. *Mitaviae*, apvd Iacob Frider. Hinzivm, MDCCLXXIIII (1774), in-8. — (vi)-226 p. (Florent., 1504, in-8). = 322.

Nestor. Kief, 1056; 1116. La Chronique, trad. par Louis Paris. *Paris*, Heideloff et Campé, 1834; impr. Adr. Moëssard, 2 vol. in-8. — 1. (iv)-xxiv-450 p. — 2. (iv)-212 p. (Saint-Pétersb., 1767, in-4°). = 1340.

Neuhusus (Reiner Neuhaus). Poemata juvenilia. *Amstelodami*, apud Iohannem Ianssonium, 1644, pet. in-12. — (xxiv)-453 p. = 1253.

Neveu (J.). Cours pratique de commerce. *Paris*, Debray, 1803; impr. Guilleminet, 2 vol. in-8. — 1. xvi-480 p. — 2. viij-447 p. = 1179-3.

Nicole (Pierre). Chartres, 19 oct. 1625; Paris, 16 nov. 1695. — Voy. Arnauld, Epigrammatum delectus, Pascal.

Ninon de Lenclos. — Voy. Lenclos.

Noble (S.). A Discourse occasioned by the removal into eternity of the rev. John Clowes. *London*, print. and publ. by J. S. Hodson, sold by W. Simpkin and R. Marshall, 1831, in-8. — 43 p. = 1620 bis.

Nodier (Emman. Charles). Besançon, 29 avril 1780; Paris, 27 janv. 1844. Les Proscrits. *Paris*, Lepetit et Gérard, 1802; impr. Chaignieau, in-12. — 131 p. = 391.

Nodier (E. C.). Trilby ou le Lutin d'Argail, trois^e^ édit. *Paris*, Ladvocat, 1822; impr. David, in-12. — 197 p. = 709.

Nodier (E. C.). Mélanges tirés d'une petite bibliothèque ou Variétés littéraires et philosophiques. *Paris*, Crapelet, impr.-édit., 1829, in-8. — (iv)-viij-428 p. = 1192.

Nodier (E. C.). Description raisonnée d'une jolie collection de livres (Nouveaux mélanges tirés d'une petite bibliothèque), précéd. d'une introd. par M. G. Duplessis, de la vie de C. Nodier par M. Fr. Wey et d'une notice bibliographique. *Paris*, J. Techener, 1844; impr. Eug. Duverger, in-8. — (iv)-iv-viij-36-24-492-28 p. = 1132. — Voy. Catalogue.

Noel (Franç. Jos.). Saint-Germain-en-Laye, 1755 ; Paris, 29 janv. 1841. Dictionnaire latin-français. *Paris*, Lenormant père, impr.-libr., 1821, in-8. — viij-1037 p. (1807). = 620.

Noel (F.). Gradus ad Parnassum ou nouveau dictionnaire poétique latin-français, trois. édit. *Paris*, Lenormant, impr.-libr., 1818, in-8. — (iv)-LVI-920 p. (1810, in-8 ; premier Gradus, par Ravisius Textor, Tixier Sr de Ravisi, recteur de l'université de Paris sous le titre de Specimen epithetorum.: Paris, H. Estienne, 1518, in-4o; premier Gradus sous ce nom, par Paul Aller : Cologne, 1702). = 634.

Noel (F.). Leçons italiennes de littérature et de morale. Poésie. *Paris*, Lenormant père, 1824 ; impr. Lenormant fils, in-8. — LXXVIIJ-499 p. = 393.

Noel (F.) ; et Chapsal. Nouvelle grammaire française sur un plan très méthodique, seiz. édit. *Paris*, Maire-Nyon, Roret, 1830 ; impr. Éberhart, in-12. — viij-214 p. (Paris, 1819 ?, in-12). = 611.

Noel (F.) ; et De La Place. Leçons grecques de littérature et de morale. *Paris*, Lenormant, impr.-lib., 1825, 2 vol. in-8. — 1. viij-341 p. — 2. (iv)-363 p. = 248.

Nollet (l'abbé J. Ant.). Pimbré près Noyon, 19 nov. 1700 ; Paris, 24 avril 1770. Essai sur l'Électricité des corps. *Paris*, chez les frères Guérin, 1746, in-12, fig. — xxiv-228 p. = 2.

? Nonnus Panopolitanus. Panopolis (Égypte), vers 410. Dionysiaca, gr.-lat. *Hanoviæ*, typ. Wechelianis, 1605, in-8. (Antuerp., Chr. Plantinus, 1569, gr. in-8). = 1400-40.

Normandie (M. de), sous-Préfet de Béthune. — Voy. *Essai sur l'Administration.

Notice des séances de la Cour d'assises de l'Aveyron pour le jugement des prévenus de l'assassinat (18 mars 1817) de M. Fualdès, août 1817. *Rodez*, Carrère, in-8. — 168 p. = 677.

Nougaret (P. J. Bapt.). La Rochelle, 17 déc. 1742 ; Paris, juin 1823. Histoire des prisons de Paris et des départemens. *Paris*, Courcier, impr.-libr., 1797, 4 vol. in-12, fig. — 1. (ij)-xxiv-322 p. — 2. (iv)-356 p. — 3. (iv)-360 p. — 4. (iv)-400 p. = 54.

Nouvelle Bibliothèque des Classiques français, ou Collection des meilleurs ouvrages de la littérature française. *Paris*, Lecointe, 1830-1832, in-18. — Voy. Barthe, Bernard, Boissy, Bossuet, Chamfort, Châteaudun, Collé, Crébillon, Dufresny, Favard, Gresset, Guimond de La Touche, La Grange-Chancel, Malherbe, Montesquieu, Poisson, Saint-Réal, Sedaine, Voltaire.

Nouvelle circonscription des sept départemens de la Hollande d'après le décret du 21 oct. 1811. *Amsterdam*, E. Maaskamp, pet. in-8. — (ij)-112-xxxviij p. et une carte. = 1174-7.

Nouvelle grammaire pour apprendre aux françois la langue flamande, trois. édit. *A Dunkerque et à Gand*, chez Ph. et P. Gimblet frères, impr.-libr., 1793, pet. in-8. — (iv)-176 p. = 1447 bis.

? Nouvelles Annales des Voyages et des sciences géographiques. *Paris*, Arthus Bertrand, 1819-1855 ; impr. E. Thunot et Cie, 149 vol. in-8. = 1694 bis.

NUGENT (Thomas); né en Irlande ; Londres, 27 avril 1772. Nouveau dictionnaire de poche français-anglais et anglais-français refondu par J. Ouiseau, vingt-deux° édit. revue par Tibbins et Nimmo. *Paris*, Baudry, 1829; impr. J. Smith, 2 part. in-18. — (iv)-280-(iv)-342 p. = 140, 140 bis.

NUÑEZ DE TABOADA. Diccionario francès-español y español-francès, setima edic. *Paris*, Rey y Gravier, 1833 ; impr. Paul Renouard, 2 vol. in-8. — 1. viij-964 p. — 2. vi-1392 p. (1812). = 914 bis.

Nymphe (la) Écho. *Paris*, Delaunay, Pélissier, 1820; impr. Chaignieau fils, in-12. — 135 p. = 1313-4.

OBSEQUENS (Julius); vers l'an 395. Julii Obsequentis quæ supersunt ex libro de Prodigiis, cum animadv. J. Schefferi et suppl. Conr. Lycosthenis, curante Fr. Oudendorpio *Lugduni Batavorum*, apud Sam. Lutchtmans, 1720, in-8. — (viij)-215-(LVI) p. (A la suite de Pline : Venetiis, Aldi, 1508, in-8). = 1251.

OCELLUS LUCANUS. Lucanie, vers l'an 450 av. J. C. De la Nature de l'univers, trad. franç. avec des remarques par l'abbé Batteux. *Paris*, Saillant, 1768, in-8. — viij-118 p. (Ocellus : Parisiis, per Conr. Neobarium, 1539, in-4°). = 1381.

? OEuvre de la Sainte-Enfance. Annales (direct. M. l'abbé Jammes). *Paris*, Sagnier et Bray, 1849-1855; impr. Beau à Saint-Germain-en-Laye, 7 vol. in-12. = 1672.

OGIER (Franç.); né vers 1576; Paris, 28 juin 1670. *Apologie pour M. de Balzac. *A Rouen et se vend à Paris*, chez Thomas Jolly, MDCLXIII (1663); impr. L. Mavrry à Roven, pet. in-12. — (xvi)-256-53 p. (1627). = 1023.

OLDENDORP (Jean). Hambourg, 1506 ; Marburg, 3 juin 1567. Actionvm Ivris ciuilis loci commvnes. De Formula libelli. *Coloniæ*, apud Ioannem Gymnicum, MDXXXIX (1539), pet. in-12. — (xxxij)-238 p. = 1188-U.

OLIVET (l'abbé P. Jos. Thoulier d'). Salins, 1er avril 1682 ; Paris, 8 oct. 1768. Traité de la prosodie françoise. *Paris*, Bruno-Labbe, 1810, in-12. — xij-240 p. (Paris, Gandouin, 1736, in-12). = 146 bis.

OLIVET (P. J. T. d'). Remarques sur la langue françoise. *Paris*, Barbou, 1767, in-12. — xvi-250-172 p. = 1187-U. — Voy. Huet, Opuscules, Pellisson.

OLIVIER (l'abbé). *Les Aventures du Seigneur Roselli. *Londres (Paris)*, 1781, 4 vol. in-18. — 1. (iv)-284 p. — 2. (iv)-317 p. — 3. (iv)-304 p. — 4. (iv)-216 p. (Paris [Holl.], 1708, 2 vol. in-12). = 1178-U.

OLIVIER (Claude Math.). Marseille, 21 sept. 1701 ; Marseille, 24 oct. 1736. Histoire de Philippe, roi de Macédoine. *Paris*, De Bure l'aîné, 1740, 2 vol. in-12. — 1. cxxij-(viij)-280 p. — 2. — = 1180 bis.

Opera et Fragmenta veterum poetarum latinorum profanorum et ecclesiasticorum (ed. M. Maittaire). *Londini*, J. Nicholson, B. Tooke et J. Tonson, 1713, 2 vol. in-fol. — 1. (x)-803 p. — 2. (iv) p.-p. 805-1752-(xij-viij) p. = 315.

Oppien. Anazarbe (Cilicie), vers 175-205. Les Halieutiques, trad. par J. M. Limes. *Paris*, Lebègue, impr.-libr., 1817, in-8, fig. — 396 p. (Oppiani, græc.: Florentiæ, Juntæ, 1515, in-8). = 1369. — Voy. Petits poèmes grecs.

Opuscules sur la langue françoise par divers académiciens (*Dangeau, de Choisy, Huet, Patru, d'Olivet). (*recueill. et publ. par d'Olivet). *Paris*, Bern. Brunet, 1754, in-12. — 396 p. = 1238.

Oraciones para la misa. *Burdeos*, Laplace, impr.-libr., 1846, in-64. = 1191-3.

Oratorum romanorum fragmenta, ab Appio inde Cæco usque ad Q. Aurelium Symmachum, colleg. Henr. Meyerus, edit. parisina curis Frid. Dübner. *Parisiis*, L. Bourgeois-Maze; *Lipsiæ*, L. Michelsen, 1837; impr. Maulde et Renou, gr. in-8. — (iv)-xvi-396 p. = 1286.

Ordonnance du Roi concernant l'Organisation de l'ordre judiciaire et de l'administration de la justice dans les Établissements français de l'Inde (7 juillet 1842). *Paris*, impr. royale, 1842, in-4°. — (ij)-66 p. = 1578-11.

Ordonnance Royale concernant le Gouvernement des Établissements français dans l'Inde (23 juillet 1840). *Paris*, impr. royale, 1840, in-4°. — (ij)-40 p. = 1643-4.

Orianne (Georges Barthél.). Londres, 9 mars 1802; Pondichéry, 22 avril 1854. Traité original des Successions d'après le droit hindou, extrait du Mitacshara de Vijnyaćswara, suivi d'une autre traité de l'Adoption, le Dattaca-Chandrica de Devandha-Bhatta. *Paris*, Benj. Duprat, 1844; impr. Guiraudet et Jouaust, in-8. — (iv)-343 p. = 1668. — Voy. Daya Crama Sangraha.

Orléans (Charles d'). Paris, 26 mai 1391; Amboise, 4 janv. 1445. Poésies, publ. par A. Champollion-Figeac. *Paris*, J. Belin-Leprieur fils et Colomb de Batines, 1842; impr. J. Belin-Leprieur fils, in-12. — (iv)-xl-504 p. (Grenoble, 1803, in-12). = 1499.

? Orose (Paul). Tarragone, vers 375-471. Adversus Paganos historiarum libri vii. *Lugd.-Batav.*, 1767, in-4°. (Augustæ [Augsbourg], per Joh. Schuszler, 1471, in-fol. goth.). = 1400-33.

Orphica. Procl. hymni. Musaei carmen de Hero et Leandro. Callimachi hymni et epigrammata. *Lipsiae*, sumt. et cur. Car. Tauchnitii, 1829, in-16. — 256 p. (Florentiæ, Juntæ, 1500, in-4°). = 1338.

Ortografia della lingua italiana. *Milano*, Niccolo Bettoni, 1829, in-32. — vi-118 p. = 1167-4.

Osmont (J. B. Louis). Paris, vers 1700; Paris, 13 mars 1773. Dictionnaire typographique, historique et critique des livres rares, singuliers, estimés et recherchés en tous genres. *Paris*, Lacombe, 1768, 2 vol. in-8. — 1. xij-515 p. — 2. (iv)-559 p. = 1168-e.

Ossian. Écosse, vers 210-280. Poésies galliques, trad. en vers par Baour-Lormian. *Paris*, impr. P. Didot l'aîné, an IX, in-18. — 264 p. (Macpherson: Lond., 1762-1763, 2 vol. in-4°; Baour-Lormian: Paris, Didot, 1801). = 448.

O'SULLIVAN (D.). Elegant extracts from the most celebrated poets of great Britain and Ireland, sec. edit. *Paris*, Mme Vve Maire-Nyon, 1833; impr. Casimir, in-12. — (iv)-LXIV-736 p. = 1575.

OVIDE (Publius Ovidius Naso). Sulmone, 20 mars 43 av. J. C.; Tomes, l'an 17 de J. C. Opera, Nic. Heinsius castig., ex officina Elseviriana, 3 vol. pet. in-12. — 1. *Amstelodami*, clɔ Iɔ CLXXVI (1676); (xij)-268 p. — 2. *Lvgdvni Batavorvm*, clɔ Iɔ CXXIX (1629); (xvi)-300? p. — 3. *Amst.*, 1676; 309 p. (Azoguidus, Bononiensis, 1471, in-fol.). = 371.

OVIDE. Opera, recogn. J. A. Amar. *Parisiis*, Lefevre, 1822; excud. P. Didot natu major, 5 vol. in-32. — 1. viij-380 p. — 2. 352 p. — 3. 299 p. — 4. 303 p. — 5. 326 p. (Script. latini princ., t. 9-13). = 808.

OVIDE. Metamorphoseon libri xv interpr. et notis illustr. Dan. Chrispinus Helvetius, ad usum ser. Delphini. *Londini*, impr. Longman et soc., 1820; typ. C. Baldwini, in-8. — viij-618 p. = 1667.

OVIDE. Métamorphoses, trad. par Barrett. *Paris*, Barbou frères, 1796, 2 vol. in-12. = 430 bis.

OVIDE. Les Métamorphoses, trad. par J. G. Dubois-Fontanelle. *Paris*, L. Duprat-Duverger, 1806, 2 vol. in-12. — 1. (iv)-352 p. — 2. (iv)-291 p. (Paris, 1766, 2 vol. in-8). = 430.

OVID's Metamorphoses in english verse by various authors and publ. by S. Garth. *London*, J. Walker, 1807; print. by Brettel and Co, in-24. — (iv)-8-449-(vi) p. (Lond., 1717). = 1062.

OVIDE. Les Amours mythologiques traduits des Métamorphoses par de Pongerville, cinqe édit. *Paris*, Dondey-Dupré père et fils, impr.-libr., 1828, in-18. — viij-230 p. (Paris, Delaforest, 1827, in-8). = 372.

OVIDE. L'Art d'aimer, trad. en vers par M. De Saint-Ange. *Paris*, Giguet et Michaud, impr.-libr., 1807, in-12. — 321 p. = 465.

OWEN (Jean Audoenus). Armon (Galles); Londres, 1622. Epigrammatum Ioan. Owenl Cambro-Britanni oxoniensis, edit. postr. *Amsterodami*, apud Lud. Elzevirium, clɔ Iɔ CXLVII (1647), in-24. — (iv)-212 p. (Lond., 1606, in-24). = 1511 bis.

OWEN; et ALBERTI INES epigrammatum edit. postrema. *Amstelodami*, apud Elzevirium, MDCLXXIX (1679), pet. in-12. — (iv)-402 p. = 473.

PAGIN (Jean). Paris, 4 janv. 1762; Paris, août 1844. — Voy. Catalogue.

PALAPRAT (Jean de Bigot de). Toulouse, mai 1650; Paris, 23 oct. 1721. Choix de pièces de théâtre de Brueys et Palaprat. *Londres*, *Paris*, Cazin, 1787, pet. in-12. — (iv)-xij-413 p. (Paris, 1711, in-12). = 1640-3.

PALAPRAT (J.) Chefs d'œuvres dramatiques de Brueys et Palaprat. *Paris*, Belin, Valade aîné, impr.-libr., 3 part. in-18, 2 portr. = 333.

PALISSOT DE MONTENOY (Charles). Nancy, 3 janv. 1730; Paris, 5 juin 1814. Le Satyrique, coméd. trois actes, en vers; Théâtr. Français, 10 mai 1782. *Paris*, Moutard, 1782, in-8. — (iv)-67 p. = 223.

PALISSOT (Ch.). OEuvres. *Paris*, Moutard, impr.-libr., 1788; impr. de Monsieur (Didot le jeune), 4 vol. gr. in-8, portr., fig. — 1. iv)-viij-520 p. — 2. (iv)-530 p. — 3. (iv)-537 p. — 4. (iv)-528 p. = 1065.

PALISSY (Bernard). La Chapelle-Biron (Agenais), vers 1499; Paris, 1589. OEuvres complètes, publ. par P. A. Cap. *Paris*, J. J. Dubochet, 1844; impr. Béthune et Plon, in-12. — (iv)-XL-437 p. (Recepte : La Rochelle, 1563, in-4°; Discours : Paris, 1580, pet. in-8). = 1537.

PALLA (E). Histoire abrégée de l'Empire ottoman. *Paris*, Raymond, 1825; impr. Lachevardière fils, in-12. — (iv)-xxxvi-350 p. (Bibliot. du XIXe siècle, t. 60). = 769.

PALLADIUS RUTILIUS TAURUS ÆMILIANUS. Poitiers, vers l'an 381. De Re Rvstica libri XIIII, 186-(vi) p.; P. Victorii explicationes, 70 f.-(iv) p.; Enarrationes vocvm priscarvm per Georgivm Alexandrinvm; Ph. Beroaldi annot.; Aldus de dierum generibvs, (CLXVIIJ) p. Seminariu, 1536, 107-(xx) p. *Parisiis*, ex offic. Rob. Stephani, MDXLIII (1543), in-8.; Pratum, lacvs, arundinetum. *Parisiis*, apud Sim. Colinæum et Franc. Stephanum ejus privignum, 1543, in-8, 36 f. = 1175-A. — Voy. Libri de Re Rustica.

PARADIS DE RAYMONDIS (Jean Zach.). Bourg, 8 févr. 1746; Lyon, 15 déc. 1800. * Traité élémentaire de morale et de bonheur. *Paris*, P. F. Aubin, 1795; impr. J. M. Chevet, 2 vol. in-32. — 1. 313 p. — 2. 306 p. Lyon, Barret, 1784, 2 vol. in-18). = 1216.

Paris (carte des environs de). *Paris*, Jean, 1807, in-fol. = 1175-4.

Paris fortifié (nouveau plan de). *Paris*, P. Marie et A. Bernard, 1847, in-fol. = 1642 bis.

PARIS (Ant. Louis). Épernay, 26 août 1802. Histoire de Russie. *Paris*, 1832; impr. F. Didot frères, in-18. — 107 p. (Bibliot. popul.) = 918-21. — Voy. Nestor.

PARISOT (Valentin). Géographie de l'Europe. *Paris*, 1833; impr. F. Didot frères, 2 part. in-18. — 108-108 p. (Bibliot. popul.). = 918-11.

PARISOT (V.). Géographie de la France, par MM. Jomard et Parisot, cinqe édit. *Paris*, 1833; impr. A. Pinard, in-18. — 144 p. et une carte. (Bibliot. popul.) = 918-11.

PARKER-KING (Ph.) et F. P. BLACKWOOD. Instructions nautiques pour les bâtiments qui partant de Sydney veulent passer par le détroit de Torrès, trad. par A. Hostein. *Pondichéry*, impr. du gouvern., 1855, in-8. — 27 p. = 1672-18.

PARNY (Évar. Désiré Desforges de). Ile Bourbon, 6 févr. 1753; Paris, 5 déc. 1814. OEuvres choisies, quatre édit. *Paris*, Lemoine, 1829; impr. C. Farcy, 3 vol. in-48, port. — 1. (iv)-154 p. — 2. (iv)-164 p. — 3. (iv)-viij-106 p. (Bibliot. en miniat., édit. J. Ravenel). = 952.

Parseval-Grandmaison (Franç. Aug.). Paris, 7 mai 1759; Paris, 7 déc. 1834. Les Amours épiques, épisodes sur l'amour, composés par les meilleurs poètes épiques, sec. édit. *Paris*, 1806; impr. Dentu, in-8. — xxviij-346 p. (1804). = 778.

Parseval-Grandmaison (F. A.). Philippe-Auguste, poème, sec. édit. *Paris*, Aimé-André, Ponthieu et Cie, 1826; impr. H. Fournier, 2 vol. in-18. — 1. viij-267 p. — 2. (iv)-298 p. (Paris, 1825, in-8). = 813.

Partenio Etiro, pseudonyme. — Voy. Arétin (P.).

Parthenius de Nicée; vers l'an 40. — Voy. Eustathe.

Pascal (Blaise). Clermont, 19 juin 1623; Paris, 19 août 1662. Les Provinciales ou les Lettres écrites par Louis de Montalte à un provincial de ses amis, huite édit. *A Cologne*, chez Nicolas Schoute, cIↄ Iↄ clxxxv (1685), pet. in-12. — (xxvi)-476-116 p. (Paris, 23 janv. 1656-24 mars 1657, in-4°, 18 lett.). = 1139-3.

Pascal (B.). Les Provinciales. *Paris*, de l'impr. de P. Didot l'aîné, 1816, 2 vol. in-8. — 1. (iv)-cxxxvi-284 p. — 2. (iv)-320 p. = 504.

Pascal (B.). Lettres Provinciales. *Paris*, Ledentu, 1827; impr. Casimir, 2 vol. in-18. — 1. (iv)-282 p. — 2. (iv)-235 p. = 45.

Pascal (B.). Lud. Montaltii Litteræ Provinciales de Morali et politica Jesvitarvm Disciplina a Will. Wendrockio (*Nicole) in lat. transl. *Coloniæ*, apud Nic. Schouten, cIↄ Iↄ clviii (1658), in-8. — (xxxiv)-608 p. = 1143-3.

Pascal (B.). Pensées. *Paris*, de l'impr. de P. Didot l'aîné, 1817, 2 vol. in-8. — 1. (iv)-civ-304 p. — 2. (iv)-368 p. (Paris, Desprez, 1670, in-12). = 503.

Pascasius Justus (Pasquier Joostens); né à Écloo. Alea sive de cvranda in pecvniam lvdendi cvpiditate libri duo, edit. stud. Joann. A Munster in vortlage. *Neapoli Nemetum* (Spire), impr. Joann. Car. Unckelii, excud. Henr. Starckius, mdcxvii (1617), pet. in-4°. — (xvi)-212-(xij) p. (Basil., 1561, in-4°). = 1361-3.

Pascasii Justi de Alea libri duo. *Amsterodami*, apud Ludov. Elzevirium, 1642, in-24. — (lx)-213-(43) p. = 1068.

Pasquier (Louis Modeste Charles). Dol (Ile et Vilaine), 17 mars 1779. Précis de l'histoire de l'Hindoustan. *Paris*, Paulin, Ledentu, 1843; impr. Aug. Javel à Arbois, in-8. — (iv)-554 p. = 1650.

Pastoret (Emm. Claude Jos. Pierre de). Marseille, 25 oct. 1756; Paris, 29 sept. 1840. Zoroastre, Confucius et Mahomet, comparés comme sectaires, législateurs et moralistes, sec. édit. *Paris*, Buisson, 1788, in-8. — (iv)-477 p. (1786). = 1206.

Pastoret (E. C. J. P. de). Moyse considéré comme législateur. *Paris*, Buisson, 1788, in-8. — (iv)-599 p. = 1207.

Paterculus (Caius Velleius). Naples, l'an 18 av. J. C.; Rome, l'an 31 de J. C. C. V. Paterculi quæ supersunt ex edit. P. Burmanni. *Glascuæ*, Rob. et Andreas Foulis, 1752, pet. in-12. (Basileæ, Frobenii, 1520, in-fol.). = 1174.

Paterculus (C. V.). Abrégé de l'histoire grecque et romaine, trad. par l'abbé Paul. *Avignon*, J. J. Niel, 1770, in-12. — 469-(x) p. (1768). = 307.

Paterculus (C. V.). Histoire romaine, trad. par M. Desprès. *Paris*, Panckoucke, impr., 1825, in-8. — (vi)-xxxij-381 p. (Bibliot. latine-franç.). = 452.

Paterson (Sam.). Lond., 17 mars 1728; Lond., 29 oct. 1802. — Voy. Pinelli.

Patrat (Jos.). Arles, 1732; Paris, 4 juin 1801. — Voy. Kotzebue.

Patria. La France ancienne et moderne, morale et matérielle, par J. Aicard, F. Bourquelot, A. Bravais, F. Chassériau, A. Deloye, A. Denne-Baron, Desportes, P. Gervais, Jung, L. Lalanne, Lud. Lalanne, Le Châtelier, A. Le Pileur, Ch. Louandre, Ch. Martins, V. Raulin, P. Regnier, L. Vaudoyer, Ch. Vergé. *Paris*, J. J. Dubochet, Lechevalier et Cie, 1847; impr. Plon frères, in-12. — (iv)-iv-xliv p.-2752 col.-124 p. = 1591.

Patrizio (François). Sienne, vers 1410; Rome, 1496. Compendiosa epitome commentariorvm. *Parisiis*, apud Hieron. de Marnef & Gulielm. Cauellat, 1566, in-16. (lavé, réglé). — 392-(xxxij) p. (Comment.: Paris, 1511, goth.). = 1163.

Patru (Olivier). Paris, 1604; Paris, 16 janv. 1681. Plaidoyers et OEuvres diverses, nouv. édit. *Paris*, Séb. Mabre Cramoisy, mdclxxi (1681), gr. in-8. — (xij)-984-(vi) p. (Paris, 1670, in-4°). = 1170-e.

Patu de Mello (And. Claude). Paris, 23 févr. 1726; Paris, 21 févr. 1799. — Voy. Catalogue.

Pausanias, vers l'an 174; né à Césarée, mort à Rome. Pavsaniæ de florentiss. veteris graeciæ regionibvs commentarii a Romvlo Amasæo conuersi. *Basileae*, per Mich. Isingrinum, mdlvii (1557), pet. in-8. — (xvi)-802 p.-71 f. (Ἑλλάδος Περιηγήσις: Venet., Aldi, 1516, in-fol.; Amas.: Rom., 1547). = 1309.

Pavillon (Ét.). Paris, 1632; Paris, 10 janv. 1705. OEuvres. *A La Haye*, chez Henri Du Sauzet, 1715, pet. in-8. — (xxx)-232 p. = 992.

Pecchio (Guiseppe). Storia critica della Poesia inglese. *Parigi*, Baudry, 1837, 4 vol. in-12. — 1. xxxij-267 p. — 2. 279 p. — 3. (iv)-347 p. — 4. (iv)-265 p. = 1506.

Peignot (Ét. Gabr.). Arc-en-Barrois, 15 mai 1767; Dijon, 14 août 1849. Répertoire bibliographique universel. *Paris*, A. A. Renouard, 1812; impr. Crapelet, in-8. — xx-514 p. = 1169.

Peignot (É. G.). Dictionnaire historique et bibliographique abrégé. *Paris*, Haut-Cœur et Gayet, 1822; impr. Hacquart, 3 t. en 4 vol. in-8. — 1. 1re part. (iv)-528 p. — 1. 2e part. (iv) p.-p. 529-984. — 2. (iv)-572 p. — 3. (iv)-660 p. = 1317 bis.

Pellat (A. C.). Textes du droit romain sur la Dot, annotés. *Paris*, Alex. Gobelet, 1836; impr. Rignoux, in-8. — viij-264 p. = 819. — Voy. Marezoll.

Pellico (Silvio). Saluces, 1789; Turin, 31 janv. 1854. Le Mie Prigioni, memorie, sec. ediz. *Lione*, C. Savy, 1835; stamp. G. Rossary, in-8. — 216 p. = 366; terza. ediz., 1844; stamp. Dumoulin, Ronet et Sibuet, in-18. — 216 p. (Turin, 1833). = 1388-7.

Pellico (S.). Mes Prisons, ou Mémoires, trad. par J. H. Sievrac. *Toulouse*, J. N. Paya, impr.-libr., 1837; in-12. — (vi)-345 p. = 541.

Pellico (S.). Mes Prisons, trad. par J. L. Belin. *Paris*, Ledentu, 1840; impr. Am. Gratiot et Cie, 2 vol. in-32. — 1. (iv)-238 p. — 2. (iv)-238 p. = 1367 bis.

Pellico (S.). Des Devoirs des hommes, trad. par J. H. Sievrac. *Toulouse*. J. N. Paya, impr.-libr., 1836, in-12. — (vi)-132 p. = 540.

Pellisson-Fontanier (Paul). Béziers, 1624; Paris, 7 févr. 1693. Histoire de l'Académie française, par MM. Pellisson et d'Olivet, trois^e édit. *Paris*, J. B. Coignard, 1743, 2 vol. in-12. — 1. 420 p. — 2. 413 p.-17 f. (Paris, 1653, in-8). = 1415.

Pellisson-Fontanier (P.). *Recueil des Défenses de Mr Fouquet. (*Holl.*, Elz.), mdclxv (1665), 16 vol. pet. in-12. (Paris, 1661, in-4°). = 1168-3.

Péréfixe (Hardouin de Beaumont de); né en 1605; Paris, 31 déc. 1670. Histoire dv Roy Henry le Grand. *A Amsterdam*, chez Louys et Daniel Elzevier, 1661, pet. in-12. — (xij)-512? p. (Paris, 1661, in-4°). = 981.

Péréfixe (H. de B. de). Histoire dv Roy Henry le Grand. *A Amsterdam*, chez Louys et Daniel Elzevier, mdclxii (1662), pet. in-12. — (xij)-514 p. = 374.

Péréfixe (H. de B. de). Histoire dv Roy Henry le Grand. *A Paris*, chez Th. Jolly, mdclxii (1662), pet. in-12, portr. — (xij)-415 p. = 1015 bis.

Perezius (Ant.). Alforo (Espagne), 1585; Louvain, 19 déc. 1672. Institutiones imperiales erotematibus distinctæ. *Lugduni*, apud Jac. Certe, 1739, in-12. — 622-(xij) p. (Louvain, 1634, in-8). = 1096.

Perezius (A.). Prælectiones in xii libr. Codicis Justiniani. *Antverpiæ*, apud J. Bapt. Verdussen, 1720, 2 vol. pet. in-4°, 2 col. — 1. (xiv)-690 p. — 2. 662-(liv) p. (Louvain, 1642, in-fol.). = 1189.

Pernet. Dictionnaire abrégé de géographie ancienne comparée, sec. édit. *Paris*, impr. Aug. Delalain, 1820, in-18. — vi-539 p. = 1337.

Perrault (Charles). Paris, 12 janv. 1628; Paris, 16 mai 1703. Contes des fées. *Tours*, Mame et Cie, impr.-libr., 1834, in-18. — (iv)-viij-166 p. (*Histoires ou Contes du temps passé avec des moralitez : Paris, Cl. Barbin, 1697, pet. in-12). = 216.

Perrault (Ch.). Contes. *Paris*, Gust. Havard, 1851, impr. Schneider, gr. in-8, 2 col. — 20 p. (Romans, Cont. et Nouv. illustr., livr. 136). = 1566 bis.

Perreaux (Paul Florentin Marie). Paris, 15 janv. 1807. Traité élémentaire d'Arithmétique à l'usage des Indiens. *Pondichéry*, impr. du gouvernement (A. Toutin), 1838-1841, in-4°. — (ij)-273 p. = 1643.

Perrin. Werthérie, trois^e édit. *Paris*, Louis, an II, 2 vol. in-18. — 1. xij-174 — 2. (ij)-165 p. = 253 bis.

Perroniana et Thuana, edit. tertia. *Coloniæ Agrippinæ*, apud Gerbrandum Scagen, mdcxci (1691), pet. in-12. —(iv)-368 p. (Perroniana par Chr. Dupuy : Genevæ, 1667, in-12; Thuana par Chr. Dupuy : 1660, in-8). = 1176-1.

Perse (Aulus Persius Flaccus). Volaterra, 4 déc. 34; près de Rome, 18 nov. 62. Satyres, trad. par M. Carron de Gibert. *A Amsterdam*, 1771, in-8. — (ij)-138 p. (Brixiæ, 1473, in-fol.). = 1492 bis.

Perse. Œuvres, avec la version interlinéaire par M. Ét. Stenger. *Moulins*, Place et Bujon, impr.-libr., S. D., in-12. — xvi-137 p. = 268.

Petau (le P. Denis). Orléans, 21 août 1583; Paris, 11 déc. 1652. Rationarium temporum. *Parisiis*, apud Florent. Delaulne, MDCCIII (1703), 3 t. en 2 vol. in-12. — 1. (LXXIV)-613-(IX) p. — 2. (ij)-127-(vij) p. — 3. (ij)-415-14-250 p. (Paris, 1633-1634, 2 vol. in-12). = 799.

Petit (Ant. Fr.). Soissons, 1718; Olivet près Orléans, 21 oct. 1794. Voy. Catalogue.

Petit d'Auterive (P. Alexand. Stan.). Paris, 18 sept. 1779; Pondichéry, 28 août 1855. Discours d'installation à la Cour royale de Pondichéry, 30 mars 1832. *Pondichéry*, impr. du gouvern., 1832, in-8. — 20 p. = 1581-45-6.

Petit d'Auterive (P. A. S.). Discours de rentrée à la Cour royale de Pondichéry, 25 févr. 1840; des Lois des Indous. *Pondichéry*, A. Toutin, impr. du gouvern., 1840, in-8. — 40 p. = 1672-3.

Petit d'Auterive (P. A. S.). Réplique pour les femmes Ellamalle et Ponnamalle, 24 oct. 1842. *Madras*, Johnstone, print. (*Pondichéry*, A. Toutin, impr. du gouvern.), 1842, in-8. — (ij)-61 p. = 1665 bis.

Petit d'Auterive (Eug. Const. Amable). Lorient, 13 mars 1825. — Voy. Mémoires.

Petits Poëmes grecs. La Batrachomyomachie, d'Homère (Sc. Allut); Hésiode (Bignan); Héro et Léandre, de Musée (Grégoire et Collombet); la Prise de Troie, de Tryphiodore (Sc. Allut); l'Enlèvement d'Hélène, de Coluthus (Sc. Allut); l'Expédition des Argonautes, d'Apollonius (Caussin); la Chasse et la pêche, d'Oppien (Belin de Ballu, Limes). *Paris*, Lefèvre, Charpentier, 1841; impr. Schneider et Langrand, in-12, — (iv)-507 p. = 1556.

Pétrarque (François). Arezzo, 20 juillet 1304; Arqua près Padoue, 18 juillet 1374. Le Rime. *Londra*, *Paris*, Cazin, 1784, 2 vol. in-24. — 1. (iv)-XLVIIJ-210 p. — 2. (iv)-212 p. (Venetiis, Vindelinus de Spira, 1470, gr. in-4°). = 1187.

Pétrarque. Le Rime. *Venezia*, Molinari, 1820, 2 vol. in-16, portr. — 1. (xij)-XXVIIJ-356 p. — 2. 315 p. = 1380 bis.

Pétrone (Titus Petronius Arbiter). Marseille, 14; Rome, 66. Petronii Arbitri Massiliensis Satyrici fragmenta, e bibliot. Ioh. Sambuci. *Antverpiæ*, ex offic. Christ. Plantini, MDLXV (1565), in-8. — 64 p. (Venetiis, per Bern. Venet. de Vitalibus, 1499, in-4°). = 1162.

Pétrone latin et françois, traduction entière (*par Nodot). *Paris*, Gide, an VII, 2 vol. in-8. — 1. LIX-345 p. — 2. 464 p. (Nodot: Cologne [Paris], 1694, 2 vol. pet. in-8). = 397.

Peyronnet (Charles Ignace de). Bordeaux, 1776; Montferrand, janv. 1854. Histoire des Francs. *Paris*, Allardin, 1835; impr. H. Dupuy, 2 vol. in-8. — 1. xx-500 p. — 2. (iv)-437 p. = 261.

Phèdre (Julius). Thrace, vers l'an 30 av. J. C.; Rome, vers l'an 44 de J. C. Fabulæ Æsopiæ, accedunt Publii Syrii sententiæ, Aviani et anonymi veteris fabulæ. *Biponti*, ex typogr. societ., 1784, in-8. — 48-232 p. (Augustobonæ-Tricassium [Troyes], Jo. Odotius, 1596, pet. in-12, a Petr. Pithœo). = 1186-4.

PHÈDRE. Fabulæ Æsopiæ, access. P. Syri et aliorum sententiæ. *Parisiis*, excud. P. Didot, 1815, in-18. — (iv)-100 p. = 1137 bis.

PHÈDRE. Fabulæ, ex recens. Frid. Henr. Bothe, edidit J. A. Amar. *Parisiis*, Lefevre, 1821 ; excud. P. Didot natu major, in-32. — 184 p. (Script. lat. princ., t. 14). = 822, 1083 bis.

PHÈDRE. Fabulæ, avec notes et les fables de La Fontaine correspondantes, trois^e^ édit. *Paris*, Lassime et Cie, 1829 ; impr. E. Pochard, in-18. — (iv)-xviij-212 p. (Collect. publ. par MM. Leroy et Prieur). = 822 bis.

PHOCYLIDE. Milet, vers l'an 540 av. J. C. — Voy. Théognis.

PICARD (Louis-Benoit). Paris, 19 juillet 1769; Paris, 31 déc. 1828. Le Voyage interrompu, coméd., trois actes, prose; Théâtre français, 29 brum. an VII (19 nov. 1798). *Amsterdam*, Lefranc, an VIII, in-8. — 59 p. = 241.

PICOT (Jean). Tablettes chronologiques de l'histoire universelle, sacrée et profane, ecclésiastique et civile, d'après Lenglet Du Fresnoy. *Genève*, Manget et Cherbuliez, 1808, 3 vol. in-8. — 1. (iv)-xxviij-589 p. — 2. (iv)-605 p. — 3. (iv)-501 p. = 1689.

PICQUENARD (J. B.). Zoflora ou la Bonne Négresse. *Paris*, de l'impr. de Didot jeune, l'an VIII, 2 vol. in-18. — 1. 252 p. — 2. 268 p. = 48.

PIERQUIN DE GEMBLOUX (Claude Charles). Bruxelles, 26 mars 1799. Attila défendu contre les iconoclastes. *Paris*, Colomb de Batines, Techner et Dumoulin, 1843 ; impr. Vve Ménagé à Bourges, in-8. — 38 p. = 1296-5.

PIERRUGUES. Plan de la ville de Bordeaux réduit sur le plan levé par MM. Pierrugues et D. Béro. *Bordeaux*, 1830, A. Fillastre et neveu, gr. par E. Cabillet, écrit par Abel Malo à Paris, in-fol. = 1176 bis.

PIGAULT-LEBRUN (Guill. Charl. Ant.). Calais, 8 avril 1753 ; La Celle près Saint-Germain-en-Laye, 24 juillet 1835. Les Rivaux d'eux-mêmes, coméd., un acte, en prose; Théâtre de la Cité, 22 therm. an VI (9 août 1798). *Paris*, André, an VIII, in-8. — 48 p. = 242.

PIGNOTTI (Lorenzo). Figline, 1739 ; Pise, 5 août 1812. Favole. *Firenze*, Molini, Landi e C^ia^, 1808 ; impr. in Pisa co'caratt. di F. Didot, pet. in-8. — x-14 p. = 1176-4.

PINDARE. Cynocéphales (Thèbes), 520 ; Argos, 446 av. J. C. Pindari omnia græco-latina, cæterorum quoque aliorum lyriculorum octo carmina, édit. sec., anno MDLXVI (1566) ; *excud. Henric. Stephanus Huldrichi Fuggeri typogr.*, in-24. — 576 p. (Venetiis, Aldi, 1513, pet. in-8). = 1074.

PINDARI Olympia, Pythia, Nemea, Isthmia ; adiuncta est interpr. lat. (*Genevæ*), *Oliva Pauli Stephani*, MDXCIX (1599), in-4°. — (xvi)-487-(iv) p. = 297.

PINDARI Carmina, græcè. *Lipsiæ*, svmt. et typ. Car. Tavchnitzii, 1810, in-16. — xij-267 p. (Corp. poet. græc., ed. G. H. Schæfer). = 1132 bis.

PINDARUS, curante Jo. Fr. Boissonnade. *Parisiis*, Lefevre, 1825; excud. Jul. Didot natu major, in-32. — (viij)-366 p. (Poet. græc. sylloge, t. 14). = 1113.

Pindare. Odes, trad. en prose poétique par P. L. Gin. *Paris*, Arth. Bertrand, 1801 ; impr. Bertrand-Quinquet, in-8. — (iv)-442 p. = 1130-3.

Pinelli-Maffei (Jean Vinc.). Venise, 1736; Padoue, 7 févr. 1785. — Voy. Catalogue.

Piquenard (Rigobert). *Martyrologe littéraire ou dictionnaire critique de sept cents auteurs vivants par un hermite qui n'est pas mort. *Paris*, Germ. Mathiot, 1816; impr. Lebègue, in-8. — 349 p. = 1170-a.

Piron (Alexis). Dijon, 9 juillet 1689; Paris, 21 janv. 1773 OEuvres choisies. *Londres* (*Paris*, Cazin), 1782, 2 vol. in-24, portr. — 1. xij-180 p. — 2. (iv)-196 p. (Métromanie : 1738). = 7.

Piron (A.). OEuvres choisies. *Paris*, J. B. Fournier père et fils, 1802, 2 vol. in-36. — 1. 216 p. — 2. 232 p. (Bibliot. portat. du Voyageur). = 1432.

Planche (Jos); mort à Paris, 19 mars 1853. Dictionnaire français-grec, par MM. Planche, Alexandre, Defauconpret, sixe édit. *Paris*, Belin-Mandar, 1830; impr. Belin-Mandar à Saint-Cloud, in-8. — L-840 p. (Paris, 1826, in-8). = 1574-3.

Plancher de Valcourt (Ph. Arist. Louis Pierre). Caen, 1751 ; Belleville, 28 févr. 1815. Éginhard et Imma, mélodrame, trois actes; musique de M. Taix. *Paris*, S. D., in-8. — 38 p. = 220.

Plantier (Claude H. Aug.). Conférences données à Notre-Dame de Paris, 1847. *Paris*, Jacq. Lecoffre et Cie ; 1849 ; typ. Firmin Didot frères, in-8. — viij-448 p. = 1656.

Plantier (C. H. A.). Études littéraires sur les poètes bibliques. *Paris*, *Lyon*, Périsse frères, 1842 ; impr. Ant. Périsse à Lyon, in-8. — viij-408 p. = 1627.

Platon. Athènes, 429 ; 347 av. J. C. La République, ou Dialogue sur la Justice (*trad. de Grou). *Paris*, Brocas et Humblot, 1762, 2 vol. in-12. — 1. civ-261 p. — 2. (iv)-406 p. (Opera, gr. : Venetiis, Aldi, 1513, in-fol; lat., M. Ficin. : Florent., 1483). = 347.

Platon. L'État ou la République, trad. de Grou revue sur le texte d'Emm. Bekker (*par H. T.). *Paris*, Lefèvre, Charpentier, 1842 ; impr. Hennuyer et Turpin, in-12 — (viij)-viij-491 p. = 1219.

Platonis Eclogæ de Deo, de Homine, de Legibus. Pensées de Platon, ed. J. V. L. (*Leclerc), edit. sec. *Lutetiæ Parisiorum*, ex-typ. Aug. Delalain, 1838, in-8. — (vi)-184 p. = 1033.

Plaute (Marcus Accius Plautus. Sarsina (Ombrie), vers 224 ; Rome, 184 av. J. C. M. A. Plavtvs, opera Dion. Lambini. *Coloniæ Allobrogum*. (*Genève*), apud Petr. et Jac. Chouet, MDCXXII (1622), in-4°. — (viij)-919-(Lij) p. (Venetiis, J. de Colonia et Vind. de Spira, 1472, in-fol.). = 321.

Plaute. M. Accii Plavti Comœdiæ superstites xx. *Amstelodami*, typ. Ludovic. Elzevirii, 1652, in-24. — 715-(iv) p. = 1052.

? Pline l'ancien (Caïus Secundus). Vérone, l'an 23 ; au Vésuve, 24 août 79. Historiæ naturalis libri xxxvii, recens. Gabr. Brotier. *Parisiis*, Barbou, 1779, 6 vol. in-12. (Venetiis, J. de Spira, 1469, gr. in-fol.). = 1040-61.

PLINE LE JEUNE (Caïus Cæcilius Secundus). Epistolarum libri x et Panegyricus Trajano dictus, recogn. J. A. Amar. *Parisiis*, Lefevre, 1822; excud. P. Didot natu major, 2 vol. in-32, portr.— 1. (iv)-xx-380 p.— 2. 369 p. (Scrip. lat. princ., t. 9-10). (Venise?, 1471, in-4°). = 917.

PLINE LE JEUNE. Epistolæ selectæ, édit. nouv. par M. Demogeot. *Paris*, Dézobry, E. Magdeleine et Cie, 1847; impr. Claye et Taillefer, in-12. — xxxij-112 p. = 1389-3.

PLINE LE JEUNE. Les Lettres (*trad. L. de Sacy). *Paris*, comp. des libr., 1760, 2 vol. pet. in-12. — 1. 374 p. — 2. (iv)-388 p. (Paris, 1699, 1701, in-8). = 308.

PLINE LE JEUNE. Panégyrique de Trajan, trad. par M. de Sacy. *Paris*, Delalain, 1772, pet. in-12. — xxiv-364 p. (Paris, 1709, in-8). = 603.

PLUTARQUE. Chéronée, vers l'an 48; Rome, vers 140. Les Vies des hommes illustres, trad. par Amyot avec des notes par MM. Brotier, Dacier et Vauvilliers. *Paris*, P. F. É. Dufart fils, 1811; impr. J. L. Chanson, 16 vol. in-12, fig., table par F. Bancarel, 1812. — 1. (iv)-407 p. — 2. 392 p. — 3. 442 p. — 4. 405 p. — 5. 479 p. — 6. 439 p. — 7. 408 p. — 8. 379 p. — 9. 396 p. — 10. 398 p. — 11. 460 p. — 12. 448 p. — 13. 406 p. — 14. 399 p. — 15. 399 p. — 16. 348 p. (Opera, gr: Venetiis, Aldi, 1509-1518, 2 vol. in-fol.; lat. J. Lapus: Venetiis, per Nic. Jenson, 1478, 2 vol. in-fol.; Amyot: Paris, Vascosan, 1559, 2 vol. in-fol.; Dacier: *Paris*, 1721-1734, 9 vol. in-4°). = 591. — Voy. Maistre (Jos. de).

Poetæ græci gnomici. — Voy. Théognis.

Poëtes français vivants ou morceaux choisis. *Paris*, 1833; impr. Bacquenois et Appert, 2 part. in-18. — 108-104 p. (Bibliot. popul.). = 918-5.

Poezye krasickiego. *Paryz*, J. Barbezata, 1830; impr. J. Pinard, 3 vol. in-12. — 1. (iv)-217 p. — 2. (iv)-226 p. — 3. (iv)-234 p. = 1050.

Ποιητων ελληνικων συλλογη. Poetarum græcorum sylloge. — Voy. Anacréon, 1; Théocrite, Bion, Moschus, 2; Gnomiques, 3; Homère, 4-7; Callimaque, 8; Hésiode, 9; Sophocle, 10-11; Eschyle, 12-13; Pindare, 14; Lyriques, 15; Euripide, 16-19; Aristophane, 20-24.

POINSINET (Ant. Alex. Henri). Fontainebleau, 17 nov. 1735; Cordoue, 7 juin 1769. Chefs-d'œuvres lyriques. *Paris*, Belin, Valade aîné, 1791; impr. Vve Valade, in-18, portr. = 293.

POIRRIER (C.). Leçons élémentaires de mathématiques, 1re part., Arithmétique et Algèbre, quatre édit. *Paris*, Jacq. Lecoffre et Cie, 1854; typ. Firmin Didot frères, in-8. — (ij)-vi-372 p. = 1699.

POIRSON (Aug.); et CAYX. Précis de l'histoire de France, troisᵉ édit. *Paris*, L. Colas, L. Hachette, oct. 1831; impr. Casimir, in-8. — (vi)-xx-538 p. (Paris, mai 1827, in-8). = 197.

POIRSON (A.). Précis de l'histoire de France par M. Cayx et M. Poirson. *Paris*, L. Colas, 1835; impr. Casimir, in-8. — (iv)-iv-243-207 p. (1834). = 199.

Poirson (J. Bapt.). Vrécourt (Lorraine), 30 mars 1760; Valence près Montélimart, 15 févr. 1831. Carte de la France divisée en 117 départements. *Paris,* Jean, 1810, in-fol. = 1174 bis.

Poisson (Raymond); né à Paris; Paris, 1690; et Philippe Poisson. Paris, févr. 1682; Saint-Germain, 4 août 1743. OEuvres choisies. *Paris,* Lecointe, 1830; impr. Lachevardière, in-18. — xij-171 p. = 736.

Poisson (Phil.). Le Procureur arbitre, coméd., en vers. *Paris,* comp. des libr., 1773; in-8. — 39 p. (1728). = 228.

Polignac (le c[al] Melchior de). La Ronte près le Puy-en-Velay, 11 oct. 1661; Paris, 20 nov. 1741. Anti-Lucretius, sive de Deo et natura, cura C. d'Orléans de Rothelin (*et C. Le Beau). *Parisiis,* H. L. et J. Guerin, 1749, 2 vol. pet. in-12. — 1. (iv)-xxxvi-171 p. — 2. (iv)-261 p. (Parisiis, 1747, 2 vol. gr. in-8). = 326.

Polignac (M. de). L'Anti-Lucrèce, trad. par de Bougainville. *Bruxelles,* Fr. Foppens, impr.-libr. 1772, in-12. — (vi)-lxxij-462 p. (Paris, 1749, 2 vol. in-8). = 271.

Politien (Ange Bassi ou Ambrogini). Montepulciano, 14 juillet 1454; Florence, 24 sept. 1494. — Voy. Hérodien.

Pologne (la) historique, littéraire, monumentale, direct. Léon. Chodzko, publ. par Ign. Stan. Grabowski. *Paris,* 1835-1839, 3 vol. gr. in-8, 2 col., fig. = 402.

Polybe. Mégalopolis, 205; 124 av. J. C. Les Histoires, avec les fragmens ov extraits dv même avthevr, de la trad. de P. Dv Ryer. *A Paris,* chez Thom. Iolly et Sim. Benard, MDCLXX (1670), 3 vol. in-12. — 1. (xij)-14-579 p. — 2. (ij)-688 p. — 3. (ij-xxiv)-344-(cxxiv) p. (gr. lat.: Hagenoæ, per J. Secerium, 1530, pet. in-fol.; lat., Nic. Perottus: Romæ, Conr. Suueynheym et Arn. Pannartz, 1473, in-fol.; Du Ryer: Paris, 1635, in-fol.). = 1366.

Polybe. Histoire générale, trad. nouv. par. M. Félix Bouchot. *Paris,* Ad. Delahays, 1847; impr. G. Gratiot, 3 vol. in-12. — 1. xxiv-540 p. — 2. (iv)-384 p. — 3. (iv)-387 p. = 1598.

Polyen. Macédoine, vers 161-180. Les Ruses de guerre, trad. par D. G. A. L. R. B. D. L. C. D. S. M. (* Dom G. A. Lobineau), 2 vol. pet. in-12. — 1. viij-346 p. — 2. (iv)-336 p. — Stratagèmes de Frontin, de la trad. de N. Perrot d'Ablancourt. *Paris,* Vve David, 1770, pet. in-12, xij-276 p. (gr. lat.: Lugduni, 1589, p. in-12; lat., Vulteius: Basil., 1550, in-4°; trad. Lobineau: Paris, 1739, 2 vol. in-12). = 1322.

Pompadour (Jeanne Ant. Poisson m[ise] de). Paris, 1722; Versailles, 14 avril 1764. Lettres de Mme la m[ise] de Pompadour depuis 1744 jusqu'en 1752. *A Londres (Paris),* 1773, 3 part. in-12. — (ij)-iv-331 p. = 4, 1398 bis.

Pompeius Festus. — Voy. Verrius Flaccus.

Pomponius Lætus (Julius). Amendolara (Calabre), 1425; Rome, 21 mai 1497. De Antiqvitatibvs vrbis Romae. Topographiae Romae Io. Bartholomaei Marliani epitome. P. Victoris de vrbis Romae regionibvs et locis libellvs. *Basileae,* par Thomam Plattervm, anno MDXXXVIII (1538), pet. in-8. — (xxxvi)-257 p. (Romæ, 1515, in-4°). = 1328.

Pomponius Sextus. Rome, vers 110-180. Histoire du Droit romain ou Enchiridion, trad. par Eug. Dubarle. *Paris*, Videcoq, Leloir, Goblet, 1825; impr. Gueffier, in-8. — xx-63 p. = 1175-5.

Poncelet (Franç. Fréd.). Mouzay (Meuse), 10 août 1790; Paris, 24 mars 1843. — Voy. Catalogue.

Pontanus (Georg. Bartholdus); près de Wittenberg, 1486; Iéna, 20 févr. 1557. Scanderbegvs, hoc est res gestæ Georgii Castrioti. *Hanoviæ*, typis Wechelianis, apud Claud. Marnium et hered. Ioan. Aubrii, MDCIX (1609), pet. in-8. — (xxiv)-295 p. = 683.

Pope (Alex.). Londres, 22 mai 1688; Twickenham, 30 mai 1744. Les Principes de la morale et du goût (* trad. par Du Resnel). *Paris*, Briasson, (1737); impr. Le Breton, in-18. — (iv)-lij-208 p. = 376.

Porée (Charles). Vendes près Caen, 1675; Paris, 11 janv. 1741. Orationes. *Parisiis*, apud Marcum Bordelet, 1735, 2 vol. in-12. — 1. (iv)-296 p. — 2. (iv)-428 p. = 356.

Portraits et Histoire des hommes utiles. *Paris*, impr. Paul Renouard, 1833-1838, in-8, 2 col. — xvi-280 p. et 150 portr. = 262.

Pothier (Robert Jos.). Orléans, 9 janv. 1699; Orléans, 2 mars 1772. Traité du contrat de vente mis en rapport avec les nouvelles lois. *Paris*, Tardieu-Denesle, 1820; impr. Fain, in-8. — xvi-416 p. (Orléans, 1762, 2 vol. in-12). = 1105.

Pothier (R. J.). Traité de la puissance du mari sur la personne et les biens de la femmes, et des donations entre mari et femme. *Paris*, Mme Aucher-Éloy, 1832; impr. Crapelet, in-32. — (iv)-230 p. (Orléans, 1770, 2 vol. in-12). = 1097.

Pouchkine (Alexandre Serghéiévitch Pouschkine). Pskof, 26 mai 1799; Saint-Pétersbourg, févr. 1837. OEuvres choisies, trad. par H. Dupont. *Saint-Pétersbourg*, Bellizard et Cie; *Paris*, impr.-unis, 1847; impr. Paul Renouard, 2 vol. in-8. — 1. xij-400 p. — 2. viij-487 p. = 1583.

Pouget (Franç. Aimé). Montpellier, 28 août 1666; Paris, 24 avril 1723. — Voy. Instructions.

Poulle (Nic. Louis). Avignon, 1711; Paris, 8 nov. 1781. Sermons. *Paris*, Mérigot le jeune, 1778; impr. P. G. Simon, 2 vol. in-12. — 1. viij-367 p. — 2. (iv)-339 p. = 413.

Pradel (Eug. de). Contes et Nouvelles d'un prisonnier à ses enfants. *Paris*, Hocquart et Daubrée, Ledentu, 1825; impr. Casimir, in-12, fig. — xxiv-448 p. = 39.

Pradon (Nicolas). Rouen, 1632; Paris, janv. 1698. Les OEuvres. *Paris*, chez Thom. Guillain, MDCLXXXVIII (1688), pet. in-8. = 436.

Prévost d'Exiles (l'abbé Ant. Franç.) Hesdin, 1er avril 1697; Chantilly, 23 nov. 1763. Histoire du chevalier Des Grieux et de Manon Lescaut. *Paris*, Garnery, 1823, in-18. — 226 p. (Septe vol. des Mémoires d'un homme de qualité : Paris, 1733, 7 vol. in-12). = 378.

Prévost (l'abbé A. F.). Histoire de Manon Lescaut et du chev. Des Grieux. *Paris*, Dauthereau, 1827; impr. F. Didot, 2 vol. in-32. — 1. (iv)-xiv-viij-158 p. — 2. (iv)-159 p. = 904.

PRÉVOST (l'abbé A. F.). Le Doyen de Killerine. *Paris*, Dauthereau, 1828; impr. F. Didot, 6 vol. in-32. — 1. (iv)-289 p. — 2. (iv)-259 p. — 3. (iv)-260 p. — 4. (iv)-246 p. — 5. (iv)-242 p. — 6. (iv)-279 p. (Anon.: Paris, Didot, 1735, 6 vol. in-12). = 832.

PRÉVOST (l'abbé A. F.) *Manuel lexique. *Paris*, Didot, 1755, 2 vol. pet. in-8. — 1. (iv)-544 p. — 2. (iv)-549 p. (1750). = 1120. — Voy. Hume, Richardson.

PRIESTLEY (Jos.). Fieldhead (Yorkshire), 18 mars 1733; Northumberland (Amériq.), 6 févr. 1804. Histoire de l'Électricité, trad. de l'angl. *Paris*, Hérissant le fils, 1771; impr. P. Alex. Le Prieur, 3 vol. in-12, fig. — 1. XLviij-432 p. — 2. (iv)-531 p. — 3. (iv)-478 p.-viij planch. (Lond., 1767, in-4°). = 1.

PROCLUS (Diodocus Lycius). Bysance, 8 févr. 412; Athènes, 17 avril 485. — Voy. Orphica.

PROCOPE. Césarée, vers 495; Constantinople, vers 565. Histoire des gverres faictes par l'Emperevr Ivstinien contre les Vandales et les Goths, escrite par Procope & Agathias et mise en françois par Martin Fumée Sr de Genillé. *A Paris*, chez Michel Sonnius, MDLXXXVII (1587), pet. in-fol. — (xxxij)-359-(xxxij) p. (lat.: Rome, 1509, in-fol.; gr., Dav. Hæschelius : Augsbourg, 1607, in-fol.). = 1297.

PRODROME (Théodore); vers 1050. Les Amours de Rhodante et de Dosiclès, trad. par P. Franç. Godard de Beauchamps. *Paris*, de l'impr. de Guillaume, 1797, in-18. — (iv)-106 p. (Bibliot. des romans grecs). (gr.-lat.: Parisiis, 1625, in-8; Beauchamps: Paris, Coustelier, 1746, pet. in-8). = 1351.

PROISY D'EPPES (le c[te] César). Eppes (Aisne), 1er avril 1788; Marie-Galande, 14 oct. 1816. *Dictionnaire des Girouettes par une société de Girouettes. *Paris*, Al. Eymery, 1815; impr. J. B. Imbert, in-8, fig. — 443 p. = 1348.

Projet de loi sur le chemin de fer d'Orléans à Bordeaux. Exposé des motifs (S. Dumon), 30 mars 1844, n° 47. *Paris*, avril 1844; impr. A. Henry, in-4°, 11 f. — Rapport de M. Dufaure, 29 mai 1844, n° 124, in-4°, 15 f. = 1105-3.

PRONY (Gasp. Clair Franç. Mar. Riche de). Chamelet près Lyon, 28 juillet 1755; Paris, 29 juillet 1839. Instructions élémentaires et pratiques sur l'usage des tables de logarithmes. *Paris*, 1834, impr. A. Barbier à Sèvres, in-18. — xiv-76 p.-tabl. (Bibliot. popul.). = 918-7.

PROPERCE (Sextus Aurelius Propertius). Mevania (Ombrie), l'an 52; Rome, l'an 12 av. J. C. Carmina, ex Christ. Theop. Kuinoel rec. edid. J. A. Amar. *Parisiis*, Lefevre, 1821; excud. P. Didot natu major, in-32. — viij-283 p. (Script. lat. princ., t. 7). (1472, pet. in-4°). = 273.

PROPERCE. Élégies, trad. en vers par P. Denne-Baron. *Paris*, Ladvocat, 1828, in-18, tit. gr. — XLviij-273 p. (1812). = 715.

PROPERCE. Élégies, trad. en vers par C. L. Mollevaut, sec. édit. *Paris*, Arth. Bertrand, 1821; impr. P. Didot l'aîné, in-18. — viij-208 p. (1816). = 545. — Voy. Catulle.

Propiac (le chev. Cath. J. Ferd. Gérard de); né en Bourgogne, vers 1760; Paris, 1er nov. 1823. *Dictionnaire d'Amour, sec. édit. *Paris*, J. Chaumerot, 1808; impr. Orizet et Le Coq, in-12. — viij-278 p. = 50.

Prosateurs français vivants: fragmens, extraits. *Paris*, 1833, in-18. — 112 p. (Bibliot. popul.). = 918-5.

Prousteau (Guill.). Tours, 26 mai 1626; Orléans, 19 mars 1715. Catalogue des livres de la bibliothèque publique fondée par M. Prousteau (6 avril 1714), nouv. édit. avec des notes critiques et bibliographiques (*par le P. Dom Fabre). *A Paris*, chez P. Théop. Barrois; *et A Orléans*, chez Jacq. Phil. Jacob, impr.-libr., 1777, in-4. — (iv)-xlij-402 p. (Bibliot. Prustelliana [* Phil. Billouet et Fr. Méry], Orléans, 1721, in-4°). = 1280.

Proverbia, Ecclesiastes et Canticū canticorū (hebraicè). *Argentorati*, typis Schadæanis, MDXCI (1591), in-24. — 128 f. = 1372-3.

? Prudence (Aurelius Clemens). Sarragosse, vers l'an 348. Opera quæ extant. *Coloniæ*, 1701, pet. in-8. (dans Poetæ christiani: Venetiis, Ald., 1501, in-4°). = 315.

Pseavmes de David, trad. nouv. par le sieur Dv Mont (* de Sacy). *A Paris*, chez Pierre Le Petit, MDCLXXII (1672), pet. in-8, 3 col., portr. — (xij)-xxviij-416 p. (Psalmorum codex: Moguntiæ, Fust et Scheffer, 14 août 1457, gr. in-fol.; Sacy: 1665). = 1176-1.

Pseaumes (Interprétation des) et des Cantiques par Nic. Cocquelin. *Limoges*, chez les frères Barbou, (1822), in-12. — viij-432 p. (1730). = 18.

Publicistes, philosophes et orateurs de la chaire et de la tribune. *Paris*, 1833; impr. F. Locquin, 2 part. in-18. — (iv)-104-108 p. (Bibliot. popul.). = 918-5.

Publius Syrus. Syrie, vers l'an 104; Rome, vers l'an 41 de J. C. Sententiæ (par Érasme: Bâle, 1502, in-4°). — Voy. Phèdre.

Puech (J. A.). Commandements républicains. *Albi*, S. Rodière, 1848, in-18. — (iv)-8 p. = 1403-7.

Pufendorf (Sam. de). Flœhe (Saxe), 8 janv. 1632; Berlin, 26 oct. 1694. Introduction à l'histoire de l'univers (* trad. par Roussel, revue par Bruzen). *Amsterdam* (*Trévoux*), aux dép. de la comp., 1722, 7 vol. in-12, fig. — 1. (xxxij)-480 p. — 2. (iv)-509 p. — 3. viij-cxix-513 p. — 4. (iv)-474 p. — 5. (iv)-562 p. — 6. (iv)-507 p. — 7. (iv)-566 p. (Amst., 1682, 1686, 1687; trad. Roussel: Cologne, P. Marteau, 1685, 2 vol. in-12). = 1179-0.

Puibusque (Adolphe de). Histoire comparée des littératures espagnole et française. *Paris*, G. A. Dentu, impr.-libr., 1843, 2 vol. in-8. — 1. (iv)-iv-560 p. — 2. (iv)-544 p. = 1514.

Puisieux (Mme de). *Les Caractères, par Mme de P***. *A Londres* (*Paris*), 1751, in-12. — (vi) 252-(ij)-vi-232 p. = 1452 bis.

Puteanus Erycius. — Voy. Du Puy (Henry Van de Putte).

Pyat (Félix). Vierzon, 1814. Les deux Serruriers, drame, cinq actes; Porte-Saint-Martin, 25 mai 1841. *Paris*, Ch. Tresse, 1841; impr. Mme de Lacombe, gr. in-8, 2 col. — 32 p. (Répert. dramat., n° 162). = 783.

Pythagore. Samos, 584; Métaponte, 494 av. J. C. Aurea carmina. *Parisiis*, Guil. Morelius, 1555, in-8. (Padoue, 1474, in-4°). = 295.

Quentin (Eug.); né à Libourne. La Mort du duc de Clarence, essai dramatique, en vers. Porte-Saint-Martin, 21 juillet 1838. *Paris*, Marchant, 1838; impr. Vve Dondey-Dupré, in-8, 2 col. — 8 p. = 589.

Quérard (J. M.). Rennes, 25 déc. 1797. La France littéraire, ou Dictionnaire bibliographique. *Paris*, Firmin Didot frères, 1827-1839, typ. F. Didot, 10 vol. in-8. — 1. A-B. — 2. C-D. — 3. EAN-GUY. — 4. HAA-LAZO. — 5. LE-MAZ. — 6. ME-PA. — 7. PEA-REZ. — 8. RH-SCY. — 9. SEA-U. — 10. VAB-ZY. = 1171 bis.

Quérard (J. M.). La Littérature française contemporaine, 1827-1838. *Paris*, Daguin frères, 1839; typ. Firmin Didot frères, in-8, t. 1. 1re livr., A-ART. = 80 p. = 1396 bis.

Quérard (J. M.). Les Auteurs déguisés de la littérature française au XIXe siècle, Essai bibliographique pour servir de supplément à A. A. Barbier. *Paris*, au bur. du biblioth., 1845; impr. G. Gratiot, gr. in-8. — (iv)-84 p. = 1174-A.

Quérard (J. M.). Omissions et Bévues du livre intitulé « la Littérature française contemporaine » par MM. Ch. Louandre et F. Bourquelot, BON-CHR. *Paris*, l'édit., 1848; impr. Maulde et Renou, in-8, 2 col. — (iv)-xvi-34 p.-4 f. autogr. = 1360-3.

Quérard (J. M.). Notice bibliographique des ouvrages de M. de La Mennais. *Paris*, l'édit., 1849; impr. Maulde et Renou, in-8. — 149 p. = 1350 bis.

Quicherat (Louis). Traité de Versification latine, cinq^e édit. *Paris*, L. Hachette, 1835; impr. E. Duverger, in-12. — xxiv-310 p. (Paris, Brédif, 1826, in-12). = 631.

Quicherat (L.). Thesaurus poeticus linguæ latinæ ou Dictionnaire prosodique et poétique de la langue latine, sec. édit. *Paris*, L. Hachette, 1840; impr. Am. Gratiot et Cie, in-8, 2 col. — (iv)-xx-1338 p. (1836). = 1577-4.

Quinault (Phil.). Paris, 3 juin 1635; Paris, 26 nov. 1688. Atys, trag. lyrique, trois actes, musique de M. Piccini père; Acad. roy. de musique, 22 févr. 1780. *Paris*, Delormel, 1784, in-8. — 34 p. = 226.

Quinault (P.). Chefs-d'œuvres lyriques. *Paris*, Belin, Valade aîné, 1791; impr. Vve Valade, 3 vol. in-18, portr. = 293.

Quinte-Curce; vers l'an 27 av. J. C.; vers l'an 30 de J. C. Quintus Curtius Rufus. *Lugd.-Bat.*, ex offic. Elzeviriana, 1633, pet. in-12. — (vi)-364-(xxiv) p. et une carte. (Mediolani, Ant. Zarotus, 1481, in-fol.). = 1051.

Quintus Curtius. *Londini*, typis J. Brindley, 1746, 2 vol. in-18. — 1. titr. gr., 205-(iv) p. — 2. tit. gr., 173-(vij) p. = 1111.

QUINTUS CURTIUS RUFUS de Rebus gestis Alexandri Magni cum suppl. Io. Freinshemii, edit. sec. *Argentorati*, ex typ. societ., 1801, 2 vol. in-8. — 1. (iv)-243 p. — 2. 236-(XLviij) p. (Freinsh. : Strasb., 1639-1640, 2 vol. in-8; Biponti : 1782). = 1445.

QUINTILIEN (Marcus Fabius). Calaguris (Esp.), 42; Rome, 120. M. Fabii Qvintiliani rhetoris de Institutione oratoria libri XII. *Parisiis*, ex offic. Michaëlis Vascosani, MDXLII (1542), in-4°. — (viij) p.- 300 f. chiff. au r°. (Romæ, per Ulricum Han, 1470, in-fol.). = 1170-0.

QUINTILIANI (Marci Fabii). Institutionum libri XII; notis illustr. C. Rollin. *Parisiis*, apud fratres Estienne, 1760, 2 vol. in-12. — 1. Lviij-435 p. — 2. (iv)-449-(XLiv) p. (1754, 2 vol. in-8). = 433.

QUINTIN (Edm. Mathieu). Chandernagor, 6 mai 1819. Des Rapports, thèse, 21 avril 1843. *Paris*, impr. Vinchon, 1843, in-4°. — 24 p. = 1184-18.

QUINTUS CALABER; vers l'an 491. Quinti Smyrnæi Paralipomena, lat. redd. a Laur. Rhodomano; access. Epitome historiæ trojanæ et Dionis Chrysostomi Oratio de Ilio non capto. *Hanoviæ*, typis Wechelianis, apud. Claudium Marnium, et hered. Joann. Aubrii, MDCIII (1604), pet. in-8. — (xxxij)-709-(LXXVI)-283 p. (Venetiis, Aldi, 1505, in-8). = 1094.

RABANIS (Franç. Hyacinthe); né à Lyon. Histoire de Bordeaux, introduction. *Bordeaux*, A. Laplace, 1834; impr. Mme Vve Laplace à Bordeaux, in-8. — xxxix-44 p. = 131.

RABBE (Alph.). Riez (Basses-Alpes), 1786; Paris, 1er janv. 1830. Résumé de l'histoire d'Espagne, avec une introd. par Fél. Bodin, sec. édit. *Paris*, Lecointe et Durey, 1824; impr. Lebel, in-18. — xxiv-484 p. (1823). = 282.

RABBE (A.). Résumé de l'histoire d'Espagne, quatr^e^ édit. *Paris*, Lecointe, 1828; impr. A. Boucher, in-8. — xix-512 p. = 478.

RABBE (A.). Résumé de l'histoire de Portugal, avec une introd. par R. T. Châtelain, sec. édit. *Paris*, Lecointe et Durey, 1824; impr. Lachevardière fils, in-18. — xxxij-447 p. = 283.

RABBE (A.). Résumé de l'histoire de Russie. *Paris*, Lecointe et Durey, 1825; impr. Lachevardière fils, in-18. — (iv)-viij-683 p. = 284.

RABBE (A.). Résumé géographique de l'empire de Russie et du royaume de Pologne, trois^e^ édit. *Paris*, Dupont, 1826; impr. J. Tastu, in-18. — xxxvi-643 p. et une carte. = 996.

RABELAIS (François). La Devinière près Chinon, 1483; Paris, 1er mars ou 9 avril 1553. Les OEuvres. *A Bruxelles*, chez Henri Frix, MDCLIX (1659), 2 vol. in-12. — 1. — 2. 459 p.-7 f. (Lyon, Paris, 1533, 1542, 1552, 1565, in-16 et in-8). = 730 bis.

RABELAIS (F.). Les OEuures, augmentées de la uie de l'auteur et de quelques remarques. (*Holl.*, *A la Sphère*), MDCLXXXI (1681), 2 vol. pet. in-12. — 1. (xxix)-488-(xiv) p. — 2. 500? p. = 445.

Rabelais (F.). OEuvres, nouv. édit. par L. Jacob. *Paris*, Charpentier, 1850; impr. Crété à Corbeil, in-12. — (iv)-lxxij-576 p. = 1548.

Racine (Jean). La Ferté-Milon, 21 déc. 1639; Paris, 22 avril 1699. OEuvres. *Paris*, impr. G. Doyen, 1829, 4 vol. in-18. — 1. 239 p. — 2. 243 p. — 3. 255 p. — 4. 303 p. (OEuvres : Paris, Barbin, 1676, 2 vol. in-12). = 137.

Racine (J.). OEuvres. *Paris*, Mme Ve Dabo, 1822-1824; impr. stér. d'Herhan, 5 vol. in-18. — 1. — 2. (iv)-348 p. — 3. 403 p. — 4. 394 p. — 5. 332 p. = 46.

Racine (J.). OEuvres complètes, avec le commentaire de Labarpe. *Paris*, librair. nation. et étrang., 1821; impr. Dondey-Dupré, 8 vol. in-12. — 1. 420 p. — 2. (iv)-330 p. — 3. (iv)-326 p. — 4. (iv)-488 p. — 5. (iv)-316 p. — 6. (iv)-400 p. — 7. (iv)-592 p. — 8. (iv)-556 p. = 107.

Racine (J.). OEuvres complètes (* édit. Léon Thiessé). *Paris*, Pourrat frères, 1834; impr. Éverat, 6 vol. in-8. — 1. (iv)-iv-xl-327 p. — 2. (iv)-370 p. — 3. (iv)-400 p. — 4. (iv)-420 p. — 5. (iv)-428 p. — 6. (iv)-492 p. = 513.

Racine (Louis). Paris, 6 nov. 1692; Paris, 29 janv. 1763. La Religion, poème. *Lille*, Vanackère, impr.-libr., 1823, in-18. — (iv)-333 p. (Paris, Coignard, 1742, gr. in-8). = 120 bis.

Racine (L.). La Religion. *Lyon*, *Paris*, Rusand, impr.-libr., 1827, in-18. — viij-116-180 p. = 120.

Racine (L.). OEuvres. *Paris*, Lenormant, impr.-libr., 1808, 6 vol. in-8, portr. — 1. (iv)-4-483 p. — 2. (iv)-525-(iv) p. — 3. (iv)-501 p. — 4. (iv)-602 p. — 5. (iv)-586 p. — 6. (iv)-641 p. (Paris, 1747, 6 vol. pet. in-12). = 871.

Racine (l'abbé Bonaventure). Chauni près Laon, 25 nov. 1708; Auxerre, 14 mai 1755. * Abrégé de l'histoire ecclésiastique, nouv. édit. avec la continuation *par Rondet. *A Cologne et à Utrecht*, 1749-1762, 15 vol. in-12. — 1. (iv)-xiv-731 p. — 2. (iv)-786 p. — 3. — 4. (ij)-646 p. — 5. (iv)-720 p. — 6. (iv)-700 p. — 7. (ij)-xxiv-768 p. — 8. (iv)-xxxxvi-762 p. — 9. (iv)-776 p. — 10. (iv)-lx-592 p. — 11. (iv)-620 p. — 12. (iv)-714 p. — 13. (iv)-822 p. — 14. (iv)-578 p. — 15. (iv)-376-(iv)-123 p. (Cologne [Paris], 1748-1756, 13 vol. in-12). = 1179-u.

Raffenel (Claude Denis). 1797; Athènes, 1827. Histoire des Grecs modernes. *Paris*, Raymond, 1825; impr. A. Boucher, in-12. — (iv)-332 p. (Bibliot. du xixe siècle, t. 61). = 817.

Ragon (F.). Abrégé de l'histoire générale des temps modernes, 1453-1715, trois. édit. *Paris*, L. Colas, L. Hachette, 1835; impr. Comynet à Avallon, 2 vol. in-8. — 1. viij-427 p. — 2. (iv)-499 p. (Paris, Colas, 1824-1826, 2 vol. in-8). = 200. — Voy. Cicéron.

Raisson (Horace Napoléon). Paris, 24 août 1798; Paris, 6 ou 7 juin 1854. Histoire de la famille Bonaparte, de 1269 à 1830. *Paris*, Jules Lefebvre et Cie, août 1830; impr. A. Barbier, in-18, portr. — 220 p. = 82.

Ramée (D.). Carte de la Crimée, grav. chez Erhard, 1854; impr. Trinocq, in-fol. = 1626-3.

Ramsay (le chev. And. Mich. de). Ayr (Écosse), 9 juin 1686; Saint-Germain-en-Laye, 6 mai 1743. The Travels of Cyrus. *Paris*, Didot, 1796, 2 vol. pet. in-12. — 1. (iv)-188 p. — 2. (iv)-228 p. (en angl. : Edinb., 1729, in-8). = 937.

Ramsay (A. M. de). Les Voyages de Cyrus. *Suivant la copie impr. à Paris, à Luxembourg*, André Chevalier, 1728, 2 t. en 1 vol. in-12. — (iv)-324-114 p. (Paris, Quillau, 1727, 2 vol. pet. in-8). = 971.

Raoul-Rochette (Désir). Saint-Amand (Cher), 9 mars 1789; Paris, 5 juillet 1854. Mémoire sur les représentations figurées du personnage d'Atlas. *Paris*, impr. Paul Renouard, 1835, in-8, fig. — (iv)-viij-78 p. = 1293 bis.

Rapin (le P. René). Tours, 1621; Paris, 27 oct. 1687. Renati Rapini Eclogæ, Hortorum libri iv, Carmina. *Parisiis*, sumpt. fratr. Barbou, 1723, 3 vol. in-12, fig. — 1. clxviij-60 p. — 2. 192 p. — 3. viij-224 p. (Eclogæ: Paris, 1659, in-4o; Hort. : Paris, 1665, in-4o; Carmina : Paris, 1681, 2 vol. in-12). = 353.

Raucourt (le colonel), de Charleville. Cours de Philosophie pratique de la petite industrie. 1re part., Étude de l'homme. *Paris*, l'aut., 1831; impr. H. Fournier, in-12. — (ij)-iv-296 p. = 1211.

Ravignan (le P. de). De l'Existence et de l'Institut des Jésuites. (Lettre et) Mémoire de M. de Vatisménil sur les associations religieuses non autorisées, trois* édit. *Paris*, Poussielgue-Rusand, 1844; impr. Poussielgue, in-12. — 180 p. = 1178.

Raynal (l'abbé Guill. Thom. Franç.). Saint-Geniez, 11 mars 1711; Chaillot, 6 mai 1796. Histoire du Parlement d'Angleterre, nouv. édit. *Genève*, Ant. Philibert, 1750, in-12. — viij-367 p. (1748). = 1167-a.

Raynal (l'abbé G. T. F.). Histoire philosophique et politique des Établissements et du Commerce des Européens dans les Deux-Indes. *Genève*, J. L. Pellet, 1780, 5 vol. in-4o, fig. — 1. xvi-742 p. — 2. (iv)-viij-485 p. — 3. xvi-630 p. — 4. (iv)-viij-772 p. — 5. Atlas, (iv)-28 p.-49 cartes, 23 tabl. (Anon.: Amst. [Paris], 1770, 4 vol. in-8). = 1107 bis.

Raynouard (Franç. Just. Marie). Brignolles (Var), 18 sept. 1761; Passy, 27 oct. 1836. Histoire du Droit municipal en France, sous la domination romaine et sous les trois dynasties. *Paris*, A. Sautelet et Cie, Al. Mesnier, 1829; impr. F. Didot, 2 vol. in-8. — 1. (iv)-xlviij-351 p. — 2. (iv)-394 p. = 1655.

Reboul (Jean). Nîmes, 23 janv. 1796. Poésies. *Paris*, H. L. Delloye, 1840; typ. Lacrampe et Cie, in-12, portr. — xx-184 p. = 772.

Recueil de l'Académie des Jeux Floraux. *Toulouse*, impr. J. M. Douladoure, 1838, in-8. — 254 p. = 695.

Recueil des Harangues prononcées par Messieurs de l'Académie françoise dans leurs réceptions. *A Paris*, chez J. B. Coignard, mdclxxxxviii (1698), in-4o. — (xviij)-764 p. = 420, 1322 bis.

Recueil précieux de la Maçonnerie adhonhiramite, par un chevalier de tous les ordres maçonniques. *A Philadelphie*, chez Philaléthe, 1787, in-18, fig. — (iv)-iv-114 p. (Prem. catéch. maçonn.: Paris, 1744, in-12). = 1022 bis.

Regnard (Jean Franç.). Paris, 8 févr. 1655; près Dourdan, 5 sept. 1709. OEuvres. *Paris*, de l'impr. de P. Didot l'aîné et de F. Didot, 1801, 5 vol. gr. in-18, pap. vél. — 1. xxiij-275 p. — 2. 259 p. — 3. 169 p. — 4. 265 p. — 5. (iv)-252 p. (Paris, 1708, 2 vol. in-12). = 163.

Regnier (Mathurin). Chartres, 21 déc. 1543; Rouen, 22 oct. 1613. OEuvres. *Paris*, Mme Ve Dabo, 1824; impr. Tremblay à Senlis, in-18. — xij-232 p. (Paris, 1608, in-4o). = 181.

Rei Rusticæ Scriptores. — Voy. Libri de Re Rustica, Palladius, Varron.

Reid (Thom.). Strachan (Kincardine), 26 avril 1710; Glascow, 7 oct. 1796. Recherches sur l'Entendement humain. *Amsterdam*, Jean Meyer, 1768, 2 vol. in-12. — 1. xij-314 p. — 2. (ij)-320 p. (Edinb., 1763, in-8). = 492.

Remontrance du parlement de Toulouse, 14 janv. 1764; de Rouen, 5 août 1763; de Paris, 29 févr. 1763; de Toulouse, 22 déc. 1763; de Bordeaux, 7 janv. 1764, 16 avril, 8 mai 1765; de la Cour des Aides de Montauban, 21 mars 1764; de Montpellier, 9 févr. 1764; du parlement de Pau, 15 sept. 1763; de Besançon, 13 déc. 1763; Arrest du Conseil supérieur du Cap-François contre les Jésuites, 24 nov. 1763, in-12. = 1190-E.

Rémusat (Jean Pierre Abel). Paris, 5 sept. 1788; Paris, 3 juin 1832. Contes chinois traduits par MM. Davis, Thoms, le P. d'Entrecolles, etc. publ. par A. Rémusat. *Paris*, Moutardier, 1827; impr. Gaultier-Laguionie, 3 vol. in-18, fig. — 1. xij-240 p. — 2. 225 p. — 3. 200 p. = 810.

Rendu fils (Ambr.). Histoire ancienne, sec. édit. *Paris*, Éd. Tétu et Cie, 1844; impr. Ve Dondey-Dupré, in-12. — xij-324 p. (Cours d'hist. et de géogr., t. 1er). = 1255-3.

Renouvier (Ch.). Manuel de Philosophie ancienne. *Paris*, Paulin, 1844; impr. Béthune et Plon, 2 vol. in-12. — 1. lij-324 p. — 2. (iv)-405 p. = 1603.

Renouvier (Ch.). Manuel de Philosophie moderne. *Paris*, Paulin, 1842; impr. Schneider et Langrand, in-12. — xxxij-447 p. = 1603 bis.

Répertoire de la littérature ancienne et moderne, contenant le Lycée de Laharpe, les Élémens de littérature de Marmontel, etc., etc. *Paris*, Castel de Courval et Boulland, 1825; impr. E. Pochard, 24 vol. in-8. = 410.

Restaut (Pierre). Beauvais, 1696; Paris, 14 févr. 1764. Principes généraux et raisonnés de la grammaire françoise, huite édit. *Paris*, Ve Lottin et J. H. Butard, J. Desaint et Ch. Saillant, 1758; impr. Ve Lottin, in-12, frontisp. gr. — xxxvi-632 p. (Paris, Desaint, 1730, in-12). = 1169-3.

Résumé de l'histoire d'Auvergne, par un Auvergnat. *Paris*, Lecointe et Durey, 1826; impr. Decourchant, in-18. — xxv-555 p. = 1203.

Résumé de l'histoire romaine, par M. de S***. République romaine. *Paris*, Lécointe et Durey, 1827; impr. Cosson, in-18. — xij-395 p. = 1520.

Résumé géographique de la Grèce et de la Turquie d'Europe, par M. G. A. M. *Paris*, Ambr. Dupont et Cie, 1826; impr. G. Doyen, in-18. — (iv)-616 p. et une carte. = 995.

Retz (J. Franç. Paul de Gondi, c^al de). Montmirail, oct. 1614; Paris, 24 août 1679. Conjuration du comte de Fiesque contre Gênes. *Paris*, impr. de Chaignieau aîné, 1799, in-18, portr. — LXIIJ-147 p. (Paris, 1665, in-8). = 1508.

Revue des Deux-Mondes, avril 1840-janvier 1846. *Paris*, impr. H. Fournier et Cie, (gér. V. de Mars), 24 vol. gr. in-8. = 853.

Reybaud (Louis). Marseille, 15 août 1799. Jérôme Paturot à la recherche d'une position sociale. *Paris*, Paulin, 1847; impr. Lacrampe fils et Cie, 2 vol. pet. in-12. — 1. (iv)-272 p. — 2. (iv)-264 p. (1840). = 1408.

Reyrac (l'abbé Franç. Phil. Dulaurens de). Longeville (Limousin), 29 juillet 1734; Orléans, 22 déc. 1782. Hymne au Soleil, suivi de plusieurs morceaux, nouv. édit. *Amsterdam*, aux dép. de la comp., 1781, pet. in-12. — XL-139 p. (Orléans, 1777, in-12). = 1140 bis.

Ribout (Jean Élie). Albi (Tarn), 17 janv. 1800. Épisode de la campagne de Russie, nouvelle historique. *Senlis*, impr. de Ch. Duriez, 1845, in-18. — (iv)-198 p. = 1666.

Riccoboni (Marie Jeanne Laboras de Mézières). Paris, 17 avril 1714; Paris, 6 déc. 1792. Milady Juliette Catesby. *Paris*, Dauthereau, 1828; impr. F. Didot, in-32. — iv-287 p. (Paris, 1759, in-12). = 791.

Riccoboni (M. J. L. de M.). Letters from Lady J. Catesby, *Paris*, L. Louis, 1808; print. Didot the elder, in-12. — (iv)-206 p. = 416.

Riccoboni (M. J. L. de M.). Fanny Butler. *Paris*, Dauthereau, 1827; impr. F. Didot, in-32. — (iv)-xij-221 p. (Paris, 1757, in-12). = 792.

Riccoboni (M. J. L. de M.). Histoire du m^is de Cressy. *Paris*, Dauthereau, 1829; impr. F. Didot, in-32. — (iv)-218 p. (Amst. [Paris], 1758, in-12). = 752.

Riccoboni (M. J. L. de M.). Collection complette des Œuvres. *Paris et Liège*, Bassompierre, impr.-libr., 1781, 8 vol. in-12. — 1. 304 p. — 2.-(ij)-344 p. — 3. (ij)-312 p. — 4. (ij)-374 p. — 5. (ij)-345 p. — 6. (ij)-264 p. — 7. (ij)-379 p. = 1165-1.

Richard (*Audin). Guide du Voyageur en Italie. *Paris*, Maison, 1837; impr. G. Laguionie, in-12. — (iv)-XLij-552 p. = 1028 bis.

Richardson's National Songster, or a choice selection of all the newest and most fashionable songs. *Derby*, publ. by Th. Richardson, print., 1836, in-18, 2 col. — 109 p. = 1581-39.

Richardson (Samuel). Derby, 1689; Londres, 4 juillet 1761. Nouvelles Lettres angloises ou Histoire du chevalier Grandisson (*trad. par l'abbé Prévost). *Londres* (*Paris*), 1786, 7 vol. in-18. (Londres, 1754, 6 vol. in-8; trad. Prévost : Amst. [Paris], 1755, 8 vol. in-12). = 1179.

Richelieu (le c^al Arm. J. du Plessis de). Paris, 5 sept. 1585; Paris, 4 déc. 1642. Lettres. *A Cologne*, chez ****, MDCXCV (1695), pet. in-12, portr. — (iv)-360 p. = 760.

Richer (Adrien). Avranches, 1720; Paris, janv. 1798. *Nouvel Abrégé chronologique de l'histoire des Empereurs. *Paris*, Vve David jeune, 1767, 2 vol. pet. in-8. — 1. viij-604 p. — 2. (iv)-620 p. (1754). = 1690.

Ripault (Louis Madeleine). Orléans, 29 oct. 1775; près Orléans, 12 juillet 1823. Histoire philosophique de Marc-Aurèle, avec ses Pensées, sec. édit. *Paris*, Barba, 1830; impr. A. Barbier, 4 vol. in-8, 2 portr. — 1. (iv)-iv-lxxij-424 p. — 2. (iv)-567 p. — 3. (iv)-528 p. — 4. (iv)-509 p. (Paris, Allais, 1820, 4 vol. in-8). = 80.

Ripault (L. M.). Tite Antonin le Pieux, résumé historique. *Paris*, impr. J. M. Éberhart, 1823, in-8. — (iv)-xij-176 p. = 1320 bis.

Ristelhueber (Louis Valentin). Landyer (Haut-Rhin), 17 juin 1809. Discours de rentrée de la Cour impériale, 4 mars 1854, 32 p. —Discours de rentrée, 3 mars 1855, 15 p. *Pondichéry*, impr. du gouvern. (É. V. Géruzet), in-8. =1581-45, 1637 bis.

Rivarol (Ant. de). Bagnols (Gard), 17 avril 1757; Berlin, 11 avril 1801. OEuvres complètes (*publ. par Fayolle et Ch. de Chênedollé). *Paris*, Léop. Collin, 1808, 5 vol. in-8, portr. — 1. (iv)-xliv-382 p. — 2. (iv)-374 p. — 3. (iv)-xxxviij-330 p. — 4. (iv)-390 p. — 5. xij-xij-360 p. = 1189-v.

Robert (F. M. T.). Nouvelle grammaire ou Éléments de la langue française, sec. édit. *Paris*, Delloye, 1836; impr. Félix Malteste et Cie, in-12. — 120 p. = 1496-3.

Robert (Franç.). La Charnelle près Châlons, 1737; Heiligenstadt (Saxe), 5 mai 1819. Géographie élémentaire, neuve édit. *Paris*, Genets, Ch. Pougens, impr.-libr., an IX, in-12. — (iv)-271 p. (Paris, Saillant, 1767, in-12). = 1179-10.

Robert le jeune (Louis Jos. Mar.). Sainte-Tulle (Basses-Alpes), 26 avril 1771. Essai sur la Mégalanthropogénésie. *Paris*, Debray, Ant. Bailleul, an X, in-12. — 240 p. = 1411.

Robertson (Will.). Borthwick (Écosse), 1721; Grange-House près Édimb., 11 juin, 1793. Histoire de l'Amérique, trad. par Suard et Morellet. *Paris*, Janet et Cotelle 1818; impr. P. Didot l'aîné, 3 vol. in-8, cartes. — 1. xxxij-487 p. — 2. (iv)-539 p. — 3. (iv)-513 p. (Lond., 1777, 2 vol. in-4°; trad. Suard : Amst., 1778, 2 vol. in-4°; Morellet, livr. ix-x : Paris, 1798, in-12). = 1419.

Rocoles (J. Bapt.). Béziers, 1630; Toulouse, 1696. Les Imposteurs insignes. *A Amsterdam*, chez Abraham Wolfgang, 1683, pet. in-12, tit. gr., 22 portr. — xij-167 p. = 763.

Rodrigues (Olinde); mort à Paris, 17 déc 1851. Poésies sociales des ouvriers, réunies et publiées. *Paris*, Paulin, 1841; impr. Schneider et Langrand, in-8. (Mlle É. Fleury, Caplain, Cl. Desbeaux, L. Festeaux, Gauny, Piron, L. M. Ponty, M. Roly, J. C. Sailer, Sav. Lapointe, Fr. Tourte, Vinçard). — (iv)-viij-372 p. = 1497.

Roger (le bon Jean Franç.). Langres, 17 avril 1776; Paris, 1er mars 1842. Kelédor, histoire africaine. *Paris*, A. Nepveu, 1828; impr. Moreau, in-8. — xvi-271 p. = 1701-3.

Roger (A.). Histoire de l'Albigeois. *Albi*, Rodière, 1839, gr. in-8. = 1403-3.

Rogron (J. A.). Code de procédure civile expliqué, septe édit. *Paris*, G. Thorel, Videcoq, 1841; impr. Cardon à Troyes, in-18. — (iv)-viij-iv-1168-204 p. (Paris, Gobelet, 1826, in-18). = 770.

ROGRON (J. A.). Code de commerce expliqué. *Paris*, Videcoq, Al. Gobelet, 1827; impr. Hipp. Tilliard, in-18. — x-492 p. (Paris, 1825, in-18). = 922.

ROHAN (Henri de). Blain (Bretagne), 21 août 1571; Cuneveld (Suisse), 13 avril 1638. *Intérêts et Maximes des Princes et Estats souverains. *A Cologne*, chés Jean Du Païs, MDCLXVI (1666), (iv)-248 p.; Maximes des Princes et Estats souverains. *A Cologne*, 1666, 245 p., pet. in-12. (Paris, Loyson, 1641, in-16). = 1133.

ROHAN (H. de). Le Parfait Capitaine ou Abrégé des guerres des Commentaires de César, nouv. édit. (*Paris*, Barbou), 1757, in-12. — CLX-330 p. (Paris, 1636, in-4°). = 1186-E.

ROLAND DE LA PLATIÈRE (Manon Jeanne Phillippon). Paris, 17 mars 1754; Paris, 10 nov. 1793. Mémoires. *Paris*, F. Baroyer, Rapilly, Collin de Plancy, 1823; impr. J. P. Jacob à Versailles, 2 vol. in-18. — 1. (iv)-xxiv-458 p. — 2. —. (par M. de Champagnac : Paris, Bidauld, 1800, 3 vol. in-8). = 593.

ROLLAND (J. F.). Dictionnaire des hommes célèbres de toutes les nations. *Lyon*, Rolland, 1816, in-8. — (iv)-xvi-464-14 p. = 1116.

ROLLIN (Charles). Paris, 30 janv. 1661; Paris, 14 sept. 1741. De la manière d'enseigner et d'étudier les belles-lettres. *Paris*, chez les frères Estienne, 1755; impr. Vve Quillau, 4 vol. in-12. — 1. (XLij)-cxiv-510 p. — 2. (ij)-644 p. — 3. xij-588 p. — 4. (vi)-712 p. (Paris, Estienne, 1726-1731, 4 vol. in-12). = 342.

ROLLIN (C.). Histoire ancienne, nouv. édit., enrichie d'une notice par M. Andrieux. *Paris*, A. Hocquart, Audin, 1829-1832; impr. Marchand du Breuil, A. Pihan de la Forest, 28 vol. in-18, fig. (Paris, Estienne, 1730-1738, 13 vol. in-12). = 78.

ROLLIN (C.). Histoire romaine, nouv. édit. *Paris*, Philippe, 1833; impr. Moquet et Cie, Marchand du Breuil, 30 vol. in-18, fig. (Paris, Estienne, 1738-1741, 9 vol. in-12). = 111.

ROLLIN (C.). Œuvres complètes, nouv. édit., par M. F. Guizot. *Paris*, E. A. Lequien, 1821-1826, 30 vol. in-8, portr. = 1691.

Romancero general ou Recueil des chants populaires de l'Espagne, trad. compl. par M Damas Hinard. *Paris*, Ad. Delahays, 1844; impr. G. Gratiot, 2 vol. in-12. — 1. (iv)-LXXXVIIj-275 p. — 2. (vi)-377 p. (Madrid, 1604, in-4°). = 1545.

Romans illustrés. *Paris*, G. Havard, 1849-1850; impr. Schneider, gr. in-8, 2 col. — Voy. G. Cavaignac, Mme Cottin, Mme D'Aulnoy, Goethe, Mme de Krüdener, Longus, Méry, Perrault, Bern. de Saint-Pierre, Sauvigny, Ch. Schiller, Souvestre, Voltaire.

ROMIEU (Aug.). Paris, 17 sept. 1800; Nyons (Drôme), 16 nov. 1855. Proverbes romantiques. *Paris*, Ladvocat, 1827; impr. H. Balzac, in-18. — viij-279 p. = 978.

RONDONNEAU DE LA MOTHE. *Table générale des matières de l'histoire de France par Velly, Villaret et Garnier. *Paris*, Vve Desaint, Nyon l'aîné, an VII, 3 vol. in-12. — 1. A-E. (iv)-506 p. — 2. F-N. (iv)-571 p. — 3. O-Z. (iv)-498 p. (Paris, 1790, in-4°). = 1309 bis.

Ronsard (Pierre de). La Poissonnière (Vendômois), 10 sept. 1524; Saint-Côme près Tours, 27 déc. 1585. OEuvres choisies, avec des notes explicatives par Paul L. Jacob, bibliophile. *Paris*, H. L. Delloye, Garnier frères, 1841; impr. H. Fournier et Cie, in-12, portr. — (iv)-viij-239 p. (Paris, 1567, 4 vol. in-4°). = 1226.

Roquefort-Flaméricourt (J. B. Bon.). Mons, 15 oct. 1777; à la Guadeloupe, 17 juin 1834. De l'état de la Poésie française au XIIe et XIIIe siècles. *Paris*, Fournier, 1815; impr. Chanson, in-8. — xij-480 p. = 508.

Rosier. Le Manoir de Montlouvier, drame, cinq actes; Porte-Saint-Martin, 11 févr. 1839. *Paris*, Marchant, 1839; impr. Vve Dondey-Dupré, gr. in-8, 2 col. — 52 p. (Mag. théâtr., t. 23). = 590.

Rosière (Paul. Ant. Donin de). Lyon, 3 oct. 1805. — Voy. Ordonn. du Roi, 1578-11.

Rosset (P. Fulcran de). *L'Agriculture, poëme. *Paris*, impr. royale, 1774, in-4°. — xij-278 p., 7 fig. = 1692.

Rossi (Jean Victor, Janus Nicius Erythræus). Rome, 1577; Rome, 15 nov. 1647. Evdemiæ libri viii. (*Holl.*, *Elzev.*), *à la Sphère*, anno Christi servatoris cIↃ IↃcxxxvii (1637), pet. in-12. — 311 p. = 1259.

Rossi (Jean Bern. de). Castelnuovo (Piémont), 25 oct. 1742; Rome, 1831. De hebraicae typographiae origine ac primitiis. *Parmae*, ex regio typographeo, 1776, in-4°. — (viij)-100 p. = 1392.

Rotrou (Jean de). Dreux, 21 août 1609; Dreux, 27 juin 1650. Venceslas, tragédie, retouchée par M. Marmontel. *Bordeaux*, Pierre Phillipot, 1778, in-8. — 51 p. (Paris, 1648, in-4°). = 219.

Roucher (Jean Ant.). Montpellier, 22 févr. 1745; Paris, 25 juillet 1794. Les Mois, poëme. *Paris*, librair. anc. et mod., 1827; impr. C. Farcy, 2 vol. in-48. — 1. 171 p. — 2. 180 p. (Paris, 1779, 2 vol. gr. in-4°). = 269.

Rouget de l'Isle (Joseph). Lons-le-Saulnier, 10 mai 1760; Choisy-le-Roy près Paris, 27 ou 30 juin 1836. La Marseillaise. *Paris*, 1848, in-8. = 1407 bis.

Roujoux (Prud. Guill. de). Landerneau, 6 juillet 1779; Paris, 7 oct. 1836. — Voy. Morlino.

Rousseau (Jean Bapt.). Paris, 6 avril 1670; La Genette près Bruxelles, 17 mars 1741. OEuvres, nouv. édit. conforme à l'édit. in-4° donnée par M. Séguy (1743). *A Bruxelles et se vend à Paris*, chez Didot, 1749, 4 vol. in-12. — 1. xxxij-240 p. — 2. (iv)-viij-310 p. — 3. (iv)-316 p. — 4. viij-291 p. (OEuvr. div.: Soleure, Ursus, 1712, in-12). = 211.

Rousseau (J. B.). OEuvres choisies. *Paris*, Briasson, Saillant et Nyon, Vve Desaint, Bailly, 1766, pet. in-12. — (iv)-532 p. = 1134 bis.

Rousseau (Jean Jacques). Genève, 28 juin 1712; Ermenonville, 3 juillet 1778. Julie ou la Nouvelle Héloïse. *Paris*, Dauthereau, 1827; impr. F. Didot, 6 vol. in-32. — 1. (iv)-xvi-293 p. — 2. (iv)-297 p. — 3. (iv)-304 p. — 4. (iv)-283 p. — 5. (iv)-255 p. — 6. (iv)-300 p. (Paris, 1757-1759, 4 vol. in-12). = 748.

ROUSSEAU (J. J.). Du Contrat social ou principes du Droit politique. *Paris*, Cazin, 1791; impr. C. Glisau et J. Pierret, in-24. — (iv)-263 p. (Amst. [Paris], 1762, in-12). = 13.

ROUSSEAU (J. J.). Du Contrat social. *Paris*, de l'impr. de Didot jeune, l'an IV-1795, gr. in-4°, pap. vél. — viij-239 p. = 1176-A.

ROUSSEAU (J. J.). OEuvres complètes, avec des éclaircissements et des notes historiques par M. L. Thiessé. *Paris*, P. Pourrat frères, 1833; impr. Rignoux, 25 vol. in-8. (Paris, Duchesne, 1764-1779, 10 vol. in-12). = 449.

ROUSSEAU (Louis); et Céran LEMONNIER. Promenades au Jardin des Plantes. *Paris*, J. B. Baillière, 1837; impr. P. Renouard, in-18.— xviij-519 p.-1 plan et 4 vues =766 bis.

ROY (J. J. E.). Charlemagne et son siècle, sept^{e} édit. *Tours*, A^{d} Mame et Cie, 1825; impr. Mame, in-12. — (iv)-283 p. = 1632.

ROYAUMONT, Prieur de Sombreval (*LE MAISTRE DE SACY). L'Histoire dv Vievx et dv Novveav Testament, avec des explications édifiantes, nouv. édit. *A Paris*, chez Pierre le Petit, MDCLXXV (1675), in-8, tit. gr. — (xxiv)-584 p. (Paris, 1670, gr. in-4°).= 759.

RUTILIUS Numatianus Claudius Gallus; vers l'an 416. — Voy. Mela.

SABATIER de Castres (l'abbé Ant.). Castres, 1742; Paris, 15 juin 1817. *Les Trois Siècles de la littérature françoise, ou Tableau de l'esprit de nos écrivains depuis François Ier jusqu'à 1773. *A Amsterdam et à Paris*, De Hansy, 1774, 3 vol. in-8. — 1. xxxij-531 p. — 2. (iv)-523 p. — 3. (iv)-640 p. (Paris, Gueffier, 1772, 3 vol. in-8). = 1171-E.

SAGNIER. Code criminel de la république française. *Paris*, Fauvelle, Sagnier, Rondonneau, an VI, in-8. — xvi-267 p. = 1028-3.

SAINCTES (Claude de). Perche, 1525; près de Caen, 1591. Le Concile provincial des diocèses de Normandie tenu à Roüen, l'an MDLXXXI. *A Paris*, chez P. L'Hvillier, MDLXXXIII (1583), pet. in-8. — 153 f. ch. au r°. = 758.

SAINT-DIDIER (T. L. E. M. S. de). [Alex. Toussaint Limojon]. Avignon, 1630; 1689. La Ville et la République de Venise, trois^{e} édit. *A Amsterdam*, chez Daniel Elzevier, cIↄ Iↄ CLXXX (1680), in-12. — (xx)-418-(xxx) p. = 966.

SAINT-ÉVREMOND (Charl. Margotelle de Saint-Denys de). Saint-Denis-du-Guast près Coutances, 1er avril 1613; Londres, 20 sept. 1703. Réflexions sur les divers génies du peuple romain. *Paris*, A. A. Renouard, 1795; impr. J. P. Moroge à Dijon, in-8, pap. vél., portr. — (iv)-184 p. = 1174-A.

SAINT-ÉVREMOND (C. M. de). OEuvres meslées. *A Amsterdam*, chez Pierre Mortier, MDCXCIX (1699), 6 vol. pet. in-12. — 1. xij-317 p. — 2. 280 p. — 3. (iv)-288 p. — 5. viij-268 p. — 5. vi-278 p. — 6. xij-284-176 p. (OEuvr.: Paris, Barbin, 1668, 2 vol. in-12). — Réflexions sur les divers stiles et sur la manière d'écrire, ou Dissertation sur les OEuvres de M. de Saint-Évremond (par Dumont, *Ch. Cotolendi). *Suivant la copie de Paris, à Amsterdam*, chez André de Hoogenhuysen, 1700, pet. in-12. — x-352 p. (Paris, 1698, in-12). = 1173-I.

Saint-Félix (Jules de). Poésies romaines. *Paris*, Delaunay, 1830; impr. H. Tilliard, in-8. — x-174 p. = 1434.

Saint-Foix (Germ. Franç. Poullain de). Rennes, 5 févr. 1698; Paris, 15 août 1778. OEuvres choisies, avec une notice par Collin de Plancy. *Paris*, Mme Goullet, 1826; impr. A. Henry, 2 vol. in-32, portr. — 1. (iv)-xxvi-267 p. — 2. (iv)-359 p. = 1321.

Saint-Georges (de); de Leuven et Deslandes. Dagobert ou la Culotte à l'envers, drame historique et drôlatique, en trois actes et en vers; Palais-Royal, 24 janv. 1839. *Paris*, J. N. Barba, Delloye, Bezou, 1839; impr. Jules Didot l'aîné, gr. in-8, 2 col. — 18 p. (Franç. dramat., livr. 433-434). = 673.

Saint-Hyacinthe (Hyac. Cordonnier Thémiseuil de). Orléans, 24 sept. 1684; Genecken près Bréda, 1746. Le Chef-d'OEuvre d'un inconnu, poëme mis au jour par M. le docteur Chrisostome Mathanasius, nouv. édit. *A Londres (Paris)*, 1758, 2 vol. pet. in-12. — 1. lx-243 p. — 2. (viij)-p. 245-502. (La Haye, 1714, in-8). = 1505.

Saint-Lambert (Jean Charl. Franç. de). Vézelise, 1717; Paris, 9 févr. 1803. * Les Saisons, poëme, sixe édit. *A Amsterdam*, (*Paris*, Cazin), 1778, in-24, fig. — 191 p. (Paris, 1769, in-8). = 1187-e.

Saint-Lambert (J. C. F. de). Contes et Fables. *Paris*, Dauthereau, 1829; impr. F. Didot, in-32. — (iv)-242 p. (Fables : Paris, 1772, in-12). = 830.

Saint-Lambert (J. C. F. de). OEuvres, nouv. édit. *Paris*, De Pélafol, 1822; impr. J. P. Jacob à Versailles, 2 vol. in-18, tit. gr. — 1. (iv)-xlij-198 p. — 2. (iv)-216 p. = 153.

Saint-Martin (J. Ant. de). Paris, 17 janv. 1791; Paris, 10 juillet 1832. — Voy. Catalogue.

Saint-Pierre (l'abbé Charl. Irénée Castel de). Saint-Pierre-Église près Barfleur, 18 févr. 1658; Paris, 29 avril 1743. Les Rêves d'un homme de bien (*extraits par Alletz). *Paris*, Vve Duchesne, 1775; impr. Cailleau, in-12, portr. — xij-504 p. = 1189-e.

Saint-Pierre (Jacq. Henri Bernardin de). Le Havre, 19 janv. 1737; Éragny près Paris, 21 janv. 1814. Paul et Virginie. *Limoges et Isle*, impr. Ardant, 1834, in-18, fig. — 249 p. (1788). = 421.

Saint-Pierre (J. H. B. de). Paul et Virginie. *Paris*, G. Havard, 1844; impr. Schneider, gr. in-8, 2 col. — 24 p. (Romans illustr.). = 1564 bis.

Saint-Pierre (J. H. B. de). Paul and Virginia. *London*, D. Brewman, 1797, in-12 — 112 p. = 1409 bis.

Saint-Pierre (J. H. B. de). OEuvres complètes mises en ordre par L. Aimé-Martin *Paris*, Méquignon-Marvis, 1818; impr. L. T. Cellot, 12 vol. in-8, fig. — 1. (iv)-vi-272-251 p. — 2. (iv)-383 p. — 3. viij-xxiv-507 p. — 4. (iv)-503 p. — 5. (iv)-458 p. — 6. (iv)-iv-394 p. — 7. (iv)-475 p. — 8. (iv) xlviij-382 p. — 9. (iv)-444 p. — 10. (iv)-459 p. — 11. (iv)-509 p. — 12. (iv)-693 p — 72.

Saint-Pierre (J. H. B. de). Correspondance, précédée d'un Supplément aux Mémoires de sa vie, par L. Aimé-Martin. *Paris*, Ladvocat, 1826; impr. J. Tastu 4 vol. in-8, 3 fac-sim. — 1. (iv)-clij-260 p. — 2. (iv)-376 p. — 3. (iv)-418 p. — 4. (iv)-496 p. = 1153 bis.

Saint-Réal (l'abbé César Vichard de). Chambéry, 1639; Chambéry, sept. 1692. Conjuration des Espagnols contre la République de Venise et des Gracques. *Paris*, impr. P. Didot l'aîné et F. Didot, an XI, in-18. — 240 p. (Paris, Barbin, 1674, in-12). = 1189-3.

Saint-Réal (C. V. de). Conjurations des Espagnols et des Gracques. *Paris*, Mme Vve Dabo, 1823; impr. Tremblay à Senlis, in-18. — (iv)-264 p. = 79.

Saint-Réal (C. V. de). Conjurations des Espagnols et des Gracques. *Paris*, Lecointe, 1830; impr. Lachevardière, in-18. — 240 p. = 1062 bis.

Saint-Réal (C. V. de). Les OEuvres, nouv. édit. (*par l'abbé Pérau). *Paris*, P. G. Lemercier, 1755, 5 vol. in-12. — 1. (ij)-xxxvi-440 p. — 2. (vi)-498 p. — 3. (iv)-450 p. — 4. (vi)-371 p. — 5. (vi)-456 p. = 1453 bis.

Saint-Victor (Jacq. Maxim. Benj. Bins de). Nantes, 1775. OEuvres poétiques. *Paris*, Ch. Gosselin, 1822; impr. Cosson, in-18. — (vi)-330 p. = 521.

Sainte-Beuve (Charl. Aug.). Boulogne-sur-mer, 23 déc. 1804. Tableau historique et critique de la poésie française et du théâtre français au xvie siècle. *Paris*, Charpentier, 1843; impr. Béthune et Plon, in-12. — (iv)-509 p. (Paris, 1828, in-8). = 1227.

Sainte-Beuve (C. A.). Poésies complètes. Joseph Delorme. Les Consolations. Pensées d'août. *Paris*, Charpentier, 1840; impr. Béthune et Plon, in-12. — (iv)-396 p. = 1228.

Sainte-Marthe (Scévole Gaucher II de). Loudun, 1536; Loudun, 29 mars 1623. Scaevolae Sammarthani poemata et elogia. *Augustoriti Pictonum*, apud viduam Ioann. Blanceti, MDCVI (1606), pet. in-8. — (viij)-352-(vi)-(viij)-252-(xij) p. (Lutetiæ, 1587-1598, in-8). = 1247.

Saintine (Xav. Bonif.). Paris, 10 juillet 1797. Poëmes, odes, épitres et poésies diverses. *Paris*, Ladvocat, 1823; impr. F. Didot, in-18. — (iv)-248 p. = 694.

Saintine (X. B.). Picciola, nouv. édit. *Paris*, Ch. Gosselin, 1840; impr. Vve Dondey-Dupré, in-12. — (iv)-xxxix-273 p. = 710.

Sale (Georges); né en 1680; Lond., 14 nov. 1736. — Voy. Mahomet.

Salfi (Francesco). Cosenza, 1er janv. 1759; Passy, 3 sept. 1832. Résumé de l'histoire de la littérature italienne, sec. édit. *Paris*, L. Janet, 1826; impr. Crapelet, 2 vol. in-18. — 1. xvi-360 p. — 2. (iv)-268 p. = 595.

Salluste (Caius Crispus Sallustius). Amiterne, l'an 86; Rome, 35 av. J. C. De Conjuratione Catilinæ historia, ejusd. de Bello Jugurthino et cætera fragmenta. *Parisiis*, ex offic. Roberti Stephani, MDXLIIII (1544), pet. in-8. — 208-(xxxij) p. (Venetiis, Vind. de Spira, 1470, gr. in-4°). = 1034.

Sallustius (C. C.) cum veterum historicorum fragmentis (* ed. Boxhornio). *Lugd.-Batav.*, ex offic. Elzeviriana, 1634, pet. in-12, titr. gr. — (xxiv)-310 p.-19 f. = 1054.

Sallustii (C. C). quæ exstant. *Londini*, typis J. Brindley, 1744, in-18, titr. gr. — 179-(xij) p. = 1112.

Sallustius (C. C.), et L. Annæus Florus. *Birminghamiæ*, typ. Joann. Baskerville, 1774, pet. in-8. — (ij)-275 p. = 1395.

Sallustius (C. C.). Catilinaria et Jugurthina bella. *Parisiis*, P. Didot et F. Didot, 1817, in-18. — (iv)-150 p. = 1164 bis.

Sallusus (C. C.) quæ exstant ex rec. J. L. Burnouf, edid. J. A. Amar. *Parisiis*, Lefevre, 1822; excud. P. Didot natu major, in-32. — 313 p. (Script. lat. princip., t. 6). = 915.

Sallustii (C. C.) Opera, notis illustravit A. H. Lesieur. *Parisiis*, L. Hachette, 1830; impr. E. Duverger, in-12. — (ij)-x-170 p. = 953-3.

Salluste. OEuvres, trad. nouv. par Dureau Delamalle, trois^e^ édit. *Paris*, L. G. Michaud, 1823; impr. Moreau, in-8. — viij-500 p. (Paris, 1808, in-8). = 370.

Sallustio em portuguez por J. V. Barreto Feio. *Paris*, na livr. nac. e estr., 1825; impr. J. Mac-Carthy, in-18. — (iv)-397 p. = 1316.

Salluste le Philosophe (Secundus Promotius); en Gaule, vers 300-370. Traité des Dieux et du Monde, trad. (*par Formey). *Paris*, Gilbert et Cie, 1808; impr. Patris, in-18. — (iv)-xvi-176-iv-p. (gr.-lat. : Romæ, 1638, in-12; Formey : Berlin, 1748, pet. in-8). = 1250.

Sanadon (le P. Noël Ét.). Rouen, 16 févr. 1676; Paris, 22 oct. 1733. Carminum libri quatuor. *Lutetiæ Parisiorum*, apud Joh. Barbou, 1715; impr. G. A. Lemercier, in-12. — xij-278-(xij) p. (prem. édit.). = 354.

Sand (Mme George). Paris, 5 juillet 1804. — Voy. Dudevant (Mme).

Sannazar (Jacq. Actius Syncerus). Naples, 28 juillet 1458; Naples, 27 avril 1530. Opera omnia, edit. nov. *Parisiis*, apud fratres Barbou, 1725, in-12. — 168 p. (De Partu Virginis : Neapoli, 1526, in-4°). = 1171 A.

Sanson (Nic.). Abbeville, 20 déc. 1600; Paris, 16 juillet 1667. Carte de Pologne avant le partage. *Paris*, S. D., in-fol. (1644, in-fol.). = 550.

Santeuil (J. Bapt.). Paris, 19 mai 1630; Dijon, 5 août 1697. Hymni sacri et novi, edit. novissima. *Parisiis*, apud Dion. Thierry, MDCXCVIII (1698), in-12. — (xx)-312 p. et 12 f. grav. (Paris, 1670, in-12). = 851.

Sapho. Mytylène (Lesbos), l'an 612 av. J. C. — Voy. Anacréon.

Sarbievius (Mathias Casim. Sarbiewski). Sarbiewski (Mazovie), 1595; Vilna, 11 avril 1640. Carmina, nova edit. *Parisiis*, typis J. Barbou, 1759, in-12. — viij-384-92 p. (1625). = 1143 bis.

Sarpi (P. Fra Paolo). Venise, 14 août 1552; Venise, 14 janv. 1623. Histoire du Concile de Trente, trad. par M. Amelot de la Houssaie, avec des rem., sec. édit. *A Amsterdam*, chez G. P. et J. Blaeu, MDCLXXXVI (1686), in-4°. — (XLVIIJ)-800-46 p. (Lond., 1619, in-4°; trad. Amelot [La Mothe Josseval], d'après Newton : Paris, 1676, in-4°). = 1020.

Satyre Menippée de la vertu du Catholicon d'Espagne; et de la tenüe des Estats de Paris, a laquelle est adjousté un discours, avec des remarques. *A Ratisbonne*, chez Mathias Kerner, 1664, pet. in-12. — 8-336 p. et 1 fig. process. de la ligue. (*par P. Leroi, P. Pithou, N. Rapin, F. Chrestien, J. Passerat, G. Durand, J. Gillot : Tours, Jamet Métayer, 1593, in-8; Elz. : 1649, pet. in-12). = 1354.

Satyre Menippée. (même édit. que la précéd.). = 1512-3.

Saugeon (J. M. M.). L'Intrigue électorale, coméd., quatre actes, en vers; Grand-Théâtre à Bordeaux, 31 juillet 1846. *Bordeaux*, princip. libr., 1846; impr. Balarac jeune, in-8. — (iv)-64 p. = 1189 bis.

Sauger-Préneuf (F.). Le petit Grammairien, ou Principes de la grammaire française confirmés par des Fables, cinq^e édit. *Limoges*, M. Ardant, impr.-libr., 1833, in-12. — xij-156 p. (1806). = 1573 3.

Saumaise (Claude de). Semur, 15 mai 1588; Spa, 6 sept. 1658. De Usuris liber, Cl. Salmasio auctore. *Lugd. Batav.*, ex offic. Elzeviriorum, CIↃ IↃ CXXXVIII (1638), in-8. — (lvi)-686-(lxij) p. = 1059.

Saumaise (Cl. de). De Modo Usurarum. *Lugd. Batav.*, ex offic. Elzeviriorum, CIↃ IↃ CXXXIX (1639), in-8. — (lvi)-891-(lxxxxij) p. = 1060. — Voy. Florus.

Saunders (Mme). Les Deux Créoles, trois^e édit. *Tours*, A^d Mame et Cie, 1850; impr. Mame, in-12. — (iv)-308 p. = 1629.

Saurin (Bern. Jos.). Paris, mai 1706; Paris, 17 nov. 1781. Chefs-d'œuvres dramatiques. *Paris*, Belin, Valade aîné, 1791, 3 vol. in-18. = 330.

Sautel (le P. Pierre Juste). Valence, 1613; Tournon, 8 juillet 1662. Lusus poetici allegorici. *Parisiis*, typis J. Barbou, 1754, in-12. — (iv)-vi-186 p. (Lyon, 1656, in-12). = 352.

Sauvigny (L. Edme Billardon de). La Rochelle, 1730; Paris, 1809. La Mort de Socrate, trag., trois actes; Théâtre français, mai 1763. *Paris*, Prault le jeune, 1763, in-8. — 36 p. = 225.

Sauvigny (L. E. B. de). Le Persifleur, coméd., trois actes, en vers; Comédiens français, 8 févr. 1771. *Paris*, Delalain, 1771, in-8. — 58 p. = 224.

Sauvigny (L. E. B. de). Les Amours de Pierre Le Long. *Paris*, G. Havard, 1849; impr. Schneider, gr. in-8, 2 col. — 24 p. (Romans illustr., livr. 37). (Londres [Paris], 1765, in-8). = 1408-3.

Savagner père. Droits et devoirs municipaux des Français. *Paris*, 1833, in-18. — 108-108 p. (Bibliot. popul.). = 918-6.

Savagner (F. C. F. Aug.). Chronologie historique de la France, 1787-1789. *Paris*, 1834, in-18. — 108 p. (Bibliot. popul.). = 918-19.

Savagner (F. C. F. A.). Histoire de France jusqu'en 1789. *Paris*, 1833-1834; impr. Bacquenois, Cosse et Appert, 4 vol. in-18 et Atlas. — 1. 108-112-108-104-111 p. — 2. 107-108-107-108-108 p. — 3. 108-108-108-108-108 p. — 4. 108-106-108-108-108-84 p.-7 tabl. — Atlas, 128 p. et 9 cartes (Bibliot. popul.). = 918-14, 918-18.

Savagner (F. C. F. A.). Histoire de Napoléon. *Paris*, 1833; impr. Éverat, in-18. — (ij)-103-126 p. (Bibliot. popul.). = 918-19.

Savagner (F. C. F. A.). Géographie générale. Histoire Sainte, Ancienne, des Établissements des Européens aux Indes, d'Allemagne. *Paris*, Ad. Rion, (1833); impr. P. Baudoin, Poussielgue, in-18. — 36 p. chaque. (Bibliot. pour cinq fr.). = 183.

Scaliger (Jules César). Padoue, 23 avril 1484; Agen, 21 oct. 1558. Ivlii Cæsaris a Bvrden Poetices libri septem, ex recogn. Ios. Scaligeri, edit. qvarta. *Apud Petrum Santandreanum* (*Leyde*), cIↃ IↃ CVII (1607), pet. in-8. — (xxiv)-871-(XLviij) p. (Lugd., 1561, in-fol.). = 1248.

Scaliger (Joseph Juste). Agen, 4 août 1540; Leyde, 21 janv. 1609. Illustris viri Josephi Scaligeri Julii Cæsaris a Burden filii Epistolæ. *Lugd. Batav.*, ex offic. Bonav. et Abrah. Elzevir., 1627, pet. in-8. — (xxiv)-887 p. = 967.

Scarron (Paul). Paris, déc. 1610; Paris, 14 oct. 1660. Le Romant comique. *Suivant la copie imprimée à Paris*, 1693, in-12. (Paris, 1655, 2 part. in-12). = 4.

Scarron (P.) Le Roman comique. *Paris*, Dauthereau, 1828; impr. F. Didot, 4 vol. in-32. — 1. (iv)-xxix-210 p. — 2. (iv)-229 p. — 3. (iv)-236 p. — 4. (iv)-315 p. = 773.

Scarron (P.). Le Virgile travesty en vers bvrlesqves. *A Lyon*, chez Iean Baptiste De Ville, MDCLXXII (1672), pet. in-12. — (xxiv)-641 p. (Paris, 1648, in-4°). = 429.

Scarron (P.). Les Dernières OEuvres de Monsieur Scaron (*par D'Elbenne). *Suivant la copie imprimée à Paris*, (*Amst.*, *Wolfgang*), cIↃ IↃC LXVIII (1668), pet. in-12, titr. gr. — (xx)-238 p. = 1462.

Scheffer (Arnold). Résumé de l'histoire de la Hollande, sec. édit. *Paris*, Lecointe et Durey, 1824; impr. Lebel, in-18. — (iv)-304 p. = 280.

Scheffer (Arn.). Histoire des États-Unis de l'Amérique septentrionale. *Paris*, Raymond, 1825; impr. Anth. Boucher, in-12. — (iv)-312 p. (Bibliot. du XIX° siècle, t. 78). = 806.

?Schiller (Jean Christ. Fréd.). Marbach, 10 nov. 1759; Weymar, 9 mai 1805. Histoire de la Guerre de Trente ans (*trad. Champfeu). *Paris*, 1803, 2 vol. in-8. = 1400-65.

Schiller (Ch.). Jessica la Juive. *Paris*, G. Havard, 1848; impr. Schneider, gr. in-8, 2 col. — 16 p. (Rom. illustr., livr. 20). = 1565.

Schlegel (Charl. Guill. Fréd. de). Hanovre, 10 mars 1772; Dresde, 11 janv. 1829. Tableau de l'histoire moderne, trad. par M. J. Cherbuliez. *Paris*, Eug. Renduel; Genève, Ab. Cherbuliez, 1834; impr. Poussin, 2 vol. in-8. — 1. (iv)-xxvi-332 p. — 2. (iv)-317 p. (Vienne, 1811). = 797.

Schomberg (Alexandre C.). Précis historique et chronologique sur le Droit romain, trad. par A. M. H. Boulard, sec. édit. *Paris*, Maradan, 1808; impr. Cellot, in-12. — xvi-288 p. (Lond., 1785, in-8; trad. Boulard: Paris, 1793, in-12). = 1121.

Schurmann (Anne Marie de). Cologne, 5 nov. 1607; Uliwert (Frise), 5 mai 1678. Opuscula hebræa, græca, latina, gallica, prosaica et metrica, edit. sec. (ed. F. Spanheim). *Lugd. Batav.*, ex offic. Elzevir., 1651, pet. in-8. — (viij)-376 p. (Lugd.-Bat., 1648, in-8). = 1083.

Scott (Walter). Édimbourg, 15 août 1771; Abbotsford, 21 sept. 1832. *L'Officier de fortune, épisode des guerres de Montrose, nouveaux contes recueillis par Jedediah Cleisbotham (*trad. Defauconpret). *Paris*, H. Nicolle, Ladvocat, 1821; impr. Cosson, 2 vol. in-12. — 1. (iv)-xx-229 p. — 2. (iv)-267 p. (trad. Defauconpret: Paris, H. Nicolle, 1819, 2 vol. in-12). = 68.

Scott (Walter). Rob-Roy, trad. par M. Albert Montémont. *Paris*, F. Didot frères, impr.-édit, 1835, in-8, 2 col. = (iv)-284 p. (1830). = 999.

Scott (Walter). La Fiancée de Lammermoor. Poésies et Ballades, trad. Louis Barré. *Paris*, J. Bry aîné, 1849; typ. Lacour et Cie, gr. in-8, 2 col. — (iv)-72 p. (Veill. littér. illustr., t. 2, livr. 4-6). = 1407.

Scott (Walter). Ivanhoë (1195), trad. Louis Barré. *Paris*, J. Bry aîné, 1850; impr. Lacour et Cie, gr. in-8, 2 col. — 112 p. (Veill. littér. illustr, t. 4, livr. 1-5). = 1563.

Scott (Valter). Le Pirate (1700), trad. Louis Barré. *Paris*, J. Bry aîné, 1850; impr. Lacour et Cie, gr. in-8, 2 col. — 96 p. (Veill. littér. illustr. t. 7, livr. 17-20). = 1563 bis.

Scribe (Augustin Eugène). Paris, 25 déc. 1791; et C. Delavigne. La Somnambule, coméd.-vaudev., deux actes; Vaudeville, 6 déc. 1819, sec. édit. *Paris*, Mme Huet, Barba, 1822; impr. Hocquet, in-8. — 43 p. = 388.

Scribe (E.); et Varner. Les Moralistes, coméd.-vaud., un acte; Gymmase, 22 nov. 1828. *Paris*, Houdaille et Veniger, Pollet, Barba, 1829; impr. Dondey-Dupré, in-32. — 109 p. (Répert. du Théâtre de Madame). = 1634.

Scribe (E.); et Paul Duport. Une Monomanie, coméd.-vaud., un acte; Gymnase, 31 août 1832. *Paris*, Pollet, Barba, 1832; impr. Dondey-Dupré, in-32. — 108 p. (Répert. du Théâtre de Madame). = 175.

Scribe (E.). Bertrand et Raton, ou l'Art de conspirer, coméd., cinq actes; Théâtre français, 14 nov. 1833. *Paris*, J. N. Barba, Pollet, Bezou, 1835; impr. Jules Didot l'aîné, gr. in-8, 2 col. — p. 125-171 (France dram., livr. 34-35). = 557-5.

Scribe (E.); et Mélesville. Le Châlet, opéra-com., un acte, musique de M. Ad. Adam; Opéra-comique, 25 sept. 1834. *Paris*, J. N. Barba, Delloye, Bezou, 1836; impr. Jules Didot l'aîné, gr in-8, 2 col. — p. 209-224 (France dram., livr. 233). = 557-6.

Scribe (E.). La Juive, opéra, cinq actes, musique de M. Halevy, divertissements de M. Taglioni; Opéra, 23 févr. 1835, troise édit. *Paris*, Jonas, 1836; impr. E. Duverger, in-8, 2 col. — 31 p. = 559.

Scribe (E.). Le Cheval de bronze, opéra-féerie, trois actes, musique de M. Auber; Opéra-comique, 23 mars 1835. *Paris*, Marchant, 1836; impr. Dondey-Dupré, gr. in-8, 2 col. — 27 p. (Mag. théâtr., t. 7). = 557-7.

Scribe (E.). Actéon, opéra-comique, un acte, musique de M. Auber; Opéra-comique, 23 janv. 1836. *Paris*, Marchant, 1836; impr. Vve Dondey-Dupré, gr. in-8, 2 col. — 12 p. (Mag. théât., t. 11). = 557-8.

Scribe (E.). Les Huguenots, opéra, cinq actes, musique de M. G. Meyerbeer, ballets de M. Taglioni; Opéra, 29 févr. 1836. *Paris*, Maurice Schlesinger, 1836; impr. A. Éverat, in-8, 2 col. — 40 p. = 560.

Scribe (E.). La Calomnie, coméd., cinq actes; Théâtre français, 20 févr. 1840. *Paris*, Henriot et Cie, Ch. Tresse, 1840; impr. Mme de Lacombe, gr. in-8, 2 col. — 40 p. (Répert. dram. des auteurs contemp., no 103). = 706.

Scribe (E.). Le Verre d'eau ou Les Effets et les Causes, coméd., cinq actes; Théâtre français, 17 nov. 1840. *Paris*, Ch. Tresse, 1841; impr. Boulé et Cie, gr. in-8, 2 col. — 41 p. (France dram., livr. 650-651). = 732.

Scriptores latini principes, recens. et edid. Joh. Aug. Amar. *Parisiis*, Lefevre, 1822-1826; excud. J. Didot, 45 vol. in-32. — Térence, 1-2; Lucrèce, 3; Tibulle et Catulle, 4; Virgile, 5-6; Properce, 7; Horace, 8; Ovide, 9-13; Phèdre, 14; Juvénal et Perse, 15; Lucain, 16-17. Tacite, 1-5; Salluste, 6; C. Nepos, 7; Florus, 8; Pline le Jeune, 9-10; Cicéron, 11-28.

Scriverius (Pierre Schryver). Harlem, 12 janv. 1576; Leyde, 30 avril 1660. Respvblica romana, honori Vrbis æternæ, P. Scriverivs restitvit. *Lvgd. Batav.*, ex offic. Elzeviriana, CIↃ IↃ CXXVI (1626), in-24. — 480-95 p. = 1071.

Scupoli (Lorenzo). Otrante, 1530; Naples, 28 nov. 1610. Le Combat spirituel, trad. par. J. Brignon. *Paris, Lyon*, Périsse frères, impr.-libr., 1834, in-32. — xvi-288-154 p. (Venez., Giolito, 1589, in-12; trad. Brignon: Paris, 1688, in-24). = 110.

Second (Jean Everard). La Haye, 14 nov. 1511; Tournay, 8 oct. 1536. Baisers, avec le latin, trad. en vers par Mme Céleste Vien. *Paris*, Delaunay, 1832; impr. Carpentier-Méricourt, gr. in-8. — 131 p. (Utrecht, Herm. Borculo, 1541, in-12). = 690.

Second (Jean). *Les Baisers, suivis du Mois de Mai, poëme, trad. en vers (*par Dorat). *A Genève, (Paris*, Cazin), 1777, in-24, front. gr. — (iv)-166 p. (1771). = 1137.

Sedaine (Mich. Jean). Paris, 4 juillet 1719; Paris, 17 mai 1797. Le Roi et le Fermier, coméd., trois actes, musique de M. Monsigny; Comédiens italiens, 22 nov. 1762. *Paris*, Cl. Hérissant, impr.-libr., 1774, in-8. — 44 p. = 240.

Sedaine (M. J.). Le Philosophe sans le savoir, coméd., cinq actes; Comédiens français, 2 nov. 1765. *Paris*, libr.-assoc., an VII, in-8. — 59 p. = 239.

Sedaine (M. J.). La Gageure imprévue, coméd., un acte; Comédiens français, 27 mai 1768. *Paris*, comp. des libr., 1776, in-8. — 36 p. = 238.

Sedaine (M. J.). Le Déserteur, opéra-drame, trois actes, musique de M. Monsigny; Comédiens italiens, 6 mars 1769. *Toulouse*, Broulhiet, 1782, in-8. — 44 p. = 237.

Sedaine (M. J.). Raoul Barbe-bleue, coméd., trois actes, musique de M. Grétry, 2 mars 1789. *Bruxelles*, Loiseau, impr.-libr., 1791, in-8. — 39 p. = 236.

Sedaine (M. J.). OEuvres choisies. *Paris*, Lecointe, 1842; impr. Schneider et Langrand, 3 vol. in-18. — 1. xiv-250 p. — 2. 265 p. — 3. 232 p. = 786.

? Segrais (Jean Regnault de). Caen, 22 août 1624; Caen, 15 mars 1701. OEuvres diverses. *Paris*, 1755, 2 vol. pet. in-12. = 1400-76.

Selecta carmina orationesque (* edit. Den. Gaullyer). *Paris*, G. F. Quillau, 1727, in-12. — (xij)-516 p. = 351.

Sénancourt (Ét. P. de). Paris, nov. 1770; Saint-Cloud, 10 janv. 1846. Libres Méditations d'un Solitaire inconnu, sec. édit. *Paris*, Vieilh de Boisjolin et Cie, 1830; impr. E. Dézairs à Blois, in-18. — xl-582 p. = 564.

Sénancourt (É. P. de). Petit vocabulaire de simples vérités. *Paris*, 1833, in-18. — 108 p. (Bibliot. popul.). = 918-6.

Sénecé (Ant Bauderon de). Mâcon, 13 oct. 1643; Macon, 1er janv. 1737. OEuvres complètes (*édit. Auger). *Paris*, Léop. Collin, 1805, in-12. — (iv)-xxiv-237 p. (Satires: Paris, 1695, in-12). = 1292.

Sénèque le Philosophe (Luc. Annæus Seneca). Cordoue, vers l'an 6 av. J. C.; Rome, 12 avril 69 de J. C.; et Sénèque le Rhéteur, vers l'an 61 de J. C. Opera qvæ extant omnia. M. Ant. Mvreti, P. Pinciani, aliorumque notis illustrata; accessit index. *Parisiis*, apud Petrvm Cavellat, MDLXXXVII (1587); ex typ. P. Ramier, in-fol. — (xviij)-625-(ij)-32-94-(XL) p. (Neapoli, Moravus, 1475, in-fol.). = 1308.

Senecæ Philosophi (L. Annæi) Opera omnia, ex ult. I. Lipsii et L. F. Gronovii emend. et M. A. Senecæ Rhetoris quæ extant, ex A. Schotti recens. *Amstelodami*, apud Elzevirios, 1659, 4 vol. pet. in-12. — 1. (XLviij)-535 p. (Elz.: Lugd. Bat., 1640). = 1512.

Sénèque le Tragique. Cordoue, l'an 58 av. J. C.; Rome, 32 de J. C. L. Annæi Cordvbensis et aliorvm tragœdiæ. *Lvgdvni*, sumptibus Ant. Molin, MDCLXX (1670), in-16. — 331 p. (Lugduni, Lambillon, 1491, in-4°). = 204.

Senecæ Philosophi (L. A.). Flores sive Sententiæ insigniores excerptæ per D. Erasmum Roterod.; item L. A. Senecæ Tragici Sententiæ. *Amstel.*, apud Ludov. Elzevirium, 1642, pet. in-12. — 336 p. = 962.

Séran de la Tour (l'abbé). *Histoire de Philippe, roi de Macédoine. *Paris*, Briasson, 1740, in-12. — xxiv-403-(xxvi) p. = 1450 bis.

Sévigné (Marie de Rabutin Chantal mise de). Paris, 6 févr. 1626; Grignan, 18 avril 1696. Lettres choisies, précédées de son éloge par Mme A. Tastu. *Paris*, Didier, 1853; impr. G. Gratiot, in-12, portr. — (iv)-641 p. (Paris, Rouen et La Haye, 1726, 2 vol. in-12; édit. du chev. Perrin: Paris, Simard, 1734-1737, 6 vol. in-12). = 1590.

Shaftesbury (Ant. Ashley Cooper). Londres, 26 févr. 1671; Naples, 7 mars 1713. Les Conseils (*trad. par Sinson). *Londres (Paris)*, 1773, in-8, portr. — (iv)-xxiv-348 p. (Lond., Soliloque ou Avis à un auteur, 1711). = 318.

Shakspeare (William). Stratford-sur-l'Avon, 23 avril 1564; Stratford, 23 avril 1616. The dramatic Works, to which are added his miscellaneous poems. *London*, Sherwin and Co., 1821, pet. in-4°, 2 col., portr. — (iv)-viij-794 p. (Lond., Iaggard, 1623, in-fol.; prem. pièce impr.: Richard II, 1597; prem. trad. franç., Laplace, Théâtre anglais: Lond. [Paris], 1746, 8 vol. in-12). = 1304. — Voy. Demogeot.

Sheridan (Rich. Brinsley). Dublin, 4 nov. 1751; Londres, 7 juillet 1816. The School for Scandal, a comedy. *London and Paris*, Th. Barrois junior, 1816, in-18. — 122 p. (1777). = 910.

Sicard (l'abbé Roch Ambr. Cucurron). Fousseret près Toulouse, 20 sept. 1742; Paris, 10 mai 1822. Manuel de l'Enfance. *Paris*, Le Clère, impr.-libr., 1797, in-12. — (ij)-xvi-264 p. = 26.

Sicé (Franç. Eug.). Pondichéry, 10 juillet 1816. Traité des Lois mahométanes, ou Recueil des lois, us et coutumes des Musulmans du Décan. *Paris*, impr. roy., 1841, in-8. — viij-88 p. (Extr. du Journ. Asiat.). = 1579.

Sicé (F. E.). Mémoire sur la vie, les ouvrages et les travaux apostoliques du père Constant Beschi. *Paris*, au bur. des annal. de philosophie chrét., 1841 ; impr. Moquet et Cie, in-8. — 20 p. = 1581-3.

Sicé (F. E.). Mélanges poétiques. *Paris*, impr. Moquet et Cie, 1841, in-8. — 54 p. = 1581 bis.

Sicé (F. E.). Un mot sur la Représentation des Établissements français de l'Inde à l'Assemblée nationale. *Pondichéry*, impr. du gouvern., 10 juillet 1848, in-8. — 72 p. = 1578-7.

Sicé (F. E.). Mémoire relatif à la révision de l'Ordonnance locale du 7 juin 1828. *Pondichéry*, impr. du gouvern., 1850, in-8. — x-86 p. = 1581-4. — Voy. Annuaire.

? Sidoine Apollinaire (Caius Solius). Lyon, 4 nov. 430 ; Clermont, 23 août 488. Opera, ex recogn. Jac. Sirmondi, cur. Labbeo. *Parisiis*, 1652, in-4°. (Mediolani, per Uld. Scinzenzeler, 1498, in-fol.). = 315.

Sièyes (Emm. Jos.). Fréjus, 3 mai 1748 ; Paris, 20 juin 1836. Qu'est-ce que le Tiers-état ?, pamphlet publié en 1789, préc. d'une étude par M. Chapuys-Montlaville. *Paris*, Pagnerre, 1839 ; impr. Mme Poussin, in-18, portr. — (iv)-iv-192 p. = 1693.

Silius Italicus (Caius). Rome, 25 ; 100 de J. C. In C. Silii Italici Pvnica, sev de Bello Pvnico secvndo libr. xvii, ed. Cl. Davsqveivs. *Parisiis*, apud Dav. Dovcevr, MVICXVIII (1618), in-4°. — (xlviij)-763-(xij) p. (Rome, C. Suueynhem, A. Panartz, 1471, in-fol.). = 1170-1.

Silii Italici (Caii) Pvnicorvm, e recens. Arn. Drakenborch, cvrav. Ioh. Petr. Schmidivs. *Mitaviae*, apvd Iac. Frid. Hinzivm, CIↃ IↃ CCLXXV (1775), in-8. — lvi-392-(cxvi) p. (Drakenborch : Utrecht, 1717, in-4°). = 1268.

Simencourt (Éd. de). Nouvelle carte routière de France. *Paris*, Langlois, 1827, in-fol. = 544.

Sinner (L. de). Novus SS. Patrum græcorum sæculi quarti delectus. *Parisiis*, L. Hachette, 1842 ; impr. J. Belin-Leprieur, in-12. — xij-492 p. = 1574.

Siret (Pierre-Louis). Paris, 30 juillet 1745 ; Vitry-sur-Seine, 25 sept. 1798. Éléments de la langue anglaise, nouv. édit. augm. par Poppleton ; revue par A. Boniface. *Paris*, Baudry, Stassin et Xavier, 1842 ; impr. J. Smith, in-8. — iv-210 p. (Paris, 1773). = 629.

Sirey (J. B.). Sarlat, 23 sept. 1762 ; Limoges, 4 déc. 1845. Les Codes annotés, édit. refondue par P. Gilbert, avec le concours de MM. Faustin-Hélie et Cuzon, troise tirage. *Paris*, Cosse, 1851-1852 ; impr. Cosse et Dumaine, gr. in-8, 2 col. — Code civil, 1083 p. — Code de Proc., (iv)-564 p. — Code de comm., 302 p. = 1554, 554 bis.

Sismondi (Jean Charl. Léonard Simonde de). Genève, 9 mai 1773 ; Genève, 25 juin 1842. Julia Severa ou l'an 492. *Paris*, Treuttel et Würtz, 1822 ; impr. L. É. Herhan, 3 vol. in-12. — 1. (iv)-viij-231 p. — 2. (iv)-230 p. — 3. (iv)-231 p. = 870.

Sismondi (J. C. L. S. de). Histoire des Républiques italiennes du moyen âge, nouv. édit. *Paris*, Treuttel et Würtz, 1826 ; impr. Crapelet, 16 vol. in-8. (1807-1818). = 409.

Smith (Adam). Kirkaldy (Écosse), 5 juin 1723 ; Édimbourg, 8 juillet 1790. Théorie des sentimens moraux, trad. sur la sept° édit. par S. Grouchy Vve Condorcet. *Paris*, F. Buisson, 1798, 2 vol. in-8. — 1. viij-466 p. — 2. (iv)-511 p. (1759). = 530.

Smith (L). Guide de la conversation anglaise et française. *Paris*, C. Hingray, T. Barrois, Truchy, 1835 ; impr. J. Smith, in-18. — viij-436 p. = 841.

Smith (Thom.). Saffron-Walden (Essex), 28 mars 1514 ; Londres, 12 août 1577. De Repvblica Anglorvm libri tres. *Lugd. Batav.*, ex officina Elzeviriana, cIↄ Iↄ cxli (1641), in-24. — (xvi)-434 p. (1583). = 1080.

Soave (Francesco). Lugano, 1743 ; Pavie, 17 janv. 1816. Gramatica ragionata della lingua italiana, sec. ediz. *Milano*, societ. tipogr., 1817, in-12. — 186 p. (Parma, 1792, in-8). = 943.

Solin, vers l'an 250. C. Iulii Solini Polyhistor. *Biponti*, ex typ. societ., 1794, in-8. — (ij)-xiv-183-(xxx) p. (Venetiis, Nic. Jenson, 1473, in-fol). = 1528.

Solis (Antonio de). Placencia, 18 juillet 1610 ; Madrid, 19 avril 1686. Historia de la Conquista de Mejico. *Paris*, Cormon y Blanc, 1824 ; impr. J. B. Kindelem, 5 vol. in-18. (Madrid, 1684, in-fol.). = 1181-24.

Solis (A. de). Histoire de la Conquête du Mexique (*trad. par Citri de la Guette), six° édit. *Paris*, comp. des libr., 1774, 2 vol. in-12, fig. — 1. xxviij-576 p. — 2. xij-524 p. (Paris, 1691, in-4°). = 1353.

Sophocle. Colone, 495 ; Athènes, 406 av. J. C. Αντιγονα. Antigona, ex recens. Guil. Dendorfii. *Parisiis*, excud. F. Didot fratres, 1836, gr. in-8, pap. vél. — 72 p. = 1468.

Sophocle. Σοφοκλεους Οιδιπους επι Κολωνω. Oedipus Coloneus, ed. L. de Sinner. *Parisiis*, L. Hachette, 1842 ; excud. F. Didot fratres, in-12. — vi-162 p. = 1576-3.

Sophocle. Tragœdiæ septem (græcè), exhibet Joan. Maur. Suerius Du Plan. *Parisiis*, ex typ. P. Fr. Didot jun., 1787-1788, 2 vol. in-12. — 1. (iv)-xij-268 p. — 2. (iv)-224 p. (Venetiis, Aldi, 1502, in-8). = 1281.

Sophocle. Théâtre, trad. par M. de Rochefort. *Avignon*, Seguin frères, impr.-libr., 1809, 2 vol. in-12. — 1. 354 p. — 2. 337 p. (Paris, 1788, 2 vol. in-8). = 368.

Soter (Henr.). Svecia, sine de Suecorum regis dominiis et opibus. *Lugd. Batav.*, ex officina Elzeviriana, 1633, in-24. — (iv)-306 p. = 1081.

Soubise (Charl. de Rohan prince de). Paris, 16 juillet 1615; Paris, 4 juillet 1787. — Voy. Catalogue.

Souffrain (J. Bapt. Alexandre). Essais, variétés historiques et notices sur la ville de Libourne et ses environs. *Bordeaux*, A. Brossier, impr., 1806, 2 vol. in-8. — 1. (iv)-457 p. — 2. viij-563 p. = 346.

Soulié, de Lavelanet (Melchior Frédéric). Foix, 23 déc. 1800; Bièvre, 23 sept. 1847. Amours françaises, poèmes. *Paris*, Ladvocat, 1824; impr. H. Fournier, in-18. — (iv)-186 p. = 701.

Soulié (F.). Deux Séjours, Province et Paris. *Paris*, Hipp. Souverain, 1836 ; impr. A. Le Boyer et Cie à Lagny, 2 vol. in-8. — 1. viij-353 p. — 2. (iv)-360 p. = 289.

Soulié (F.). Roméo et Juliette, trag., cinq actes; Odéon, 1828; reprise, 16 déc. 1837. *Paris*, Marchant, 1838; impr. Ve Dondey-Dupré, gr. in-8, 2 col. — 23 p. (Mag. théâtr., t. 19). = 557-1.

Soulié (F.); et Adolphe Bossange. Clotilde, drame, cinq actes; Théâtre français, 11 sept. 1832. *Paris*, J. N. Barba, Delloye, Bezou, 1836; impr. J. Didot l'aîné, gr. in-8, 2 col. — p. 703-743 (France dram., livr. 204-205). = 557-2.

Soulié (F.); et Badon. Une Aventure sous Charles IX, coméd., trois actes; Théâtre français, 20 mai 1834. *Paris*, Marchant, 1834 ; impr. J. R. Mévrel, gr. in-8, 2 col. — 32 p. (Mag. théâtr., t. 2). = 557-4.

Soulié (F.); et Arnould. Les Deux Reines, opéra-comique, un acte, musique de H. Monpou; Opéra-comique, 6 août 1835. *Paris*, Marchant, 1835; impr. Mme de Lacombe, gr. in-8, 2 col. — 16 p. (Mag. théâtr., t. 9). = 557-3.

Soulié (F.). Diane de Chivri, drame, cinq actes ; Renaissance, 9 févr. 1839. *Paris*, Marchant, 1839; impr. Ve Dondey-Dupré, gr. in-8, 2 col. — 38 p. (Mag. théâtr., t. 24). = 600.

Soumet (Louis Ant. Alexandre). Toulouse, 8 févr. 1796; La Rochelle, 30 mars 1845; et L. Belmontet. Une Fête de Néron, trag., cinq actes; Odéon, 28 déc. 1829. *Paris*, J. N. Barba, Pollet, Bezou, 1834 ; impr. J. Didot l'aîné, gr. in-8, 2 col. — p. 93-120. (France dram. liv. 59-60). (Paris, Barba, 1830, in-8). = 555-15.

Soupourayamoudéliar. சிந்துகள் (Sindougale). A M. Verninac, S'Indous (Stancest composés par le poète indien Soupourayamoudéliar et chantés en chœur à Villenour, le 14 sept. 1853. *Pondichéry*, impr. du gouvern. (É. V. Géruzet), 1855, in-plano. (texte tamoul et trad. franç., 4 col.). = 1636-4.

Souvestre (Émile). Morlaix, 15 avril 1808; Paris, 6 juillet 1854. Riche et Pauvre. *Paris*, G. Havard, 1859; impr. Schneider, gr. in-8, 2 col. — 48 p. (Romans du jour illustr., livr. 9-10). = 1572.

Souza-Botelho (Adèle Filleul de Flahaut de). Longpré (Normandie), 1760; Paris, 16 avril 1836. OEuvres complètes, nouv. édit. *Paris*, Al. Eymery, 1821; impr. Baudoin frères, 6 vol. in-8. — 1. (iv)-457 p. — 2. (iv)-396 p. — 3. (iv)-419 p. — 4. (iv)-486 p. — 5. (iv)-412 p. — 6. (iv)-344 p. = 583.

Specimen de typographie et de fonderie (* tamoules). *Pondichéry*, impr. des Missionnaires apostoliques (* direct. le P. Dupuis), 1855, in-plano. = 1636-4.

Spiers (Alex.) Étude raisonnée de la langue anglaise, sec. édit. *Paris*, Baudry, 1834; impr. Fain, in-12. — xvi-356 p. (Paris, Nyon, 1832, in-12). = 628.

Stace (Publius Papinius Statius). Naples, 61; Rome, 96 de J. C. Thebais Statiana accurate emẽdata nõnullis perutilibusq. additionibus insignita. (*Parisiis*), S. D., Iehan Petit, venales reperiuntur in vico diui Iacobi sub leone argenteo, gr. in-8. — signat. A-Z, A-X. (Venet., Oct. Scotus, 1483, in-fol.). = 1160.

Statii (P. Papinii). Opera quæ exstant Ioh. Bernartivs recens. *Antverpiæ*, ex offic. Plantiniana, apud Viduam et Ioann. Moretum, MDXCV (1595), in-8. — 429-176-130-(xij) p. = 1242.

Statii (P. Papinii) Thebais, Sylvæ, Achilleis, appositis italico carmine (*Bentivoglio, Biacca, Or. Bianchi) interpretationibus ac notis. *Mediolani*, typ. imp. Monast. S. Ambrosii majoris, 1782, 4 vol. gr. in-8. — 1. (xviij)-414 p. — 2. 458 p. — 3. 427 p. — 4. 135 p. = 1494.

Staël (Anne Louise Germ. Necker de). Paris, 22 avril 1766; Paris, 14 juillet 1817. Corinne ou l'Italie. *Paris*, Dauthereau, 1827; impr. F. Didot, 5 vol. in-32. — 1. (iv)-xxij-213 p. — 2. (iv)-206 p. — 3. (iv)-195 p. — 4. (iv)-200 p. — 5. (iv)-216 p. (Paris, H. Nicolle, 1807, 3 vol. in-12). = 784.

Stapfer (Phil. Alb.). Berne, sept. 1766; Paris, 30 mars 1840. — Voy. Catalogue.

Stassart (Goswin Jos. Aug. de). Malines, 2 sept. 1780; Bruxelles, 10 oct. 1854. Fables, trois^e édit. *Paris*, P. Mongie l'aîné, 1819; impr. F. Didot, in-12. — viij-238 p. (1818). = 714.

Statuts (anciens et nouveaux) de la ville et cité de Bordeaux. *A Bordeaux*, chez Simon Boe, MDCCI (1701), in-4°. — (viij)-658 p. = 1190-A.

Sterne (Laurence). Clonmel (Irlande), 24 nov. 1713; Londres, 18 mars 1768. A Sentimental Journey through France and Italy. *Paris*, P. Didot the elder and F. Didot, 1800, in-18. — (iv)-176 p. (Lond., 1767, 2 vol. in-8). = 187.

Sterne (L.). Voyage sentimental, trad. nouv. par Moreau-Christophe. *Paris*, J. G. Dentu, 1828; impr. Pommeret et Moreau, in-18. — (iv)-vi-368 p. = 1588 bis.

Sterne (L.). Voyage sentimental (*trad. par Frénais). *Paris*, Ledentu, Dauthereau, 1832; impr. Casimir, 2 vol. in-32. — 1. (iv)-xij-144 p. — 2. (iv)-156 p. = 837.

Sterne (L.). Voyage sentimental. *Paris*, J. Bry aîné, 1848; impr. Lacour, gr. in-8, 2 col. — 24 p. (Veill. littér. illustr., t. 1. livr. 3). = 1350-3.

Sterne (L.); et Goldsmith. OEuvres choisies. Voyage sentimental (avec les deux chap. de Melle de Lespinasse). *Paris*, Ch. Gosselin, 1841; impr. H. Fournier, in-12. — (iv)-240 p. = 1220.

Steuer. Nouveau guide de conversations modernes en français et en allemand, nouv. édit. *Paris*, Baudry, Stassin et Xavier, 1846; impr. Fain et Thunot, in-18. — xiv-224 p. = 1575-3.

Stobée (Jean). Stobi (Macédoine), vers l'an 450. Κερας Αμαλθαιας. Ιωαννου του Στοβαιου Εκλογαι αποφθεγματων, και υποθηκων. Ioannis Stobæi sententiæ a Conrado Gesnero in lat. trad. (A la fin) : *Tiguri*, apvd Christophorvm Frosch, 1559, pet. in-fol. — (xxiv)-632-(xxx) p. (Venetiis, Barth. Zanetti, 1535, in-4°). = 1146.

Stolberg (Fréd. Léop. c^te de). Bramstedt (Holstein), 7 nov. 1750; Sundermühlen près Osnabruck, 5 déc. 1819. Histoire de N. S. Jésus-Christ, trad. par P. D***. *Paris*, encyclop. cathol., 1838; impr. H. Vrayet de Surgy et Cie, 2 vol. in-8. — 1. (iv)-560 p. — 2. (iv)-514 p. = 1361.

? STRABON. Amasée (Cappadoce), vers l'an 50 av. J. C.; 25 de J. C. Rerum geographicarum libri XVII, gr.-lat., cum notis Is. Casauboni. *Amstelædami*, 1707, 2 vol. pet. in-fol. (Venetiis, Aldi, 1516, in-fol.). = 1400-39.

SUE (Eug.). Paris, 10 janv. 1804. OEuvres illustrées. La Salamandre. *Paris*, Havard, 1849; impr. Schneider, gr. in-8, 2 col. — 56 p. (Paris, 1832, 2 vol. in-8). = 1561.

SUÉTONE (Caius Suetonius Tranquillus). Rome, vers l'an 70; vers 130 de J. C. C. Svetonii Tranqvilli XII Cæsares. *Parisiis*, ex officina Roberti Stephani, MDXLIII (1543), pet. in-8. — (xvi)-354 p. (Rome, 1470, in-fol.). = 1040.

SUÉTONE. De XII Cæsaribvs libri VIII. Isaacvs Casavbonvs recensuit. *Genevæ*, ex typ. Iac. Stoer, MDCXXX (1630), in-24. — (LXIV)-476-36 p.-24 f.-32 f. = 1188-I.

SUÉTONE. Histoire des Emperevrs romains avec levrs portraits en taille-douce, de la trad. D. B. (*Baudoin). *Paris*, Mich. Bobin et Nic. Le Gras, MDCLXVII (1667), pet. in-12. — (x)-561 p. (Paris, 1611, in-4°). = 1168-o.

? SUIDAS, vers l'an 1090. Lexicon, gr.- lat., ed. Bernhardi. *Halle*, 1834, 2 vol. in-8. (Mediolani, imp. Demet. Chalcondyli, 1499, in-fol.). = 1400-24.

SULPICE SÉVÈRE; né dans l'Aquitaine, vers 363; Marseille, vers 429. SulpitI Severi historia sacra. *Anstelodami*, ex officina Ioannis Ianssonii, cIↄ Iↄ cxxxxI (1641), pet. in-12. — 287 p. (Basileæ, Oporinus, 1556, in-8). = 1169-U.

SULPICII SEVERI (Beati) Bituricensis episcopi Opera omnia, opera M. Hieronymi Mercier. *Lutetiæ Parisiorum*, apud J. B. Brocas, 1714, pet. in-12. — xiv-322-(xviij) p. = 312.

SURVILLE (Clotilde de). — Voy. Vanderbourg.

SWEDENBORG (Emman. de). Stockholm, 29 janv. 1688; Londres, 29 mars 1772. Opera philosophica et mineralia. Principia rerum naturalium. *Dresdæ et Lipsiæ*, sumptibus Friderici Hekelii, 1734, in-fol. — (xx)-452 p. (prem. édit.). = 1605.

SWEDENBORG (E.). *OEconomia regni animalis, impensis auctoris. *Londini et Amstelodami*, apud François Changuion, 1740, in-4° — (iv)-388-(viij)-(iv)-194 p. (prem. édit.). = 1606.

SWEDENBORG (E.). Regnum animale, t. 1 et 2: *Hagæ Comitum*, apud Adrianum Blyvenburgium, 1744; t. 3: *Londini*, 1745, 3 vol. in-4°. — 1. (iv)-438 p. — 2. (iv)-286 p. — 3. 2-169 p. (prem. édit.). = 1607.

SWEDENBORG (E.). Pars prima de cultu et amore Dei. *Londini*, apud Joh. Nourse and Rich. Manby, 1745, 2 vol. in-4°. — 1. ij-120 p. — 2. ij-26 p. (prem. édit.). = 1608.

SWEDENBORG (E.). Arcana cœlestia quæ in scriptura sacra, seu verbo Domini, sunt detecta: In Genesi, 1749, 5 vol. in-4°. — 1. (iv)-630 p. — 2, 1750. 44-64-75-83-59-71 p. — 3, 1751. 643 p. — 4, 1752. 559 p. — 5. 535 p. — In Exodo, 1753: 1. 580 p. — 2, 1754. 521 p. — 3, 1756. 695 p. (prem. édit.). = 1609.

SWEDENBORG (E.). Index verborum, nominum et rerum in Arcanis cœlestibus, ex operibus posthumis. *Londini*, typ. T. Bensley, impens. Joh. Aug. Tulk, 1815, in-4°, 2 col. = 1613 bis.

Swedenborg (E.). Index rerum in Apocalypsi revelata, ex operibus posthumis. *Londini*, typ. T. Bensley, impens. Joh. Aug. Tulk, 1815, in-4°, 2 col. = 1613.

Swedenborg (E.). Du Ciel et de ses merveilles, et de l'Enfer, trad. sur l'édit. de 1758, par J. P. Moet de Versailles, et publié par un Ami de la vérité. *Bruxelles*, impr. J. Maubach, 1819, in-8. — (vi)-435 p. (Londini, 1758, in-4°). = 1383, 1613-3, 1614.

Swedenborg (E.). Doctrina principalis Novae Hierosolymae de Deo Triuno, deprompsit Ludov. Hofaker. *Tubingae*, in libr. Guttenberg, 1834 ; impr. G. Silbermann, Strasbourg, in-8. — x-118 p. (Londini, 1758, in-4°). = 1619.

Swedenborg (E.). *Doctrine de la nouvelle Jérusalem touchant le Seigneur (*trad. par Chastanier), 184 p. (1784). — Plan d'un journal Novi-Jérusalémite, xx p. — *Traité de la vie que doivent mener ceux qui aspirent à devenir membres réels de la Nouvelle Jérusalem, 115 p. *Londres*, impr. T. Spilsbury, 1787, in-8. = 1612, 1612 bis.

Swedenborg (E.). La Vraie Religion chrétienne, contenant la Théologie universelle de la Nouvelle Église, trad. par J. P. Moet. *Bruxelles*, impr. J. Maubach, 1819, 2 vol. in-8. — 1. (iv)-537 p. — 2. 595 p. (Amsterd., 1771, in-4°). = 1615.

Swedenborg (E.). Summaria expositio sensus interni, ex operibus posthumis. *Londini*, typ. et imp. Rob. Hindmarsh, 1784, in-4°. — 103 p. (Amstel, 1769, in-4°). = 1610.

Swedenborg (E.). A brief Exposition of the New Church (* transl. by John Clowes). *London*, print. M. Lewis, 1769, in-8. — 159 p. = 1611-3.

Swedenborg (E.). Exposition sommaire de la doctrine de la Nouvelle Église (* trad. Chastanier). *Paris*, Dupuis, 1797 ; impr. Hautbout l'aîné, in-8. — 203 p. = 1612-4.

Swedenborg (E.). Du Commerce établi entre l'âme et le corps (* trad. Parraud). *A Londres, à La Haye*, P. F. Gosse, 1785, in-8. — 150 p. (Londini, 1769, in-4°). = 1611.

Swedenborg (E.). A Theosophic treatise on the nature of influx, as it respects the communication and operation of soul and body (* transl. by John. Clowes ?). *London*, T. Buckland, 1784 ; print. R. Hindmarsh, in-8. — (iv)-xx-47 p. = 1611 bis.

Swendenborg (E.). Du dernier Jugement et de la Babylone détruite. *Londres*, impr. de la Nouvelle Église, 1787, in-8. — 177-198 p. (Londini, 1758, in-4°). = 1620.

Swedenborg (E.). La Sagesse évangélique sur le divin amour et sur la divine sagesse, trad. par J. P. Moet. *Paris*, Treuttel et Würtz, 1822 ; impr. Crapelet, in-8. — (iv)-258 p. (Amstel., 1763, in-4°). = 1616, 1616 bis.

Swedenborg (E.). La Sagesse évangélique sur la divine providence, trad. par J. P. Moet. *Paris*, Treuttel et Würtz, 1823 ; impr. Crapelet, in-8. — (iv)-351 p. (Amstel., 1764, in-4°). = 1616-3.

Swedenborg (E.). L'Apocalypse révélée, trad. par J. P. Moet. *Paris*, Treuttel et Würtz, 1823 ; impr. Crapelet, 2 vol. in-8. — 1. (iv)-515 p. — 2. (iv)-500 p. (Amstel., 1766, in-4°) = 1617.

SWEDENBORG (E.). Les Délices de la Sagesse sur l'amour conjugal et les voluptés de la folie sur l'amour scortatoire, trad. par J. P. Moet. *Paris*, Treuttel et Würtz, 1824; Crapelet, in-8. — (iv)-540 p. (Amstel., 1768, in-4°). = 1618.

SWEDENBORG (E.). Dialogues sur la nature, le but et l'évidence de ses écrits théologiques, avec un abrégé de ses œuvres philosophiques, trad. de l'anglois. *A Londres*, R. Hindmarsh; *à La Haye*, P. F. Gosse, 1790, in-8. — 144 p. = 1612-3.

SWIFT (Jonathan). Cashel près Dublin, 30 nov. 1667; Dublin, 29 oct. 1745. Gulliver's Travels into several remote nations of the world. *London*, J. Walker, J. Johnson, 1808; print. Wilson, pet. in-12, titr. gr. — (xiv)-322 p. (London, B. Motte, 1726, 2 vol. in-8). = 1446 bis.

SWIFT (J.). Voyages de Gulliver (*trad. Desfontaines). *Paris*, Dauthereau, 1828: impr. F. Didot, 2 vol. in-32. — 1. (iv)-268 p. — 2. (iv)-268 p. (Paris, Guérin, 1727, 2 vol. in-12) = 794.

SWIFT (J). Voyages de Gulliver. *Paris*, Corbet, aîné, 1829; impr. Marchand du Breuil, 4 vol. in-18, fig. — 1. 227 p. — 2. 187 p. — 3. 179 p. — 4. 256 p. = 97.

SYMMAQUE (Quintus Aurelius Avianus). Rome, vers 320; 391. Epistolarum libri decem, cum Ambrosii nonnullis. MDCLIII (1653), impr. fecit Gerhard Wingerdorp. (A la fin): CIƆ IƆ CLIII (1653), *Lugd. Batavorum*, sumtu Gerhardi Wingerdorpii, excud. Severynus Matthæi, pet. in-12. — (x)-461 p. (Argentin., J. Schotti, 1510, in-4°). = 313.

SYNESIUS. Cyrène, 378; Ptolémaïs, 430. Hymnes, trad. avec le texte en reg. par J. F. Grégoire et F. Z. Collombet. *Lyon*, Sauvignet et Cie, Périsse frères, 1836; impr. G. Rossary à Lyon, gr. in-8. — xvi-143 p. (Parisiis, Henr. Stephanus 1568, in-16). = 1459.

SYRUS (Publius). — Voy. Phèdre, Publius.

TABERD (J. L.). Compendium Logicæ nec non documenta rationis, quibus accedit brevis notitia juris utriusque. *Fredericnagori*, vulgò *Serampore*, ex typ. J. C. Marsham, 1839, in-12. — (ij)-iv-x-xvi-vi-356 p. = 1695.

Tableau de la Littérature du XVIe siècle jusqu'en 1610. *Paris*, Pillet aîné, 1828; impr. Pillet aîné, in-8. — (iv)-79 p. = 1693 bis.

Tableau de l'Empire germanique, dans lequel on traite du gouvernement de l'Allemagne (*par Thiriot). S. L., 1741, in-12. — (iv)-212-192 p. = 1064.

Tableaux de population, de culture, de commerce et de navigation pour l'année 1850. *Paris*, impr. impér., 1853, gr. in-8. — 179 p. = 1638.

TACITE (Caius Cornelius Tacitus). Terni (Ombrie), l'an 50; l'an 130 de J. C. Opera qvæ exstant Ivstvs Lipsivs recens; accessit C. V. Paterculus cum ejusdem Lipsi notis. *Antverpiæ*, ex officina Plantiniana, apud Joann. Moretum, CIƆ IƆC (1600), in-4°. — (xij)-385-(x)-(viij)-216-LXXXij-(xxx) p. (Venet., 1494, in-fol.). = 343.

TACITVS (C. Corn.). ex recens. Ivsti Lipsii nec non Isaaci Pontani. *Lugduni*, sumpt. Carteron, MDCLVI (1656), in-24. — 569 p. = 304.

Tacite. C. Cornelivs Tacitvs, cum optimis exemplaribus collatus. *Amstelodami*, typis Danielis Elzevirii, 1665, sumptibus societatis, in-24. — 624-(xxiv) p. (Elz.: Lugd. Batav., 1621, in-24). = 1184-I.

Tacite (C. C.). Opera ex recens. et cum supplem. Gabr. Brotier, edid. J. A. Amar. *Parisiis*, Lefevre, 1822; excud. P. Didot natu major, 5 vol. in-32. — 1. xij-278 p. — 2. 283 p. — 3. 316 p. — 4. 343 p. — 5. 382 p. (Script. lat. principes, t. 1-5). = 821.

Tahcin-Uddin. Les Aventures de Kamrup, publ. en hindoustani par M. Garcin de Tassy. *Paris*, De Bure frères, impr. roy., 1835, in-8, 2 col. — (viij-xcvj) p. = 1648.

Tahcin-Uddin. Les Aventures de Kamrup, trad. de l'hindoustani par M. Garcin de Tassy. *Paris*, De Bure frères, impr. roy., 1834, in-8. — (iv)-xi-252 p. = 1648 bis.

Tanski (J.). *Voyage autour de la Chambre des Députés par un Slave, avec un plan figuratif de la Chambre et les portraits des principaux orateurs. *Paris*, A. Renée et Cie, impr., 1845, in-8. — (iv)-390 p. = 1531.

Tarbé des Sablons (Mme). *Enguerrand, ou le Duel. *Paris*, Lecointe et Durey, 1825; impr. Smith, 2 vol. in-12. — 1. (iv)-252 p. — 2. (iv)-256 p. = 57.

Tardieu (Ambr. P.). Paris, 2 mars 1788. Atlas géographique, statistique et progressif des départements de la France et de ses colonies, par A. Perrot et Achin, sous la direction de P. Tardieu. *Paris*, 1833, in-4° obl. — 86 cartes. = 92.

Tardieu-Denesle (Mme). Abrégé des Métamorphoses d'Ovide, sec. édit. *Paris*, Boiste fils aîné, 1824; impr. Casimir, 2 vol. in-18, tit. gr., fig. — 1. viij-190 p. — 2. (iv)239 p. (Paris, H. Tardieu, 1808, 2 vol. in-18). = 41.

Tasso (Torquato). Sorrente, 11 mars 1544; Rome, 25 avril 1595. Il Goffredo, ovvero Gierusalemme liberata. *In Amst.*, nella stamp. del S. D. Elsevier. *In Parigi*, appr. Th. Jolly, MDCLXXVIII (1678), 2 vol. in-24, grav. de Séb. Le Clerc. — 1. 271 p. — 2. 285 p. (Venetia, Cavalcalupo, 1580, in-8 [16 chants]; Ferrara, Baldini, 1581, in-4°; Elz.: Amst., 1652, 2 vol. pet. in-18). = 964.

Tasso. Il Goffredo. *In Padova*, stamp. del Semin., appr. Gio. Manfre, 1749, pet. in-12. — 550 p. = 1138.

Tasso. Il Goffredo. *In Venezia*, presso Girolamo Dorigoni, 1771, in-12. — 480 p. = 1177.

Tasso. La Gerusalemme liberata. *In Nizza*, ed *In Lione*, Reymann e Cie, 1799, 2 vol. in-12. — 1. (iv)-346 p. — 2. (iv)-360 p. = 476.

Tasso. Il Goffredo, con l'aggiunta de' cinque canti di Camillo Camilli. *In Venezia*, Ant. Mora, S. D., in-24. — 682 p. = 1173-E.

Tasso. La Gerusalemme liberata. *Firenze*, Gius. di Giovacchino Pagani, 1818, 2 vol. in-18, portr. — 1. xxxij-331 p. — 2. (ij)-356 p. = 1185-U.

Tasse. Jérusalem délivrée (* trad. par le prince Lebrun). *Paris*, Bossange, Masson, Besson, 1803, 2 vol. in-8, portr., fig. de Le Barbier. — 1. (iv)-LXXXVij-353 p. — 2 (iv)-355 p. (Paris, Musier, 1774, 2 vol. gr. in-8). = 671.

Tasse. Jérusalem délivrée. *Paris*, Mme Dabo-Butschert, 1833; impr. Tremblay à Senlis, 2 vol. in-18. — 1. (iv)-188 p. — 2. (iv)-196 p. = 100.

TASSE. La Jérusalem délivrée, trad. en vers franç. par P. M. Baour-Lormian, trois^e édit. *Paris*, Ambr. Tardieu, 1822; impr. F. Didot, 3 vol. in-18, portr., tit. gr. — 1. (vi)-251 p. — 2. 287 p. — 3. 304 p. (Paris, Didot, 1796, 2 vol. in-4°). = 514.

TASSO. Aminta, favola pastorale. *In Orleans*, Jacob; *Parigi*, Cazin, 1785, pet. in-12. — (iv)-xiv-158 p. (Vinegia, Aldo, 1580, in-8). = 1138 bis.

TASSO. Aminta. *Parigi*, stamp. di P. Didot il maggiore, e di F. Didot, anno VIII, in-18. — xviij-99 p. = 884.

TASSE. L'Aminte, trad. nouv. par M. Fournier de Tony. *A Londres*, (*Paris*, Cazin), 1789, in-18. — 164 p. = 1136 bis.

TASSE. Aminte, trad. en vers (* par de Torches). *Londres*, *Paris*, Visse, 1782, in-12. — (ij)-234 p. (Paris, 1666, in-12). = 327.

TASSONI (Alessandro). Modène, 28 sept. 1565 ; Modène, 25 avril 1635. La Secchia rapita (* ediz. da Conti). *Parigi*, Marc. Prault, 1768, pet. in-12, portr., fig. de Moreau. — xx-387 p. (Parigi, Toussaint de Bray, 1622, pet. in-12). = 1445 bis.

TASSONI (A.). La Secchia rapita. *Avignone*, Fr. Seguin aîné, 1813, 2 vol. in-18. — 1. xij-156 p. — 2. 187 p. = 825.

TASTU (Mme Sabine Casimir Amable Voïart). Metz, 31 août 1798. Chroniques de France, sec. édit. *Paris*, Delangle frères, 1829; impr. G. Doyen, in-8. — (iv)-6397 p. = 678.

TASTU (Mme A.). Poésies, sec. édit. *Paris*, Ambr. Dupont et Cie, 1827; impr. J. Tastu, in-18. — (iv)-347 p. (1826). = 495.

TASTU (Mme A.). Poésies nouvelles. *Paris*, Denain et Delamarre, 1835; impr. A. Éverat, in-12. — (iv)-378 p. = 128.

TAYLOR (le Bon Isidore Justin Séverin). Bruxelles, 15 août 1789. — Voy. Catalogue.

TEMPLE (le chev. Will.). Londres, 1628; Moorpack (Surrey), 5 févr. 1698. Les OEuvres mêlées (*trad. par Le Vasseur et P. A. Samson), sec. édit. *A Utrecht*, chès Antoine Schouten, 1694, 2 part. in-12. — (xij)-283-443 p. (1693). = 977.

TENCIN (Mme Claudine Alex. Guérin de). Grenoble, 1681 ; Paris, 4 déc. 1749. Le Siège de Calais, suivi des Mémoires du comte de Comminges. *Paris*, Dauthereau, 1827; impr. F. Didot, in-32. — (iv)-iv-316 p. (La Haye, [Paris, Néavlme], 1739, 2 vol. in-12). = 790.

TÉRENCE (Publius Terentius Afer). Carthage, l'an 192 ; Grèce, l'an 158 av. J. C. Terentivs. *Parisiis*, ex officina Roberti Stephani, MDXXIX (1529), pet. in-fol. — 122 f. chiff. au r°. (Venetiis, Ioannes Agrippinæ Coloniæ, 1571, pet. in-fol.) = 1150.

TERENTII (Pvblii) Comœdiæ sex, ex recensione Heinsiana. *Lvgd. Batavorvm*, ex officina Elzeviriana, 1635, pet. in-12. — (XLviij)-304-(viij) p. (Heins. : Lugd. Bat., 1615, in-12; Elzev., 1631). = 320.

TERENTII (Publii) Comœdiæ expurgatæ, cum notis Juvencii. *Parisiis*, Brocas et Humblot, 1763; ex typ. Chardon, in-12. — (xij)-425 p. = 1177-2.

TERENTII AFRI (Publii) Comoediae sex (*ed. Exter). *Biponti*, ex typ. societ., 1779, in-8. — 306 p. = 1481.

TERENTII (P.) Comœdiæ sex, recog. cura J. A. Amar. *Parisiis*, Lefevre, 1823; excud. P. Didot natu major, 2 vol. in-32. — 1. xij-335 p. — 2. 301 p. (Script. lat. princ., t. 1-2). = 840.

TERENTII (P.) Carthaginiensis Afri Comœdiæ sex, ex edit. Corn. Schrevelii, cum interpret. gallica (*a M. de Marolles). *Lvtetiæ*, apud Petrvm Lamy, MDCLIX (1659), 2 vol. in-8. — 1. 18-264 f. — 2. 432-(x)-37 p. (prem. édit.). = 207.

TÉRENCE. Comédies, trad. Lemonnier, revue par M. Auger (avec le texte). *Paris*, Janet et Cotelle, 1825; impr. Jules Didot aîné, 3 tom. en 6 part. in-18. — 1. (iv)-XLIV-260 p. — 2. (iv)-264 p. — 3. (iv)-256 p. — 4. (iv)-284 p. — 5. (iv)-185 p. — 6. (iv)-284 p. (Paris, Jombert, 1771, 3 vol. in-8). = 684.

TÉRENCE. L'Andrienne. — Voy. Baron.

TÉRENCE. L'Eunuque, comédie en cinq actes et en vers, trad. par Michel Carré; Odéon, 19 avril 1845. *Paris*, Paulier, 1845; impr. Vve Dondey-Dupré, gr. in-8, 2 col. — 32 p. = 1432 bis.

TERTULLIEN (Quintus Septimius Florens). Carthage, vers l'an 160; Carthage, vers l'an 245. OEuvres. Apologétique, Prescription contre les Gentils (*trad. de Gourcy : Paris 1780, in-12), du Baptême, de l'Ornement des femmes (*trad. Caubère: Paris 1733, in-8). *Paris*, Ad. Delahays, 1845; impr. G. Gratiot, in-12. — (iv)-iv-504 p. (Basileæ, Froben, 1521, in-fol.). = 1544.

Testamentum (Novum). H. Καινη Διαθχηκη. *Lugduni Batavorum*, ex officina Elzeviriana, cIↄ Iↄ CXXXIII (1633), pet. in-12. — (xvi)-861-(xxxiv) p. (Basil., per Jo. Frobenium, 1516, in-fol.; Elz. : 1624). = 1070.

Testamentum (Novum). H Καινη Διαθηκη. *Amstelodami*, ex offic. Elzeviriana, cIↄ Iↄ CLXII (1662), pet. in-12. — (xvi)-703 p. = 1057.

Testamentum (Novum). H Καινη Διαθκη, ed. Brosset. *Parisiis*, excud. Ambr. Firm. Didot, 1837, 2 vol. in-18. — 1. (iv)-371 p. — 2. (iv)-251 p. = 1175-E, 1574 bis.

Testamentū Iesv Christi (Nouū), gr. & lat., Theodoro Beza interprete (*Genevæ*, *Steph.*), MDLxxx (1580), in-8, 3 col. — (16 f.)-316 f. chiff. au r°. (1565). = 1625.

Testamentum (Novum). *Lutetiæ Parisiorum*, apud Florentinum de Laulne, MDCCIII (1703); typ. Le Mercier, in-24. — viij-420-(vi) p. (fleurons Elzev.). = 1177-I.

Testamentum (Novum). *Parisiis*, Barbou, 1767, in-12, frontisp. gravé. — (iv)-572 p. et une carte. = 349.

Testament (le Nouveau) de N. S. Jésus-Christ, trad. par le R. P. Denis Amelotte. *Limoges*, P. et H. Barbou, 1820, in-12. — (iv)-582 p. (Paris, 1666-1668, 4 vol. in-8). = 34.

Testament (le Nouveau) de N. S. J. C., trad. sur la Vulgate par Lemaistre de Sacy. *Paris*, impr. Ambr. Firm. Didot, 1831, pet. in-8, 2 col. — (iv)-438 p. (Mons, 1667, 2 vol. in-12). = 527.

Testament (le Nouveau). *A La Haye*, chez H. Bakhuysen, 1762, in-12. — sign. A-L. (266) p. = 1365-3.

Testamento (Nuovo) di N. S. G. C., trad. da Ant. Martini. *Parigi*, J. Smith, 1823, in-32. — (iv)-814 p. (1769). = 1036.

Textor de Ravisi (Anatole Arthur). Bourges, 15 juin 1822. Études sur les deux plaines des Palmistes et des Cafres de l'île de la Réunion. *Saint-Denis*, typ. Lahuppe, 1850, gr. in-8. — viij-106-iv p. et une carte. = 1721.

Textor de Ravisi (A. A.). Commentaires sur l'Arrêté du 4 nov. 1851 sur la colonisation des deux plaines des Palmistes et des Cafres. *Saint-Denis*, typ. Lahuppe, 1852, gr. in-8. — vj-153-vi p. = 1721 bis.

Théâtres étrangers (Chefs-d'œuvres des). Théâtre hollandais (*trad. Jean Cohen). Hooft, Vondel, Langendyck. *Paris*, Ladvocat, 1822 ; impr. Fain, in-8. — (vi)-xxvij-476 p. = 1500-3. — Voy. Lope de Vega.

Théocrite. Syracuse, 285 av. J. C. Θεοκριτου Βουκολικα, græcè. (A la fin): Theocriti castigatissima opera omnia. *Florentie*, impressa in edibus Philippi Iuntæ, die x januarii mdxv (1515), pet. in-8. — Sign. a-i et 4 f. (*Venetiis, Aldi, 1495, pet. in-fol.) = 1161.

Théocrite, Bion, Moschus, Anacréon (græcè), publ. par M. Gail. *Paris*, P. F. Didot, 1788, in-12. — xij-284 p. = 1167-3.

Théocrite. Idylles et autres poésies, trad. en franç. avec le texte grec, des notes, la version latine, par M. Gail. *Paris*, impr. Didot l'aîné; chez Debure, Barrois, Cussac, 1792, gr. in-8. — xvi-480 p. = 1192-0.

Théocrite. Idylles, trad. par J. L. Geoffroy, *Paris*, Lenormant, an XI, in-8. — 314 p. (Paris, 1800, in-8). = 1044.

Théognis. Mégare, vers l'an 543 av. J. C. Sentences, et poëme moral de Phocylides, trad. nouv. par M. L. Coupé. *Paris*, impr. Honnert, 1796, in-18. — (iv)-198 p. (Venet. Aldi, 1495, in-fol.). = 1336 bis.

Theognis, Tyrtæus, Solon, Simonides, Pythagoras, Phocylides. Poetæ græci gnomici, cur. Jo. Fr. Boissonnade. *Parisiis*, Lefevre, 1823 ; typ. Jul. Didot, in-32. — xiv-302 p. (Poetar. græcor. sylloge, t. 3). = 858.

Théophile. Constantinople, vers 530. Les Institutes, paraphrase des Institutes de Justinien, trad. par B. J. Legat. *Paris*, Alph. Leclère, 1847 ; impr. Crété à Corbeil, in-12. — (vi)-448 p. (Basil., 1534, in-fol.) = 1534.

Théophile (Viaud ou Viau.). Boussères-Sainte-Radegonde près Agen, 1590 ; Paris, 25 sept. 1626. Les OEvvres dv Sievr Theophile, diuisées en trois parties, reueües. *A Lyon*, chez Philippe Borde, Laurent Arnaud et Claude Rigaud, mdclviii (1658), in-12. — (xvi)-592 p. (Paris, G. Billaine, 1621, in-8). = 437.

Théophile de Viau. Les OEvvres, reueües et corrigées par M. de Scudéry. *A Paris*, chez Nic. Pepingvé, mdclxii (1662), pet. in-12. — 239-250 p. = 1195.

Théophraste. Erésus (Lesbos), 7 juillet 388; Athènes, vers l'an 303 av. J. C. Θεοφραστου Χαρακτερες. Characteres sev notationes morvm atticorvm, graecè, edit. Io. Gottl. Schneider. *Ienae*, svmt. Fried. Frommann, 1800, pet. in-8. — viij-240 p. (Norembergæ, per Io. Petreium, 1527, in-8). = 1270.

THÉOPHRASTE. Collection des Moralistes anciens. Caractères de Théophraste et Pensées de Ménandre, trad. par M. Lévesque. *Paris*, Didot l'aîné et De Bure l'aîné, 1782, pet. in-12. — 153 p. = 1378.

THÉOPHRASTE. Les Caracteres, avec les Caracteres ou les Mœurs de ce siecle, par M. de La Bruyere, nouv. edit. *A Londres* (*Paris*, Cazin), 1784, 3 vol. in-24. — 1. (iv)-283 p., portr. — 2. (iv)-287 p. — 3. (iv)-268 p. = 1707.

THÉOPHRASTE. Caractères (* trad. par Belin de Ballu). *Paris*, J. Fr. Bastien, 1790; impr. Stoupe, in-8, portr. — (iv)-LVIIJ-126 p. = 1399 bis. — Voy. La Bruyère.

THEOFRASTO. I Caratteri morali, interpret. da Ansaldo Ceba. *In Genova*, appr. Givs. Pavoni, MDCXX (1620), pet. in-4°. — (iv)-188 p. = 1169-0.

THÉROU (l'abbé). Catéchisme raisonné historique et dogmatique. *Paris*, Adr. Leclère et Cie; impr. Denaix, Vaton, 1835, in-18. — (iv)-xij-179 p. et un tabl. = 130.

THIBAUD (Hipp.) Histoire de la Prusse. *Paris*, 1832, in-18. — 122 p. (Bibliot. popul.). = 918-21.

THIERRY (Amédée). Résumé de l'histoire de Guyenne. *Paris*, Lecointe et Durey, 1825; impr. Lachevardière fils, in-18. — (iv)-291 p. = 878.

THIERRY (Jacq. Nic. Augustin). Blois, 10 mai 1795; Paris, 22 mai 1856. — Voy. Carrel

THIESSÉ (Léon). Rouen, 9 déc. 1795; Paris, 23 avril 1854. — Voy. Racine.

THIRIOT. Paris, 1699; Paris, nov. 1772. — Voy. Tableau.

THIROUX. Instruction théorique et pratique d'Artillerie, sec. édit. *Paris*, Leneveu, 1842; impr. Montalant-Bougleux à Versailles, in-8. — xvi-514 p. et 21 planch. = 1722.

THOMAS (Ant. Léonard). Clermont-Ferrand, 1er oct. 1732; Oullins près Lyon, 17 sept. 1785. OEuvres complètes (* publ. par Villenave). *Paris*, A. Belin, impr.-libr., 1819, 2 vol. in-8. — 1. (iv)-xxxij-632 p. — 2. (iv)-685 p. = 70.

THOMAS. * Le Passage du Tropique, M. S. *Le Havre*, 1827, in-18. — (72) p. = 1723.

THOMPSON (James). Ednam près Kelso (Écosse), 11 sept. 1700; Londres, 27 août 1748. The Seasons, a poem. *London* (*Paris*, Cazin), 1783, in-24. — (iv)-188 p. (Lond., 1726-1727-1728-1730). = 597.

THOMPSON (J.). Les Saisons, poëme (* trad. par Mme Bontemps). *Londres* (*Paris*, Cazin), 1779, in-24. — xvi-270 p. (Paris, Chaubert, 1759, pet. in-8). = 364.

THOU (Jacq. Aug. de). Paris, 8 oct. 1553; Paris, 7 mai 1617. — Voy. Perroniana.

THOURET (Jacq. Guill.). Pont-L'Évêque, août 1746; Paris, 22 avril 1794. Abrégé des Révolutions de l'ancien gouvernement français. *Paris*, 1820, impr. Laurens aîné, in-12. — 288 p. (Paris, Didot, 1801, in-18). = 479.

THOURET (J. G.). Abrégé des Révolutions de l'ancien gouvernement français, quatr. édit. *Paris*, Ladrange, 1830; impr. H. Fournier, in-18. — (iv)-xvi-392 p. = 259.

THUCYDIDES. Athènes, 471; 395 av. J. C. Thvcydides cvm scholiis; accessit diligentia Joach. Camerarii. *Basileæ*, ex offic. Hervagiana, MDXL (1540); (xxiv)-325-177-(iv) p. — Thvcydides, Laurentio Valla interprete et nunc Conr. Heresbachio recogn. *Eucharius Cervicornus Agrippinas excud.*, ære et imp. M. Godefredi Hittorpii, MDXLIII (1543), in-fol.; (x)-227 p. (Venetiis, Aldi, 1502, in-fol.; Valla : Venetiis, S. D., [avant 1500], in-fol.; Heresbach : Coloniæ, 1527, in-fol.). = 301. — Voy. Harangues. 21*

Tibulle (Albius Tibullus). Rome, 43 av. J. C.; Rome, 1er janv. 17 de J. C. Les Élégies de Tibvlle, en quatre liures, de la trad. de M. de M. A. de V. (*Marolles). *A Paris*, chez Gvillavme de Lvine, MDCLIII (1653), pet. in-8. — (xxxij)-305-(vi) p. (Rome, 1475, pet. in-4°). = 421.

Tibulle. Élégies, trad. Mollevaut. *Paris*, 1821, in-18. (Paris, Arth. Bertrand, 1806, in-12). = 469.

Tibullus (Albius). Werke, des Sulpicia Elegien und einige Fragm., überzetzt von D. F. Koreff. *Paris*, bey F. Scholl, 1810, in-4°. — (iv)-xiv-232 p. = 1484 bis. — Voy. Catulle.

Timée de Locres (490 av. J. c.), en grec et en françois avec des dissertations, par M. le mis d'Argens. *A Berlin*, chez Haude et Spener, 1773; impr. George Louis Winter, pet. in-8. — (iv)-xvi-407 p. (lat.: Georg. Valla : Venet., Ant. de Strata, 1488, in-fol.; gr., avec Platon : Venetiis, Aldi, 1513, in-fol.). = 1342.

Timée de Locres. De l'Ame du monde, avec la trad. franç. et des remarques, par M. l'abbé Batteux. *Paris*, Saillant, 1768, in-8. — (iv)-130 p. = 1381.

Tissot (Simon André). Grancy près Lausanne, 29 mars 1728; Lausanne, 13 juin 1797. L'Onanisme, septe édit. *A Amsterdam*, chez Barth. Vlam, 1774, pet. in-8. — xiv-246 p. (lat. : Louvain, 1760, in-8 ; franç. : Lausanne, 1760, in-12). = 1384 bis.

Tissot (S. A.). De la Santé des gens de lettres. *A Paris*, chez P. Fr. Didot le jeune, 1769, in-12. — (vi)-x-246 p. (lat. : Lausanne, 1766; prem. trad., anonyme.: Paris, 1767, in-12; trad. Tissot : Lausanne et Lyon, 8 avril 1768, in-12). = 1384.

Tite-Live (Titus Livius). Padoue, 58 av. J. c.; Padoue, l'an 18 de J. c. T. Livii Patavini historiæ romanæ principis Decades, cum multis annotationibus. *Lvtetiæ Parisiorvm*, apud Audoenum Paruum, MDLII (1552), in-fol. — (18-388) f. (Venetiis, per Vindelinum Spirensem, 1470, gr. in-fol.). = 305.

Titi Livii Patavini historiarum libri qui supersunt xxxv, recensuit J. B. L. Crevier. *Parisiis*, J. Barbou, 1769, 6 vol. in-12. (Parisiis, Quillau, 1735-1742, 6 vol. in-4°). = 305 bis.

Tocqueville (Alex. Charl. Henri Clérel de). Paris, 29 juillet 1805. — Voy. Beaumont.

Tourghéneff (Nicolas); né en 1790. Opyt téorii nalogoff sotchinénié, vtoroé pédanié. *Sankt-Péterbourg*, v' tipographii V Plavilé chtchikova, 1819, pet. in-8. — (iv)-xij-xiij-326 p. = 1109.

Toussaint (François Vinc.). Paris, 1715; Paris, 1772. *Les Mœurs, nouv. édit. *Londres*, Thom. Wilcox, 1751, in-12, front. grav. — xxviij-273 p. (Paris, 1748, in-12). = 1173-3.

Tracy (le cte Ant. Louis Cl. Destutt de). Bourbonnais, 20 juillet 1754; Paris, 9 mars 1836. * Commentaire sur l'Esprit des Lois de Montesquieu. *Paris*, Delaunay, 1819, impr. Fain, in-8. — xvi-476 p. (1817). = 1093.

Traduction des Titres VII et VIII des fragments d'Ulpien et des titres des Pandectes de Jure Dotium et de Donationibus inter virum et uxorem, avec des notes abondantes, par un avocat. *Paris*, Fromont-Pernet, 1838; impr. Moquet et Cie, in-8. — 116 p. = 818.

Traité de la Natation d'après la découverte d'Oroncio Bernardi, avec 12 planch. lithog., par M***. *Paris*, Audin, 1833; impr. Durand, in-18. — xvi-126 p. = 1028.

Traité de Météorologie, ou explication des phénomènes de l'atmosphère par M. A. *Paris*, 1833; impr. A. Pinard, in-18. — 120 p. (Bibliot. popul.). = 918-9.

TRESSAN (Louis Élis. de La Vergne, cte de). Le Mans, 5 oct. 1705; Paris, 31 oct. 1783. Histoire du Petit Jehan de Saintré. *Paris*, Dauthereau, 1827; impr. F. Didot, in-32. — (iv)-xvi-iv-146 p. (Jehan : Paris, Michel Le Noir, 1517, in-fol., goth.; Tressan : Paris, Didot, 1781, in-18). = 934.

TRESSAN (L. É. de L. V., cte de). Histoire de Gérard de Nevers et de la belle Euriant sa mie. *Paris*, Dauthereau, 1828 ; impr. F. Didot, in-32. — (iv)-154 p. (Paris, pour Hemon Le Fevre, 1520, in-4°, goth.; Tressan : Paris, Didot jeune, 1782, in-18). = 746. — Voy. Arioste.

TRISSINO (Giov. Georgio). Vicence, 8 juillet 1478; Rome, 5 déc. 1550. L'Italia liberata da' Goti, riveduta per l'abbate Antonini. *Parigi*, Cavelier, 1729; impr. J. F. Knapen, 3 vol. pet. in-8. — 1. xvi-365 p. — 2. 376 p. — 3. 384 p. (Roma, Dorici, 1547, t. 1; Venezia, Tolom. Janiculo, 1548, t. 2-3, in-8). = 1318.

TRISTAN (Jean), Sr de St Amand et du Puy d'Amour. Paris, vers 1595 ; Paris, 1656. Commentaires historiqves contenants les Vies des Emperevrs ivsqves à Pertinax, le tovt represente en dix-hvict planches de tailles-douces avec les tables nécessaires. *A Paris*, P. Billaine, MDCXXXV (1635), in-fol. — (xxxiv)-592-(xxxij) p. = 1359.

TROCARD (Jacq. Georges). Tisac (Gironde), 23 avril 1787. Prisme philosophique, moral, religieux et politique. *Paris*, Aug. Vaton ; *Bordeaux*, l'auteur, 1850-1851 ; impr. H. Faye à Bordeaux, in-12. — (iv)-180-ij-191-36 p. = 1457 bis, 1461-3.

TROCARD (J. Camille). Bordeaux, 25 oct. 1820. *Souvenirs, poésie, par J.-C. T. *Bordeaux*, impr. ouvriers-assoc. (Métreau), 1849, gr. in-8. — 98 p. = 1405.

TROCARD (J. C.). *Mes Vacances à Baurech, par J.-C. T. *Bordeaux*, impr. G. M. de Moulins, 1850, in-18. — 32 p. = 1457-3.

TROGNON (Auguste). Paris, 26 sept. 1795; Paris, 26 nov. 1854. Résumé de l'histoire d'Italie. Prem. partie, Lombardie, sec. édit. *Paris*, Lecointe et Durey, 1825 ; impr. Casimir, in-18. — (iv)-359 p. = 1202.

TROGNON (A.). Études sur l'histoire de France et sur quelques points de l'histoire moderne. *Paris*, Joubert, 1836 ; impr. Moquet et Cie, in-8. — xxxvi-411 p. = 1201.

TRONCHE (J. F. Louis). Libourne, vers 1818. A Leurs Altesses Royales Mgr le duc et Mme la duchesse de Nemours. (Poésie). *Libourne*, août 1845, (impr. Tronche), in-8. — 4 p. = 1581-11.

TROPLONG. Du Pouvoir de l'État sur l'Enseignement, d'après l'ancien droit public français. *Paris*, Ch. Hingray, 1844; impr. Cosson, in-8. — (iv)-319 p. (Mémoire lu à l'acad. des Sciences morales). = 1585.

Troplong. Rapport au Sénat, 6 nov. 1852 (modification à la Constitution). *Paris*, impr. H. et Ch. Noblet, 1852, in-8. — 28 p. = 1578-6.

Troplong. Rapport au Sénat, 21 déc. 1852 (modification à la Constitution). *Paris*, impr. H. et Ch. Noblet, 1852, in-8. — 62 p. = 1580 bis.

Tryphiodore; vers l'an 500. — Voy. Petits poëmes grecs.

Tyrtée. Milet, vers l'an 684. — Voy. Didot.

? Tzetzès (Jean). Constantinople, vers 1120-1183. Carmina Iliaca, gr., ed. G. B. Schirack, *Halœ*, 1770, in-8. (avec Lycophron; Basileæ, Oporinus, 1546, in-fol.). = 1400-78.

Ulpien (Domitius Ulpianus); né à Tyr; Rome, l'an 230. — Voy. Juris ecloga, Justinien, Laboulaye.

Unienville (le baron d'). Statistique de l'île Maurice et ses dépendances. *Paris*, G. Barba, 1838; impr. E. Jacquin à Fontainebleau, 3 vol. in-8. — 1. (iv)-390 p. — 2. (iv)-338 p. — 3. iv-344 p.-74 tabl.-(iv) p. = 1724.

Urbanus Bolzanius (Valerinus). Bellune, 1440; Rome, 1524. Vrbani Bolzanii Bellvnensis grammaticae Institvtiones ad græcam lingvam. *Apud Paulum Manutium Aldi f. Venetiis*, MDLVII (1557), in-8. — 322 f. (Venetiis, Aldi, 1497, pet. in-4°). = 1157.

Valart (l'abbé Jos.). Fortel près Hesdin, 25 déc. 1698; Fortel, 2 févr. 1781. — Voy. Frontin, Horace.

Valat. Éléments d'Arithmétique. *Bordeaux*, Hon. Gazay, impr., nov. 1836, in-8. — viij-191 p. = 994.

Valère-Maxime (P. Valerius Maximus). Rome, 44 av. J. C.; Rome, 23 de J. C. Valère-Maxime, lat.-franç. en reg., trad. nouv. par MM. Ch. Hub. Peuchot et E. P. Allais. *Paris*, impr. d'Aug. Delalain, 1822, 2 vol. in-12. — 1. x-586 p. — 2. (iv)-541 p. (In urbe Moguntina Rheni, per P. Schoyffer de Gernshem, 1471, in-fol. goth.). = 362.

Valerius Flaccus (Caius Setinus Balbus). Padoue, vers l'an 71; Rome, vers l'an 111. Argonavticon libri VIII, a Lud. Carrione Brugensi emendati. *Antverpiæ*, ex officina Christophori Plantini, cIↃ IↃ LXV (1565), in-8. — 303 p. (Bononiæ, per Ug. Rugerium et Dom. Bertochum, 1474, pet. in-fol.). = 1162.

Valerii Flacci (C.). Setini Balbi Argonauticon libri octo, studiis societ. bipontinæ. *Biponti*, ex typ. societ., 1786, in-8. — CIV-213-(xxi) p. = 1269.

Valmont de Bomare (Jacq. Christ.). Rouen, 17 sept. 1731; Chantilly, 24 août 1807. Dictionnaire raisonné universel d'histoire naturelle, nouv. édit. *Paris*, Brunet, 1775; impr. Ph. D. Pierres, C. Simon, P. G. Simon, 9 vol in-8. — 1. xxviij-640 p. — 2. (iv)-716 p. — 3. (iv)-684 p. — 4. (iv)-670 p. — 5. (iv)-623 p. — 6. (iv)-696 p. — 7. (iv)-692 p. — 8. (iv)-667 p. — 9. (iv)-484-CCXLVI p. (Paris, 1764, 5 vol. in-8). = 1005, 1112-3, 1139 bis.

VANDERBOURG (Charl. Boudens de). Saintes, 1767; Paris, 17 nov. 1827. * Poésies de Marguerite Éléonore Clotilde de Vallon-Chalys de Surville. *Paris*, Henrichs, 1803, in-8. — cxxiv-259 p. (prem. édit.). = 510.

VANDER-BURCH (Émile Louis). Paris, 1794 ; et L. VEIMARS. Résumé de l'histoire du Monde. *Paris*, L. Janet, 1824; impr. Rignoux, in-18. — viij-301 p. = 1502.

VANDER-BURCH (É. L.). Les Camarades du Ministre, coméd., un acte, en vers; Renaissance, 16 mars 1839. *Paris*, J. N. Barba, Bezou, 1839; impr. Lenormant, gr. in-8, 2 col. — 14 p. (France dramat., livr. 450). = 602.

VANIÈRE (le P. Jacq.). Causses près Béziers, 9 mars 1664 ; Toulouse, 22 août 1739. Prædium rusticum. *Tolosæ*, apud Petr. Robert, 1730, in-12, fig. — (viij)-320-(vi) p. (Paris, Jos. Leclerc, 1707, in-12). = 1140-3.

VANINI (Jules César). Taurozano (Naples), 1585; Toulouse, 19 février 1619. OEuvres philosophiques trad. pour la prem. fois par M. X. Rousselot. *Paris*, Ch. Gosselin, 1842; impr. Vve Dondey-Dupré, in-12. — xvi-321 p. (Amphitheatum : Lugduni, 1615, in-8; de Arcanis : Lutetiæ, 1616, in-8). = 1548 bis.

VARENIUS (Bernhard Varen). Amsterdam, vers 1600; Amsterdam, vers 1680. Geographia generalis. *Amstelodami*, apud Ludovicum Elzevirium, 1650, pet. in-12, titr. gr. — (LXXVI)-786 p. = 1188.

VARNER. Paris, 1789 ; Paris, 6 sept. 1854. — Voy. Scribe.

VARRON (Marcus Terentius). Reate, 116; Rome, 27 av. J. C. Librorum de lingua latina quæ supersunt juxta rec. C. O. Muelleri. *Parisiis*, Bourgeois-Maze, 1837 ; typis Moquet et soc., in-16. — (iv)-LXIIJ-249 p. (Script. latin. nova collect. cur. A. E. Egger). (Venetiis, J. de Colonia, 1474, gr. in-4°). = 1334. — Voy. Libri de Re Rustica.

VATTEL (Emmerich de). Neufchâtel, avril 1714 ; Berne, 20 déc. 1767. Le Droit des Gens, ou Principes de la loi naturelle. *Lyon*, Robert et Gauthier, 1802, 2 vol. pet. in-12. — 1. — 2. (ij)-364 p. — 3. (ij)-475 p. (Neufchâtel, 1758). = 1724-4.

VAUGELAS (Claude Favre de). Chambéry, 1585; Paris, févr. 1649. Remarques sur la langue françoise, nouv. édit. avec des notes de T. Corneille. *A Paris*, chez Th. Girard, MDCLXXXVII (1687); impr. P. Le Mercier, 2 vol. in-12. — 1. (LXXXVIIJ)-456 p. — 2. (iv)-p. 457-1068-(xxxvi) p. (Paris, 1647, in-4°). = 1143.

VAUGONDY (Didier Robert de). Paris, 11 juin 1723; Paris, 1786. Institutions géographiques. *Paris*, Boudet, Desaint, 1766, in-8. — LIJ-371 p. et 6 planch. = 893.

? VAUVENARGUES (Luc de Clapiers mis de). Aix, 6 août 1715; Paris, 28 mai 1747. Introduction à la connaissance de l'Esprit humain. *Paris*, Briasson, 1746, in-12. = 1400-95.

VÉGÈCE (Flavius Vegetius Renatus). Constantinople, vers 340-390. Institutions militaires (* trad. par Cl. G. Bourdon de Sigrais). *Paris*, Prault père, 1743, pet. in-12. — xvi-XLVIIJ-260-58 p. (dans « Veteres de re militari script. » : Romæ, par Euch. Silber, 1487, pet. in-4°). = 1187-0.

VÉGÈCE. Institutions militaires. *A Amsterdam*, chez J. Wetstein, 1744, pet. in-8. — xxxij-176 p., cartes. = 311.

22

Veillées (les) littéraires illustrées. *Paris*, J. Bry aîné, 1848-1850; impr. Lacour, gr. in-8, 2 col. — Voy. Beaumarchais, L. Bonaparte, P. N. Bonaparte, Champfleury, Benj. Constant, Mme Cottin, Diderot, Mme de Duras, Esquiros, Fiévée, Goethe, Alp. Karr, X. de Maistre, W. Scott, Sterne.

Velly (Paul François). Crugny près Rheims, 9 avril 1709; Paris, 4 sept. 1759. — Voy. Laureau, Rondonneau de La Mothe.

Vera y Figueroa y Zuñiga (Don Juan Antonio); né en Catalogne, 1588; Madrid, 20 oct. 1658. Histoire de l'Empereur Charles V, trad. d'esp. en franç. par le Sr Du Perron Le Hayer et reveüe par A. F., D. en M. et Ch. de W. *A Bruxelles*, chez François Foppens, MDCLXIII (1663), pet. in-12. — (xvi)-355 p. (Milan, 1645, in-16; trad. Du Perron : Paris, 1662, in-4°). = 1058.

Vergani (Angelo); mort à Paris en 1815. Grammaire anglaise simplifiée et réduite à vingt-une leçons, revue par Hamonière, nouv. édit. *Paris*, Bobée et Hingray, Th. Barrois, Truchy, 1803, in-12. — (iv)-287 p. = 584.

Vergani (A.). Grammaire italienne, en xx leçons, augm. par Moretti, trois. édit. *Paris*, Lequien fils, Ledentu, 1831; impr. G. Doyen, in-12. — (iv)-224 p. (Paris, 1800, in-12). = 1725.

Vergani (A.). Grammaire italienne simplifiée, revue par Piranesi. *Paris*, Baudry, Ch. Hingray, 1834; impr. J. Smith, in-12. — (iv)-208 p. = 637.

Verger (Pierre Victor). Pont-l'Évêque, 7 janv. 1792. Dictionnaire portatif de l'Antiquité sacrée. *Paris*, Alex. Baudoin, 1829; impr. Plassan et Cie, in-32, 2 col. — (iv)-iv-376 p. = 147.

Verri (Aless.). Milan, 1741; Milan, 23 sept. 1816. *Le Notti romane al sepolcro de' Scipioni. *Genova*, 1803, stamp. Frugoni, in-12. — 280 p. (1780). = 901.

Verri (A.). * Le Avventure di Saffo, poetessa di Mitilene, 1808, in-32. — 286 p. (1774). = 542.

Verrius Flaccus. Rome, vers l'an 50 av. J. C.; Rome, vers l'an 33 de J. C. M. Verrii Flacci fragmenta; Sexti Pompeii Festi fragmenta; edidit A. E. Egger. *Parisiis*, Bourgeois-Maze, 1838; impr. Moquet et soc., in-16. — xxiv-358 p. (Script. latin. nova coll., t. 2). (Mediolani, 1471, in-fol.; prem. collect. de grammairiens lat.: Venetiis, Nic. Jenson, vers 1476, in-fol.). = 1107.

Vertot d'Aubeuf (l'abbé René Auber de). Benetot (pays de Caux), 25 nov. 1655; Paris, 15 juin 1735. Histoire des Révolutions arrivées dans le gouvernement de la République romaine, huite édit. *Paris*, Trainetelle et Le Marchand, 1796; impr. Glisau, 6 vol. in-18. — 1. xxxvi-190 p. — 2. 216 p. — 3. 216 p. — 4. 248 p. — 5. 216 p. — 6. 216 p. (Paris, 1719, 3 vol. in-12). = 1189-1.

Vertot (l'abbé R. A. de). Histoire des Révolutions de Suède. *Paris*, impr. P. Didot l'aîné et F. Didot, 1806, 2 vol. in-18. — 1. (iv)-242 p. — 2. (iv)-228 p. (Paris, 1696, 2 vol. in-12). = 1189-1.

Vertot (l'abbé R. A. de). Histoire des Révolutions de Portugal. *Paris*, impr. P. Didot l'aîné et F. Didot, 1806, in-18. — (iv)-190 p. (Paris, 1689, in-12). = 1189-1.

Véry (Sim. Pierre Marie). Versailles, 7 nov. 1817. Philosophie de la religion. Éléments. *Paris*, 1838; impr. Kléfer à Versailles, in-8. — (iv)-236 p. = 1427 bis.

Vetustissimum authorum. Τα σωζομενα των παλαιοτατων ποιητων. Γεωργικα, Βουκολικα, και Γνωμικα, poemata quæ supersunt; accessit Is. Hortiboni Theocrit. lection. (gr. lat.) (*Lugduni*), apud hær. E. Vignon, MDC (1600), 5 part. in-16. — 1. 16 f.-159 p. — 2. 4 f.-240 p. — 3. p. 241-410-6 f. — 4. 267 p.-2 f. — 5. p. 263-447. (Lugd., Eust. Vignon, 1584, 5 vol. in-16). = 295.

Vialardi. * La Famevse Compagnie de la Lésine ov Alesne, c'est-à-dire la Manière d'espargner, acquérir et conseruer, trad. nouv. de l'ital. *A Paris*, chez Rolet Bovtonné, MDCXVIII (1618), pet. in-12. — (20 f.)-374 f. (Orvieto, 1600, pet. in-12). = 1231.

Vibius Sequester, vers l'an 600. — Voy. Pomponius Mela.

Vicaire (l'abbé Ant.). Fontaine-les-Clercs, près Saint-Quentin, 1710; 1795. Plan de l'Énéide de Virgile, ou Exposition raisonnée de l'économie de ce poëme. *Paris*, Debure l'aîné, 1787, in-12. — (iv)-431 p. = 1172-I.

Vichnou-Sarma (le brahme). — Voy. Dubois.

Victor (Sextus Aurelius), vers l'an 269. — Voy. Historiæ romanæ scriptores minores.

Vida (Marc Jérome.) Crémone, 1490; Albe, 27 sept. 1566. Opera. (*Genevæ*), excvdebat Iacobvs Stoer, MDCV (1605), in-24. — 555 p. (Romæ, L. Vincentius, 1527, in-4°; Christiad.: Cremonæ, L. Britannus, 1535 in-4°). = 1245. — Voy. Batteux; Crignon.

Vidal (F.). De la Répartition des richesses ou de la justice distributive en économie sociale. *Paris*, Capelle, 1846; impr. Dondey-Dupré, in-8. — (iv)-500 p. = 1405 bis.

Viennet (Jean Pons Guill.). Béziers, 18 nov. 1777. Histoire des guerres de la Révolution. Campagne du Nord de 1792 et 1793. *Paris*, Ambr. Dupont et Cie, 1827; impr. Pinard, in-18. — (iv)-358 p., une carte. = 171.

Viennet (J. P. G.). Les Serments, coméd., trois actes, en vers; Théâtre français, 16 févr. 1839. *Paris*, J. N. Barba, Delloye, Bezou, 1839, impr. Jul. Didot l'aîné, gr. in-8, 2 col. — (France dramat., livr. 439-440). = 674.

Vigée (Louis Jean Baptiste Ét.). Paris, 2 déc. 1758; Paris, 7 août 1820. Poésies, cinq^e^ édit. *Paris*, Delaunay, 1813; impr. Fain, in-18. — (iv)-387 p. = 1274 bis.

Vigenère (Blaise de). Saint-Pourçain (Bourbonnais), 5 avril 1523; Paris, 19 févr. 1596. Traicté dv fev et dv sel, excellent et rare opvscvle, dern. édit. *A Rouen*, chez Iacqves Caillove, MDCXLII (1642), pet. in-4°. — (iv)-267 p. (Paris, 1608, in-4°). = 1188-E.

Vigneul-Marville, pseud. — Voy. D'Argonne.

Vigny (Alfred de). Loches, 27 mars 1799. Cinq-Mars, ou une Conspiration sous Louis XIII. *Paris*, Urb. Canel, 1826; impr. Lenormant fils, 2 vol. in-8. — 1. (iv)-500? p. — 2. (iv)-492 p. = 408.

VIGNY (A. de). Poèmes antiques et modernes, sec. édit. *Paris*, Ch. Gosselin, Urb. Canel, Levavasseur, 1829; impr. Lachevardière, in-8. — (vi)-344 p. (1824). = 594.

VIGNY (A. de). Les Consultations du Docteur noir. Stello, cinqe édit. *Paris*, Charpentier, 1841; impr. Béthune et Plon, in-12. — (iv)-390 p. (1834). = 1224.

VILLEMAIN (Abel François). Paris, 11 juin 1791. Mélanges historiques et littéraires. *Paris*, Dufey, Ladvocat, 1827, 1828, 1830; impr. H. Balzac, 3 vol. in-8, fig. — 1. (iv)-460 p. — 2. (iv)-xvi-516 p., une carte. — 3. (iv)-491 p. = 194.

VILLENEUVE-BARGEMONT (le cte Christ.). Bargemont, 27 juin 1771; Marseille, 12 oct. 1829. Précis historique sur la vie de René d'Anjou. *Marseille*, impr. Jos. Franç. Achard, 1819, in-8. — (ij)-51 p. = 1006 bis.

VILLEROY (Alfred). Histoire de Mil huit cent quarante, annuaire historique et politique. *Paris*, Paulin, 1841, viij-475 p. — Histoire de Mil huit cent quarante un, deuxième année, 1842, vi-522 p.; impr. Béthune et Plon, 2 vol. in-12. = 1522.

VILLERS (Charl. Franç. Domin. de). Boulay (Lorraine), 4 nov. 1767; Gottingue, 26 févr. 1815. Essai sur l'esprit et l'influence de la réformation de Luther, nouv. édit. *Paris*, Treuttel et Würtz, 1820; impr. L. E. Herhan, in-12. — xxiv-493 p. (Paris, 1804, in-8). = 1482.

VILLERS (Goddefroy de). Carte des environs et des ports de Sébastopol. *Paris*, Bénard et Cie, impr.-lith., 1854, in-fol. = 1626 bis.

VILLIERS (l'abbé Marc Alb. de). Paris, vers 1730; Paris, 30 juin 1778. Principes de la fidélité due aux Rois, extraits de Bossuet. *Paris*, impr. d'Houry, 1771, pet. in-8. — viij-120 p. = 1249 bis.

VILMORIN-ANDRIEUX. Instructions pour les semis de fleurs de pleine terre, sec. édit. *Paris*, 1851, impr. Fél. Malteste et Cie, in-16. — 119 p. et un tabl. = 1664 bis.

VINNIUS (Arnold Vinnen); né en 1588; Leyde, 1er sept. 1657. De Pactis tractatus. *Lugd. Batav.*, ex offic. Elzeviriorum, cIↄ Iↄ CLVI (1656), pet. in-12. — (xij)-313-(ix) p. (Amst., 1651, pet. in-12). = 1098.

VINNIUS (A. V.). Institutes de Justinien. Traité des Actions, trad. de Vinnius par L. J. Horace Degouy et J. B. Tixier de La Chapelle. *Paris*, Th. Barrois père et Benj. Duprat, 1830; impr. Rignoux, in-8. — (iv)-iv-472 p. (Leyde, 1646, in-4°). = 872.

VINSON (l'abbé Pierre). Angoulême, 1762; Paris, 18 oct. 1820. Le Concordat expliqué au Roi suivant la doctrine de l'Église. *Paris*, L. G. Michaud, impr., 1816, in-8; 211 p. — Appel au tribunal de l'opinion publique. *Paris*, L. G. Michaud, impr.-libr., 1816, in-8; 128 p. — Adresse aux deux Chambres en faveur du culte catholique. *Paris*, impr. J. M. Éberhart, 1815, in-8; 68 p. = 754, 1293-3.

VINSON (Philippe Auguste). Sainte-Suzanne (île Bourbon), 21 août 1820. La Mort de Marie Antoinette, 16 oct. 1793, poème. *Paris*, Picard fils aîné, 1842; impr. Giroux et Vialat à Lagny, pet. in-8, portr. — 48 p. = 1181-25.

VINSON (P. A.). De la Hernie sous-pubienne, hernie obturatrice, thèse, 7 déc. 1844. *Paris*, Rignoux, impr., 1844, in-4°. — 147 p. et 13 planch., pap. de Chine. = 1184-26.

Vinson (Élie Honoré Julien). Paris, 19 janvier 1843. Notice de monnaies et médailles, anciennes et modernes, françaises, étrangères et orientales, faisant partie du cabinet de M. Hyacinthe Vinson, de Libourne ; 637 numéros. *Pondichéry*, impr. du gouvern., 1856, pet. in-12. — 36 p. = 1732 bis.

Viollet d'Épagny (J. B. Bonavent.). Gray, 1789; et Jarvy. Les Mal-Contents de 1579, drame, cinq actes; Porte-Saint-Martin. *Paris*, Marchant, 1834; impr. Pr. Dondey-Dupré, gr. in-8, 2 col. — 30 p. (Magas. théât., t. 2). = 557-18.

Viollet d'Épagny (J. B. B.); et Deyeux. Charles III ou l'Inquisition, comédie-drame, quatre actes; Porte-Saint-Martin, 26 août 1834. *Paris*, Marchant, 1834; impr. J. R. Mévrel, gr. in-8, 2 col. — 40 p. (Magas. théât., t. 3, nº 73). = 557-19.

Viollet-Leduc. Traité élémentaire de poétique et de versification. *Paris*, Mairet et Fournier, 1842; impr. Hennuyer et Turpin, in-32. — xij-272 p. (Encyclopédie portative). = 1364.

Virgile (Publius Virgilius Maro). Andes près Mantoue, 15 oct. 70 av. J.-C.; Brindes, 22 sept. 19 av. J. C. Opera. *Sedani*, Joan. Jannonus, 1625, in-24. (prem. édit. av. date : Venetiis, per Vindelinum de Spira, 1470, in-fol.). = 428.

Virgilivs Maro (P.), nunc emendatior. *Amstelodami*, typis Ludovici Elzevirii, 1649, sumpt. societ., in-24. — 359 p. (Lugd. Batav., Abrah. Elzev. 1622, pet. in-12). = 1191.

Virgilii Maronis (Publi) Bucolica, Georgica et Æneis (ex edit. Brunck). *Argentorati*, typ. Phil. Jac. Dannbach, 1789, in-4º, pap. vél. — (iv)-432 p. (Argent., 1785, gr. in-8). = 1168.

Virgilius (Maro) P.. Bucolica, Georgica et Æneis. *Parisiis*, excud. P. Didot natu major, anno VI, in-18. — xxviij-390 p. et une carte. = 317.

Virgilii Maronis (P.) Opera, studiis societatis bipontinae, edit. sec. *Argentorati*, e typ. societ., 1808, 2 vol. in-8. — 1. cclviij-113 p. — 2. 388 p. (Biponti, 1783, 2 vol. in-8). = 1526.

Virgilii Maronis (P.) Opera omnia cum notis Abrami. *Parisiis*, ex typ. Aug. Delalain, 1823, in-12. — (iv)-40-600 p. (Mussiponti, 1632, in-8). = 632.

Virgilius Maro (P.). Opera quæ extant omnia ex Heynio-Brunckiana recensione, edid. J. A. Amar. *Parisiis*, Lefevre, 1826; excud. Julius Didot natu major, 2 vol. in-32, portr. — 1. xx-247 p. — 2. (iv)-327 p. (Script. latin. princ., t. 5-6). (Heyne : Leipz., 1787-1789, 4 vol. in-8). = 135.

Virgilii Maronis (P.) Opera, interpret. et notis illustr. C. Ruæus, nova edit. *Parisiis*, typ. J. Barbou, 1768, 3 vol. in-12. — 1. xlviij-381 p. — 2. (iv)-467 p. — 3. (iv)-404 p. (Paris, 1675, in-4º). = 184.

Virgil translated by Dryden. *London*, W. Suttaby, 1806; print. C. Corrall, in-24, front. gravé. — 480 p. (Lond., 1697, in-fol.). = 1061.

Virgile. Bucoliques trad. en vers par P. F. Tissot, quatre édit. *Paris*, Delaunay, 1822; impr. Fain, in-18, portr. — (vi)-317 p. (Paris, 1800, in-8). = 109.

VIRGILE. Les Bucoliques trad. en vers par J. J. Ract-Madoux. *Clermont-Ferrand*, impr. Landriot, 1819, in-12. — 113 p. = 1099.

VIRGILE. L'Énéide, trad. en vers par Louis Duchemin. *Paris*, impr. F. Didot, 1826, 2 vol. in-8. — 1. (iv)-vi-433 p. — 2. (iv)-459 p. = 170.

Vita del Padre Paolo (* Sarpi) dell' ordine de' Servi (* da Fra Fulgentio Micanzio). *In Leida*, 1646, pet. in-12. — 300-(iv) p. (fleur. elzev.). = 1288.

VITRUVE (Marcus Vitruvius Pollio). Formies, l'an 104 av. J. C.; Rome, 14 av. J. C. M. Vitruvii Pollionis de Architectura libri decem. *Argentorati*, ex typ. societ., 1807, in-8. — (iv)-XLIV-352-(XLIV) p. (Florentiæ, 1496, in-fol.). = 1498.

VOÏART (Jean Marcel), 24 sept. 1800. Notice historique sur l'Ile Bourbon (1505-1815). *Saint-Denis*, impr. Lahuppe, (août 1843), in-8. — (iv)-151 p. = 1726.

VOITURE (Vincent). Amiens, 1578; Paris, 27 mai 1648. Les OEuvres de Monsieur de Voiture, nouv. édit. *A Amsterdam*, chez Dan. Elzevrt, MDCLXXIX (1679), 2 vol. in-12. — 1. (xiv)-406-(iv) p. — 2. (ij)-254-(x) p. (Paris, 1649, in-4°). = 440.

VOLNEY (Franç. Constantin Chassebœuf de). Craon (Mayenne), 3 févr. 1757; Paris, 25 avril 1820. Les Ruines ou Méditations sur les révolutions des empires, onz° édit. *Paris*, Bossange frères, 1822; impr. F. Didot, in-18, portr. — viij-383 p. et 3 pl. (Paris, 1791, in-8). = 481.

VOLTAIRE (François Marie Arouet de). Châtenay près Paris, 20 févr. ou 21 nov. 1694; Paris, 30 mai 1778. La Henriade. *Paris*, Lecointe, 1841; impr. F. Didot frères, in-18. — (iv)-26-239 p. (Genève [Rouen, Viret], 1723, in-8). = 1049.

VOLTAIRE. La Henriade, poëme, édition imprimée pour l'éducation du Dauphin. *Paris*, impr. de Didot aîné, 1790, gr. in-4°, pap. vél. = 1049 bis.

VOLTARII Henriados libri decem, lat. vers. redd. autore Calcio Cappavalle (de Caux de Cappeval), nova edit. *Parisiis*, P. M. Nyon, 1788, in-12. — 408 p. (Paris, 1777, in-12). = 1142 bis.

VOLTAIRE. La Pucelle d'Orléans. *Londres*, (*Paris*, Cazin), 1780, in-18, fig. — 252 p. (La Haye, Gosse, 1728, in-12). = 1164-4.

VOLTAIRE. Candide et Micromégas. *Paris*, G. Havard, 1848; typ. Schneider, gr. in-8, 2 col. — 24 p. (Romans illustr.). = 1349-4.

VOLTAIRE. Romans et Contes philosophiques. *A Londres*, 1773, 2 vol. in-12. — 1. (iv)-348 p. — 2. (iv)-352 p. = 1485.

VOLTAIRE. Précis du siècle de Louis XV. *Paris*, H. Nicolle, Aug. Renouard, 1808; stér. d'Herhan, impr. des frères Mame, in-12. — (iv)-384 p. (Genève [Rouen], 1768, in-12). = 212.

VOLTAIRE. Théâtre. *Paris*, Lecointe, 1833; impr. Firmin Didot frères, 12 vol. in-18. — 1. (iv)-viij-256 p. — 2. 280 p. — 3. 306 p. — 4. 272 p. — 5. 333 p. — 6. 265 p. — 7. 252 p. — 8. 242 p. — 9. 305 p. — 10. 247 p. — 11. 280 p. — 12. 286 p. (OEdipe, 1718). = 738.

VOLTAIRE. OEuvres complètes. *Paris*, E. A. Lequien, 1820-1826; impr. P. Didot l'aîné, 70 vol. in-8. — Théâtre, 1-9; Henriade, 10; Pucelle, 11; Poésies, 12-14; Essai sur les mœurs, 15-18; Siècle de Louis XIV, 19-20; Siècle de Louis XV, 21; Charles XII, 22; Histoire de Russie, 23; Annales de l'Empire, 24; Parlement, 25; Mélanges historiques, 26-27; Politique et Législation, 28-29; Physique, 30; Philosophie, 31-34; Entretiens philosophiques, 35; Dictionnaire philosophique, 36-42; Romans, 43-44; Facéties, 45; Mélanges littéraires, 46-47; Commentaires sur Corneille, 48-49; Correspondance avec le roi de Prusse, 50-52; Corresp. avec plusieurs souverains, 53; Corresp. avec D'Alembert, 54-55; Correspondance générale, 56-69. — Table analytique des œuvres, par J. B. J. Champagnac. *Paris*, E. A. Lequien, 1826; impr. Crapelet, in-8, 2 col.; viij-574 p. (OEuvres publ. par Darnaud : Dresde, 1749, 8 vol. in-8). = 888.

VOSGIEN (l'abbé Léopold) [pseud. de Ladvocat]. Dictionnaire géographique, sec. édit. augm. par Giraud. *Lyon*, B. Cormon et Blanc, 1811; impr. J. B. Kindelen, in-8, 2 col. (iv)-782 p. (Paris, 1747, in-8). = 16.

Voyage du Roi (*Charles X) au camp de Saint-Omer et dans les départements du Nord, sept. 1827 (extr. du Moniteur). *Paris*, impr. roy., 1827, in-8. — (iv)-237 p. = 1006.

Voyage d'Espagne, curieux, historique et politique. — Voy. *Aarsens de Sommerdyck.

Vrai (le) Catéchisme parisien, par un ex-séminariste. *Paris*, princ. libr., 1830; impr. J. Smith, in-12. — 24 p. = 1191 bis.

WAILLY (Noël Franç. de). Amiens, 31 juillet 1724; Paris, 7 avril 1801. Principes généraux et particuliers de la langue françoise, onze édit. *Paris*, H. Barbou, 1807, in-12. — (iv)-548 p. (Paris, 1754, in-12). = 1250 bis.

WAILLY (Augustin Jules de). Paris, sept. 1800; et Ch. DUVEYRIER. Le Comité de Bienfaisance, coméd., un acte; Théâtre français, 30 janv. 1839. *Paris*, Barba, 1839; impr. Paul Dupont et Cie, gr. in-8, 2 col. — 20 p. = 581.

WAILLY (Barth. Alf. de). Paris, 10 déc. 1800. Nouveau dictionnaire français-latin, sec. édit. *Paris*, A. Guyot et Scribe, L. Hachette, 1833; impr. Fain, in-8. — (ij)-xij-1009 p. = 616.

WALI. Décan (Hindoustan), vers 1650-1700. Les OEuvres, publiées en hindoustani par M. Garcin de Tassy. *Paris*, impr. roy., 1834, chez Debure frères, in-4°, une planch.-xx p. — Traduction et notes, 1836, (iv)-64 p.; Texte, 2 col., (140) p. — 1647.

WARKOENIG (Léop. Aug.). Bruchsal (Bade), 1er août 1794. Institutiones juris romani privati, edit. altera. *Leodii*, J. Desoer, 1825, in-8. — xxxvi-378 p. = 1105.

WARREN (Édouard Franç. Patrice de). Madras, 8 janv. 1811. L'Inde anglaise en 1843-1844, sec. édit. *Paris*, Comon et Cie, 1845; impr. Paul Renouard, 3 vol. in-8. — 1. xx-416 p. — 2. (iv)-388 p. — 3. (iv)-411 p. (Paris, 1844, 2 vol. in-8). = 1586.

WEITENAUER (Ignaz). Ingolstadt, 1er nov. 1705; Deux-Ponts, 1er févr. 1783. Sweifel von der deutschen Sprachen, dritte auflage. *Augsburg und Freyburg im Breisgau*, Wagner, 1768, in-12. — viij-170 p. = 1167-5.

Wieland (Christ. Martin). Oberholz près Biberach (Souabe), 5 sept. 1733; Weymar, 20 janv. 1813. Socrate en délire, ou Dialogues de Diogène de Sinope, trad. de l'allem. (*par Barbé-Marbois). *Paris*, Rochette, 1797, in-18, fig. — 188 p. (Erfurt, 1770; trad. Marbois: Paris, 1772, in-12). = 1198.

Winckelmann (Jean Joachim). Stendal (Brandebourg), 9 déc. 1717; Trieste, 8 juin 1768. Histoire de l'art chez les anciens, trad. par M. Huber, nouv. édit. *Paris*, Barrois l'aîné, Savoye, 1789, 3 vol. in-8. — 1. (iv)-cxliv-212 p. — 2. (iv)-379 p. — 3. (iv)-328 p., 27 planch. (Drêsde, 1764-1767, 2 vol. in-4°; trad. Huber: Leipz., 1781, 3 vol. in-4°). = 1315.

Wunderlich (E. Car. Frideric). 1783-1816. Observationes criticae in AEschyli tragoedias tragoediarvmqve reliqvias. *Goettingae*, typ. Henr. Dieterich, 1809, pet. in-8. — xiv-196-(vi) p. = 1166-4.

Wyss. Le Robinson suisse, trad. par Mme Élisa Voïart, préc. d'une introd. de Ch. Nodier. *Paris*, Lavigne, 1843; impr. Béthune et Plon, gr. in-8, 200 dessins de M. Ch. Lemercier. — (iv)-viij-580 p. = 1436.

Wyttenbach (Mme), née G. (*Jeanne Galien); morte à Leyde, vers 1828. Symposiaques, ou Propos de table. *Paris*, Ant. Aug. Renouard, 1823; impr. Jul. Didot l'aîné, in-12, pap. vél. — xij-166 p. = 1337-5.

Xénophon. Athènes, 450; Corinthe, 360 av. J. C. République de Sparte, avec la trad. par le cit. Gail. *Paris*, l'aut., an VII; impr. Delance, in-8. — (iv)-68 p. (Opera: Florentiæ, Juntæ, 1516, in-fol.; Gail, Sparte: Paris, 1795, in-12). = 1287-3. — Voy. Harangues.

Xénophon d'Éphèse; vers l'an 117-262. Les Amours d'Abrocome et d'Anthia, trad. par. M. J***. (Jourdan). *Paris*, impr. de Guillaume, 1797, in-18. — (vi)-218 p. (Bibliot. des rom. grecs, t. vii). (gr.-lat.: Lond., Bowyer, 1726, in-8; trad. Jourdan: Paris, 1748, pet. in-8; trad. ital. Salvini: Londra [Firenze], 1723, pet. in-8). = 1359 bis. — Voy. Eustathe, Lucius.

* Xiphilin (Jean); mort vers l'an 1180. Dionis Cassii Nicæi Epitome, gr.-lat. *Excud. H. Stephanus*, 1592, in-fol. (Lutet., Rob. Stephanus, 1551, in-4°). = 1276 bis.

Ymbert (J. G.); mort à Auteuil, août 1846. * Éloquence militaire ou l'Art d'émouvoir le soldat, par une Société de militaires et d'hommes de lettres. *Paris*, Magimel, Anselin et Pochard, 1818; impr. Demonville, 2 vol. in-8. — 1. xvi-328 p. — 2. viij-334 p. = 66.

Young (Édouard). Upham près Winchester, 1681; Wettewin (Hertford), avril 1765. Les Nuits, trad. par M. Le Tourneur. *Paris*, Cailleau, impr.-libr., 1788, 2 vol. in-18). — 1. 296 p. — 2. 292 p. (Lond., 1741; trad. Le Tourneur: Paris, 1769, 4 vol. in-8). = 1131 bis.

YOUNG (É.). Les Beautés poétiques, trad. par Bertr.-Barère, avec une notice par J. Evans. *Paris*, F. Buisson, impr.-libr., Delaunay, an XIII, in-8. — xvi-424 p. = 524.

YRIARTE (Thomas de). Orotava (Ténériffe), 1750 ; Madrid, 1791 ou 1794. Fabulas literarias. *Burdeos*, impr. de D. Pedro Beaume, 1825, in-18. — (iv)-138 p. (Madrid, impr. real, 1782, pet. in-4°). = 1027-3.

YRIARTE (T. de). Fabulas literarias. *Burdeos*, C. Lawalle sobrino, 1829; impr. Lawalle joven, in-18. — viij-167 p. = 1027 bis.

YRIARTE (T. de). Fabulas literarias. *Burdeos*, R. Teycheney, 1836 ; impr. Teycheney, in-18. — viij-144 p. = 1027.

ZARATE (Augustin de), vers 1543. Histoire de la decouverte et de la conquete du Perou, trad. par S. D. C. (*Citri de La Guette). *Paris*, Pierre Ribou, 1706, 2 vol. in-12. — 1. (XL)-364 p. — 2. (vi)-519 p. (Anvers, M. Nucio, 1555, in-8 ; trad. Citri : Amsterdam et Paris, 1700, 2 vol. in-12). = 1507.

? ZONARE (Jean). Constantinople, vers 1120. Histoire romaine écrite par Xiphilin, Zonare et Zosime, trad. par Cousin. *Suivant la copie imprimée à Paris*, 1686, 2 vol. in-12. (gr., J. Wolf : Basil., 1557, in-fol.). = 1400-29.

? ZOSIME, Constantinople, vers 425. Historia nova, gr., ex recens. Frid. Sylburgii. *Jenæ*, 1729, in-8. (Basil, 1516, in-fol.; Fr. Sylburg. [Script. histor. romanæ, t. 3] : Francofurti, 1590, in-fol.). = 1400-80.

ADDITIONS.

ALLART (Mme Hortense). La Femme et la Démocratie. *Paris*, Delaunay, A. Pinard, 1836; impr. A. Pinard, in-8. — 124 p. = 1709.

Annuaire des Établissements français de l'Inde, 1857. *Pondichéry*, É. V. Géruzet, imprim. du gouvern., 1857, pet. in-12. — 112 p. = 1732-3.

BALLHORN (Friedrich). Alphabete orientalischer und occidentalischer sprachen, sechste auflage. *Leipzig*, F. A. Brockhaus, 1853 ; druck von F. A. Brockhaus, gr. in-8. — 48 p. = 1708.

BOURGUIGNON-DUMOLARD (Claude Sébast.). Vif près Grenoble, 21 mars 1760; Paris, 22 avril 1829. Manuel d'instruction criminelle, trois^e^ édit. *Paris*, Garnery, 1811, 2 vol. in-8. — 1. xxxij-596 p. — 2. (iv)-623 p. (Paris, 1810, in-4°). = 1706.

BRUNET (Sully). Considérations sur le système colonial et la tarification des sucres. *Paris*, impr. Selligue, mars 1832, in-8, viij-168 p. — Considérations sur le système colonial et plan d'abolition de l'esclavage. *Paris*, Fél. Locquin et comp., 1840, gr. in-8, 99 p. = 1720, 1720 bis.

Budget des recettes et des dépenses de l'exercice 1857. Établissements français dans l'Inde, service local. *Pondichéry*, impr. du gouvern., 1856, gr. in-4°, pap. vél. — 110 p. = 1727.

Carpentier (Mlle Marie). Conseils sur la direction des Salles d'asile, deuxe édit. *Paris*, L. Hachette et Cie, 1847; impr. Panckoucke, in-18. — 180 p. = 1710.

Challaye (C. A. de). Mémoire sur l'Émigration des Indiens. *Paris*, impr. roy., 1844, in-8. —(iv)-53 p. = 1710 bis.

Chavignaud (L.). Nouvelle Arithmétique, mise en vers, quatre édit. *Toulouse*, Delsol, impr.-libr., 1843, in-8. — 92 p. = 1719-3.

Colet (Mme Louise), née Révoil. L'Abencerage, opéra, deux actes, musique d'Hipp. Colet; hôtel Castellane, 15 avril 1837; impr. E. Dépée à Sceaux, 1837, in-8, 2 col.— 11 p. = 1710-4.

Corneille (P.). Chefs-d'œuvre, avec un choix de notes par M. D. Saucié, nouv. édit. *Tours*, Ad Mame et Cie, impr.-libr., 1853, in-8.— (iv)-379 p., tit. gravé. = 1728.

Demogeot (J. C.). Les Lettres et l'homme de lettres au xixe siècle, discours. *Paris*, L. Hachette et Cie, 1856; typ. Ch. Lahure, in-12. — 51 p. = 1707.

D'Omalius d'Halloy (J. J.) Des Roches, considérées minéralogiquement. *Paris*, Langlois et Leclerq, 1841; impr. Hipp. Tilliard, in-8. — viij-126 p. = 1716.

Dupont (le comte). L'Art de la Guerre, poëme. *Paris*, Firmin Didot frères, Gosselin, 1838; typ. F. Didot, in-8. — lvij-652 p. = 1711.

Duvivier (Franciade Fleurus). Rouen, 1794; Paris, juillet 1848. Observations sur la guerre de la succession d'Espagne. *Paris*, J. Corréard, Anselin, 1830; typ. Marcellin-Legrand, Plassan, 2 vol. in-8. — 1. (iv)-xxij-376? p. — 2. (iv)-418 p. = 1713.

Exposés des motifs, Rapports et Débats des Chambres législatives concernant les lois relatives au régime des esclaves. *Paris*, impr. roy., 1845, in-8. — (iv)-1024 p = 1712.

Gabourd (Amédée). Histoire de la Révolution et de l'Empire. (tom. vi-x). *Paris*, Jacq. Lecoffre et Cie, 1849-1851; typ. Firmin Didot frères, 5 vol. in-8. — Consulat, 1. xij-480 p; 2. (iv)-480 p. — Empire, 1. xij-508 p.; 2. (iv)-520 p.; 3. (iv)-596 p. = 1731.

Gibert des Molières. Premier mémoire sur la météorologie de l'île Bourbon. *Saint-Denis*, impr. Lahuppe, 1844, pet. in-8. — 33 p. et 15 tabl. = 1713-4.

Godineau (Louis Stan. Xav.). Mauzé, 12 déc. 1815. Rapport médical sur la campagne du brick le Lapérouse, de 1844 à 1848, dans le golfe du Mexique. *Paris*, impr. P. Dupont, août 1855, gr. in-8. — 32 p. (Nouv. annal. de la marine). = 1703-3.

Grammar (A little english). இங்கிலீசிலக்கண நூற்சுருக்கம். Inkilichilakananour-Souroukam. (Grammaire anglaise à l'usage des Tamouls). *Négapatam*, 1856, (impr. et lith. du collège des Jésuites), in-18. — 28 p. = 1708 bis.

Grandmaison (Mlle Mélanie de). Poésies. Fleurs sans épines. *Paris*, Amyot, 1853; impr. Beau à Saint-Germain en Laye, in-8. — (iv)-313-(ij) p. = 1714.

Haller (Charl. Louis de). Histoire de la Révolution religieuse dans la Suisse occidentale, deuxe édit. *Paris*, Aug. Vaton, 1838; impr. Dufaure à Versailles, in-8. — xvi-400 p. = 1730.

Maynard de Queilhe (B. J. M. F.). Conversion de la Propriété-esclave. *Marseille*, impr. Marius Olive, 1844, in-8. — (iv)-127 p. = 1714-8.

MONGIS (J. A. de). Cour Impériale de Dijon. Audience solennelle de rentrée, 4 nov. 1856. Discours sur le Président Jeannin. *Dijon*, impr. Eug. Jobard, 1856, gr. in-8. — 66 p. = 1732.

MORTONVAL. Campagnes de France, 1814-1815. *Paris*, Ambr. Dupont et Roret, 1826; impr. Fain, in-18. — (viij)-375-9 p., 2 fig., 3 plans, une carte. = 1715.

Nomenclature des objets envoyés par les Établissements français de l'Inde à l'Exposition de Madras, 1857. *Pondichéry*, Géruzet, impr. du gouvern., 1857, gr. in-8. — 53 p. (signé : A. G. Montbrun, 10 février 1857). = 1732-4.

Note sur la fondation d'une nouvelle colonie dans la Guyane française, n° 3. *Paris*, Firmin Didot frères, impr.-libr., 1844, in-8. — LXXI-200 p. = 1715 bis.

Nouveau Code Noir, ou Répertoire des lois, ordonnances, décrets et arrêtés concernant le régime des esclaves. *Ile Bourbon, Saint-Denis*, typ. Lahuppe, 1846, in-8. — 50 p. = 1715-3.

PÉRENNÈS (J. B.). Principes de Littérature mis en harmonie avec la morale chrétienne. *Paris*, Hachette ; *Besançon*, Bintot, 1837 ; impr. Sainte-Agathe l'aîné à Besançon, in-8. — (iv)-535 p. = 1729.

PERROT (J. F. A.). Essai sur les Momies. *Nîmes*, Vve Guibert, impr., 1844, in-8. — 132 p. et 3 planch. = 1716 bis.

REFUVEILLE (J. A.). Dix ans de solitude. Poésies. *Rouen*, impr. Berdalle de la Pommeraye, 1851, in-8. — (iv)-xxviij-159 p. = 1717.

RICARD (Adolphe). L'Amour, les Femmes et le Mariage. Pensées extraites des meilleurs écrivains. *Paris*, Gust. Sandré, 1847 ; impr. Dépée à Sceaux, in-12. — ix-363 p. = 1718.

ROYER (Alph.) ; et Gust. VAEZ. Lucie de Lammermoor, opéra, deux actes, musique de G. Donizetti. Renaissance, 10 août 1839 ; Opéra, 20 février 1846. *Paris*, N. Tresse, 1848 ; impr. Boulé et Cie, gr. in-8, 2 col. — 14 p. (France dramat.). = 1724-3.

SÉGUR (le g^al^ c^te^ de). Paris, 4 nov. 1780. Histoire de Napoléon et de la Grande-Armée pendant l'année 1812, cinq^e^ édit. *Paris*, Baudoin frères, 1825 ; impr. Fain, 2 vol. in-18. — 1. (iv)-397 p., 3 fig., une carte. — 2. (iv)-424 p., 2 portr., un tabl. = 1719.

NOTICE

DES PRINCIPAUX IMPRIMEURS, ÉDITEURS ET BIBLIOGRAPHES.

Adry (J. Félicissime), bibliogr. Vincelotte près Auxerre, 1749; Paris, 20 mars 1818.
Alde l'Ancien, le Jeune, Paul. — Voy. Manuce.................... 1447-1597.
Amerbach (Jean), imprimeur à Bâle. [*Romain*]; né à Reutlinge (Souabe); mort en 1528.
Anisson d'hauteroche (Laur.), imprimeur à Lyon........................ 1677.
Anisson d'hauteroche (Jean), fils de Laurent, impr. à Lyon, 1688, et à Paris, 1690.
Anisson d'hauteroche (L. Laur.), fils de Jean, impr. à Paris en 1723, mort à Paris, 1761.
Anisson d'hauteroche (Jacques), frère de Louis Laurent, impr. à Paris, 1733-1788.
Anisson d'hauteroche (É. A. Jacq.), fils de Jacques. Paris, 1748; Paris, 25 avril 1794.
Antonio (Nicol.), bibliographe. Séville, 28 juillet 1617; Madrid, 13 avril 1684.
Attaignant (Pierre), imprimeur. [*Musique, caractères mobiles*].. mort à Paris, 1556.
Aubri (Jean), imprimeur à Francfort,..................... mort à Paris, 1612.
Audiffredi (J. B.), bibliographe,.... Saorgio près Nice, 1714; Rome, 3 juillet 1794.
Badius Ascensius (Josse), imprimeur à Aasche près Bruxelles, 1462; mort à Paris, 1535.
Badius (Conrad), fils de Josse, imprimeur........... Paris, 1510; Genève, 1568.
Baglioni (Thomas), imprimeur à Venise.............................. 1616.
Ballantyne (J.), imprimeur.........................mort à Édimbourg, 1833.
Ballard (Robert I), imprimeur de musique, à Paris................ 1552-1582.
Ballard (Pierre), fils de Robert, imprimeur à Paris................ 1615-1633.
Ballard (Robert II), fils de Pierre, imprimeur à Paris............... 1639-1657.
Ballard (Christophe), fils de Robert II, imprimeur à Paris................ 1673.
Ballard (J. B. Christ.), fils de Christophe, imprimeur à Paris......... 1695-1750.
Ballard (Christ. J. Franç.), fils de J. B. Christophe, imprimeur à Paris, 1750-1765.
Ballard (P. Rob. Christ.), fils de Christ. J. Franç., imprimeur à Paris........ 1765.
Barbier (Ant. Alex.), bibliogr. Coulommiers, 11 janvier 1765; Paris, 25 déc. 1825.
Barbou (Jean), imprimeur à Lyon.................................. 1539.
Barbou (Hugues I), fils de Jean, imprimeur à Limoges..................... 1580.
Barbou (Jean Joseph), reçu imprimeur à Paris en 1704............. mort en 1752.
Barbou (Joseph), frère de J. Joseph, reçu imprimeur à Paris en 1717; mort en 1737.
Barbou (Joseph Gérard), neveu, né en 1715, reçu imprimeur en 1743; mort en 1813.
Barbou (Hugues II), fils de Joseph, reçu imprimeur en 1789........ mort en 1808.
Barrois (Jacq. Marie), éditeur................ Paris, 1704; Paris, 20 mars 1769.
Barrois (Théophile), éditeur.................... .... mort à Paris, janvier 1851.
Baskerville (Jean), imprimeur. [*Papier vélin*]. Wolverley, 1706; Birmingham, 1775.
Basmadjy (Ibrahim), imprimeur à Constantinople, en 1729.......... mort en 1746.
Bassæus (Nic.), imprimeur à Francfort.............................. 1590.
Bastien (Jean François), éditeur.............. Paris, 14 juin 1747; Paris, 1824.
Bauer (J. J.), édit. à Nuremberg. Strasbourg, 16 sept. 1706; Nuremberg, 29 janv. 1772.

Beltrano (Octave), né à Terranova (Calabre), imprimeur à Naples.......... 1640.
Bernard (J. Fréd.), éditeur à Amsterdam........................ 1711-1752.
Bertrand-Quinquet, imprimeur........... mort à Paris, 12 juin 1812.
Beuchot (Adr. J. Quentin), bibliographe. Paris, 13 mars 1773; Paris, 8 avril 1851.
Beys (Gilles), imprimeur. [*Consonnes J et V*]...... mort à Paris, 19 avril 1593.
Bienné (J. Benenatus), imprimeur.......... mort à Paris, 15 février 1588.
Billaine (L.), imprimeur................ mort à Paris en 1681.
Blaeu (Guillaume), imprimeur... Amsterdam, 1561; Amsterdam, 21 octobre 1638.
Blaeu (Jean), fils de Guillaume, imprimeur à Amsterdam.......... 1659.
Blaeu (Cornélius), imprimeur à Amsterdam................. 1650.
Bocchi (Achille), imprimeur........., Bologne, 1488; Bologne, 6 novembre 1562.
Bodoni (J. Bapt.), imprimeur. Saluces, 16 février 1740; Padoue, 30 novembre 1813.
Bomberg (Daniel), imprimeur. [*Caract. hébr.*]; né à Anvers, mort à Venise, 1549.
Bordazar de Artazu (Antonio), imprimeur. Valence, nov. 1671; Valence, nov. 1744.
Bossange père, éditeur............ Bordeaux, 1766; Paris, vers 1841.
Boudot (Jean I), imprimeur à Paris............... mort en 1706.
Boudot (Jean II), imprimeur..... Paris, 9 octobre 1685; Paris, 10 mars 1754.
Boulard (Antoine Marie Henri), bibliogr. Paris, 5 sept. 1754; Paris, 6 mai 1825.
Boulard (Simon), éditeur........... Paris, vers 1750; Paris, vers 1809.
Bowyer (Guillaume), imprimeur..... Londres, 1699; Londres, 18 nov. 1777.
Breitkopf (J. Gott. Emm.), impr. Leipzig, 23 nov. 1719; Leipzig, 28 janv. 1794.
Brindley (John), imprimeur à Londres............... 1744-1760.
Brocario (Arn. Guillaume de), imprimeur à Alcala de Henarez... mort en 1520.
Brunet (Jacques Charles), bibliographe...... né à Paris, 2 novembre 1780.
Bruyset (Jean Marie), éditeur....... Lyon, 7 février 1749; Lyon, 16 avril 1817.
Bry (Théodore de), graveur et imprimeur. Liége, 1528; Francfort, 27 mars 1598.
Bulmer (William), imprimeur; né à Newcastle, 1758; mort à Clapham, 9 sept. 1830.
Bye (Jacques), éditeur et graveur à Anvers............... 1615-1635.
Calderon (Jean), éditeur à Sarragosse................. 1619.
Calliergi (Zacharie), imprimeur à Venise................. 1516.
Camusat (Jean), imprimeur à Paris.................. 1639.
Candolle (Pyrame de), imprimeur...... à Genève, 1593; à Yverdon, 1619.
Carez (Joseph), imprimeur. [*Clichés*]........... mort à Toul en 1701.
Caxton (Guillaume), imprimeur........ Kent, vers 1412; Londres, 1491.
Cazin, imprimeur................ mort à Paris, 5 octobre 1795.
Cennini (Bernard), imprimeur à Florence................ 1471.
Cerca y Rico (don Francisco), éditeur... né vers 1730; mort à Madrid en 1792.
Chevalon (Claude), imprimeur à Paris................. 1548.
Clément (David), bibliographe. Hofgeismar (Hesse), 1701; Hanovre, 10 janvier 1760.
Colines (Simon de), imprimeur...... né à Gentilly, mort à Paris en 1546.
Comino (Joseph), éditeur......... mort à Cittadella près Padoue, vers 1762.

Comino (Ange), fils de Joseph, éditeur à Padoue. . . . . 1763.
Commelin (Jérôme), imprimeur. . . . . né à Douai, mort à Heidelberg en 1598.
Commelin (Abraham), imprimeur à Leyde. . . . . 1646.
Corrozet (Gilles), imprimeur . . . . Paris, 4 janvier 1510; Paris, 4 juillet 1568.
Corrozet (Gallyot et Jean), imprimeurs à Paris . . . . 1568.
Coster (Jean Laurent), imprimeur. . . . . Harlem, 1370; Harlem, vers 1440.
Coster (Pierre Laurent et Thomas), ses petits-fils, impr. à Harlem, jusqu'en 1492.
Cramoisy (Sébastien I), imprimeur à Paris en 1640, ... mort en 1669.
Cramoisy (Claude), frère de Sébastien I, imprimeur à Paris. . . . . mort en 1661.
Cramoisy (Gabriel), autre frère de Sébastien I, imprimeur à Paris. . . . . 1651.
Cramoisy (Sébastien II), fils de Sébastien I, imprimeur à Paris. . . . . 1669.
Cramoisy (Sébastien III Mabre), fils de Sébastien II, imprimeur à Paris . . . . . . 1701.
Cramoisy (André), imprimeur à Paris . . . . 1655.
Crapelet (Charles), imprimeur à Paris. Bourmont (Haute-Marne), 1762; Paris, 1809.
Crapelet (Georg. Adr.), fils de Charles, impr. Paris, 13 juin 1789; Nice, 11 déc. 1842.
Crispin ou Crespin (Jean), né à Arras, imprimeur à Genève, mort à Genève en 1572.
Debure (Jean I), imprimeur à Paris. . . . . 1660.
Debure (Guillaume), fils aîné de Jean I, imprimeur à Paris. . . . . 1730.
Debure (Jean II), 2e fils de Jean I, imprimeur à Paris. . . . . 1730.
Debure (G. F. le j.), fils aîné de G., impr. à Paris. Paris, janv. 1731; Paris, 15 juill. 1782.
Debure (Guillaume l'aîné), fils de Jean II. Paris, 10 mai 1734; Paris, 4 févr. 1820.
Debure (Jean Jacques), fils aîné de Guillaume l'aîné, imprimeur à Paris, 1765-1853.
Debure (Mar. Jacq.), 2e fils de G. l'aîné, impr. Paris, 1767; Sceaux, 18 juin 1847.
Delatour (Louis Franç.), imprimeur. Paris, 6 avril 1727; Paris, 9 novembre 1807.
Denis (Michel), bibliographe. Schærding-sur-l'Inn, 1729; Vienne, 29 septembre 1800.
Detournes, Tornæsius (Jean I), imprimeur. . . . . . . Lyon, 1504; Lyon, 1564.
Detournes (Jean II), fils de Jean I, imprimeur. . . . . . Lyon, 1539; Lyon, 1615.
Detournes (Jean Jacq. et Jacq.), imprimeurs à Lyon. . . . . 1726.
Detournes, leurs fils, imprimeurs à Lyon. . . . . jusqu'en 1780.
Didot (François), né à Paris, 1699; imprimeur à Paris. . . . . 1755.
Didot (Fr. Ambr.), fils aîné de Fr., impr. [*pap. vélin*]. Paris, 1730; Paris, 10 juill. 1804.
Didot (Pierre François), 2e fils de François, impr. Paris, 1732; Paris, 7 décembre 1795.
Didot (Pierre l'aîné), fils aîné de F. A., impr. Paris, janv. 1761; Paris, 31 déc. 1853.
Didot (Firmin) 2e fils de F. A., impr. de 1789 à 1825. Paris, 1764; Paris, 24 avril 1836.
Didot (Jules l'aîné), fils de Pierre l'aîné, imprimeur à Paris. . . . . . . 1825-1837.
Didot (Ambroise Firmin), fils aîné de Firmin, né à Paris 1790, imprimeur depuis 1829.
Didot (Hyacinthe Firmin), 2e fils de Firmin, né vers 1792, imprimeur à Paris, 1829.
Didot (Frédéric Firmin), fils d'Hyacinthe Firmin, impr. Paris, vers 1799; Paris, 1836.
Dodsley, éditeur. Mansfield (Nottingham), 1703; Durham, 25 septembre 1764.
Dolet (Étienne), imprimeur. . . . . . . Orléans, vers 1509; Paris, 3 août 1546.

DONDEY-DUPRÉ (Prosper), imprimeur. . . . . Paris, 1794; Paris, 1834.
DUBOY DE LAVERNE (Ph. Dan.). [*Types orientaux*]; près Dijon, 1755; Paris, 13 nov. 1802.
DUVERDIER (Ant.), bibliographe. Montbrison, 11 nov. 1544; Duerne, 25 sept. 1600.
EBERT (F. A.), bibliographe. Tauche près Leipzig, 9 juillet 1791; Dresde, nov. 1834.
EGGESTEYN, imprimeur à Strasbourg. . . . . 1466-1472.
ELYE (Elias), né à Lauffen, imprimeur en Suisse.......................... 1470.
ELZÉVIR (Louis I), imprimeur à Leyde................................ 1564.
ELZÉVIR (Matthyas), imprimeur......... Leyde, 1565; Leyde, 6 décembre 1640.
ELZÉVIR (Isaac), fils aîné de Matthyas, imprimeur à Leyde........... 1617-1626.
ELZÉVIR (Abraham), 3e fils de Matthyas, impr. Leyde, 1592; Leyde, 14 août 1652.
ELZÉVIR (Bonaventure), 4e fils de Matthyas, imprimeur à Leyde....... 1618-1652.
ELZÉVIR (Jacob), 5e fils de Matthyas, imprimeur à la Haye............ 1626-1629.
ELZÉVIR (Louis II), fils d'Isaac, impr. à Amst., 1640-1662; mort à Amst., juillet 1662.
ELZÉVIR (Pierre II), arrière-petit-fils de Matthyas, imprimeur à Utrecht, 1669-1670.
ELZÉVIR (Jean), fils d'Abraham, impr. à Leyde. Leyde, 1622; Leyde, 8 juin 1661.
ELZÉVIR (Daniel I), fils de Bonaventure, impr. à Leyde, 1652-1654; à Amst. 1655-1680.
ELZÉVIR (Daniel I) (Suite); né à Leyde, 1617; mort à Amsterdam, 13 sept. 1680.
ELZÉVIR (Daniel II), fils de Jean; sa mère Eva Van Alphen, imprim... 1661-1674.
ELZÉVIR (L. III et Dan. III), f. de Dan. I; leur mère Anna Bœrning impr. à Amst. 1680-1681.
ERSCH (Jean Samuel), bibliographe. Grand-Glogau, 23 juin 1766; Halle, 16 janv. 1828.
ESTIENNE (Henri I), imprimeur à Paris.................. Paris, 1470; Paris, 1521.
ESTIENNE (Franç. I), fils aîné de Henri I, impr. à Paris, 1537-1558; mort à Paris en 1558.
ESTIENNE (Robert I), 2e fils de Henri I, imprimeur à Paris et à Genève en 1552.
ESTIENNE (Robert I) (Suite); né à Paris en 1503; mort à Genève, 7 septembre 1559.
ESTIENNE (Charles), 3e fils de Henri I, impr. à Paris en 1551. Paris, 1504; Paris, 1564.
ESTIENNE (Henri II), fils aîné de Robert I, impr. à Paris. Paris, 1528; Lyon, 8 mars 1598.
ESTIENNE (Robert II), 2e fils de Robert I, impr. à Paris. Paris, 1530; Paris, 1571.
ESTIENNE (Franç. II), 3e fils de Robert I, impr. à Genève, 1562-1582; mort à Genève en 1582
ESTIENNE (Robert III), fils aîné de Robert II, impr. à Paris, 1606-1629; mort à Paris en 1629
ESTIENNE (Henri III), 2e fils de Robert II, imprimeur à Paris........... 1639-1652.
ESTIENNE (Paul), fils de Henri II, impr. à Genève. Genève, janv. 1566; Genève, 1627.
ESTIENNE (Ant.), fils aîné de Paul, impr. à Paris, 1612-1674. Genève, 1594; Paris, 1674.
ESTIENNE (Joseph), 2e fils de Paul, imprimeur à La Rochelle.............. 1629.
ESTIENNE (Robert IV), fils aîné de Henri III, impr. à Paris, 1630-1633; mort à Paris, en 1672
ESTIENNE (Pierre), petit-fils de François II, imprimeur................ 1618-1638.
ESTIENNE (Jérôme), 2e petit-fils de François, né en 1630, imprimeur.......... 1657.
FABRICIUS (Jean Albert), bibliographe. Leipzig, 11 nov. 1668; Hambourg, 30 avril 1736.
FOGGINI (Pierre François), éditeur........ Florence, 1713; Rome, 31 mai 1783.
FOPPENS (François et Pierre), imprimeurs à Bruxelles................ 1680-1700.
FORMALEONI (Vincent), imprimeur à Venise.............................. 1740.

Fossati (Georges), né à Morco près Lugano, 1710, imprimeur et grav. à Venise, 1744.
Foulis (André), imprimeur à Glascow .... mort en 1774.
Foulis (Robert), frère d'André, imprimeur à Glascow.............. mort en 1776.
Foulis III, imprimeur à Glascow .... jusqu'en 1806.
Fournier (Jean Claude), imprimeur à Paris en 1708.............. mort en 1738.
Fournier (P. Sim.), 3e fils de J. Cl., impr. Paris, 15 sept. 1712; Paris, 8 oct. 1768.
Fournier (Antoine et Simon Pierre), fils de Pierre Simon, imprimeurs à Paris, 1770.
Fournier (Charles), fils de Simon Pierre, imprimeur à Paris,.............. 1815.
Friburger, imprimeur à Paris..................................... 1470.
Frisner (André), né à Wiensedel (Bavière), premier impr. à Nuremberg, 1474-1478.
Froben (Jean I), imprimeur à Bâle, né à Hammelbourg (Franconie); mort à Bâle en 1527.
Froben (Jérôme), né en 1501, et Jean II, fils de Jean I, imprimeurs à Bâle..... 1556.
Froben (Ambroise et Aurèle), fils de Jérôme et de Jean II, imprimeurs à Bâle, 1569.
Froebel (Poppon), éditeur .... né à Rudolstadt en 1786; mort en 1824.
Fust (Jean), imprimeur à Mayence.............................. 1450-1466.
Garamond (Claude), graveur........................ Paris, vers 1495; Paris, 1561.
Ged (Guillaume), imprimeur. [*Stéréotypie*]; mort à Édimbourg, 19 octobre 1749.
Gent (Thomas), imprimeur................. York, 1681; Londres, 17 mai 1778.
Gering (Ulric), imprimeur à Paris en 1469.................mort à Paris en 1510.
Giolito de' Ferrari (Gabriel), imprimeur à Venise.........mort à Venise en 1581.
Giolito de' Ferrari (Jean et Paul), fils de Gabriel, imprimeurs à Venise...... 1588.
Goadby (Robert), imprimeur. Sherborne (Dorset), 1721; Sherborne, 12 avril 1778.
Goujet (Claude Pierre), bibliographe. Paris, 19 octobre 1697; Paris, 1er février 1767.
Gourmond (Gilles), impr. à Paris. [*Prem. liv. grecs et hébr. à Paris*]; mort à Paris en 1528.
Grafton (Richard), imprimeur..............................mort à Londres en 1572.
Gryphius (Sébastien), imprimeur à Lyon. Reutlingen, 1493; Lyon, 7 septembre 1556.
Gryphius (François), frère de Sébastien, imprimeur à Paris............ 1532-1542.
Gryphius (Antoine), fils de Sébastien, imprimeur à Lyon........... jusqu'en 1590.
Guillard (Charlotte), veuve de Rembolt et de Claude Chevalon, impr. à Paris 1550.
Guttenberg (J. ou Henne Gensfleish de Sulgeloch). Mayence, 1400; Mayence, févr. 1468.
Guyart (Jean), premier imprimeur à Bordeaux............................ 1529.
Hacke (François), imprimeur à Leyde.................................. 1646.
Halma (F.), imprimeur flamand.. 1778.
Hanzelet (Jean Happier d'), imprimeur à Pont-à-Mousson................. 1630.
Hautin (Pierre), graveur et imprimeur à Paris. [*Musique, planches mobiles*]... 1576.
Haym (Nicolas François), bibliographe................mort à Rome en mars 1730.
Heinsius (Guillaume), bibliographe à Leipzig.......................... 1798.
Heltai (Gaspar), imprimeur à Clausenbourg. (*Hongrois*).................. 1575.
Henry (David), imprimeur......né près d'Aberdeen, 1710; Levisham, 5 juin 1792.
Herhan, imprimeur à Paris....................................... 1800-1815.

HERVAGIUS (Jean HERWAGEN), imprimeur à Bâle....................mort en 1564.
HOFFMAN, bibliographe... 1840.
IBARRA (Joachim), imprimeur...................Sarragosse, 1725; Madrid, 1785.
ILIVE (Jacob), imprimeur...............................mort à Londres en 1763.
JACOB DE SAINT-CHARLES (le P. Louis), bibliog. Châlons-S.-S. 1608; Paris, 10 mai 1670.
JANSSON A WAESBERGE (Jean), imprimeur à Amsterdam.................... 1668.
JENSON (Nicolas), né en France vers 1420, imprimeur à Venise jusqu'en 1481.
JULLIERON (Guichard), imprimeur à Lyon............................. 1600.
JULLIERON (Antoine), petit-fils de Guichard, imprimeur à Lyon........... 1702.
JUNTE (Phil. GIUNTA ou ZONTA), impr., 1497-1517. Florence, 1450; Florence, 1517.
JUNTE (les héritiers de Philippe), imprimeurs à Florence.............. 1518-1530.
JUNTE (Bernard I), imprimeur à Florence.......................... 1530-1551.
JUNTE (Lucas Antoine), imprimeur à Venise........................ 1482-1537.
JUNTE (Philippe II, le jeune), fils de Bernard I, imprimeur à Florence, vers 1600.
JUNTE (Thomas), fils de Lucas Antoine, imprimeur à Venise.......... 1538-1550.
JUNTE (Modeste), fils de Philippe II, imprimeur à Venise.................. 1642.
JUNTE (Bernard II), imprimeur à Venise.............................. 1608.
JUNTE (Jacques), imprimeur à Lyon.................................. 1520.
JUNTE (les héritiers de Jacques), imprimeurs à Lyon.............. 1561-1592.
KNOX (J.), éditeur..................... mort à Dalkeith (Écosse), 1er août 1791.
KOBURGER (Antoine), imprimeur à Nuremberg...................... 1471-1513.
LACHEVARDIÈRE (Alexandre de), imprimeur à Paris........ mort à Paris, mai 1855.
LA CROIX DU MAINE (François Grudé de), bibliographe. Le Mans, 1552; Tours, 1592.
LACROIX (Paul), [bibliophile Jacob].................. né à Paris, 26 février 1806.
LADVOCAT, éditeur à Paris.............................mort à Paris en 1854.
LAFRERY (Antoine), imprimeur......né à Salins (Bourgogne); mort à Rome en 1577.
LAIRE (Fr. Xavier), bibliog. Vadans près Gray, 10 nov. 1738; Auxerre, 27 mars 1801.
LALLEMANT (Richard Conteray), imprimeur............Rouen, 1726; Rouen, 1807.
LA SERNA SANTANDER (Ch. Ant. de), bibliog. Colindres, 1er févr. 1752; Bruxell., nov. 1813.
LE BÉ (Guillaume I), imprimeur à Paris.............. Troyes, 1725; Paris, 1598.
LE BÉ (Guillaume II), fils de Guillaume I, imprimeur à Paris......... 1570-1625.
LE BÉ (Guillaume III), fils de Guill. II, impr. à Paris en 1636. Paris, 1608; Paris, 1685.
LEBRETON (André François), éditeur............Paris, août 1708; 5 octobre 1779.
LELONG (Jacques), bibliographe.............. Paris, 1665; Paris, 13 août 1721.
LENOIR (Michel), imprimeur à Paris..................mort le 29 septembre 1520.
LE PETIT (AUDOENUS PARVUS), imprimeur à Paris......................... 1550.
LIPENIUS (Martin), bibliog. Gortze (Brandebourg), 11 nov. 1630; Lubeck, 6 nov. 1692.
LOTTIN (Augustin Martin), imprimeur......Paris, 8 août 1726; Paris, 6 juin 1793.
LOTTIN (Antoine Prosper), imprimeur..... Paris, 1739; Paris, 25 novembre 1812.
MAITTAIRE (Michel), bibliographe, né en France, 1668; mort à Londres, 7 août 1747.

Mameranus (Henri), imprimeur à Cologne. . . . . 1556.
Manni (Dominique Marie), imprimeur. Florence, 8 avril 1690 ; Florence, 30 nov. 1788.
Mansion (Colard), imprimeur. . . . . mort à Bruges (Belgique), en 1484.
Manuce (Alde, l'Ancien), imprimeur. Bassiano près Velletri, 1447; Venise, avril 1515.
Manuce (Paul), fils d'Alde l'Ancien, imprimeur . . . . Venise, 1512; Rome, 1574.
Manuce (Alde le Jeune), fils de Paul, impr. Venise, 13 févr. 1547 ; Rome, 28 oct. 1597.
Marchand (Prosper), bibliographe. Guise (Picardie), vers 1675 ; La Haye, 14 juin 1756.
Marcolini (F.), imprimeur à Forli. . . . . 1540.
Marnef (Jehan et Enguilbert de), imprimeurs à Poitiers.................. 1543.
Marni (Claude), imprimeur à Francfort. . . . . mort en 1600.
Martens ou Mertens (Thierri), imprimeur à Anvers. Alost, vers 1450; Alost, 28 mai 1534.
Martin (Gabr.), bibliographe . . . . Paris, 1679 ; Paris, février 1761.
Mathieson (John), suédois, premier imprimeur en Islande, à Hoolum....... 1530.
Mentel ou Mentelin, imprimeur. . . . Strasbourg, vers 1410; Strasbourg, 1478.
Millanges (Sim.), impr. à Bordeaux, né dans le Limousin, 1540; mort à Bordeaux en 1621.
Minutianus (Alex.), imprimeur. San-Severo (Pouille), vers 1450; Milan, vers 1521.
Moetjens (Adrien), imprimeur à La Haye......................... 1680-1700.
Momoro (Ant. Fr.), imprimeur .... Besançon, 1756; Paris, 24 mars 1794.
Morel (G.), impr. en 1555 à Paris. Au Tilleul (Normandie), 1505; Paris, 19 févr. 1564.
Morel (Fréd. I, l'Ancien), impr. à Paris, né en Champagne, 1523 ; Paris, 17 juill. 1583.
Morel (F. II), fils aîné de F. I, impr. à Paris en 1501. Paris, 1558; Paris, 27 juin 1630.
Morel (Claude), 2e fils de Frédéric I, imprimeur. Paris, 1574 ; Paris, 16 nov. 1626.
Morel (Ch.), fils aîné de Cl., impr. à Paris, 1627-1639. Paris, vers 1602; Paris, vers 1640.
Morel (Gilles), 2e fils de Claude, impr. à Paris, 1639-1650, mort à Paris, vers 1650.
Morelli (Jean de), imprimeur à Angers................................ 1477.
Moret (Jean), imprimeur à Anvers.................................... 1589.
Naudé (Gabriel), bibliographe....... Paris, 2 février 1600; Abbeville, 29 juillet 1653.
Née de La Rochelle (J. F.), bibliographe. Paris, 9 nov. 1751; Paris, 16 févr. 1838.
Néobar (Conrad), imprimeur.......................... mort à Paris en 1540.
Nicolaï (Charles Fr.), éditeur...... Berlin, 18 mars 1733 ; Berlin, 8 janvier 1811.
Nicolle (Gabr. H.), imprimeur. Fresquienne (pays de Caux), 1767 ; Paris, 1828.
Nodier (Charles), bibliographe. Besançon, 29 avril 1783 ; Paris, 27 janvier 1844.
Ogilby, imprimeur.............. Édimbourg, 1600; Londres, 4 septembre 1676.
Oporinus (Jean), imprimeur........... Bâle, 25 janv. 1507 ; Bâle, 6 juillet 1568.
Osmont (J. B. Louis), bibliographe........ Paris, vers 1700; Paris, 13 mars 1773.
Pagnerre (Ant. L.), édit. St-Ouen (Seine-et-Oise), 25 oct. 1805; St-Ouen, 29 sept. 1854.
Panckoucke (André Joseph), imprimeur........ Lille, 1700; Paris, 17 juillet 1753.
Panckoucke (Ch. Jos.), fils d'And. Jos., impr. Lille, 26 nov. 1736; Paris, 19 déc. 1798.
Panckoucke (Ch. L. Fleury), fils de Ch. Jos., né à Paris, 23 déc. 1773, impr. à Paris, 1844.
Panckoucke (Ernest), fils de Charles Louis Fleury, imprimeur à Paris depuis 1844.

PANNARTZ (Arn.), impr. Subbiaco, 1465, Rome, 1467: né à Mayence, mort à Rome, 1476.
PANZER (Georg. Wolfg. Franç.), bibliog. Sulzbach, 16 mai 1729; Nurenberg, 9 juill. 1805.
PATERSON (Sam.), bibliographe. Londres, 17 mars 1728; Londres, 29 oct. 1802.
PATISSON (Mamert), imprimeur.............. né à Orléans, mort à Paris en 1600.
PAYNE (Thomas), bibliographe. Londres, vers 1717; Londres, 2 février 1799.
PEIGNOT (Ét. Gabriel), bibliographe. Arc-en-Barrois, 15 mai 1767; Dijon, 14 août 1849.
PFISTER (Albert), imprimeur à Bamberg.............................. 1462.
PIERRES (Phil. Denis), imprimeur........... Paris, 1741; Dijon, 18 février 1808.
PLANTIN (Christophe), imprimeur. Montlouis (Touraine), 1514; Anvers, 1er juillet 1589.
PRAULT père (Marcel), éditeur à Paris.................................. 1778.
PRAULT fils (L. Laurent), éditeur à Paris.................. mort à Paris en 1803.
PREUSCHEN (Aug. Théop.), impr. [*Typométrie*]. Duthart (Hesse), 1734; 24 mars 1803.
QUÉRARD (J. M.), bibliographe........................ né à Rennes, 25 déc. 1797.
RAPHELENGIUS (Fr. RAVLINGHIEN), impr. Lanoy près Lille, 1539; Leyde, 20 juillet 1597.
RASTAL (Jean), imprimeur à Oxford........ né à Londres; mort à Londres en 1536.
RATDOLT (Erhard), né à Augsbourg, imprimeur à Venise........... jusqu'en 1505.
REMBOLT, imprimeur à Paris.. 1540.
RENOUARD (A. Aug.), bibliog. Paris, 21 sept. 1765, St-Valery-sur-Somme, 15 déc. 1853.
RIESSINGER (Sixte), premier imprimeur à Naples....................... 1471.
RIVE (l'abbé Jean Joseph), bibliographe. Apt, 19 mai 1730; Marseille, 20 oct. 1791.
ROSSI (Nicolo), bibliographe................. Florence, 1711; Rome, 3 mai 1785.
ROTHSCHOLZ (Fréd.), éditeur. Herrnstadt (Basse-Silésie), 1687; Altdorf, 15 janv. 1736.
ROUSSEAU (Sam.), imprimeur orientaliste................. mort à Londres en 1820.
SANLECQUE (Jacq. de), impr. Chanlu (Bourbonnais), vers 1627; Paris, 20 nov. 1648.
SCHOEFFER (P.), impr., né à Gernsheim (Darmstadt); impr. à Mayence jusqu'en 1502.
SCHOEFFER (Jean), fils de Pierre, imprimeur à Mayence.................. 1503.
SEPHER (Pierre Jacques), bibliographe. Paris, vers 1710; Paris, 12 octobre 1781.
STANHOPE (Charles, comte de). [*Presse Stanhope*], 3 août 1753; 15 décembre 1816.
STELLA (Fortunat), imprimeur................ né à Venise, 1757; mort en 1833.
SWEYNHEYM (Conrad), imprimeur.................... mort à Rome, vers 1476.
TARBÉ (Pierre Hardouin), imprimeur. Sens, 28 décembre 1728; Sens, 8 juillet 1784.
TAUBEL (Chrétien), imprimeur à Vienne.......................... 1780-1806.
THIBOUST (Guillaume), imprimeur à Paris................................ 1544.
THIBOUST (Samuel), fils de Guillaume, imprimeur à Paris,.................. 1560.
THIBOUST (Claude Louis), imprimeur. Paris, 14 novembre 1667; Paris, 23 avril 1735.
THIBOUST (Cl. Charl.), fils de Cl. Louis, impr. Paris, 6 nov. 1701; Paris, 27 mai 1757.
THIERRY (Henry), imprimeur à Paris.................................. 1582.
THIERRY (Rolin), neveu de Henry, imprimeur à Paris ... mort à Paris, 24 avril 1623.
THIERRY (Denis I), fils de Rolin, impr. à Paris en 1629. Paris, 12 janv. 1609; Paris, 1657.
THIERRY (Denis II), fils de Denis I, impr. à Paris en 1652; mort à Paris en 1712.

TILETANUS (Jean Loys TILETAIN), né à Tielt (Gueldre), imprimeur à Paris, 1546.
TISSARD (François), éditeur................ né à Amboise, mort à Paris en 1508.
TORRENTINO (Laurent), imprimeur.......... né à Zwol, mort à Florence en 1563.
TORRENTINO (Léonard), fils de Laurent, imprimeur à Florence...... jusqu'en 1570.
TORY (Geoffroy), édit. et grav. à Paris, premier impr. royal. Bourges, 1485; Paris, 1556.
TRATTNER (J. T. b^{on} de), impr. Johrmannsdorf (Hongrie), 1710; Vienne, 31 juill. 1798.
TUPPO (François), prem. impr. à Naples avec Riessinger : né en 1445 ; mort vers 1500.
UDALRIC (Michel), premier imprimeur à Paris........................ vers 1470.
VALPY, éditeur à Londres...................................... 1825.
VAN PRAET (Jos. Bas. Bern.), bibliogr. Bruges (Belg.), 29 juill. 1754; Paris, 5 févr. 1837.
VASCOSAN (Michel de), imprimeur à Paris........ Amiens, vers 1500 ; Paris, 1576.
VÉRARD (Antoine), imprimeur à Paris................................. 1490.
VITRÉ ou VITRAY (Pierre), imprimeur à Paris.......................... 1609.
VITRÉ (Antoine), fils de Pierre, imprimeur .... Paris, vers 1600 ; Paris, 1674.
VITRÉ (Marin), neveu d'Antoine, imprimeur à Paris.................. 1662-1683.
VOLPI (Jean Antoine), imprimeur. Padoue, 10 novembre 1686; Padoue, 25 oct. 1766.
VOLPI (Gaëtan), né à Padoue, le 15 juin 1689, imprimeur à Padoue..... 1717-1756.
WÉCHEL (Chrétien), impr. à Paris, 1522-1554, né en Allemagne, mort à Paris en 1554.
WÉCHEL (André), fils de Chrétien, impr. Paris, vers 1510 ; Francfort, 1er nov. 1581.
WÉCHEL (Jean), fils d'André, imprimeur à Francfort.................. 1584-1594.
WETSTEIN (Jean Henri), imprimeur .... Bâle, 1649; Amsterdam, 1726.
WETSTEIN (Jacques), fils de Jean Henri, imprimeur à Amsterdam........... 1743.
WINTERBURGER (J.), imprimeur à Vienne.......................... 1492-1519.
WOLF (Fréd. Aug.), éditeur. Haynrode (Saxe), 15 févr. 1759; Marseille, 8 août 1824.
WOLFGANG (Abraham), imprimeur à Amsterdam........................... 1680.
ZAINER (Günther), imprimeur.............. né à Reutlingen, 1430; mort en 1478.
ZAINER (Jean), frère de Günther, imprimeur à Ulm.............. mort en 1500.
ZELL (Ulric de), imprimeur à Cologne............... né à Hanau, mort en 1500.

CHRONOLOGIE

DES PRINCIPAUX IMPRIMEURS, ÉDITEURS ET BIBLIOGRAPHES.

1440. COSTER (Jean Laurent).
1462. PFISTER (Albert).
1466. FUST (Jean).
1468. GUTENBERG (Jean).
1470. ELYE (Elias).
1470. FRIBURGER.
1470. UDALRIC (Michel).
1471. CENNINI (Bern.).
1471. RIESSINGER (Sixte).
1472. EGGESTEYN.
1476. PANNARTZ (Arnold).
1476. SWEYNHEYM (Conrad).
1477. MORELLI (Jean de).
1478. FRISNER (André).
1478. MENTELIN.
1478. ZAINER (Günther).
1481. JENSON (Nicolas).
1484. MANSION (Colard).
1490. VÉRARD (Antoine).
1491. CAXTON (Guillaume).

1492. Coster (P.-Laur. et Thomas).
1500. Tuppo (François).
1500. Zainer (Jean).
1500. Zell (Ulric de).
1502. Schoeffer (Pierre).
1503. Schoeffer (Jean).
1505. Ratdold (Erhard).
1508. Tissard (François).
1510. Gering (Ulric).
1513. Koburger (Antoine).
1515. Manuce (Alde l'Ancien).
1516. Calliergi (Zacharie).
1517. Junte (Philippe I).
1519. Winterburger (J.).
1520. Lenoir (Michel).
1520. Brocario (Arn. Guill. de).
1520. Junte (Jacques).
1521. Estienne (Henri I).
1521. Minutianus (Alex.).
1527. Froben (Jean I).
1528. Amerbach (Jean).
1528. Gourmond (Gilles).
1529. Guyart (Jean).
1530. Junte (les hérit. de Philippe).
1530. Mathieson (John).
1534. Martens (Thierri).
1535. Badius Ascensius (Josse).
1536. Rastal (Jean).
1537. Junte (Lucas Antoine).
1539. Barbou (Jean).
1540. Marcolini (F.).
1540. Néobar (Conrad).
1540. Rembolt.
1542. Gryphius (François).
1543. Marnef (Jehan et Enguilbert de).
1544. Thiboust (Guillaume).
1546. Dolet (Étienne).
1546. Colines (Simon de).
1546. Tiletanus (Jean Loys).
1548. Chevalon (Claude).
1549. Bomberg (Daniel).
1550. Guillard (Charlotte).
1550. Junte (Thomas).
1550. Le Petit, Audoenus Parvus.
1551. Junte (Bernard I).
1554. Wéchel (Chrétien).
1556. Gryphius (Sébastien).
1556. Attaignant (Pierre).
1556. Froben (Jérôme et Jean II).
1556. Mameranus (Henri).
1556. Tory (Geoffroy).
1558. Estienne (François I).
1559. Estienne (Robert I).
1560. Thiboust (Samuel).
1561. Garamond (Claude).
1562. Bocchi (Achille).
1563. Torrentino (Laurent).
1564. Morel (Guillaume).
1564. Detournes (Jean I).
1564. Elzévir (Louis I).
1564. Estienne (Charles).
1564. Hervagius (Jean).
1568. Corrozet (Gilles).
1568. Oporinus (Jean).
1568. Badius (Conrad).
1568. Corrozet (Gallyot et Jean).
1569. Froben (Ambroise et Aurèle).
1570. Torrentino (Léonard).
1571. Estienne (Robert II).
1572. Crispin (Jean).
1572. Grafton (Richard).
1574. Manuce (Paul).
1575. Heltaï (Gaspar).
1576. Hautin (Pierre).
1576. Vascosan (Michel de).
1577. Lafrery (Antoine).
1580. Barbou (Hugues I).
1581. Wéchel (André).
1581. Giolito de' Ferrari (Gabriel).
1582. Ballard (Robert I).

1582. Estienne (François II).
1582. Thierry (Henri).
1583. Morel (Frédéric I).
1588. Bienné, Benenatus (Jean).
1588. Giolito de' Ferrari (Jean et Paul).
1589. Plantin (Christophe).
1589. Moret (Jean).
1590. Bassæus (Nic.).
1590. Gryphius (Antoine).
1592. Junte (les héritiers de Jacques).
1592. La Croix du Maine (Franç. G. de).
1593. Beys (Gilles).
1594. Wéchel (Jean).
1597. Raphelengius, Ravlinghien (Fr.).
1597. Manuce (Alde le Jeune).
1598. Estienne (Henri II).
1598. Bry (Théodore de).
1598. Commelin (Jérôme).
1598. Le Bé (Guillaume I).
1600. Duverdier (Antoine).
1600. Jullieron (Guichard).
1600. Junte (Philippe II).
1600. Marni (Claude).
1600. Patisson (Mamert).
1608. Junte (Bernard II).
1609. Vitré (Pierre).
1612. Aubri (Jean).
1615. Detournes (Jean II).
1616. Baglioni (Thomas).
1619. Calderon (Jean).
1619. Candolle (Pyrame de).
1621. Millanges (Simon).
1623. Thierry (Rolin).
1625. Le Bé (Guillaume II).
1626. Morel (Claude).
1626. Elzévir (Isaac).
1627. Estienne (Paul).
1629. Elzévir (Jacob).
1629. Estienne (Robert III).
1629. Estienne (Joseph).
1630. Morel (Frédéric II).
1630. Hanzelet (Jean Happier d').
1633. Ballard (Pierre).
1635. Bye (Jacques).
1638. Blaeu (Guillaume).
1638. Estienne (Pierre).
1639. Camusat (Jean).
1640. Elzévir (Matthyas).
1640. Beltrano (Octave).
1640. Morel (Charles).
1642. Junte (Modeste).
1646. Commelin (Abraham).
1646. Hacke (François).
1648. Sanlecque (Jacques de).
1650. Blaeu (Cornelius).
1650. Morel (Gilles).
1651. Cramoisy (Gabriel).
1652. Elzévir (Abraham).
1652. Elzévir (Bonaventure).
1652. Estienne (Henri III).
1653. Naudé (Gabriel).
1655. Cramoisy (André).
1657. Ballard (Robert II).
1657. Estienne (Jérôme).
1657. Thierry (Denis I).
1659. Blaeu (Jean).
1660. Debure (Jean I).
1661. Elzévir (Jean).
1661. Cramoisy (Claude).
1662. Elzévir (Louis II).
1668. Jansson a Waesberge (Jean).
1669. Cramoisy (Sébastien I).
1669. Cramoisy (Sébastien II).
1670. Jacob de Saint-Charles (le P. L.).
1670. Elzévir (Pierre II).
1672. Estienne (Robert IV).
1673. Ballard (Christophe).
1674. Elzévir (Daniel II).
1674. Estienne (Antoine).
1674. Vitré (Antoine).
1676. Ogilby.
1677. Anisson d'Hauteroche (Laurent).

1680. Elzévir (Daniel I).
1680. Wolgang (Abraham).
1681. Billaine (L.).
1681. Elzévir (Louis III).
1681. Elzévir (Daniel III).
1683. Vitré (Marin).
1684. Antonio (Nicol.).
1685. Le Bé (Guillaume III).
1690. Anisson d'Hauteroche (Jean).
1692. Lipenius (Martin).
1700. Foppens (François et Pierre).
1700. Moetjens (Adrien).
1701. Carez (Joseph).
1701. Cramoisy (Sébastien III, Mabre).
1702. Jullieron (Antoine).
1706. Boudot (Jean I).
1712. Thierry (Denis II).
1721. Lelong (Jacques).
1726. Detournes (Jean Jacq. et Jacq.).
1726. Wetstein (Jean Henri).
1730. Haym (Nicolas François).
1730. Debure (Guillaume).
1730. Debure (Jean II).
1735. Thiboust (Claude Louis).
1736. Rothscholz (Frédéric).
1736. Fabricius (Jean Albert).
1737. Barbou (Joseph).
1738. Fournier (Jean Claude).
1740. Formaleoni (Vincent).
1743. Wetstein (Jacques).
1744. Bordazar de Artazu (Antonio).
1744. Fossati (Georges).
1746. Basmadjy (Ibrahim).
1747. Maittaire (Michel).
1749. Ged (Guillaume).
1750. Ballard (J. B. Christophe).
1752. Barbou (Jean Joseph).
1752. Bernard (J. Fréd.).
1753. Panckoucke (André Joseph).
1754. Boudot (Jean II).
1755. Didot (François).
1756. Marchand (Prosper).
1756. Volpi (Gaëtan).
1757. Thiboust (Claude Charles).
1760. Clément (David).
1760. Brindley (John).
1761. Martin (Gabriel).
1761. Anisson d'Hauteroche (L. Laur.).
1762. Comino (Joseph).
1763. Comino (Ange).
1763. Ilive (Jacob).
1764. Dodsley.
1765. Ballard (Christophe Jean Franç.).
1765. Ballard (Pierre Robert Christophe).
1766. Volpi (Jean Antoine).
1767. Goujet (Claude Pierre).
1768. Fournier (Pierre Simon).
1769. Barrois (Jacques Marie).
1770. Fournier (Antoine et Simon Pierre).
1772. Bauer (Jean Jacob).
1773. Osmont (Jean Baptiste Louis).
1774. Foulis (André).
1775. Baskerville (Jean).
1776. Foulis (Robert).
1777. Bowyer (Guillaume).
1778. Goadby (Robert).
1778. Gent (Thomas).
1778. Halma (F.).
1778. Prault père (Marcel).
1779. Lebreton (André François).
1780. Detournes (fils de J. Jacq. et de Jacq.).
1781. Sepher (Pierre Jacques).
1782. Debure (Guillaume Franç. le Jeune).
1783. Foggini (Pierre François).
1784. Tarbé (Pierre Hardouin).
1785. Rossi (Nicolo).
1785. Ibarra (Joachim).
1788. Manni (Dominique Marie).
1788. Anisson d'Hauteroche (Jacques).
1791. Knox (John).
1791. Rive (l'abbé Jean Joseph).
1792. Henry (David).

1792. Cerca y Rico (don Francisco).
1793. Lottin (Augustin Martin).
1794. Breitkopf (J. Gott. Emm.).
1794. Momoro (Ant. Fr.).
1794. Anisson d'hauteroche (Ét. A. J.).
1794. Audiffredi (Jean Baptiste).
1795. Cazin.
1795. Didot (Pierre François).
1798. Trattner (J. Thomas b^on de).
1798. Panckoucke (Charles Joseph).
1798. Heinsius (Guillaume).
1799. Payne (Thomas).
1800. Denis (Michel).
1801. Laire (François Xavier).
1802. Paterson (Samuel).
1802. Duboy de Laverne (Phil. Dan.).
1803. Preuschen (Aug. Théophile).
1803. Prault fils (Louis Laurent).
1804. Didot (François Ambroise).
1805. Panzer (Georg. Wolfg. Franç.).
1806. Foulis III.
1806. Taubel (Chrétien).
1807. Delatour (Louis François).
1807. Lallemant (Richard Conteray).
1808. Pierres (Philippe Denis).
1808. Barbou (Hugues II).
1808. Bertrand-Quinquet.
1809. Boulard (Simon).
1809. Crapelet (Charles).
1811. Nicolaï (Charles Fr.).
1812. Lottin (Antoine Prosper).
1813. La Serna Santander (Ch. Ant. de).
1813. Bodoni (Jean Baptiste).
1813. Barbou (Joseph Gérard).
1815. Fournier (Charles).
1815. Herhan.
1816. Stanhope (Charles c^te de).
1817. Bruyset (Jean Marie).
1818. Adry (Jean Félicissime).
1820. Debure (Guillaume l'aîné).
1820. Rousseau (Samuel).
1824. Wolf (Frédéric Auguste).
1824. Bastien (Jean François).
1824. Froebel (Poppon).
1825. Boulard (Antoine Marie Henri).
1825. Barbier (Antoine Alexandre).
1825. Valpy.
1828. Ersch (Jean Samuel).
1828. Nicolle (Gabriel Henri).
1830. Bulmer (William).
1833. Ballantyne (J.).
1833. Stella (Fortunat).
1834. Dondey-Dupré (Prosper).
1834. Ebert (Frédéric Adolphe).
1836. Didot (Firmin).
1836. Didot (Frédéric Firmin).
1837. Van Praet (Joseph Basile Bernard).
1838. Née de la Rochelle (J. François).
1841. Bossange père.
1842. Crapelet (Georges Adrien).
1844. Nodier (Charles).
1844. Panckoucke (Charles Louis Fleury).
1847. Debure (Marie Jacques).
1849. Peignot (Étienne Gabriel).
1851. Barrois (Théophile).
1851. Beuchot (Adr. J. Quentin).
1853. Renouard (Ant. Augustin).
1853. Didot (Pierre l'aîné).
1853. Debure (Jean Jacques).
1854. Pagnerre (Ant. Laurent).
1854. Ladvocat.
1855. Lachevardière (Alexandre de).

1780. Brunet (Jacques Charles).
1797. Quérard (J. M.).
1806. Lacroix (Paul).
1829. Didot (Ambroise Firmin).
1829. Didot (Hyacinthe Firmin).
1837. Didot (Jules l'aîné).
1840. Hoffmann.
1844. Panckoucke (Ernest).

OUVRAGES DE M. H. V.

Des Dispositions entre Époux et en faveur du mariage. *Paris*, impr. Lacour et Maistrasse, 1845, in-8, 72 p. et un tableau.

Histoire de l'Académie française. Première partie. *Paris*, impr. Lacour, 1846, gr. in-8, viij-224 p.

Transeundo. Poèmes et traductions. L'Enfer de Dante, chants I-III, *Paris*, Techener, 1847 ; typ. Vve Laplace à Bordeaux, pet. in-8, 166 p.

ERCILLA. La Araucana, trad. pour la première fois en français, chants I-VIII. *Bordeaux*, 1848, impr. Métreau, in-12, XVI-156 p.

Discours prononcé à l'audience de rentrée de la Cour impériale de Pondichéry le 1er mars 1856. *Pondichéry*, impr. du gouvernement (É. V. Géruzet), 1856, in-8, 14 p.

Documents inédits relatifs à l'histoire de la rivalité des Anglais et des Français dans l'Inde au XVIIIe siècle. Rapports internationaux de la France et de l'Angleterre. (Correspondance de Tipou). *Pondichéry*, É. V. Géruzet, impr. du gouvern., 1856, in-8, 12 p.

DANTE ALIGHIERI. L'Enfer, chants V et XXXIII, traduits pour la première fois en terza-rima française. *Pondichéry*, É. V. Géruzet, impr. du gouvern., 1857, pet. in-8, 15 p.

www.ingramcontent.com/pod-product-compliance
Ingram Content Group UK Ltd.
Pitfield, Milton Keynes, MK11 3LW, UK
UKHW031841260826
14628UKWH00002B/523

9 782019 667122